名家精译史学经典

资治通鉴选译

瞿蜕园　选注　俞汝捷　译

长江出版传媒 | 崇文书局

图书在版编目（CIP）数据

资治通鉴选译 / 瞿蜕园选注 ； 俞汝捷译. -- 武汉 ： 崇文书局, 2022.2（2023.3重印）
（名家精译史学经典）
ISBN 978-7-5403-5310-0

Ⅰ. ①资… Ⅱ. ①瞿… ②俞… Ⅲ. ①中国历史—古代史—编年体②《资治通鉴》—注释③《资治通鉴》—译文 Ⅳ. ①K204.3

中国版本图书馆CIP数据核字（2021）第242634号

策　　划　叶　蓬
责任编辑　程可嘉
封面设计　九　光
责任校对　董　颖
责任印制　李佳超

资治通鉴选译
ZIZHITONGJIAN XUANYI

出版发行　长江出版传媒｜崇文書局
地　　址　武汉市雄楚大街268号C座11层
电　　话　（027）87677133　邮政编码　430070
印　　刷　武汉精一佳印刷有限公司
开　　本　880mm×1230mm　1/32
印　　张　15
字　　数　384千
版　　次　2022年2月第1版
印　　次　2023年3月第2次印刷
定　　价　69.00元

出版说明

“名家精译史学经典”丛书是为中国史学爱好者提供的一套普及型史学读物,它包括中国首部国别史《国语》、中国首部编年史《左传》、先秦历史散文的杰作《战国策》、二十四史中水准最高的“前四史”《史记》《汉书》《后汉书》《三国志》和规模空前的编年体通史巨著《资治通鉴》。这八种史书不只开创、确立了国别体、编年体、纪传体等不同的史书体裁，而且在史识、史裁、叙事技巧、语言艺术等方面也颇有建树，影响广泛而深远，历来被视为中国史学的经典，是学习中国历史必读的史籍。

由于原著大多卷帙浩繁，从读选本入手就成为史学爱好者的普遍选择。在众多的选本版本中，我们经过权衡比较，遴选了这些由名家选注的、且历经时间检验和学识文笔俱佳的选本。

这些从民国至今不同年代的选本，其选注者既有功力深厚的老辈学人，也有治学严谨的当代学者。其年代跨度之大，学者风格之鲜明，是目前同类丛书中仅见的。整套书所呈现出的丰富的文化意蕴和多元的学术风格，一定会给读者带来别样的阅读兴味。

秦同培先生是民国初期的教育家、民国时期三大出版机构之一的世界书局的老编辑。他译注的《史记选译》初版名为《史记评注读本》，由世界书局于 1924 年首次出版，后重版多次。1949 年后，该书又流传到港台地区，依然备受读者青睐。《汉书选译》和《后汉书选译》原为一本，初版名为《汉书评注读本》，由世界书局于 1924 年首次出版。这几部作品虽已面世百年，但仍有独特的价值和鲜明的特点。其选篇别开生面，独具慧眼，大大拓展了读者的历史视野。特别是每篇的评语，尤显功力，散发着民国学者特有的、醇厚的古典气息，值得细细品读。

瞿蜕园先生是著述等身的文史大家，他在 20 世纪 50 年代致力于史学普及，出版了多种广受欢迎的史籍选本。他译注的《左传选译》由春明出版社于 1955 年首次出版。该选本“选择精审，译文畅达，注释简要”，上海古籍出版社于 1981 年重版。《资治通鉴选译》初版名为《通鉴选》,由古典文学出版社于 1957 年首次出版,这是《资治通鉴》的第一部选注本，从选篇、题解到注释都深具匠心，后曾一度再版。本次出版则特邀瞿氏弟子俞汝捷先生配写了晓畅雅洁的译文。

邬国义先生、胡果文先生译注的《国语译注》由上海古籍出版社于 1994 年首次出版。该选本内容丰赡，注释贴切，译文流畅，题解精辟，有研究者评该选本“译文很得《国语》原义，为《国语》各译注本中不可多得的佳作”。

赵丕杰先生译注的《战国策选译》由人民文学出版社于 1994 年首次出版。该选本“所选都是思想内容好，文学性较强的作品。历来为人传诵的名篇都包括在内，……力求能反映《战国策》的全貌”，是目前研究《战国策》的重要参考书。

陈稼禾先生译注的《三国志选译》初版名为《三国志菁华》，由上海教育出版社于 2001 年首次出版。该选本选篇全面精当，注释简明详实，译文通俗畅达，题解言简意赅，是一本十分适合初学者阅读的选本。

为帮助读者更好地阅读和欣赏这些古典巨著的佳妙之处，书中内容有前言、原文、译文、注释和评语或题解几大部分，这样的体例安排也给读者提供了很好的学习便利。

本丛书依据的底本为多年前的旧作，此次出版，底本中是繁体字竖排的，一律改为简体字横排；为便于今天的读者阅读，对个别底本中的部分译文作了重译；底本中有些词汇的使用与现代汉语规范不尽一致，为尊重作者的行文风格，没有按现代汉语规范统一修改；底本中所注的今地名，由于时代的变迁多有变化，今遵从原著，基本不作改动。限于水平，错误难免，恳请方家不吝赐教。

崇文书局

2021 年 11 月

前言

一　《通鉴》的性质

自从司马迁作《史记》以后，多少年来没有人敢继续再写这样一部贯串古今的通史，只有班固《汉书》以下那些断代史，仅仅保存着《史记》部分的形式，至于《史记》的贯串精神却失去了。就连形式也是勉强凑合，不甚适用的。因为《史记》有它自己的观点，它可以成一家之言，班固以下的史家，往往只能作刻板文章，不能发挥相体裁衣的妙用。所以读史的人大都感觉史书的繁重琐碎，没有头绪、没有重点、没有脉络层次，认为难以掌握。东汉末年，荀悦拿《汉书》的资料重行拆散，改编成《汉纪》一书，由八十万字缩为八万字，这才有了用编年体编成可供普通人阅读的一部书，然而内容限于西汉一朝，而且所采取的材料未免过于狭隘。

编年体的史书，有一点是确实胜过《史记》《汉书》的。这就是：叙起事来按着史事的发展层次，如同影片一般，一幕一幕映了出来，使读者可以有比较明晰的观感。特别是汉以后的史实，情事复杂，头绪纷繁，即使司马迁来编这部通史，恐怕用《史记》的办法也行不通。梁武帝曾经作过一部《通史》，完全摹仿《史记》的形式，果然就失败了，这部书从来就不曾流传过。一直到了宋朝，时在公元一〇六六年至一〇八四年，才由司马光着手来完成这种新的著作，这就是在史学上放出异彩的《资治通鉴》。

《通鉴》所包括的时代，从战国初期开始，一直到五代末年，按年叙事，一共一千三百六十二年。往上去是和《左传》相衔接的，因为《左传》最后一段叙智伯的事，而《通鉴》从魏、赵、韩初命为诸侯叙起，也正是智氏被灭的结果。虽然中间还差七十几年，事实却是一贯下来的。所以也可以说《通鉴》是继《左传》而起的一部重要史籍。

这部著作是汇合当时第一流史学家的智慧能力，费十九年不断努力的光阴而完成的。成书以后，又经许多学者钻研讨论，给后来读史的人不少便利。上面所说编年史的要求，从此可以满足了。

二 《通鉴》编集的经过

为了对《通鉴》作出正确的估价，先要明了司马光编辑本书的经过。

按照司马光的出身和学历来说，应该是读书不感困难的人。但据他自己说，在他青年时代，许多正史连见都没有见过，即使是读过的，也不能熟。他是很喜欢读史的，尚且如此，别人更不用说了。与他同修《通鉴》的刘恕也说：当时的人只是为了学作文而读《汉书》,能够兼读《史记》及《后汉书》的已经算是博学,至于问到三国、六朝的事迹，大多数人是茫然不能回答的。司马光自己感觉读史的需要，找到一部唐人所作的《高氏小史》，虽然价值不大，已经认为相当满意。他既然深知通史之有益于实用，而需要又很迫切，所以这部《通鉴》虽然是奉英宗的诏命而作，却实在等于实现自己的志愿。他在进呈《通鉴》的表文中说：

> 臣性识愚鲁，学术荒疏，凡百事为皆出人下，独于前史粗尝尽力，自幼至老嗜之不厌。每患迁固以来文字繁多，自布衣之士，读之不遍，况人主日有万机，何暇周览？臣常不自揆，欲删削冗长，举撮机要，专取关国家盛衰，系民生休戚，善可为法，恶可为戒者，为编年一书，使先后有伦，精粗不杂。

书的原名是《通志》，先成战国时八卷，以后英宗采纳了他的话，叫他继续编集。神宗即位，才替它改名为《资治通鉴》，这是特别强调注重在鉴戒得失、裨益政治的意思，一般省称为《通鉴》。

司马光的这个志愿，在当时没有帝王的赞助是达不到的。因为首先需要利用政府藏书作参考根据。他在编书的十九年期间，自己历任京外各官，职务既不繁重，生活又有保障，加以特诏许以书局自随，官虽改调，编书并不停顿。一切纸笔的费用，抄写的人工，都由政府供给。尤其重要的是助理的人选。一千三百多年的历史不是一个人所能全部精通熟习的，而况其中还牵涉些专门的学术，所以他约了刘攽担任两汉部分，刘恕担任魏、晋、南北朝部分，范祖禹担任唐、五代部分，他们都是专门的人才。特别是刘恕，关于制定体例、前后贯串等工作，大部由他一手经理。司马光的儿子司马康也在事务上替父亲效劳。因为这是一件劳而少功、无利可图的事，所以也始终没有人来干涉破坏。上述种种条件可说是过去所不曾有过的。

《通鉴》编集的方法，也经过周密的准备。首先是年月日的考订，因为年月日的舛误必然影响记事的正确性，所以先要将每年的节气、星象、朔闰等排定，作成长历一书，这是第一步的工作，是由天文学专家刘义叟担任的。有了这个底子，才发现以前历史记载上不少矛盾参错的地方，于是分别责成各人将可能收得的一切资料分隶在每年之下，编成丛目，这是第二步。资料齐备，再将其中异同之处加以指出，重复之处加以删汰，通过考证，决定去取，编成长编，这是第三步。最后再将长编的冗长文句加以删节，润色成文，才算定稿。据说单是唐代一部长编已有六七百卷,后来删成了八十卷。这是第四步。因为在着手的时候已经有整个计划,各人尽量提出意见，最后由一人执笔，所以能一气呵成，不像别的官书往往自相矛盾。

据司马光自己说，誊抄草稿的时候，是每一段预留空行的。遇有应加或应删的,随时可以剪去,另纸粘接。古人的书多数是卷轴式，所以每四丈长成为一卷。他自己订的日课是每三天删定一卷，足见最后动笔时也还是十分精审的。有人看见过，草稿都是工楷写成，没有一笔草写，这套草稿在洛阳还保存了若干年，堆满了两间屋子。

在这样艰巨的工作中，一定发生过多次反复的考订和激烈的辩论，是可以想象得到的。后人但看到已成之书，而不知道当日怎样广泛地搜集资料，怎样辛勤地鉴别真伪，那是很可惜的。所以又把当时讨论的记录摘要编辑起来，成为《考异》三十卷。到今天还可以从《考异》中看出无论是他所采取的或所摒弃的，都有现在早已亡佚的书籍，就连这点副产物的价值也很不算小。

三 《通鉴》的优点

《通鉴》本身的优点可以约举如下：

毫无疑义，《通鉴》用编年的方法叙述，可以使人一目了然于史事的发展，但是编年体很容易形成流水账簿式，这点流弊，作者也预料到而且极力避免了。他的心目中本来是以《左传》为模范的，《左传》的记事虽然按年排列，可是每遇大事发生，一定要清清楚楚交代前因后果，使读者知道每一件事情都不是突然发生、孑然孤立的。特别在政权分裂的时代，彼此之间更有相互影响的关系，一件史事固然要知道它的首尾，一个时代也要知道同时各处所发生的情况，这是要在编写的时候极力运用匠心，然后才能表达出来的。此其一。

编年体虽然注重的是史事，但若不明白制度的沿革和它实际运用的情况，还是不能深入了解这些史事的。在《史记》的各书和《汉书》的各志中，都有这项极重要的资料，这本不是编年记事所能包括的，但《通鉴》却能很扼要地容纳在内。此其二。

正史中还包含大部分的传记文学，特别是《史记》，次之是《汉书》，通过细致生动的刻画，将史事的内容更逼真地烘托出来。《通鉴》虽然是编年体，可是重要历史人物的描写是从不忽略的，并且还曾经利用各种资料来补充。此其三。

正史固然可靠的成分较多，然而当时人的记载，为正史所不收的，也仍有它各别的价值。特别是唐末、五代的官修正史不能认为完全，因此当时的别史杂史以及其他私人著作，《通鉴》都很广泛而且很慎重地加以运用。就以《史记》的资料来说，有时仍觉得不很充实，例如《乐毅传》就未免过于简略，《通鉴》将秦、汉人的传说补充进去不少。据《通考》引《高氏纬略》说，《通鉴》所采正史以外杂史诸书凡三百二十二家。其实正史之中，还有像王沈《魏书》、韦昭《吴书》之类是现在已佚而不全的，从此可见《通鉴》采摭的宏富，为从来所未有。此其四。

宋人修史，往往喜欢在文字上卖弄。《新五代史》以“书法”自矜，《新唐书》好妄改旧文，反致不通，都曾为后人所讥笑。即以《通鉴》所奉为矩范的《左传》而论，诚然文章是很好的了，但也有些若隐若现、奇峰突兀的地方，不够明白爽利，读者非细心不能体会。《通鉴》却是替读者着想的，叙事只是平平实实，清清楚楚，虽然大体上仍保有原来的语气和文体。至于前后映带勾勒，却比旧史更为分明。当时剪裁衬帖的工夫的确非常细密谨慎，正如一个巧妙的成衣匠，将一件破烂的衣服，重新修整一番，便焕然改观，穿起来既美观又适体。又如部伍不整的军队，一经名将手里加以号令部署，就变成精神百倍。编年史而兼具文学性，不得不推《通鉴》了。此其五。

向来史书所载文章，多半只限于奏议之类，次之则为其人所特别擅长而可以代表其身世的词赋。《史记》创了这种格式，附录的文章有时未免反多于事实。《通鉴》于有关系的大文章，所录常较正史本传更多。至于纯文学，尽管传诵古今，却都从略。而其他能反映一时风俗意识的，即使很零碎，也都从史书以外搜来，例如吕才《序葬书》、聂夷中《咏新谷》之类。可见司马光手眼所到，既远大而且该博。此其六。

宋朝人很喜欢持正闰之论，一定要说某一朝是正统的，某一朝是僭伪的。于是对于刘备，一定要算他继承汉统，对于曹操却恨不得不承认他的政权。司马光虽然也极讲究纲常名教，他对于这一点，持论却比较明达。还有，前史好讲符瑞以及神异怪诞的谬说，《通鉴》对此几乎全部削去，只有刘邦斩蛇一事，据王应麟《困学纪闻》说是偶然漏去未删的，这也是司马光卓识之一，因此为历史扫除了不少的迷信色彩。此其七。

四 《通鉴》的衍化物

在这里还应当谈一谈一些与《通鉴》有关的重要著作，以期对《通鉴》的认识可以格外清楚。

《通鉴》全书既有二百九十四卷之多，当时已经感觉普通人不容易阅读，所以附编目录三十卷，仿年表之例，提纲挈领，一目了然。读者若想知道某一年有某些重要史事，看目录就可知道大概。若想知道某件史事的详细情形，从目录再去检阅原书，也可以达到目的。但目录虽然有可以按图索骥的功用，其实还不能解决《通鉴》过于繁重的困难，所以司马光在最后又另编《稽古录》一书，凡三十卷，篇幅比《通鉴》小得多，而内容则往上推到伏羲，往下续到司马光本身的时代。揣想起来，必是有人觉得《通鉴》既难于阅读，而所包括的时代又不完全，所以另编这部书来补救，不过内容却比《通鉴》大为减色。

助修《通鉴》的刘恕也觉得《通鉴》不从上古开始一直到本身时代为可惜。因此他预备将《通鉴》以外的事实再加补充，前于《通鉴》的称“前纪”，后于《通鉴》的称“后纪”。后来他害了风痹症，只将前纪撰成十卷，名曰《通鉴外纪》。他这书不用《左传》的材料，而别取其他古书荟萃而成，文简而事详，不能说无功于史学。不过若不与《尚书》《左传》合看，对读者仍然没有什么大帮助，所以这部书也在若存若亡之间。以后宋末的金履祥又矫正刘氏之失，另编《通鉴前编》十八卷，但其中虚诞的地方不少。然后才知道司马光所以不将上古史编入《通鉴》，是因为上古部分历史，传说和神话难于分清，即使勉强编成，也难以成为信史的原故。

至于将《通鉴》以后的事实继续编纂的，则有南宋李焘的《续资治通鉴长编》九百八十卷，据他自己说，义例都是本乎司马光的，“长编”二字也是根据司马光修《通鉴》时的初步名称。以个人力量，费四十年工夫做到这一步，其艰苦卓绝也是值得称赞的。原书没有刻本，到清代才从《永乐大典》中录出五百二十卷刊行。到今天还是探讨宋史的宝贵资料。

清乾隆中学术昌明，学者辈出，毕沅特别是主持风会的人，在他的领导下，曾修《续资治通鉴》二百二十卷，大致是以徐乾学的《续资治通鉴》为蓝本的。更因为他所见的书较前人广博，所以能仿司马光的前例，编成《考异》，折中众说。但号称包括宋、元，而元的比重却占极少部分，这是因为当时元史学还没有发达，受了条件的限制。

以后续修明代事迹的，有陈鹤的《明纪》和夏燮的《明通鉴》两种，也都是以司马光为法而谨慎从事的，不过详略去取之间也不尽惬当。

《通鉴》所包括的时代不完备和卷帙过于繁重，这两点一向为读者所不满足。所以在乾隆帝命令之下，又编了《通鉴辑览》这部书，以弥补上述两种缺陷。当时编纂的人，排比去取也煞费苦心。尤其是在地名人名的注释上，使近代读者感觉便利，不过这种书除了便于初学者外，在史学、文学上都没有多大价值可言。

读《通鉴》的人另外有一种感觉，就是一件史事散见于几十年之间，必须翻遍几卷，方能贯彻一件事的首尾。于是南宋末年的袁枢又编《通鉴纪事本末》一书，以《通鉴》中的重要史事归纳于二百三十九个专篇之中。在他的意思是要摆脱传统的所谓纪传和编年二体而独出心裁，自成一格。如果编制得法，那就几乎可以将《通鉴》废去了。然而这部书只是将《通鉴》原文按题拆开，重抄一遍。例如二百三十九篇之中，“秦并六国”即占一篇，几乎把从商鞅变法到始皇称帝全部词句逐条抄录在内。那么，与《通鉴》的繁重有何区别？

反而不如《通鉴》在叙述秦事的时候，同时可以看清楚其他各国的动态。所以他的用意虽好，而他的学力却不能胜任，并不能达到理想的目的。

五　《通鉴》的注释

除《史记》《汉书》《后汉书》有唐以前各家的注释以外，以后各正史都是没有注的，或是有注而今不传的。《三国志》虽然有裴松之注，那只是补辑些事实，不甚解释其文字。而古书上的话有许多连唐以前的人都弄不明白，宋人读起来感觉困难的程度也和我们不相上下。至于古地名在现在什么地方，古官名在某时代是什么性质，以及所引用的成语是什么出处，这些都是读《通鉴》的人所急需知道的，所以注释是不可少的。《通鉴》行世不久，即有刘安世作音义，今已不传。南宋时又有史炤作释文。据胡三省所驳正，这是谬误甚多、极不可靠的书。胡三省是宋末元初人，他替《通鉴》作音注，非常宏博、精刻而便于实用。他的自序备载自己经历，说受了父亲的遗训，一生专精于此。开始时所著为广注九十七卷及论十篇，后来在贾似道当国时代，又受他的鼓励，从事校雠《通鉴》，著雠校凡例。宋末兵乱，失去稿本，重新买到刻本，将《考异》及《目录》中之历法天文和自己所注都附入《通鉴》本文，到公元一二八七年告成，其时宋亡已将近十年了。他的著书宗旨是供给读者便利。所以每遇一个难字，必将音义注出，不因已见前而从省。对于历代典章制度，考证尤为精详。此外《通鉴》原文所未详的也间有补充，错误也间有纠正，引用的书都注明出典。有牵涉以前事实的，必注明事见几卷几年，牵涉以后的，必注明为某事张本。异同之处，为《考异》所不载的，也有所说明。至于《通鉴》的微意有必须指出的，也摘举出来。特别在亡国败军之际，由于他自己感受的精神痛苦，不惜在题外反复致意。例如石敬瑭割让燕、云十六州一节，明明寄托他的亡国之恨，并且在这里故意留出空白，让后来人知道他所指的就是元兵灭宋的隐痛。从著作中流露浓厚的爱国思想，是值得后人崇敬的。近人陈垣著有《通鉴胡注表微》一书，阐发这一点极精辟。

试以司马氏修《通鉴》和胡氏注《通鉴》相比较。一个是生当太平盛世，身为达官，利用政府权力，广罗人才，编考文献，而后有此成就。一个是在兵荒马乱的时候，处穷乡僻壤之中（胡氏是天台人），凭仗只手来完成这样艰巨的事业，他的毅力也真可敬了。所以即使不免小小错误漏略，也绝不能淹没他的伟大功绩。（清初有个陈庆云作了一部《通鉴胡注举正》，专门纠胡氏的失误。）

与胡三省同时的，还有一个王应麟著了一部《通鉴地理通释》，将《通鉴》所载地名，一一考其异同沿革，叙述历代军事据点，尤能提纲挈领，为后来顾祖禹《读史方舆纪要》一书之祖。

六 《通鉴》的缺点

《通鉴》有没有缺点呢？当然有的。

最重要的有两点：一点是主观见解过于浓厚。司马光当宋神宗变法之际，代表着保守势力，和王安石立于反对地位，他的保守意识非常强烈，所以在《通鉴》的编纂中，一贯设法表现所谓王道政治的主张。任何急进的改革、进步的措施、积极的事业，总是不以为然的，在字里行间，往往流露他的这种意识。这一点在胡三省的自序中也曾经提到。就战国时代而论，在商鞅变法与赵武灵王胡服骑射两件事中，主张改革的言论甚多，有几处重要的都被司马光删去。总而言之，司马光是拥护君权的，是主张维持现状的，主要目的在规劝君主不要变法，不要生事，只要用有德的人，不要用有才的人，这是他一生的偏见。

另外一点是过于轻视文人，这一点前人也已经指出，《日知录》载李因笃的话说：像屈原这样重要的人，居然一字不提。而且关于谏止怀王的话，只采《战国策》归于昭雎，而不采《史记》归于屈原。杜甫的地位也不为不重要，假如不是“出师未捷身先死”一句诗在王叔文口中念诵过，连姓名也不能在《通鉴》中发现。顾炎武却替司马光辩护，认为《通鉴》本来是“资治”的，何暇录及文人？固然文人可以不录，但是明明与政治有重要关系的，如何可以凭主观一概加以排斥呢？

批评《通鉴》的话，最早出于刘恕的儿子刘义仲。他提出八点，最重要的有下列五点：①个人的事迹无关政治的，《通鉴》照例不载，而独载薛包、茅容的事迹，屈原反而不载。②荀子、孟子书中的话既然被采录，这两个人的事迹却不备载。③不书符瑞而书高祖斩蛇。④不书褒贬过分之事而载荀淑比黄宪于颜回的话。⑤不书传疑之事，而载魏冯太后鸩杀显祖。这足见《通鉴》问世以后，已经有人提出不同的意见。在南宋一朝，纠正《通鉴》的，据我们现在所熟知的书中，有洪迈《容斋随笔》及王应麟《困学纪闻》两种。到了清初，顾炎武在《日知录》中订正《通鉴》及胡注错误的有数十条之多。但这些还都并不是专门替《通鉴》作补救功夫的。

真正够得上作《通鉴》及胡注功臣的只有一个人，这个人的名字反而不显，在钱大昕《潜研堂文集》中有一篇《严衍传》，据说严氏是万历时嘉定的一个诸生。他认为“温公著书，意在资治。故朝章国政述之独详，而家乘世谱纪之或略；其于人也，显荣者多而遗逸则略，方正者多而节侠或略，丈夫者多而妇女则略”。于是援引正史及他书以补之，或补为正文，或补为分注。而分注之中又包含三种：一是补充事实的附录，一是补充考异的备考，一是补充胡注的补注。严氏有个同志谈允厚帮了他不少的忙，谈氏又指出《通鉴》的毛病有下列几点：一是有首无尾，二是有尾无首，三是一事两次记载，四是一人误分作两人，五是两人误合作一人，六是因叙述不明而颠倒事实，七是月日的错误。至于胡注的最大错误在于没有看出《通鉴》的误字脱字，而任意为之解说。他这种锐利的批评，虽古人复起，恐怕也无词以对。

严氏的原稿因为卷帙太繁，刊行不易，沉埋了多少年，不能问世。道光中张敦仁氏想了一个简便的办法，专取所补正的各条抽出，并且加以压缩单行，而不附在《通鉴》原文之内。这部书就名为《通鉴补正略》。虽然对于严氏也不为无功，但是严氏原著的精神面目未免有了损失。嘉、道中江南的名史学家李兆洛氏对于严氏原著之不能刊行极为惋惜，后来虽有江夏童氏将严著全部排印成书，武进盛氏继之刊板行世。然而始终流传得不广，没有得到应有的重视。这是一件可惜的事。

如果将严著细细探讨，就知道读《通鉴》而无严著辅助，仍然存在着很多缺点。严氏之补《通鉴》，并不是矜奇炫博而广搜《通鉴》以外的资料来充实其内容。他的用意是将《通鉴》所不应遗漏而遗漏的地方指出，根据原资料补充完整。往往虽只补一二字，若与《通鉴》原文相对勘，就知道《通鉴》原文不是有误字，就是有脱字，或虽无脱误而意义不完整。这些往往是在读《通鉴》时所不及觉察的。在钱大昕氏的《严衍传》里举出《通鉴》的严重缺点，有些的确不能诿过于传写传刻之误，而实在是由于编书时之率臆妄改。尤其是卷一百七十三一例:周宣帝问郑译曰:“我脚杖痕谁所为也?”译曰:“事由乌丸轨、宇文孝伯。”因言轨捋须事。本来句读应该是这样的，而胡三省误以宇文孝伯属下句读,因而造成可疑的事实。在这里不但《通鉴》行文有欠妥之处，胡氏又不加详察而曲为之说，更不能不承认应当有一部细心纠正的书。

总之,《通鉴》所采用的旧史，经过剪裁以后，有本不误而误改的，有本误而未改的，有意义不明至今还成为疑问的。不但胡氏未经一一看出,即后人专治《通鉴》之学者也并不能发觉解决这些问题。即以近人章氏所校而论，自称校出脱误在万字以上，写出校记七千余条，可谓用力甚勤。然而他所作的工夫还只是用《通鉴》各种版本参校，并不曾上溯《通鉴》所采的来源而追问其异同得失，将其中事实或语意乖戾不合之处举出，以免贻后人以迷惑。这样说来，今后对于《通鉴》这部书，还有不少应当进一步的工作，过去这些成就不能尽满今天的要求。

但是有一点，我们不可不知道，无论写书刻书，一点一画的小不经意，就可以铸成大错。既已错误，即不容易发觉。像这样大部头的书,看一遍尚且不容易,又怎能一字一句去校对而保证其不误呢?编书的人又怎能完全负这种责任呢?何况纠正的人是否经得起考验，不再为后人所纠正，也很难说。所以前人之误原有待于后人的补救，这是著书通例，不足以为前人之累的。

七　本编的意图

与《通鉴》有关的种种已经谈得不少了。现在古籍出版社已经有新印的标点本《通鉴》出而问世，读者如果要对《通鉴》有更亲切的认识，看了这部《通鉴》，较之从前那些版本，一定觉得方便得多。

至于我们的这部《通鉴选》，则既不是打算作《通鉴》的整理工作，也并不是企图作为《通鉴》的节本。不过是选取文学艺术性较强的若干篇，将这若干篇的编年事实尽量联贯起来，使读者从问题的发展，领略到《通鉴》作者贯串勾勒的技巧，从而学习记事文的作法。

《通鉴》中可以供人欣赏不厌的文章实在不少，要充分地选来，不是一册书所能容纳的，这里只作重点的抉择。现在所选的是二十篇。以这二十篇来作代表，显然是不够的。不过编选的时候，一方面顾到时代的分配，一方面也顾到问题性质的分配。所以战国、两汉、三国、魏、晋、南北朝、隋、唐、五代几个时期都有所涉及，而汉、唐特别多选一点。至于问题的性质，虽然大部分着重于关键性的历史事件，同时也注意到社会活动状态，以及建设事业、政治制度的叙述，其中《赵充国屯田》《贾让治河三策》《党锢》《刘晏与杨炎》这几篇就是例子。

尽管极力想做到比较合理的编选，还是有很多不能尽如人意的地方。其所以在编选时感到许多困难，有下列几个原因：

第一，一件史事或一个问题，往往在十几年或几十年的编年史中连绵断续出现。而连绵断续之中又有些旁见侧出的地方。我们现在必需就《通鉴》所已经剪裁贯串过的，再加一番剪裁贯串，这当然不是简单的工作。去取之间，就很难恰到好处。

第二，课题的性质不同，复杂的程度也就不同。十分复杂的，就不能不占较庞大的篇幅。固然已经力求减缩，但是如果专求文字之精简，却妨碍了文章的畅达，因而失去了说明问题的作用，那又是得不偿失的。

第三，无论从文学的角度来看，或是从史事的重要性来看，当然还有很多应当入选的，我们在现在的篇幅范围以内，也不是不可以增加选题而减少每篇的字数。但是我们不能这样做，就是因为《通鉴》中有某些章节，只是零星散漫的，而不是综合叙述的，即如王莽改制、永嘉南渡这类的课题，我们既不能用纪事本末体，逐条汇抄，又不能单挑出某一段来，作为一个单元。所以在本书内就无法容纳。

或者有人要问：既然所选的是文学艺术性较强的若干篇，那么，像《项羽巨鹿之战》，像《苏武与李陵》，像《张巡守睢阳》，不都是淋漓痛快、可歌可泣的文章，也是首尾完具的文章吗？为什么不入选呢？原因是：这些都是完全从《史记》《汉书》原文中取材的，读者可以从那些书里直接看到，并且又是读者所相当熟习的，也是一般选本里常常选录的。为避免重复浪费计，所以尽量想介绍些新的内容，是《通鉴》以外所不容易见到的，希望这样保持一部书的独立性。

此外还有关于编辑的体例，也要指出几点。

（一）本书所采录的原文，只有整段的删节，至于一段之中，却不再零星删节，以免失去原文精神。

（二）关于《通鉴》的版本问题，古籍出版社新印的《通鉴》前面已经有扼要的说明，所以不再赘述。本书所采用的，以通行的胡刻为主，只有别的本子确实胜于胡刻而又可靠的少数地方，才加以变通。这只能概括说明，无法逐条举出。至于古字可以从今体者，即从今体，如亡即作无、彊即作强之类。以期适合今天读者的习惯。

（三）标点和分段绝大部分是与古籍出版社新印的《通鉴》相符合的，但也有少数地方，为了更清楚、更简单起见，微有出入。

（四）注释方面，不完全注重字及词的解说。按编者的意见，认为主要还在于把一句或者一段话的意思阐明出来。所以特别注意的是两种情况，一种是时势的背景，一种是古文字用法与后来不同的地方。希望这样对于读者多有帮助，不过挂漏之处一定很多罢了。另外一点，是注释的分量先多后少，先详后略，一来因为时代较晚、文字较为明顺，二来因为读者也一定逐步地习惯，自然也就可以逐步地减少说明的必要。至于地名、人名、典故，都以说明大概为主，不涉考证，以期简便。

在检查全稿以后，觉得还有几句话要说一说。《通鉴》这部书问世以后，据说当时只有王胜之一个人是从头到尾看过一遍的。看一遍尚且如此之难，著作者的困难也就可想而知了，尽管有胡三省以下不少学者在这里面用工夫，还是有不少未经解决，并且未经发觉的问题。既然《通鉴》本身的整理还没有做到，今天就企图将《通鉴》简单地介绍出来，未免有点胆大。即使只是简单的介绍，率尔操觚之咎总是无可辞的。即以注释一端而论，有应注而未注的，有不必注而注的，有已注而不妨再注的，有不必重见的，有不应注于此而应注于彼的。个人的看法未必尽合读者的要求。至于因疏忽而造成的错误，更所不免。不过编者所硁硁自守的是不敢强作解人。《通鉴》及胡注有可疑的地方，不问前人曾否指出，都提出来作为不能解决的问题，至少是编者一时未能明了的问题。总之，这虽是一部简单的读物，也需要十分慎重，谨在此恳求当世贤达多予指教，扩我见闻，不胜感荷。

瞿蜕园

目 录

魏文侯与吴起

魏文侯与吴起

在战国时代，各国的统治者极力想巩固和扩张自己的权力，因此，需要罗致各方面的人才，而这些人才也的确对当时的政治起了相当作用。

魏文侯是战国初期一个比较开明的君主。在这篇记载里，第一节说他对一个普通官吏都不肯失信。第二节说他不肯无故侵犯邻国。第三节说他肯听直言。第四节说田子方劝他不要留心小事，要留心用人的大事。第五节说田子方表明“士”可以看不起统治者，而统治者却不能看不起“士”。第六节说李克阐明鉴别人才的方法。第七节说李克强调推荐第一流人才和先公后私的重要性。以上是第一段。

以下第二段是关于吴起的事。第八节说吴起个人是急于功名富贵的，但是不失为一个名将。第九节说吴起儆戒魏武侯要团结内部，不可专恃天然地形的保障。第十节说吴起自己表明自己的能力和功劳，可以当军事、内政、外交种种重任。只是在魏国还没有取得相当的资望。第十一节说吴起毕竟受了魏国贵族的谗害，到了楚国，又替楚国建了一番功业。第十二节说吴起还是受了楚国贵族的攻击而被牺牲。这篇记载的内容颇为丰富。

《通鉴》是从周威烈王二十三年（前四〇三），命晋大夫魏斯、赵籍、韩虔为诸侯这件事开始的。以后这三国（当时往往称为三晋）就在现在河北、山西、河南三省地区扩张势力，与原有的齐、楚、燕三国，总称关东六国，与关中的秦相抗，到秦始皇之统一，共历一百七十二年。是为战国时期。在战国初期，三晋之中魏的区域最大，西面还跨过黄河，占有陕西一部分地区，东面可以达到河南东部。但是以后秦国强盛，首先受到攻击的就是魏国，因此才削弱下来。

一

1 魏文侯以卜子夏[1]、田子方为师，每过段干木之庐必式[2]，四方贤士多归之。文侯与群臣饮酒乐，而天雨，命驾将适野。左右曰："今日饮酒乐，天又雨，君将安之？"文侯曰："吾与虞人[3]期猎，虽乐，岂可无一会期哉？"乃往身自罢之[4]。周威烈王二十三年（前四〇三）

［1］卜商字子夏，是孔子弟子之一。但这时离孔子去世已经七十年，未必弟子还能生存，这是前人一直认为可疑的事。［2］式本是车上的横木，古人乘车，是站在车上的，行敬礼的时候，向横木上俯身一靠，这个动作就称为"式"。［3］虞人是管山林禽兽的官。［4］意思是：已经和虞人约定，怎能不去一趟？于是亲自去说明取消打猎的事。

魏文侯以卜子夏、田子方为老师，每次经过段干木的寓所必定俯首示敬，所以四方贤士大都投奔他。文侯与群臣饮酒作乐时，天下起雨来，他却吩咐备车要去野外。左右侍从说："今天饮酒正乐，天又下雨，国君要到哪儿去？"文侯说："我和管理山林的虞人曾约好打猎，饮酒虽乐，怎能不去说明一下呢？"于是亲身前往，告诉对方因雨停猎的事。

2 韩借师于魏以伐赵，文侯曰："寡人与赵兄弟也，不敢闻命。"赵借师于魏以伐韩，文侯应之亦然。二国皆怒而去。已而知文侯以讲[1]于己也，皆朝于魏，魏于是始大于三晋[2]，诸侯莫能与之争。

［1］讲是劝和的意思。［2］韩、赵、魏都是从晋国分出来的，因此叫

作三晋，成为兄弟之国。这是说魏文侯以忠信待人，以和平相处，博得别国的拥护，加强了领导地位。

韩国向魏国借兵以攻伐赵国，文侯说："寡人与赵国是兄弟之邦啊，不能答应贵国的请求。"赵国向魏国借兵攻打韩国，文侯也以同样的理由拒绝。二国使者都发怒而去。不久后明白文侯对自己的劝和之心，都来拥戴魏国，魏国于是在三晋中开始变得最为强大，诸侯国没有能和他争雄的。

3 使乐羊伐中山[1]，克之，以封其子击。文侯问于群臣曰："我何如主？"皆曰："仁君。"任座曰："君得中山，不以封君之弟而以封君之子，何谓仁君？"文侯怒，任座趋出。次问翟璜[2]。对曰："仁君。"文侯曰："何以知之？"对曰："臣闻君仁则臣直，向者[3]任座之言直，臣是以知之。"文侯悦，使翟璜召任座而反之，亲下堂迎之，以为上客。

［1］中山是一个古国名，现在河北省定州市一带。［2］翟姓读若则，音宅，但亦可读若狄，音笛。［3］向者就是从前的意思，因而引申为刚才的意思。

文侯派乐羊去攻伐中山国，攻克后，将其地封给儿子击。文侯向群臣问道："我是怎样的君主？"大家都说："是仁君。"任座却说："君主攻下中山，不把它封给您的弟弟，而封给您的儿子，怎说得上仁君！"文侯发怒，任座赶快退出。依次又问翟璜。翟璜对答："是仁君。"文侯问："怎么知道呢？"答道："臣听说国君有仁心，臣子就正直。刚才任座的话正直，臣由此而知悉。"文侯听了高兴，便派翟璜去将任座召回来，并亲自下堂迎接，待他为上宾。

4 文侯与田子方饮，文侯曰:“钟声不比乎！左高[1]。”田子方笑。文侯曰:“何笑?”子方曰:“臣闻之，君明乐官，不明乐音[2]。今君审于音，臣恐其聋于官也[3]。”文侯曰:“善。”

[1] 意思是:“钟的音调不协调吧，左边太高了一点。”古时的编钟是八架钟悬在一排的。[2] 君所应当知道的是管乐的人是否称职，却不是乐的音律是否正确。[3] 这段话的意思是:作君主的不应当注意小事，只要把专门事务交给专门的人才去办。如果在小事上注意，大事就恐怕忽略了。

文侯和田子方饮酒，文侯说:“钟声不太协调吧?左边高了一点。”田子方一笑。文侯问:“为什么笑?”子方说:“臣听说，国君应当明察乐官的才能，不必精通乐音的高低。现在君上细辨乐音，臣担心您会疏于对官的考察啊。”文侯说:“讲得好。”

5 子击出，遭田子方于道，下车伏谒。子方不为礼[1]。子击怒，谓子方曰:“富贵者骄人乎?贫贱者骄人乎?”子方曰:“亦贫贱者骄人耳，富贵者安敢骄人?国君而骄人则失其国，大夫而骄人则失其家。失其国者，未闻有以国待之者也;失其家者，未闻有以家待之者也[2]。夫士贫贱者，言不用，行不合，则纳履而去耳[3]，安往而不得贫贱哉[4]?”子击乃谢之[5]。

[1] 子击是魏文侯的儿子，他自以为这样恭敬田子方，总可以了，田子方应该是不敢当的，不料田子方直受不辞。[2] 意思是:失掉自己的国就再没有国了，失掉自己的家就再没有家了。[3] 纳履是把鞋子穿好。[4] 意思是:贫贱无非还是贫贱，即使离开这里，也没有什么损失。

[5] 古人说谢，就是道歉的意思。

子击外出，途中遇见田子方，下车伏地行礼，子方不还礼。子击生气，对子方说："富贵的人可以骄傲待人呢？还是贫贱的人可以骄傲待人呢？"子方说："贫贱的人可以骄傲待人罢了，富贵的人怎敢以骄傲待人？国君如骄傲待人就会失去家国，大夫如骄傲待人就会失去家邦。失去家国的，没听说还有以家国来待他的；失去家邦的，没听说还有以家邦来待他的。士是贫贱的人，言论不被采用，行为有所不合，穿上鞋子就走了，到哪里得不到贫贱的待遇呢？"子击于是向他道歉。

6 文侯谓李克曰："先生尝有言曰：'家贫思良妻，国乱思良相。'今所置非成则璜，二子何如[1]？"对曰："卑不谋尊，疏不谋戚。臣在阙门之外，不敢当命[2]。"文侯曰："先生临事勿让。"克曰："君弗察故也。居视其所亲，富视其所与，达视其所举，穷视其所不为，贫视其所不取，五者足以定之矣[3]。何待克哉？"文侯曰："先生就舍，吾之相定矣[4]。"

[1] 意思是：有宰相资格的，不是魏成，就是翟璜，这两个人哪个好些？[2] 意思是：我是疏远的人，不敢预闻这种事。[3] 意思是：平常时候，看他所亲厚的是什么人；发财的时候，看他所施与的是什么人；任大事的时候，看他所推荐的是什么人；不得意的时候，看什么是他所不肯做的事；穷苦的时候，看什么是他所不肯要的钱。拿这五项作为对人评价的标准。[4] 就舍是请回寓所。

文侯对李克说："先生曾经讲过：'家贫时会想贤惠的妻子；国乱时会想贤能的相国。'现在要任相国，不是魏成就是翟璜，你看他们两位如何？"

答道："地位卑下的不谋议尊贵者的事，关系疏远的不谋议亲戚间的事。臣在宫门之外，不敢议论此事。"文侯说："面临国家大事，先生不要推托。"李克说："是君上没有细察啊。一个人，平时看他与谁亲近，富有时看他施与谁，显达时看他举荐谁，穷困时看他不肯做什么事，贫寒时看他不肯收什么钱物，从这五方面完全可以确定人选，哪里需要我来参谋呢！"文侯说："先生请回家吧，我的相国选定了。"

7 李克出，见翟璜，翟璜曰："今者闻君召先生而卜相，果谁为之？"克曰："魏成。"翟璜忿然作色曰："西河守吴起[1]，臣所进也。君内以邺为忧[2]，臣进西门豹。君欲伐中山，臣进乐羊。中山已拔，无使守之，臣进先生。君之子无傅，臣进屈侯鲋。以耳目之所睹记，臣何负于魏成[3]？"李克曰："子言克于子之君者，岂将比周[4]以求大官哉？君问相于克，克之对如是。所以知君之必相魏成者，魏成食禄千钟[5]，什九在外，什一在内[6]，是以东得卜子夏、田子方、段干木。此三人者君皆师之。子所进五人者，君皆臣之。子恶[7]得与魏成比也[8]？"翟璜逡巡[9]再拜曰："璜鄙人也[10]，失对，愿卒为弟子[11]。"

[1] 魏国在黄河西岸的领土叫西河，守是地方官。 [2] 邺是现在河南省临漳一带。 [3] 意思是：大家所知道的事，哪一样我不如魏成？ [4] 比周是结成小集团营谋私利的意思。 [5] 钟是量名，六十四斛为一钟。 [6] 意思是：十分之九的俸禄都是为国家的事用去的，在个人身上的只占十分之一。 [7] 恶即何字之义，读如乌平声，音屋。 [8] 意思是：那三个人非施以极端隆重的待遇是不肯来的，这五个人虽然有能力，却是可以当作臣子来差遣的。你怎能比得上魏成？ [9] 逡巡是惶恐退避的意思。 [10] 鄙人是乡下的粗人。 [11] 这句话的意思是说：我愿意从此以后永远

拜你作老师。

李克出来，遇见翟璜。翟璜问："听说今天国君召见先生谈委任相国的事，究竟选谁担任？"李克答道："魏成。"翟璜脸露愠色，说："驻守西河的吴起，是臣推荐的。君上对内忧心邺地，臣推荐西门豹。君上想攻伐中山，臣推荐乐羊。中山攻占后无人守卫，臣推荐先生。君上的儿子没有适合的师傅，臣推荐屈侯鲋。从大家耳闻目睹的这些事看，臣哪一样不如魏成？"李克说："先生推荐我给君上，难道是要结党营私谋做大官么？君上问我谁适任相国，我的回答就是如此。所以知道君上必定任魏成为相国，是因为魏成俸禄有千钟，十分之九都为国事用去，十分之一留作家用，所以从东边结纳了卜子夏、田子方、段干木。这三位，君上都尊为老师。而先生推荐的五个人，君上都作为臣子使用。先生怎能与魏成相比呢？"翟璜惶恐地拜谢道："我翟璜是个粗鄙的人，话说错了，希望以后能永远做先生的弟子。"

二

8吴起者，卫人，仕于鲁。齐人伐鲁，鲁人欲以为将。起取齐女为妻，鲁人疑之，起杀妻以求将，大破齐师。或谮之鲁侯曰："起始事曾参，母死不奔丧，曾参绝之[1]。今又杀妻以求为君将。起，残忍薄行人也。且以鲁国区区，而有胜敌之名，则诸侯图鲁矣[2]。"起恐得罪，闻魏文侯贤，乃往归之。文侯问诸李克，李克曰："起贪而好色，然用兵，司马穰苴弗能过也[3]。"于是文侯以为将，击秦，拔五城。起之为将，与士卒最下者同衣食，卧不设席，行不骑乘，亲裹赢粮[4]，与士卒分劳苦。卒有病疽者，起为吮之。卒母闻而哭之。人曰："子，卒也，而将军自吮其疽，何哭为？”母曰：“非然也。往年吴公吮其父疽，其父战不旋踵[5]，遂死于敌。吴公今又吮其子，妾不知其死所矣。是以哭之[6]。以上均威烈王二十三年

［1］据《史记》说：吴起为了要做官，把千金家产都弄得精光，同乡人都讥笑他，他把讥笑的人杀掉三十几个，自己就逃走了。临走的时候，对他母亲赌了个咒，说：如果做不到大官，决不再回卫国。以后他跟着孔子的弟子曾参。不久他母亲死了，因为赌过咒，竟不回去。曾参是最讲究孝道的人，大不以为然，从此拒绝他，不叫他上门了。但按年代来说，吴起曾师事曾参一说是可疑的。［2］意思是：鲁国是个小国，居然能打败大国，别的国家就会群起而攻的。［3］司马是官名，穰苴是人名。《史记》有传，相传是春秋时代齐国的名将，有兵法传于后世。穰音瓤，苴音居。［4］四字据旧注是亲裹士卒所担之粮。嬴，担也。［5］战不旋踵，是死战不退的意思。踵是脚后跟，不旋踵就是脚跟也不转一转。［6］意思是：“将军这样爱护兵士，兵士怎能不舍命来报答呢？从前我丈夫就是这样战死的，现在我儿子又将以死报答将军了。”

吴起，卫国人，在鲁国做官。齐人攻打鲁国，鲁国人想请他出任大将，可是由于吴起娶齐国女子为妻，鲁国人对他又有疑虑，吴起于是杀掉妻子而获任大将，大败齐兵。有人在鲁侯那里说他坏话：“吴起开始师事曾参，母亲去世，竟不回家尽孝，曾参因此与他绝交。如今他又杀妻来向君上求取将位。吴起，是个残忍刻薄的人啊！况且以小小鲁国，而有战胜强敌的名声，各国诸侯会群起图谋鲁国了。”吴起担心获罪，听说魏文侯贤明，于是前往归附。文侯就此事询问李克，李克说：“吴起贪婪而好女色，然而用兵打仗，就是司马穰苴也不能超过他。”于是文侯

任他为大将，攻打秦国，夺下了五座城市。吴起为将带兵，与最下层的士卒同衣共食，睡卧不铺置床席，行军不骑马乘车，亲自背裹粮食，分担士卒的劳苦。士卒有患痈疽的，吴起为他吮吸脓血。士卒的母亲听说后哭了起来。有人说："你的儿子只是普通一兵，而将军亲自为他吮吸脓血，你还哭什么呢？"那位母亲说："不是这样啊。往年吴公曾为孩子他爸吮吸脓血，他爸于是奋战沙场，死于敌手。现在吴公又为孩子吮吸脓血，我不知道他会战死在哪里，所以为他哭泣。"

9 魏文侯薨，太子击立，是为武侯。武侯浮西河[1]而下，中流，顾谓吴起曰："美哉！山河之固[2]，此魏国之宝也。"对曰："在德不在险。昔三苗氏[3]左洞庭，右彭蠡[4]，德义不修，禹灭之。夏桀之居[5]，左河济，右泰华[6]，伊阙[7]在其南，羊肠[8]在其北，修政不仁，汤放之。商纣之国[9]，左孟门[10]，右太行，常山[11]在其北，大河经其南，修政不德，武王杀之。由此观之，在德不在险。若君不修德，舟中之人皆敌国也[12]。"武侯曰："善。"安王十五年（前三八七）

［1］黄河从河套下来分开陕西、山西两省，河流从北而南，正当山西的西面，所以晋国人叫这一段黄河作西河。当时魏国的国土还有一部分在黄河西岸。［2］意思是：山河都是魏国的天然保障。山指太行山。［3］三苗大约在现在湖南、江西境内。［4］彭蠡相传即鄱阳湖。［5］桀都于安邑，在山西省安邑县。［6］泰华即指华山。［7］伊阙在洛阳。［8］羊肠坂在山西壶关。［9］纣都于朝歌，在河南省淇县。［10］孟门一般是指龙门的北口，正当黄河险处，此处孟门是指太行山东另一地名。［11］常山即恒山，在河北省曲阳县境。［12］意思是：如果不修德，不只是敌人，就连自己国内的人也会起来反抗君主的。

魏文侯去世，太子击即位，就是武侯。武侯乘船顺西河而下，行到中流，看着吴起说："真美啊！山河险固，这是魏国的天然保障啊。"吴起答道："国家的保障在于德政，不在于天险。古时三苗氏，左有洞庭湖，右有彭蠡泽，但是不修行德义，夏禹灭了它。夏桀的地盘，左有大河、济水，右有华山，伊阙山在它南面，羊肠坂在它北面，但是不施行仁政，被商汤放逐了。商纣的国境，左有孟门山，右有太行山，常山在它北面，大河流过南面，但是施政不仁德，周武王把他杀了。由此看来，国家的保障在于德政，不在于天险。倘若君上不修行德政，今天船中的人都会成为敌国啊！"武侯说："讲得好。"

10 魏置相，相田文。吴起不悦，谓田文曰："请与子论功可乎？"田文曰："可。"起曰："将三军，使士卒乐死，敌国不敢谋，子孰与起[1]？"文曰："不如子。"起曰："治百官，亲万民，实府库，子孰与起？"文曰："不如子。"起曰："守西河，秦兵不敢东向，韩、赵宾从[2]，子孰与起？"文曰："不如子。"起曰："此三者，子皆出吾下，而位加吾上，何也？"文曰："主少国疑，大臣未附，百姓不信，方是之时，属之子乎，属之我乎[3]？"起默然良久曰："属之子矣。"

[1]子孰与起，是说你比起我来何如。 [2]宾从即服从。 [3]意思是：在国内主持大计的责任，你能担得起吗？大概吴起虽然有功，而在魏国的关系和资格都还浅，所以不能达到做宰相的目的。

魏国设立宰相，由田文出任。吴起不高兴，对田文说："请与先生评比一下各人的功绩可以么？"田文说："可以。"吴起说："统率三军，使士兵甘愿拼死作战，敌国不敢进犯，这事先生比起我来怎么样？”田文说：“我不如先生。”吴起说：“管理百官，亲善万民，充实府库，这事先生比起我来怎么样？”田文说：“我不如先生。”吴起说：“守卫西河，使秦国不敢向东侵犯，韩国、赵国都来诚服，这事先生比起我来怎么样？”田文说：“我不如先生。”吴起说：“这三件事，先生能力都在我之下，而官位却在我之上，这是为什么？”田文说：“主上年少，国势不稳定，大臣尚未归附，百姓尚在犹疑，这样的时候，是让先生当宰相好呢，还是让我来当好呢？”吴起沉默很久，说：“还是让先生当宰相好。”

11 久之，魏相公叔尚主[1]而害吴起[2]，公叔之仆曰：“起易去也。起为人刚劲自喜，子先言于君曰：‘吴起，贤人也，而君之国小，臣恐起之无留心也。君盍试延以女，起无留心，则必辞矣。’子因与起归而使公主辱子，起见公主之贱子也，必辞；则子之计中矣[3]。”公叔从之，吴起果辞公主。魏武侯疑之而未信，起惧诛，遂奔楚。楚悼王素闻其贤，至则任之为相。起明法审令，捐不急之官[4]，废公族疏远者，以抚养战斗之士，要在强兵，破游说之言从横者[5]。于是南平百越[6]，北却三晋，西伐秦。诸侯皆患楚之强，而楚之贵戚大臣多怨吴起者。以上均安王十五年

[1] 主是公主，国王之女称公主，初见于此。尚是下级的人和上级的人结婚，后世就称娶公主为尚主。 [2] 害是妒忌的意思。 [3] 这番话的意思是：“您不妨对国君说：‘吴起这样的大才，我们一个小国是容纳不下的，我看他未必肯长住下去。您何不假说要招他做女婿，他若推辞，就证明他是不想长住下去了。’这话说过以后，您再和吴起一同到家，故意让公主辱骂您一顿，吴起看见公主这样看不起丈夫，他绝不敢娶公主。这样一来，就中

了您的计了。”［4］省去不必要的官职。［5］从横是指外交手段，后来苏秦、张仪的合从连横大概这时已经在酝酿中了。从横即纵横。［6］越的种族很多，所以称为百越。

过了很久,魏国宰相公叔娶了公主而想陷害吴起。公叔的仆人说:“吴起容易除去啊。吴起为人刚愎自用，先生可先对君上说:‘吴起，贤才啊，臣担心他没有长留下来的心思。君上何不试着招他为婿？他如果没有长留之心，就一定会辞去。’然后先生可邀吴起一同回家而让公主故意污辱先生，吴起亲见公主这样轻贱先生，必定辞谢婚事，这样他就中先生的计了。”公叔依计而行。吴起果然谢绝娶公主为妻。魏武侯对他起疑而不再信任，吴起担心被杀，于是逃往楚国。楚悼王向来听说吴起贤能，来了就任命他为宰相。吴起明颁法律，审施政令，裁去不必要的官职，废除公族中关系疏远的人的爵禄,用来抚养战斗的士卒,主要目的在于强兵,破除游说之徒那些合纵连横的言论。于是向南平定百越，向北击退三晋，向西攻伐秦国。诸侯都怕楚国强大，而楚国的贵戚大臣也大多怨恨吴起。

12 楚悼王薨，贵戚大臣作乱，攻吴起；起走之王尸而伏之。击起之徒，因射刺起，并中王尸。既葬，肃王即位，使令尹尽诛为乱者[1]。坐起夷宗者七十余家[2]。安王二十一年（前三八一）

［1］令尹是楚国的执政官。［2］为吴起的事件而全家处死的有七十多家。

楚悼王去世，贵戚大臣造反，围攻吴起；吴起跑到悼王尸体旁伏卧。攻打吴起的人射击吴起，也就射中了悼王的尸体。办完丧事，肃王即位，命令尹杀尽作乱的人。因围攻吴起一案而被诛灭宗族的有七十余家。

乐毅与田单

乐毅与田单

张仪连横的时代，燕国发生内乱，齐国乘机以伐平内乱为名，伐燕几致亡国。（此事《孟子》书以为齐宣王事，《史记》以为齐湣王事，《通鉴》折中两说，古今学者于此多所争论。）燕昭王即位以后，任用乐毅等贤才，励精图治，燕国终于复兴。经二十余年之后，乘齐湣王骄恣失去人心，将齐国又加以覆灭。在破齐的战役中，乐毅在政治军事上表现了超越的眼光和手腕，结果为燕国新王所忌，虽身免遭祸，功业却不能完成了。同时也由于齐国出了一个同样杰出的领导人物田单，运用他的智谋，将一个残破的齐国从敌军手里完全解放出来。这是战国中叶发生在东方的一件大事，为后人所称颂。特别是乐毅，晋朝的夏侯玄作了一篇《乐毅论》，阐明乐毅的本心不是为一国的君主服务的，而是有志于更远大的事业。在他不肯专恃武力攻取两城这一点上可以得到证明。魏晋以至唐人总是以乐毅与管仲并称的。

《通鉴》对于这件事记载特别详尽，第一节叙燕王哙有完全委任贤才治国的决心。第二节叙燕太子不服，因而两党相争，齐国得以作干涉燕国内乱的借口。第三节叙昭王一心招来贤才，与秦孝公宗旨相似（这时离秦孝公即位已五十年）。第四节叙齐湣王尽力侵略，引起众怒。第五节叙燕国联合各国伐齐。第六节叙乐毅宗旨不仅是为燕国扩充领土，也极力想缓和齐国人民的敌视心理。第七节叙齐湣王被杀。第八节叙乐毅对齐国的政治措施。第九节叙齐襄王继立。第十节叙田单以即墨为根据地。第十一节叙乐毅不肯对最后两城使用压力。第十二节叙燕昭王用人的手段，以及乐毅的不图个人富贵。第十三节叙燕惠王信谗言而乐毅去职。第十四节叙田单复兴齐国。第十五节叙乐毅对燕惠王表明心迹。第十六节叙齐襄王对田单也几乎有和燕惠王对乐毅同样的结果。第十七节叙田单晚年的情况。

关于这项历史事件的记载,《通鉴》是融合很多史料而成的,远较《史记》本传丰富生动。因此可以看出《通鉴》的作者具有怎样高度的组织能力。

1 苏秦既死,秦弟代、厉亦以游说显于诸侯。燕相子之与苏代婚,欲得燕权。苏代使于齐而还,燕王哙问曰:“齐王其霸乎!”对曰:“不能。”王曰:“何故?”对曰:“不信其臣。”于是燕王专任子之[1]。鹿毛寿谓燕王曰:“人之谓尧贤者,以其能让天下也,今王以国让子之,是王与尧同名也。”燕王因属国于子之,子之大重[2]。或曰:“禹荐益而以启人为吏,及老而以启为不足任天下,传之于益,启与交党攻益夺之。天下谓禹名传天下于益而实令启自取之。今王言属国于子之,而吏无非太子人者,是名属子之而实太子用事也[3]。”王因收印绶,自三百石吏以上[4],而效之子之。子之南面行王事[5],而哙老,不听政,顾[6]为臣,国事皆决于子之。周慎靓王五年(前三一六)

[1] 以上是说子之利用苏代去骗燕王,使子之得以专权。 [2] 以上鹿毛寿进一步说动燕王让国于子之,而子之的权势更重。 [3] 以上另外一个人劝燕王把太子的用人权也夺去归子之。这人引古事,说禹名为传天下与益,实际上还是让自己的儿子启去夺过来。与孟子的说法大不同。可见战国时代对古史的传说是很纷乱的。 [4] 依秦汉的制度,官吏的等级是按每年所得禄米计的。三百石是第十等。这样说来,战国时代已经有这种名称了。 [5] 行王事是代行国王的职权。 [6] 顾,反也。

苏秦死后，其弟苏代、苏厉也以游说而扬名于诸侯各国。燕国宰相子之和苏代家联姻，想取得燕国政权。苏代出使齐国归来，燕王哙问道：“齐王他能称霸吗？”答道：“不能。”燕王问：“什么缘故？”答道：“因为不信任他的臣下。”于是燕王完全信任子之。鹿毛寿对燕王说：“人们称道帝尧贤明，是因为他能禅让天下啊。今日君王如能把国家禅让给子之，那就与帝尧同享美名了。”燕王便将国事托付给子之，子之的权势更重。又有人说：“夏禹推荐伯益掌天下，而任用儿子启的亲信为官吏，到老时认为启无能力统治天下，把王位传给伯益。启纠结党羽攻打伯益，夺得王位。天下人便说禹是名义上把天下传给伯益而实际上让启去自行夺取。现在君王说把国家托付子之，而官吏不外是太子的人，这是名义上托付子之而实际上由太子掌权啊。”燕王便收回年禄三百石以上官吏的印绶，都交给子之。子之执掌君王的职务，而燕王哙年老，不再听取政事，反而成为臣子，国家大事都由子之去决断。

2燕子之为王三年，国内大乱，将军市被与太子平谋攻子之。齐王令人谓太子曰：“寡人闻太子将饬君臣之义，明父子之位[1]，寡人之国，唯太子所以令之[2]。”太子因要党聚众[3]，使市被攻子之，不克。市被反攻太子。构难数月，死者数万人，百姓恫恐[4]。齐王令章子将五都之兵[5]，因北地之众以伐燕[6]。燕士卒不战，城门不闭。齐人取子之醢之[7]，遂杀燕王哙。赧王元年（前三一四）

[1] 意思是：听说太子将要重整朝纲，君仍为君，臣仍为臣，太子仍将继承君父之位。也就是说诛讨子之，使燕王复位。 [2] 意思是：“我以全国力量做你的后援。” [3] 要是要结的意思。 [4] 恫，痛也，恐字似当作怨字。这时已经成为一场混斗，百姓跟在里面被牺牲，并没有一定目标，死

的人达到几万之多，所以都不赞成延长战事，齐兵才能长驱直入。若作怨字，方与下文“士卒不战，城门不闭”的话相应。［5］五都之兵也许就是苏秦所谓“五家之兵”，或若齐国有这种军号。［6］北地之众大概是指齐国的北境，也就是燕国的南境。［7］醢是剁成肉酱。

燕国子之掌权三年，国内大乱。将军市被与太子平合谋攻打子之。齐王派人对燕太子说：“我听说太子将要整顿朝纲，恢复父子相传的王位，我齐国愿以举国之力听从太子号令。”太子于是结合党徒聚集兵力，派市被去攻击子之，但未能取胜。市被反戈攻击太子，造成数月战乱，死亡数万人，百姓痛苦怨恨。齐王命章子率领五都军队，借助齐国北部民众之力攻伐燕国。燕国士卒不抵抗，城门也不关闭。齐人俘获子之，将他剁成肉酱，并杀了燕王哙。

3燕人共立太子平，是为昭王。昭王于破燕之后，吊死问孤，与百姓同甘苦，卑身厚币以招贤者，谓郭隗曰：“齐因孤之国乱而袭破燕；孤极知燕小力少，不足以报。然诚得贤士与共国，以雪先王之耻，孤之愿也。先生视可者得身事之[1]。”郭隗曰：“古之人君有以千金使涓人[2]求千里马者，马已死，买其首五百金而返。君大怒，涓人曰：‘死马且买之，况生者乎？马今至矣[3]。’不期年[4]，千里之马至者三。今王必欲致士，先从隗始，况贤于隗者，岂远千里哉？”于是昭王为隗改筑宫而师事之，于是士争趣燕[5]，乐毅自魏往，剧辛自赵往。昭王以乐毅为亚卿[6]，任以国政。赧王三年（前三一二）

［1］意思是：你看有什么人可以算得贤士的，我愿意亲身奉养他。［2］涓人是在左右供洒扫的人，转为亲信的人的意思。［3］马今至矣是说

马就都会来了。［4］期年是一周年。［5］趣是奔向的意思。［6］亚卿是副相的意思。

燕国人共同拥立太子平，就是燕昭王。昭王是在燕国被攻破之后即位，他哀悼死者慰问孤寡，与百姓同甘共苦，自身谦卑地以重金招纳贤才。他对郭隗说："齐国趁我国内乱而攻破我燕国；我非常明白现在国小力弱，不能够报复。然而真能得到贤士来共同治理国家，以洗雪先王的耻辱，那是我的愿望啊。先生看到可算得上贤士的，我愿亲身侍奉他。"郭隗说："古时有位君王拿出千金命亲信去求购千里马。千里马已死，亲信花五百金购得马头归来。君王大怒。亲信说：'连死去的千里马都购买，何况是活马呢？千里马即刻就要到了。'不满一年，千里马来了三匹。如今君王一定要招纳贤士，就先从礼遇我郭隗开始，那么比我贤能的人，难道会因千里太远而不来吗？"于是昭王替郭隗改建宫室，并尊他为老师。于是贤士都争着趋赴燕国，乐毅自魏国前往，剧辛自赵国前往。昭王任命乐毅为副相，把国家大政交付给他。

4 齐湣王[1]既灭宋而骄[2]，乃南侵楚，西侵三晋，欲并二周[3]，为天子。狐咺正议，斫[4]之檀衢[5]，陈举直言，杀之东闾[6]。燕昭王日夜抚循其人，益为富实，乃与乐毅谋伐齐。乐毅曰："齐，霸国之余业也，地大人众，未易独攻也。王必欲伐之，莫如约赵及楚、魏。"于是使乐毅约赵，别使使者连楚、魏，且令赵啖秦以伐齐之利[7]。诸侯害齐王之骄暴[8]，皆争合谋与燕伐齐。赧王三十年（前二八五）

［1］湣音敏。［2］宋康王也是个狂妄的人，宋国人也不拥护他，所以齐湣王很容易把他灭了。［3］二周指当时分立的东周、西周。［4］斫，

斩也。［5］檀衢是齐国都城里一个街名。［6］东闾是齐国都城的东门。［7］啖，引诱的意思。［8］害是畏而且恶的意思。

齐湣王灭宋后骄横起来，竟向南侵略楚国，向西侵略三晋，还想并吞东周和西周，自立为天子。狐咺公正议论，被斩于檀衢。陈举刚直进言，被杀于东闾。燕昭王日夜安抚引导他的百姓，国家愈来愈富强殷实，便同乐毅谋划攻伐齐国。乐毅说："齐国，有当年称霸留下的根基，地域广大，人口众多，不易单独进攻啊。君王一定要攻伐它，不如邀约赵国以及楚国、魏国。"于是派乐毅邀约赵国，另派使者联络楚国、魏国，还让赵国用伐齐的利益去引诱秦国。诸侯害怕齐王的骄横强暴，都争着要与燕国合谋攻打齐国。

5 三十一年，燕王悉起兵，以乐毅为上将军。秦尉[1]斯离帅[2]师与三晋之师会之。赵王以相国印授乐毅[3]。乐毅并将秦、魏、韩、赵之兵以伐齐。齐湣王悉国中之众以拒之，战于济西，齐师大败。乐毅还秦、韩之师[4]，分魏师以略宋地[5]，部赵师以收河间[6]，身率燕师长驱逐北[7]。

［1］尉是秦国官名，等于将军。［2］帅即率字。［3］战国时代以别国人作宰相，仅居名义不任实职的，是常有的事，苏秦并相六国，就是一个前例。［4］因为秦、韩两国最远，所以先将它们的军队遣散回去。［5］宋地在商丘一带，离魏国最近，所以叫他们去占领。［6］河间在赵国之东，燕、赵两国又是亲善的，所以将河间划给赵国。［7］乐毅将各国军队都安排妥当，免得他们掣肘，然后自己统率本国的主力完成全部任务。逐北是乘胜直追的意思。

三十一年，燕昭王大举出兵，以乐毅为上将军。秦国将领斯离率军与三晋的军队都来会师。赵王还把相国的印章授给乐毅。乐毅将秦、魏、韩、赵四国军队也一并统率起来攻打齐国。齐湣王发动全国军民进行抵抗，双方战于济水之西，齐军大败。乐毅让秦、韩军队先行回国，分派魏军进占宋国，部署赵军收复河间，自己率领燕军，长驱直入追逐败逃的齐军。

6 剧辛曰："齐大而燕小，赖诸侯之助以破其军，宜及时攻取其边城以自益，此长久之利也。今过而不攻，以深入为名，无损于齐，无益于燕，而结深怨，后必悔之[1]。"乐毅曰："齐王伐功矜能，谋不逮下，废黜贤良，信任谄谀，政令戾虐，百姓怨怼。今军皆破亡，若因而乘之，其民必叛，祸乱内作，则齐可图也。若不遂乘之，待彼悔前之非，改过恤下，而抚其民，则难虑也[2]。"遂进军深入，齐人果大乱失度，湣王出走。乐毅入临淄，取宝物、祭器输之于燕，燕王亲至济上劳军，行赏飨士，封乐毅为昌国君，遂使留徇齐城之未下者[3]。

[1] 剧辛的意思是：齐国不是可以彻底消灭的，不如占领一些边境就算了。 [2] 乐毅的意思是：齐国人痛恨他们的国王，燕兵一到，必然发生内乱。若不乘此机会，以后齐国改良政治，就不容易对付了。剧辛的话为燕国谋目前利益是不错的，乐毅的话则注重在博取齐国人的好感。 [3] 徇是略地的意思。

剧辛说："齐国大而燕国小，依靠诸侯各国的协助才打败齐军，应该及时占领其边境城池以获利，这是长久的利益啊！现在经过这些地方而不攻克，以深入腹地为名，对齐国没有损害，对燕国没有益处，只是结下深深的怨仇，将来必会后悔的。"乐毅说："齐王自吹其功，自矜其能，不与臣下共谋国事，废黜贤良之士不用，信任阿谀小人，政令暴戾苛虐，百姓怨声载道。现在齐军已溃败逃亡，如果乘势追击，其民众必会反叛，祸乱由内部引发，那么齐国就可谋取了。如果不乘机追击，等到他悔悟以前的过失，改正错误而体恤臣下，安抚百姓，那就难以对付了。”于是率军深入追击，齐国民众果然大乱，失去章法，湣王也仓皇出逃。乐毅进入临淄城，夺取宝物、祭器送往燕国。燕王亲自来到济水上慰劳军队，奖励犒赏士卒，封乐毅为昌国君，让他留下来继续攻击尚未夺下的城池。

7 齐王出亡之卫，卫君辟宫舍之[1]，称臣而共具[2]。齐王不逊，卫人侵之，齐王去奔邹、鲁，有骄色，邹、鲁弗内[3]，遂走莒[4]。楚使淖齿将兵救齐[5]，因为齐相。淖齿欲与燕分齐地，乃执湣王而数之曰：“千乘、博昌之间[6]，方数百里，雨血沾衣，王知之乎？”曰：“知之。”“嬴、博之间[7]，地坼及泉，王知之乎？”曰：“知之。”“有人当阙而哭者，求之不得，去则闻其声，王知之乎？”曰：“知之。”淖齿曰：“天雨血沾衣者，天以告也，地坼及泉者，地以告也。有人当阙而哭者，人以告也。天地人皆告矣[8]，而王不知诫焉。何得无诛？”遂弑王于鼓里。

[1] 卫是小国，所以卫君非常恭敬，自己避开宫殿，请齐湣王去住。[2] 共具就是供应需要。共即古供字。 [3] 内即纳字。 [4] 莒是从前的一个小国，这时成为齐国境内一座城，今山东省莒县。 [5] 淖音捉。 [6] 千乘、博昌在今山东省高苑、博兴一带。 [7] 嬴、博在今泰安、莱芜一带。[8] 意思是：天雨下血来，是天意示警，地裂开涌出水，是地的示警，有人在宫门前哭，只听见声音，找不到人，是人的示警。

齐湣王逃亡到卫国，卫国国君让出宫室给他居住，向他称臣，供应所需之物。而齐王不知谦让，卫国人便攻击他。齐王又出奔邹国、鲁国，因态度骄傲，邹国、鲁国都不予接纳，于是跑到莒邑。楚国派淖齿率军援救齐国，因而成为齐国丞相。淖齿想与燕国瓜分齐国土地，便拘执了齐湣王，数落他的过错说："千乘、博昌二邑之间，方圆数百里，天落血雨，沾湿人衣，王知道吗？"回答："知道。""嬴、博二邑之间，土地裂开，深及泉水，王知道吗？"回答："知道。""有人对着宫阙哭泣，找他找不着，离开时却又听到他的哭声，王知道吗？"回答："知道。"淖齿说："天落血雨沾湿衣服，这是天在警告；土地裂开深及泉水，这是地在警告；有人对着宫阙哭泣，这是人在警告。天、地、人都警告了，王自己却不知警诫，怎能不杀呢？"于是杀齐王于鼓里。

8 乐毅闻昼邑人[1]王蠋贤[2]，令军中环昼邑三十里无入。使人请蠋，蠋谢不往。燕人曰："不来，吾且屠昼邑！"蠋曰："忠臣不事二君，烈女不更二夫。齐王不用吾谏，故退而耕于野。国破君亡，吾不能存。而又欲劫之以兵。吾与其不义而生，不若死！"遂经其颈于树枝[3]，自奋绝脰而死[4]。燕师乘胜长驱，齐城皆望风奔溃。乐毅修整燕军，禁止侵掠，求齐之逸民[5]，显而礼之。宽其赋敛，除其暴令，修其旧政，齐民喜悦。乃遣左军渡胶东、东莱[6]；前军循泰山以东至海，略琅邪[7]；右军循河、济，屯阿、鄄以连魏师[8]；后军旁北海以抚千乘[9]；中军据临淄而镇齐都。祀桓公、管仲于郊，表贤者之闾[10]，封王蠋之墓，齐人食邑于燕者二十余君[11]，有爵位于蓟者百有余人[12]。六月之间，下齐七十余城，皆为郡县[13]。以上赧王三十一年（前二八四）

［1］昼邑在齐国都城临淄附近。《史记》是"画"字，音获。《通鉴》

依《孟子》作“昼”字。不知究竟谁是。［2］蠋音烛。［3］经，绞也。［4］自奋绝脰是用力一挣，将颈项绞断了。［5］逸民是齐国人反抗暴君不肯出仕的人。［6］左军担任的是后世胶州、莱州一带。［7］前军担任的是后世沂州、海州一带。［8］右军担任的是后世东昌、济宁一带。鄄音绢。［9］后军担任的是后世济南以北地方。［10］表闾是将所住的里门造成牌坊一类的建筑，加以表扬。［11］燕国拿出地方来封齐国的人。［12］蓟是燕国的都城，今北京附近。［13］这时列国攻取了别国的土地，就建置郡县。郡县不自秦始。

乐毅听说昼邑的王蠋贤能，下令军队在昼邑周围三十里以内不可进入。随即派人去邀请王蠋，蠋辞谢不去。燕国人说：“你不来，我们就要屠杀全昼邑的人！”王蠋说：“忠臣不事奉两个国君，烈女不改嫁两个丈夫。齐王不听取我的谏议，所以我退下来躬耕田野。现在国家破灭君主死亡，我不能苟且偷生。而你们又想用兵力来要挟。我与其不义而生，不如一死！”于是将脖子套进绞索挂在树枝上，用力一挣，绞断颈脖而死。燕军乘胜长驱直入，齐国城池百姓都闻风奔逃溃散。乐毅整治燕军军纪，禁止侵害掠夺，访求齐国隐逸高士，显扬其名以礼相待。又宽缓赋税，废除暴虐的政令，修明以往的善政，齐国人民都很喜悦。乐毅于是派遣左军渡过胶莱河抵达胶东、东莱；前军顺着泰山以东到海边，略得琅邪一带；右军沿着黄河、济水，驻扎阿、鄄等地来连结魏军；后军依傍北海以安抚千乘地方；中军占据临淄而镇守齐国都城。在郊外祭祀桓公、管仲，在贤士居处竖立牌坊加以表扬，赠封王蠋的墓地。齐国人被燕国封君赐采邑的有二十余人，在燕国都城蓟有爵位的达一百多人。六个月内，攻下齐国七十多座城池，都设置为郡县。

9齐淖齿之乱，湣王子法章变姓名为莒太史敫家佣[1]。太史敫女奇法章状貌，以为非常人，怜而常窃衣食之，因与私通。王孙贾从湣王[2]，失王之处。其母曰："汝朝出而晚来，则吾倚门而望，汝暮出而不还，则吾倚闾而望。汝今事王，王走，汝不知其处，汝尚何归焉[3]！"王孙贾乃入市中呼曰："淖齿乱齐国，杀湣王，欲与我诛之者，袒右[4]！"市人从者四百人，与攻淖齿杀之。于是齐亡臣相与求湣王子欲立之，法章惧其诛己，久之乃敢自言，遂立以为齐王，保莒城以拒燕，布告国中曰："王已立在莒矣。"赧王三十二年（前二八三）

［1］敫音绞。［2］王孙贾是齐国的大夫。［3］他母亲的意思是：平常我看你不回家，就早晚盼望，现在你既然为君王服务，君王不知去向，你还回家做什么？意思是勉励他尽忠。门是自己家里的门，闾是巷门。［4］袒右是脱去右边的袖子。

齐国淖齿叛乱，湣王的儿子法章改换姓名做了莒太史敫家的佣人。太史敫的女儿惊异法章的举止相貌，认为他不是普通人，怜爱他而经常私下给他衣食，因而与他私通。王孙贾追随湣王，后来不知湣王下落。他母亲说："你早出晚归，我就靠着家门张望；你薄暮外出而不归，我就靠着里巷的门张望。你现在事奉君王，君王走了，你不知他的下落，你还归来做什么！"王孙贾便来到街市高呼："淖齿乱我齐国，杀了湣王，凡愿与我一起去杀他的，请袒露右臂！"市中响应的有四百人，与他一起去进攻并杀了淖齿。于是齐国亡臣都来寻找湣王的儿子，想立他为国君。法章担心这些人会杀死自己，过了很久才敢自言身份，于是被立为齐王，保卫莒城以抵抗燕军，并布告全国说："齐王已在莒城即位了。"

10 初，燕人攻安平[1]，临淄市掾田单在安平[2]，使其宗人皆以铁笼傅车轊[3]。及城溃，人争门而出，皆以轊折车败，为燕所擒，独田单宗人以铁笼得免[4]，遂奔即墨[5]。是时齐地皆属燕，独莒、即墨未下。乐毅乃并右军、前军以围莒，左军、后军围即墨。即墨大夫出战而死。即墨人曰："安平之战，田单宗人以铁笼得全，是多智习兵。"因共立以为将，以拒燕。赧王三十六年（前二七九）

[1] 安平在临淄东。 [2] 市掾是管市易事务的职员。 [3] 轊是车轴头。 [4] 因为大家的车都在城门口抢着走，所以轴头碰坏了，终于被燕军俘虏，只有田单一族人的车有铁笼在轴头上保护，所以能逃脱。 [5] 即墨即今山东省即墨县。即墨近海，莒在山区，所以还能坚守不降。

当初燕军攻打安平时，临淄管理买卖交易的属官田单正在安平，他让同族宗亲都用铁笼罩在车轴上。等城被攻破时，人们争相夺门而出，都因轴头折断、车子损坏而被燕军俘获；唯独田单一族人因铁笼罩护车轴而得以脱逃，奔往即墨。这时齐国土地大都被燕军占据，只剩莒和即墨尚未攻下。乐毅便将右军、前军合并起来围攻莒城，左军、后军合并起来围攻即墨。守卫即墨的大夫出战而死。即墨人说："安平之战，田单一族人因铁笼得以保全，可见此人足智多谋，熟习兵事。"便共同拥立他为将军，以抵抗燕军。

11 乐毅围二邑，期年不克，乃令解围，各去城九里而为垒。令曰："城中民出者勿获，困者赈之，使即旧业，以镇新民[1]。"三年而犹未下。

[1] 意思是：让围城中的人可以自由出入，不加俘虏，穷困的还加以

赈济，各安生业，使新归附的人都不生恐惧。

乐毅围攻这两座城，打了一年尚未攻克，就下令解围，各离开城池九里而设置营垒。下令说:“城中有人出来,不要捕捉,生活困难的要给予救济,让他们各安生业，以安抚新归附的人民。”结果三年过去仍未攻下。

12 或谗之于燕昭王曰:“乐毅智谋过人，伐齐，呼吸之间克七十余城，今不下者两城耳。非其力不能拔，所以三年不攻者，欲久仗兵威以服齐人，南面而王耳。今齐人已服。所以未发者，以其妻子在燕故也。且齐多美女,又将忘其妻子。愿王图之[1]!”昭王于是置酒大会,引言者而让之曰[2]:“先王举国以礼贤者，非贪土地以遗子孙也。遭所传德薄,不能堪命,国人不顺[3]。齐为无道,乘孤国之乱以害先王。寡人统位,痛之入骨。故广延群臣,外招宾客,以求报雠。其有成功者,尚欲与之同共燕国[4]。今乐君亲为寡人破齐，夷其宗庙[5]，报塞先仇,齐国固乐君所有,非燕之所得也。乐君若能有齐,与燕并为列国,结欢同好，以抗诸侯之难，燕国之福，寡人之愿也。汝何敢言若此?”乃斩之。赐乐毅妻以后服,赐其子以公子之服,辂车乘马,后属百两[6],遣国相奉而致之乐毅,立乐毅为齐王。乐毅惶恐不受,拜书以死自誓,由是齐人服其义，诸侯畏其信，莫敢复有谋者。

[1] 意思是:乐毅故意留两城不攻，为的是长期保持实力，使齐国人畏服,预备在齐国作王。但是自己的妻子还在燕国,恐怕燕国会害他妻子的性命,所以不敢发动。然而有了齐国的美人，也不在乎原来的妻子了。 [2] 让是谴责的意思。 [3] 这几句话的意思是:燕王哙有为国求贤之心，不料托付不得人，辜负了委任，失去人心。 [4] 意思是:只要能成功，情愿和他分

享燕国。［5］夷，平也。［6］辂车是王者之车，乘马是四马，后属是后面随从的车，名为属车。都是君王的仪制。

有人向燕昭王进谗言，说："乐毅智谋超过常人，攻伐齐国，瞬息之间便攻克七十余城，现在未攻下的只剩两城而已。并非他的兵力不能攻克，所以三年而不攻，是想长久仗着兵威镇服齐国人，他好南面称王罢了。而今齐国人已经畏服，他所以没有举动，是因妻儿还在燕国的缘故啊。况且齐国多美女，他又可能忘掉妻儿。希望大王防备这事！"昭王于是摆设酒宴大会群臣，带出进谗言者而加以谴责说："先王以整个国家礼遇贤士，不是为了贪图土地留给子孙啊。只是遇着所传承的人德薄，不能承担使命，国人都感到不顺心。齐国不讲道义，乘我国内乱而害死先王。我继承王位，对此恨之入骨，所以广泛延请群臣，向外招揽宾客，以报此仇。有能成此大功的，我还情愿和他分享燕国。如今乐毅亲自为我攻下齐国，夷平它的宗庙，为先王报了仇。齐国本归乐将军所有，不是燕国所得的啊。乐将军如能拥有齐国，与燕国并为列国，彼此结盟友好，以抵抗诸侯各国的祸难，这是燕国的福气，也是我的愿望啊。你怎敢说出这样的话？"随即斩杀进谗者。又把王后的服装赐给乐毅的妻子，把公子的服装赐给乐毅的儿子，把王者乘坐的四马大车、后面随从的车子百辆，派遣国相去奉送给乐毅，并立乐毅为齐王。乐毅惶恐，不肯接受，上书以死表明心迹，由此齐国人佩服他的德义，诸侯敬畏他的诚信，没有谁再敢暗算他了。

13 顷之，昭王薨，惠王立。惠王自为太子时，尝不快于乐毅。田单闻之，乃纵反间于燕[1]，宣言曰："齐王已死，城之不拔者二耳。乐毅与燕新王有隙，畏诛而不敢归，以伐齐为名，实欲连兵南面王齐，齐人未附，故且缓攻即墨以待其事。齐人所惧，唯恐他将之来，即墨残矣。”燕王固已疑乐毅。得齐反间，乃使骑劫代将而召乐毅。乐毅知王不善，代之[2]，遂奔赵。燕将士由是愤惋不和。

[1] 纵反间是派间谍到敌国内部去造谣破坏。这是《孙子兵法》中的兵谋之一。 [2] 不善，代之，是说对他不怀好意，所以派人接替他。

不久，燕昭王去世，惠王继立。惠王从当太子时，就曾和乐毅之间有过不愉快。田单听说后,便在燕国施行反间计,造谣说:“齐王已经死去，没有被攻下的城池仅两座而已。乐毅和燕国新王有嫌怨，怕被杀戮而不敢回国，以伐齐为名，实际是想拥兵在齐国南面称王，因齐国人尚未归附，所以暂且缓攻即墨以等待时机。齐国人所怕的，唯恐别的燕将前来，即墨就将残毁了。”燕惠王本已疑心乐毅，又中齐国反间之计，就派骑劫代为出任将军而召回乐毅。乐毅知道惠王心怀不善，才派人来接替他，于是投奔赵国。燕国将士由此气愤惋惜而失和。

14 田单乃令城中人：食，必祭其先祖于庭[1]。飞鸟皆翔舞而下城中，燕人怪之。田单因宣言曰：“当有神师下教我。”有一卒曰：“臣可以为师乎？”因反走。田单起引还，坐东向，师事之[2]。卒曰：“臣欺君。”田单曰：“子勿言也！”因师之。每出约束，必称神师[3]。乃宣言曰：“吾唯惧燕军之劓所得齐卒[4]，置之前行[5]，即墨败矣。”燕人闻之，如其言。城中见降者尽劓，皆怒，坚守唯恐见得。单又纵反间，言吾惧燕人掘吾城外冢墓，可为寒心。燕军尽掘冢墓，烧死人。齐人从城上望见，皆涕泣，共欲出战，怒自十倍。田单知士卒之可用，乃身操版锸[6]，与士卒分功，妻妾编于行伍之间，尽散饮食飨士。令甲卒皆伏，使老弱女子乘城，遣使约降于燕。燕军皆呼万岁。

田单又收民金，得千镒[7]，令即墨富豪遗燕将曰："即降，愿无掳掠吾族家[8]。"燕将大喜，许之，燕军益懈。田单乃收城中得牛千余，为绛缯衣[9]，画以五采龙文，束兵刃于其角，而灌脂束苇于其尾[10]，烧其端，凿城数十穴，夜纵牛，壮士五千随其后。牛尾热，怒而奔燕军。燕军大惊，视牛皆龙文，所触尽死伤，而城中鼓噪从之，老弱皆击铜器为声，声动天地。燕军大骇败走，齐人杀骑劫，追亡逐北，所过城邑皆叛燕复为齐。田单兵日益多，乘胜，燕日败亡，走至河上，而齐七十余城皆复焉。乃迎襄王于莒，入临淄，封田单为安平君。

［1］古人每吃饭必留出一点东西为祭。［2］古人以坐在西边面朝东为上座。［3］这是田单深恐自己威信不够，所以假称神师，利用神权来加强民众信念，和后来陈胜用篝火狐鸣的方法是一样的，但篝火狐鸣事《通鉴》却删去了。［4］劓是割鼻子。［5］置之前行是放在军队的前列。［6］版锸是筑城的工具。［7］二十两为一镒。［8］《史记》族家下有妻妾二字,《通鉴》删去,恐不是原意。［9］缯,绢也。［10］脂是油,苇是芦草。

田单命令城中百姓：进餐，一定要在庭院中祭拜祖先。这样飞鸟看见食物都飞翔下落到城中。燕国人觉得奇怪。田单因此宣称："应当会有神师从天上下来教我。"有个士兵问："我可以当神师吗？"说完转身走开。田单起身引他回来，请他东向而坐，以老师之礼相待。士兵说："我骗你的。"田单说："你不要说出来啊！"就尊他为师。每次出去视察，必称他为神师。又散布谣言说："我只惧怕燕军将齐军俘虏割掉鼻子，放在行列前头，那样即墨就要败亡了。"燕军听信谣言，照着去做。城中人见投降的士卒全被割去鼻子，非常愤怒，坚守城池唯恐被俘获。田单又派人施反间计，说："我们最怕燕军挖掘城外的先人坟墓，那会使我们寒心。"

燕军听后便大挖坟墓，焚烧尸体。齐国人从城上望见，哭泣流涕，都想出城作战，怒火增添了十倍。田单知道士气可用，就亲自拿起版锸，与士卒分担劳苦，把妻妾也编到作战队伍中，尽量把饮食散发出去犒劳士卒。他命令披甲的士卒都埋伏起来，让老弱妇女登城守卫，派遣使者到燕方约定投降之事。燕军都高呼万岁。田单又收集民间藏金，共得一千镒，让即墨的富豪赠送给燕军将领，说："马上就要投降了，希望不要掳掠我们的族人。"燕军将领大喜，答应下来，燕军更加松懈。田单于是在城中收得一千多头牛，为它们裹上绛色绢衣，画上五彩龙纹，把刀刃绑束在牛角上，而将浸过油的芦草系束于牛尾，在尾端点火，在城墙上凿开几十个洞穴，乘夜放牛出城，五千壮士跟随其后。牛尾烧热，牛发怒而直向燕军冲去。燕军大惊，看见牛身上满是龙纹，被冲到的非死即伤。而城中人高声呐喊，跟随出击，老弱的人也都敲响铜器，声震天地。燕军一片惊恐，大败溃逃。齐国人杀了骑劫，追逐败逃的燕兵，所经过的城邑都反叛燕国，恢复为齐国所有。田单的士兵日益增多，乘胜前进，燕军日益败亡，一直逃跑到河上，而齐国七十多座城池全都收复了。于是到莒城迎接齐襄王；进入临淄，封田单为安平君。

15 赵王封乐毅于观津，尊宠之，以警动于燕、齐[1]，燕惠王乃使人让乐毅，且谢之曰[2]："将军过听，以与寡人有隙，遂捐燕归赵[3]，将军自为计则可矣，而亦何以报先王之所以遇将军之意乎？"乐毅报书曰："昔伍子胥说听于阖闾，而吴远迹至郢；夫差弗是也[4]，赐之鸱夷而浮之江[5]。吴王不寤先论之可以立功，故沈子胥而不悔，子胥不早见主之不同量，是以至于入江而不化[6]。夫免身立功以明先王之迹，臣之上计也[7]。离毁辱之诽谤，堕先王之名，臣之所大恐也[8]。临不测之罪，以幸为利，义之所不敢出也[9]。臣闻古之君子，交绝不出恶声，忠臣去国，不洁其名[10]。臣虽不佞，数奉教于君子矣，唯君王之留意焉！”于是燕王复以乐毅子间为昌国君，而乐毅往来复通燕[11]，卒于赵，号曰望诸君[12]。

[1] 表示赵国重用乐毅，使燕、齐两国都不敢轻视。 [2] 谢字含有问候及道歉两个意思，与现在谢字的解释不尽同。 [3] 捐，弃也。 [4] 意思是：阖闾信任伍子胥，所以吴国能远征到楚国的都城，而夫差不以伍子胥为然。 [5] 鸱夷是皮囊。 [6] 意思是：吴王不明白伍子胥从前的计划可以立功，所以不惜杀害他，伍子胥也不明白两个君主的气量是不相同的，所以沉到江中，冤魂还不散。 [7] 这是说：自身也能安全，功业也能建立，使先王所行的事为人所共见，这是最好的办法。 [8] 这是说：我若陷于诽谤，使先王英名受损，这是我最害怕的。堕读为隳，音辉。 [9] 这是说：为了自己逃罪而帮助别国危害燕国，这是我所绝不肯做的事。这封信的主要意思在此。 [10] 忠臣虽然到了不得已而去国，也绝不肯专顾自己的名声好听，委过于别人。 [11] 意思是：仍与燕国的关系不断。 [12] 望诸是个沼泽之名。

赵王把观津封给乐毅，尊重宠信他，以此警动燕、齐二国。燕惠王于是派人责备乐毅，同时又表示问候和歉意，说：“将军过于听信传言，以为与我有嫌隙，就抛弃燕国而归向赵国。将军为自身这样谋划是可以的，而又如何报答先王的知遇之恩呢？”乐毅回信说：“昔时伍子胥的主张被阖闾听从，而使吴军远征到了楚国的郢都；夫差不以其计为然，将伍子胥赐死，尸体塞进皮囊浮在江上。吴王不明白他先前的计划可以建立功绩，因此沉子胥于江中而不悔恨；子胥不能早日看出两个君王的气量不同，因此直到沉没江底冤魂还不散。保全自身，立功以彰明先王的业绩，是微臣的上策啊。遭受诋毁、侮辱等诽谤，败坏先王的名声，是我最害怕的啊。面临不测的罪名，为求自己逃祸而助他国危害燕国，这是我出于道义绝不敢做的啊。我听说古代君子，与人绝交而不出恶言；忠臣离开故国，不为自己修饰名声。我虽无才，但已屡受君子言行的教益了,希望君王能留意到这些！”于是燕王又封乐毅的儿子乐间为昌国君，而乐毅也往来于赵、燕之间，与燕国通好，后来死在赵国，称为望诸君。

16 田单相齐，过淄水，有老人涉淄而寒[1]，出水不能行，田单解其裘而衣之。襄王恶之，曰：“田单之施于人，将以取我国乎！不早图，恐后之变也[2]。”左右顾无人，岩下[3]有贯珠者[4]，襄王呼而问之曰：“汝闻吾言乎？”对曰：“闻之。”王曰：“汝以为何如？”对曰：“王不如因以为己善，王嘉单之善，下令曰：‘寡人忧民之饥也，单收而食之,寡人忧民之寒也,单解裘而衣之,寡人忧劳百姓;而单亦忧之,称寡人之意。’单有是善而王嘉之,单之善亦王之善也[5]！”王曰：“善。”乃赐单牛酒。后数日,贯珠者复见王曰：“王朝日宜召田单而揖之于庭，口劳之。乃布令求百姓之饥寒者收谷之。”乃使人听于闾里，闻大夫之相与语者曰：“田单之爱人，嗟，乃王之教也！”

[1] 北方的水流到冬季都很浅，所以往往可以赤足走过去，古书上这种记载很多。 [2] 这时的齐王是田氏，田氏在从前的齐国就极力笼络人心，因而把齐国夺过来了。所以齐襄王也怕田单有同样的野心。 [3] 岩下是殿廊下。 [4] 贯珠者是穿珠子的工人。 [5] 这个工人劝齐王将田单的好意作为自己的好意，进一步争取民众的拥护，这样一来，指导齐王以正路，并且免田单于嫌疑了。

田单任齐国丞相时，一次经过淄水，有位老人因涉水而受寒，出水后不能行走，田单就脱下自己的皮袄给他穿。襄王厌恶这种行为，说：“田单施恩惠于百姓，将要夺取我的国家么？不早作防备，恐怕以后会有变乱啊。”左右看看没有人，只在殿廊下有个串珍珠的工人，襄王叫他过来问道：“你听见我说的话了吗？”答道：“听见了。”襄王问：“你认为怎样？”答道：“君王不如将此引为自己的善举。王可以嘉奖田单的善行，下令说：‘寡人担忧百姓饥饿啊，田单就收容他们供给食物。寡人担忧百姓受冻啊，田单就脱下皮袄给他们穿。寡人担忧百姓劳苦啊，而田单也担忧，非常合寡人的心意。’田单有此善行而君王嘉奖他，田单的善举也就等于是君王的善举啊！”襄王说：“很好。”就赏赐田单牛和酒。过了几天，串珍珠的工人又来见襄王，说：“君王应该在上朝之日召见田单，当庭揖让，亲口慰劳。而且发布命令访求百姓中受饥寒的人，收养他们。”随即派人去里巷中打听，听到大夫们相聚议论说：“田单爱护百姓，哎呀，是齐王教导的啊！”

17 田单将攻狄[1]，往见鲁仲连[2]。鲁仲连曰：“将军攻狄不能下也。”田单曰：“臣以即墨破亡余卒破万乘之燕[3]，复齐之墟，今攻狄而不下何也？”上车弗谢而去。遂攻狄，三月不克。齐小儿谣曰：“大冠若箕，修剑拄颐。攻狄不能下，垒枯骨成丘[4]。”田单乃惧，问鲁仲连曰：“先生谓单不能下狄，请闻其说。”鲁仲连曰：“将军之在即墨，坐则织蒉[5]，立则仗锸，为士卒倡，曰：‘无可往矣，宗庙亡矣，今日尚矣，归于何党矣[6]！’当此之时，将军有死之心，士卒无生之气，闻君言莫不挥泣奋臂而欲战，此所以破燕也。当今将军东有夜邑之奉[7]，西有淄上之娱[8]，黄金横带而驰骋淄、渑之间[9]，有生之乐，无死之心，所以不胜也。”田单曰：“单之有心，先生志之矣[10]。”明日，乃厉气循城，立于矢石之所，援枹鼓之[11]，狄人乃下。以上均赧王三十六年

［1］狄是齐国一个地名，在高苑县境，当时也许有反抗行为，所以要去攻它。［2］鲁仲连是战国时一个义士。［3］古人对朋友也自称臣，臣与仆是一样的意思。［4］这个歌谣是以箕、颐、丘三字成韵的，大冠若箕形容田单戴的武冠高大，修剑拄颐形容他带的剑长达下颏。底下两句说他战事无功，白死了许多人。［5］蒉是草织的篮子。［6］这是当时田单勉励即墨人的歌谣。往、亡、尚、党四字成韵。末两句说今天要勉力呀，看你们走到哪一边呀！［7］夜读为掖，音益。这是他的封邑。［8］淄上大概是田单的别业。［9］黄金饰带和大冠已经不是春秋时代的服装，恐怕齐国也受了胡服的影响了。胡服见下篇。［10］这两句是说：我的内心要听你的支配了。［11］枹音福，即鼓槌。

田单将要攻打狄，去拜访鲁仲连。鲁仲连说："将军攻狄是无法攻下的啊。"田单说："我凭即墨的残兵败将就打败了万辆兵车的燕国，收复了齐国的故土，现在攻狄为什么会攻不下呢？"上车不辞而别。于是攻狄，三月未能攻克。齐国的小儿唱着歌谣："大帽子像簸箕啊，长剑支着下巴，枯骨堆成了山丘，攻狄三月不能下。"田单心生恐惧，又来请教鲁仲连："先生说我无法攻下狄，请让我听听其中的道理。"鲁仲连说："将军在即墨时，坐下就编织草篮，站着就依仗锹锸，又为士卒编歌，唱道：'无处可往，宗庙已亡，今日须努力呀，看能走到何方！'在那时候，将军有视死如归的决心，士卒有不偷生的勇气，听了将军的话，没有哪个不挥泪奋臂而求战，此所以能够打败燕军啊。现在将军东有夜邑的租赋，西有淄上可以游乐，腰间佩着黄金饰带，驰骋在淄、渑二水之间，有生活的乐趣，无必死的决心，所以无法打胜啊。"田单说："我田单已有决心，是先生激发出来的。"第二天，便振作精神，循行城下，站在矢石交加的地方，拿起鼓槌击鼓麾军，狄邑才被攻下。

赵武灵王胡服骑射

赵武灵王胡服骑射

古时战争以兵车为主，马是用来驾车的，不是骑的，到春秋末年才偶然有骑马的事。到了战国时代，赵国和匈奴接触，知道骑兵射击术的厉害，感觉中国的车战老方法是不够用的，如果不学习敌人的长处就不能抵抗敌人的侵略，赵武灵王是首先实行军制改革的，这件事的影响几乎与商鞅变法不相上下，都是顺应时代要求的措置。古代的衣冠制度，上衣下裳，只适宜于席地而坐。脚上穿鞋子，头上梳髻，骑马也是不便的。所以要学习骑射，首先还要改胡服。胡服是什么呢？就是窄袖长袍，皮靴皮带，头上戴插有羽毛的帽子（武冠）。这种装束，逐步为秦、汉所采用，武士的服装大都如此。以后从北朝到唐、宋，更正式定为公服，无论文武，都穿袍靴。古人动辄称中国为冠带之国，事实上到北朝以后已经废去古代的冠带了。起源就在赵武灵王的提倡胡服。

他这种积极的改革，起初也遭到不少保守派的反对。幸亏有一个忠臣肥义赞成他。其间两方辩论的话载于《史记·赵世家》，讲得很详细，比记录商鞅和甘龙辩论的话多得多。司马光是不赞成改革的，所以《通鉴》中把这番话删去不少，颇为可惜。肥义说："论至德者不和于俗，成大功者不谋于众。"与商鞅的话正相同，很可能是受了商鞅的影响（这时离商鞅所言大约五十年），而赵武灵王的言论："先王不同俗，何古之法？帝王不相袭，何礼之循？伏羲神农教而不诛，黄帝尧舜诛而不怒，及至三王，随时制法，因事制礼。法度制令各顺其宜，衣服器械各便其用。故礼也不必一道，而便国不必古。圣人之兴也，不相袭而王，夏殷之衰也，不易礼而灭。

然则反古未可非，而循礼未足多也。……故谚曰：以书御者不尽马之情（不能靠书本上的知识来驾马）。以古制今者不达事之变。循法之功不足以高世，法古之学不足以制今。”这是何等明通痛快的见解！至于他亲身到秦国去视察，想从河套南下袭取咸阳，又是何等伟大果敢的抱负！赵武灵王的确是战国时代一个杰出人才，不料为了家事而在内乱中牺牲。然而赵国从此扩大起来，东边占有河北南部，逐渐成为繁荣的地区，北边开发了新的边境，阻止了匈奴的南侵。这些都是他重要的成就。

本篇第一节叙出令的经过，第二节叙微行入秦，第三节叙灭中山，第四至第六节叙内乱的始末。

1 赵武灵王北略中山之地，至房子[1]，遂至代[2]。北至无穷[3]，西至河，登黄华之上[4]。与肥义谋胡服骑射以教百姓。曰：“愚者所笑，贤者察焉。虽驱世以笑我，胡地中山吾必有之[5]。”遂胡服。国人皆不欲，公子成称疾不朝[6]。王使人请之曰：“家听于亲，国听于君。今寡人作教易服，而公叔不服，吾恐天下议己也。制国有常，利民为本；从政有经，令行为上。明德先论于贱，而从政先信于贵，故愿慕公叔之义以成胡服之功也[7]。”公子成再拜稽首曰：“臣闻中国者，圣贤之所教也，礼乐之所用也，远方之所观赴也，蛮夷之所则效也。今王舍此而袭远方之服[8]，变古之道，逆人之心，臣愿王孰图之也[9]。”使者以报，王自往请之曰：“吾国东有齐、中山，北有燕、东胡[10]，西有楼烦[11]、秦、韩之边，今无骑射之备，则何以守之哉？先时中山负齐之强兵[12]，侵暴吾地，系累吾民[13]，引水围鄗[14]。微社稷之神灵[15]，则鄗几于不守也。先君丑之。故寡人变服骑射，欲以备四境之难，报中山之怨。而叔顺中国之俗，恶变服之名，以忘鄗事之丑，非寡人之所望也。”公子成听命，乃赐胡服，明日服而朝。于是始出

胡服令，而招骑射焉。周赧王八年（前三〇七）

[1] 房子在今河北省临城县境。 [2] 代是山西北部雁门关一带地方。[3] 无穷似乎是边塞上一个地名。 [4] 黄华山今地不详。 [5] 意思是：要想取得胡与中山之地，必须采用胡服骑射的战术，即使大家都笑我，也一定要达到这个目的。 [6] 公子成是武灵王的叔父。 [7] 这几句话的意思是：法制是有一定的，总以有利于民为原则，政治是有一定的，总要能令出唯行。讲恩德是要先从卑贱的人下手，讲政治则必须从尊贵的人立起榜样。所以要借公叔的威望做成这件事。 [8] 舍即古捨字。 [9] 孰即熟字。 [10] 东胡是河北东北部的地方。 [11] 楼烦是山西省岚县一带。[12] 大概中山得齐国的支援，曾经侵略赵国。 [13] 系累是用绳子捆绑。[14] 鄗是河北高邑县。 [15] 微，无也。

赵武灵王向北侵夺中山国的地方，到了房子，进而来到代，向北抵达无穷，向西行至黄河，登上了黄华山。他与肥义谋划如何教百姓穿胡人的服装练习骑射，说："愚笨的人所笑话的，贤明的人却能明察。即使世上的人都来笑话我，我也一定会取得胡人占据的地方和中山国！"于是穿上了胡人服装。赵国人都不愿改穿胡服，公子成托病而不上朝。武灵王派人请他说："家事要听从长亲，国事要听从国君。现在我下令改穿胡服，而叔父你不服从，我担心天下人议论自己啊。治国有常法，总以有利于民为根本；为政有规范，总以令出必行为首要。讲恩德要先从卑贱的人开始，而讲施政则必须让尊贵的人率先作出榜样，所以我希望仰仗公叔的威名来完成改穿胡服的功业啊！"公子成叩头再拜说："臣听说中国，是圣贤所教化，礼乐所施行，远方诸国所向往瞻仰，蛮夷各族所推崇效法的地方。现在君王舍弃这些，反而去学穿远方居民的服装，更改古道，违背民心，臣希望君王慎重考虑这事啊！”派去的人回来汇报后，武灵王亲自前往劝说：“我国东面有齐国、中山国，北面有燕国、东胡，西面有楼烦、秦国、韩国的边境。现在没有骑马射箭的武备，那用什么来保卫国家呢？以前中山国倚仗齐国的强大军队，侵吞施暴我国地域，捆绑迫害我国人民，引来河水围灌鄗城。如果没有社稷神灵的保佑，那鄗城几乎守不住啊。先君对此深以为耻。所以我改变服装练习骑射，想以此防备四方边境的战乱，报复中山国侵犯的仇怨。而叔父因循中国的旧俗，厌恶改变服装之名，忘记了鄗城的耻辱，这不是我所希望的啊！”公子成这才听从命令，武灵王当即赐他胡服，第二天他就穿着胡服上朝。于是开始颁布改穿胡服的命令，招募兵士练习骑马、射箭。

2 赵武灵王爱少子何，欲及其生而立之。赧王十五年（前二九八）

十六年五月戊申，大朝东宫，传国于何。王庙见礼毕，出临朝，大夫悉为臣，肥义为相国，并傅王[1]，武灵王自号主父。主父欲使子治国，身胡服，将士大夫西北略胡地，将自云中、九原南袭咸阳[2]。于是诈自为使者入秦，欲以观秦地形及秦王之为人。秦王不知，已而怪其状甚伟，非人臣之度，使人逐之；主父行已脱关矣，审问之，乃主父也。秦人大惊。赧王十六年（前二九九）

[1] 以相国兼太傅，相国是行政首长，太傅照料国王个人的事情。 [2] 云中、九原是山西、陕西长城外的地方。

赵武灵王疼爱幼子何，想在自己活着的时候，亲见他即位。

十六年五月戊申日，在东宫举行盛大朝会，将国位传给何。新王拜祀祖庙的礼仪完毕，便出来临朝主政。大夫们全都成为臣属，肥义为相国，兼任太傅，武灵王自号为“主父”。主父想让儿子治理国家，便身穿胡服，带领士大夫到西北侵略胡人的地方，将从云中、九原向南进袭咸阳。于是伪称自己是使臣而进入秦国，想借此观察秦国的地形和秦王的为人。秦王初未察觉，后来惊异他的仪态伟岸，不像人臣所应有的风度，便派人去追逐，而主父等人已脱身出关了。仔细查问之下，才知是主父啊。秦人都大吃一惊。

3 赵主父与齐、燕共灭中山，迁其王于肤施[1]，归行赏大赦，置酒酺五日[2]。赧王二十年（前二九五）

[1] 肤施即今延安一带。 [2] 酺音葡。群众聚会狂欢饮食以度国庆，称为大酺，汉代还有此风俗。

赵主父和齐、燕二国联军共灭中山国，将其国王迁徙到肤施。回国后论功行赏并大赦罪犯，连续五日举国设酒宴狂欢庆祝。

4 赵主父封其长子章于代，号曰安阳君。安阳君素侈，心不服其弟。主父使田不礼相之。李兑谓肥义曰：“公子章强壮而志骄，党众而欲大，田不礼忍杀而骄，二人相得，必有阴谋。夫小人有欲，轻虑浅谋，徒见其利，不见其害，难必不久矣。子任重而势大，乱之所始而祸之所集也。子何不称疾毋出，而传政于公子成？毋为祸梯[1]，不亦可乎？”肥义曰：“昔者主父以王属义也，曰：‘毋变而度，毋易而虑，坚守一心，以殁而世[2]。’义再拜受命而籍之[3]。今畏不礼之难，而忘吾籍，变孰大焉？谚曰：‘死者复生，生者不愧[4]。’吾欲全吾言，安得全吾身乎？子则有赐而忠我矣[5]。虽然，吾言已在前矣，终不敢失。”李兑曰：“诺，子勉之矣，吾见子已今年耳[6]！”涕泣而出[7]。

[1]祸梯是祸乱的阶梯，祸从此起的意思。[2]古书中而字多作汝字解，这是勉励肥义始终效忠于新王的意思。[3]籍是写在簿子上的意思。[4]这两句话是说：假使死者再活起来，活的人要不感觉有什么对不起他才好。[5]你对我的好意是可感的。[6]已，止也。意思是：我能和你见面只到今年为止了。[7]肥义报答赵武灵王和荀息报答晋献公的话（见《左传》）可以参看。荀息身死而事不成，肥义虽死而使命终能完成，这是因为晋献公已死而武灵王尚存的原故。

赵主父封长子章于代，称号为安阳君。安阳君向来奢侈，对其弟即王位心中不服。主父派田不礼辅助他。李兑对肥义说：“公子章强壮而骄傲，党羽众多而贪欲大，田不礼残酷嗜杀而骄傲，二人气味相投，必会策划阴谋。小人有了贪欲，不会深思熟虑，徒然只见利益，不顾危害，灾难不久一定会发生。您肩负重任权势又大，动乱的始发、灾祸的集结都会指向您啊。您何不称病隐退，而将政务交给公子成？不要祸由您起，不也很好吗？”肥义说：“过去主父把新王托付给我，说：‘不要改变节操，不要转移信念，坚守一心，直至去世。’我再拜受命并将此记录下来。现在因害怕田不礼叛乱而忘记自己的承诺，有什么变节能比这更大呢？谚语说：‘假使死人再活过来，活人要感觉无愧于他才好。’我要履行我的诺言，怎能再顾及我的安危呢？您已赐我忠告了。虽然如此，我已有承诺在前，终究不敢忘记。”李兑说：“好吧，您以此自勉吧，我能与您见面就到今年为止了。”说罢流泪而出。

5 李兑数见公子成以备田不礼，肥义谓信期曰："公子章与田不礼声善而实恶[1]，内得主而外为暴，矫令以擅一旦之命，不难为也。今吾忧之，夜而忘寐，饥而忘食，盗出入不可以不备。自今以来，有召王者,必见吾面,我将以身先之。无故而后王可入也[2]。"信期曰："善。"

[1] 意思是：表面是好的，内心是坏的。 [2] 这是肥义保护少主，思虑周密的地方，预防意外的事变。

李兑多次与公子成见面商讨如何防备田不礼。肥义对信期说："公子章和田不礼表面好而内心坏，内得主父怜爱而外行横暴的事，有朝一日诈称主父命令专擅大权,是不难做到的啊。现在我很担忧,晚上不能入睡,饿了忘记进食，对盗贼出入不可不加以戒备。从今以后，有要见君王的，必须先见我，我要以自身先试一下，没有异常情况而后君王才可出来。"信期说："好。"

6 主父使惠文王朝群臣而自从旁窥之，见其长子傫然也[1]，反北面为臣，诎于其弟[2]，心怜之。于是乃欲分赵而王公子章于代，计未决而辍。主父及王游沙丘[3]，异宫。公子章、田不礼以其徒作乱，诈以主父令召王。肥义先入，杀之。高信即与王战[4]。公子成与李兑自国至[5]，乃起四邑之兵入距难[6]，杀公子章及田不礼，灭其党。公子成为相，号安平君；李兑为司寇[7]。是时惠文王少，成、兑专政。公子章之败也,往走主父,主父开之[8],成、兑因围主父。公子章死,成、兑谋曰："以章故围主父。即解兵，吾属夷矣[9]！"乃遂围之，令宫中人后出者夷，宫中人悉出，主父欲出不得，又不得食，探雀鷇而

食之[10]。三月余，饿死沙丘宫。以上赧王二十年（前二九五）

［1］傫音蕾，懒散而没有精神的样子。［2］诎与屈同义。［3］沙丘在河北省巨鹿县境。［4］高信即上文之信期，与王战是协同王对公子章作战的意思。［5］自国至就是从国都邯郸来。［6］四邑等于说四境。距与拒同义。［7］司寇是掌刑法的长官。［8］开之是开门收容他。［9］夷，灭也。意思是：一旦停战之后，我们就要被牺牲了。［10］鷇是鸟卵刚孵化的。音扣。

主父让惠文王上朝召见君臣而自己从旁观察，见其长子懒散而没有精神的样子，反而向北行礼为臣，屈居幼弟之下，心中怜悯他。于是想分割赵国而让公子章代为王，但这计划尚未决断就停止了。主父同惠文王巡游沙丘，不住在一个宫里。公子章、田不礼便派自己的党徒作乱，伪托主父的命令召见惠文王。肥义先行进入，被杀身死。高信就协同惠文王与对方作战。公子成与李兑从国都邯郸赶到，调动四方军队平定暴乱，杀死公子章和田不礼，消灭了他们的党徒。公子成出任相国，号为安平君；李兑出任司寇。那时惠文王年幼，公子成和李兑把持朝政。当初公子章失败，曾逃往主父行宫，主父打开宫门接纳。公子成、李兑因此包围主父。公子章被杀后，公子成和李兑商量道："因为公子章的缘故，我们包围了主父行宫。如果现在解围撤兵，我们就要被诛灭了！"于是继续包围行宫，下令说后出宫的一律格杀，宫中人全都逃了出来。主父想出宫而出不去，又没有食物，只好捉刚孵出的小鸟充饥。三个多月后，饿死在沙丘宫。

七国连兵

七国连兵

汉初兼采秦的郡县制和周的封建制，在中央所直辖的郡县以外，又分封了些同姓子弟，成立若干王国。大的王国兼有五六郡的地盘，而中央所直辖的只有十五郡。到了文帝时代，同姓的关系渐渐疏远了，诸侯渐渐不听号令了，中央的统治力渐渐薄弱了。所以贾谊预料到将来要变成纷争的局面，为这件事大为担心，主张把这些王国分裂开来，多立些诸侯，削减他们的力量。到了景帝时代，削弱诸侯的要求愈来愈迫切，晁错又提出这项计划。不料吴楚七国叛变的形势已成，景帝还想归罪于晁错，企图缓和诸侯的反对，晁错的生命就这样被牺牲了。

由于周亚夫的智谋卓越，很快就把变乱平定下去，汉王朝的地位才得保全，然而这个问题始终没有妥善的解决方法。到了武帝时代，主父偃又旧事重提，制定了一个分封诸侯王子的办法，把一国分成几国。以后的王国就和中央直辖的郡处于同等地位，郡与国互相错杂，而且国相和郡守同样由中央任命，国王不能直接处理国事，连王宫的私事也由中央所派的王傅来监督。所以武帝以后，事实上只有郡县，诸侯等于空名，汉王朝的权力才能集中于中央。这是地方制度确立的起源，以后历朝大致都逃不出这个范围。

本篇第一节叙吴王濞阴谋的起源和晁错削地的主张。第二、三节叙吴楚七国起兵和汉廷的布置。第四节叙袁盎陷害晁错。第五节叙周亚夫的战略。

1初，孝文时，吴太子入见，得侍皇太子饮、博。吴太子博争道，不恭[1]；皇太子引博局提吴太子杀之[2]。遣其丧归葬。至吴，吴王愠曰："天下同宗[3]，死长安即葬长安，何必来葬为？"复遣丧之长安葬。吴王由此稍失藩臣之礼，称疾不朝。京师知其以子故，系治、验问吴使者[4]；吴王恐，始有反谋。后使人为秋请[5]，文帝复问之，使者对曰："王实不病；汉系治使者数辈[6]，吴王恐，以故遂称病。夫'察见渊中鱼不祥'[7]；唯上弃前过，与之更始[8]！"于是文帝乃赦吴使者归之，而赐吴王几杖[9]，老，不朝。吴得释其罪，谋亦益解[10]。然其居国[11]，以铜、盐故，百姓无赋[12]；卒践更辄予平贾[13]；岁时存问茂材[14]，赏赐闾里；他郡国吏欲来捕亡人者，公共禁弗予[15]。如此者四十余年。晁错数上书言吴过，可削[16]。文帝宽不忍罚，以此吴日益横。及帝即位，错说上曰："昔高帝初定天下，昆弟少，诸子弱，大封同姓，齐七十余城，楚四十余城，吴五十余城，封三庶孽[17]，分天下半。今吴王前有太子之郤[18]，诈称病不朝，于古法当诛。文帝弗忍，因赐几杖。德至厚，当改过自新；反益骄溢，即山铸钱[19]，煮海水为盐，诱天下亡人谋作乱。今削之亦反，不削亦反。削之，其反亟，祸小[20]；不削，反迟，祸大。"上令公卿、列侯、宗室杂议，莫敢难；独窦婴争之，由此与错有郤。及楚王戊来朝，错因言："戊往年为薄太后服[21]，私奸服舍[22]，请诛之。"诏赦，削东海郡。及前年，赵王有罪，削其常山郡；胶西王印以卖爵事有奸[23]，削其六县。汉景帝前三年（前一五四）

[1] 争道是赌博时为了著棋所走的路子发生争执。 [2] 提是掷的意思。 [3] 天下同宗意即天下一家。 [4] 系治、验问就是拘押、审讯。 [5] 汉制诸侯入朝，春曰朝，秋曰请。 [6] 数辈是几班人的意思。 [7] 这是一句古谚语，意思是：总要包涵一点，不要太精明了。 [8] 更始是重新做人的意思。 [9] 赐几杖是优待老年的表示。 [10] 解即懈字。 [11] 居国是在他的本国。 [12] 吴国有铜山可以铸钱，有海可以煮盐，所

以无须向百姓收别的税。［13］践更是汉代特别名词，意思是应征充当徭役。予平贾是政府用优厚的代价付给应征的人。［14］茂材是优秀人才。［15］意思是：公然包庇亡命的人不交出。以上五件事都是收买人心的举动。［16］晁亦作朝，音同。［17］庶出的儿子。［18］郤与隙同。［19］即山铸钱，是就在矿山附近设造币厂。［20］亟与急同。［21］薄太后是景帝的祖母。［22］服舍是居丧的地方。［23］有奸是有弊病。

当初，孝文帝时，吴国太子入宫朝见，得以侍候皇太子喝酒、下棋。吴太子为棋路和皇太子争执，态度不恭敬；皇太子拿起棋盘砸死了吴太子。尸体送回埋葬，到了吴国，吴王怒道："天下一家，死在长安就埋在长安，何必送回吴国埋葬！"又把尸体送回长安埋葬。吴王自此逐渐违背诸侯的礼节，托病不来朝觐。朝廷知道他是因为儿子被杀的缘故在生气，便拘押、审讯吴国使者。吴王恐惧，开始有反叛的谋划。后来他派使者参加秋季朝觐，文帝又问及此事，使者答道："吴王实在没有生病；因为朝廷逮捕了好几班吴国使者，吴王害怕，所以才假装生病。俗话说'看清深渊中的鱼是不吉祥的'。恳求陛下捐弃前嫌，给他一个重新开始的机会。"于是文帝就赦免了吴国使者，放他们回去，又赐给吴王几案和手杖，体谅他年老，可不再朝觐。吴王得以免罪，谋反的计划也日益打消。然而吴国所在地因有铜山可以铸钱，有海可以煮盐，百姓无须缴纳赋税；应征充当徭役的都给予相当的酬金；逢年过节慰问优秀人才，对闾里居民也时有赏赐；其他郡国官吏要来吴国捕捉犯人，吴王公然藏匿包庇。像这样过了四十多年。晁错多次上书说到吴王的过错，建议削夺其地域。但文帝宽和，不忍心惩罚，以致吴王更加骄横。到景帝即位，晁错劝说皇上道："以前高帝刚平定天下，兄弟少，诸王子稚弱，所以大封同姓为诸侯王，封给齐七十多座城，楚四十多座城，吴五十多座城；封三个庶母生的儿子，就分掉天下一半土地。而今吴王有先前太子被杀的嫌隙，谎称生病不来朝觐，按古法是当杀的。文帝不忍心，还赐给他几案和手杖。对他恩德极厚，他本当改过自新，却反而更加骄奢，利用铜山铸钱，煮海水制盐，引诱天下亡命之徒阴谋作乱。现在削夺他的地域会反，不削夺也会反。削夺，他反得早，灾祸小；不削夺，他反得迟，灾祸大。”景帝命公卿、列侯、宗室一起讨论，没有人敢反对晁错的建议，只有窦婴极力反对，从此与晁错心生隔阂。到楚王戊来朝觐，晁错就说：“戊以前为薄太后服丧时，在居丧的地方淫乱，请杀了他。”景帝下诏赦免，削了楚国的东海郡。到了前年，赵王有罪，削夺他的常山郡；胶西王卬因出卖爵位事有弊病，削夺他六个县。

2 廷臣方议削吴。吴王恐削地无已，因发谋举事。念诸侯无足与计者，闻胶西王勇，好兵，诸侯皆畏惮之，于是使中大夫应高[1]口说胶西王曰：“今者主上任用邪臣，听信谗贼，侵削诸侯，诛罚良重[2]，日以益甚。语有之曰：‘狧糠及米[3]。’吴与胶西知名诸侯也，一时见察，不得安肆矣。吴王身有内疾[4]，不能朝请，二十余年，常患见疑，无以自白，胁肩累足[5]，犹惧不见释。窃闻大王以爵事有过。所闻诸侯削地，罪不至此，此恐不止削地而已。”王曰：“有之。子将奈何？”高曰：“吴王自以为与大王同忧，愿因时循理，弃躯以除患于天下[6]，意亦可乎？”胶西王瞿然骇曰[7]：“寡人何敢如是？主上虽急，固有死耳，安得不事[8]？”高曰：“御史大夫晁错营惑天子[9]，侵夺诸侯，诸侯皆有背叛之意，人事极矣。彗星出，蝗虫起，此万世一时；而愁劳圣人所以起也[10]。吴王内以晁错为诛，外从大王后车，方洋天下[11]，所向者降，所指者下，莫敢不服。大王诚幸而许之一言，则吴王率楚王略函谷关，守荥阳敖仓之粟[12]，距汉兵，治次舍[13]，须大王[14]，大王幸而临之，则天下可并，两主分割，不亦可乎？”王曰：“善。”

归报吴王，吴王犹恐其不果，乃身自为使者，至胶西面约之。胶西群臣或闻王谋，谏曰："诸侯地不能当汉十二[15]，为叛逆以忧太后[16]，非计也。今承一帝，尚云不易。假令事成，两主分争，患乃益生。"王不听，遂发使约齐、菑川、胶东、济南[17]，皆许诺。

[1] 中大夫是宫内的官。 [2] 良重即甚重。 [3] 狧就是舐的意思，先舐外面的糠，以后就轮到米了。 [4] 病在里面为内疾。 [5] 胁肩是耸肩，累足是两只脚叠起来，表示畏惧的意思。 [6] 意思是：顺应时势，主持正理，牺牲个人，为天下除害。换句话说，就是起兵废帝。 [7] 瞿音惧，惊愕的意思。 [8] 意思是：怎么可以不事奉。 [9] 营惑是包围蛊惑的意思。 [10] 前人解释此句为：愁劳正是圣人所由兴起。这种解释不一定对，也可能是说心怀忧惧的圣人所以因此而奋起。 [11] 方洋就是翱翔的意思。 [12] 荥阳的敖仓是秦汉以来积存粮食的地方。 [13] 次舍是指预备住宿的地方。 [14] 须是等候的意思。 [15] 十二是十分之二。 [16] 以忧太后是害得太后担心。 [17] 这几国都在今山东境内。

朝廷大臣正议论削夺吴国的封地。吴王担心封地被不断削夺，因而谋划反叛。想到诸侯中没有能够同谋的，只听说胶西王很勇敢，喜好兵事，诸侯都畏惧他，于是派中大夫应高口头游说胶西王："现在主上任用奸邪的大臣，听信贼臣谗言，侵占削夺诸侯土地，杀戮处罚很重，而且日甚一日。俗话说：'舐光了外面的糠，就会吃到里面的米。'吴和胶西是有名的诸侯国，一时被监察，以后就不能安稳自由了。吴王体内有病，不能朝觐已二十多年，常担心被怀疑，无法为自己辩白，耸起肩膀叠起双足，还担心不被原谅。听说大王因为卖爵位的事有过错。而我们所听到的诸侯犯错，罪都不至于要被削地；朝廷的目的恐怕不止于削夺封地而已！"

胶西王说:“有这样的事。你认为该怎么办?”应高说:“吴王自认为与大王忧患相同,愿意顺应时势,依循正理,牺牲个人来为天下铲除祸害,大王可有这样的心意么?”胶西王惊骇地说:“寡人怎敢这样做呢?皇上虽然逼得急,本来唯有一死罢了,怎么可以不事奉朝廷!”应高说:“御史大夫晁错蛊惑天子,侵夺诸侯土地,诸侯都有反叛之意,人事已坏到极点。彗星出现,蝗虫四起,这是万世难得一遇的时机;而心怀忧惧的圣人所以因此而奋起啊。吴王对内以杀晁错为名,对外追随在大王车乘之后,翱翔天下,所到之处都会投降,所攻之处都可攻下,没有人敢不服从。大王幸而诚心许诺一句话,那么吴王就率楚王攻下函谷关,守住荥阳敖仓的粮食,以抗拒汉兵,修治军队营房,以等待大王到来。大王真能到来,那么天下就可以统一,两位君主分割治理,不也是可以的吗?”胶西王说:“好!”应高回去报告吴王,吴王仍担心胶西王下不了决心,就亲自作为使者,到胶西国当面约定。胶西国有的大臣听到胶西王的计谋,劝他说:“诸侯国的土地不到汉朝的十分之二,为反叛事害得太后担忧,不是上策啊。现在侍奉一位皇帝尚且不容易,假如事情成功了,两个君主分争,灾祸将更大。”胶西王不听,就派出使者去邀约齐、菑川、胶东、济南等王,都许诺了。

3 及削吴会稽、豫章郡书至[1],吴王遂先起兵,诛汉吏二千石以下[2]……吴王悉其士卒,下令国中曰:“寡人年六十二,身自将;少子年十四,亦为士卒先;诸年上与寡人同,下与少子等,皆发[3]。”凡二十余万人。南使闽、东越[4],闽、东越亦发兵从。吴王起兵于广陵[5],西涉淮,因并楚兵,发使遗诸侯书,罪状晁错,欲合兵诛之。吴、楚共攻梁[6],破棘壁[7],杀数万人,乘胜而前,锐甚。梁孝王遣将军击之,又败梁两军,士卒皆还走。梁王城守睢阳[8]。初、文帝且崩,戒太子曰:“即有缓急,周亚夫真可任将兵[9]。”及七国反书闻,上乃拜中尉[10]周亚夫为太尉[11]，将三十六将军往击吴、楚，遣曲周侯郦寄击赵，将军栾布击齐，复召窦婴拜为大将军，使屯荥阳，监齐、赵兵。

[1]这时吴国都城在今扬州。会稽是苏南和浙江的地区，豫章是江西地区。[2]二千石以下的官是郡守以下的官。[3]诸是凡的意思，发等于现代所谓动员。[4]闽是福建，东越是浙东。[5]今扬州。[6]梁国都城在今开封。[7]大约在今河南省宁陵县附近。[8]睢阳即今河南省商丘市睢阳区。[9]周亚夫是周勃的儿子，在屯兵细柳的时候，文帝看出他有将帅才。所以遗令说："万一有急事，周亚夫的确是可以胜任将帅的。"[10]中尉等于首都卫戍司令。[11]太尉是最高军事首长。

等到朝廷削夺吴国会稽、豫章两郡的诏书到来，吴王便率先起兵，把汉二千石以下的官吏杀了。吴王动员全部士卒，给国中百姓下令说："寡人年已六十二岁，亲自率领军队；小儿子十四岁，也身先士卒。凡是年龄大到与我相同，小到与我小儿子相等的人，都要征召。"共征召了二十多万人。派使者到南方的闽、东越，闽、东越也发兵追随。吴王在广陵起兵，向西渡过淮水，因而与楚军会合；派使者送信给各诸侯，列举晁错罪状，希望合兵诛杀晁错。吴、楚一起进攻梁国，攻克棘壁，杀了几万人；乘胜前进，其势锐不可当。梁孝王派将军迎击，吴、楚联军又打败梁两路军队，梁国士卒都败亡逃走。梁王孤守睢阳城。当初，文帝临终时，曾告诫太子说："万一有急事，周亚夫是真能胜任统兵将帅的。"等到七国反叛的消息奏闻上来，景帝就任命中尉周亚夫为太尉，率领三十六位将军前往迎击吴、楚联军，派曲周侯郦寄攻击赵，将军栾布攻击齐，又召见窦婴，任命为大将军，让他屯驻荥阳，以监视齐、赵两国军队。

4 初，晁错所更令三十章，诸侯喧哗。错父闻之，从颍川来[1]，谓错曰："上初即位，公为政用事[2]，侵削诸侯，疏人骨肉，口语多怨，公何为也[3]？"错曰："固也，不如此，天子不尊，宗庙不安。"父曰："刘氏安矣而晁氏危，吾去公归矣。"遂饮药死，曰："吾不忍见祸逮身。"后十余日，吴楚七国俱反，以诛错为名。上与错议出军事，错欲令上自将兵而身居守；又言徐、僮之旁[4]，吴所未下者可以予吴。错素与吴相袁盎不善，错所居坐，盎辄避；盎所居坐，错亦避，两人未尝同堂语。及错为御史大夫，使吏按盎受吴王财物，抵罪；诏赦以为庶人。吴、楚反，错谓丞、史曰[5]："袁盎多受吴王金钱，专为蔽匿，言不反；今果反，欲请治盎，宜知其计谋。"丞、史曰："事未发，治之有绝[6]，今兵西向，治之何益？且盎不宜有谋[7]。"错犹与未决[8]，人有告盎，盎恐，夜见窦婴，为言吴所以反，愿至前，口对状。婴入言，上乃召盎。盎入见，上方与错调兵食，上问盎："今吴、楚反，于公意何如？"对曰："不足忧也。"上曰："吴王即山铸钱，煮海为盐，诱天下豪杰，白头举事；此其计不百全，岂发乎[9]？何以言其无能为也？"对曰："吴铜、盐之利则有之，安得豪杰而诱之？诚令吴得豪杰，亦且辅而为谊[10]，不反矣。吴所诱皆无赖子弟、亡命铸钱奸人，故相诱以乱。"错曰："盎策之善。"上曰："计将安出？"盎对曰："愿屏左右[11]。"上屏人，独错在。盎曰："臣所言人臣不得知。"乃屏错；错趋避东厢，甚恨。上卒问盎，对曰："吴、楚相遗书言高皇帝王子弟各有分地，今贼臣晁错擅适诸侯[12]，削夺之地，以故反，欲西共诛错，复故地而罢。方今计独有斩错，发使赦吴、楚七国，复其故地，则兵可毋血刃而俱罢[13]。"于是上默然良久，曰："顾诚何如？吾不爱一人以谢天下[14]。"盎曰："愚计出此，唯上孰计之。"乃拜盎为太常[15]，密装治行。后十余日，上令丞相青、中尉嘉、廷尉欧劾奏："错不称主上德信，欲疏群臣、百姓，又欲以城邑予吴，无臣子礼，大逆无道。错当要斩[16]，父母妻子同产无少长皆弃市[17]。”制曰：“可[18]。”错殊不知。壬子，上使中尉召错，绐载行市，错衣朝衣，斩东市。上乃使袁盎与吴王弟子宗正德侯通使吴[19]。谒者仆射邓公为校尉[20]，上书言军事，见上。上问曰：“道军所来，闻晁错死，吴、楚罢不[21]？”邓公曰：“吴为反数十岁矣，发怒削地，以诛错为名，其意不在错也。且臣恐天下之士拑口不敢复言矣[22]。”上曰：“何哉？”邓公曰：“夫晁错患诸侯强大不可制，故请削之以尊京师，万世之利也。计画始行，卒受大戮，内杜忠臣之口，外为诸侯报仇。臣窃为陛下不取也。”于是帝喟然长息曰：“公言善，吾亦恨之！”

［1］颍川是汉的一郡，在今郑州之南。［2］汉朝人除下对上的敬语称“公”外，有时上对下也称“公”，却不一定是特别尊敬的意思。［3］意思是：何必惹人说闲话。［4］徐、僮两县名，属临淮郡，今安徽省泗县附近。［5］丞、史是御史大夫的属官。［6］意思是：事情如果未发作，追究起来可以除根。［7］意思是：袁盎不像是参与吴王计划的。［8］犹与是迟疑的意思。［9］意思是：如果不是有十分周密的计划，岂肯发动了。［10］辅而为谊是帮助他做正当的事。［11］屏左右是叫旁人暂退。［12］适即谴谪之谪。［13］不必交战都可以罢兵。［14］只问这个办法有效无效，我不惜为天下而牺牲一人。［15］太常是管宗庙祭祀的官。［16］要即腰字。［17］弃市是死刑，在市街上执行。［18］制曰可，是汉朝皇帝批准的公文用语。［19］宗正是管皇族事务的官。［20］谒者是传达官，谒者仆射就是传达长，射读如夜。［21］意思是说：“你从前方来，听见晁错死了，吴、楚两国会不会罢兵呢？”不即古否字。［22］拑音潜。闭也。

起初，晁错所更改的法令多达三十章，诸侯都大声喧哗加以攻击。晁错的父亲听说后，从颍川赶来京师，对晁错说：“皇上刚即位，你当权处理政事，削夺诸侯土地，疏离人家骨肉亲情，大家口中多有怨言，你何必这样呢？”晁错说：“本该这样啊，不这样做，天子就不受尊崇，宗庙社稷就不安稳。”晁错的父亲说：“刘氏家族安稳了，晁氏家族却危险了，我要离开你走了。”于是喝毒药自杀，临死前说：“我不忍心看灾祸落到身上！”十几天后，吴、楚七国全部反叛，以诛杀晁错为借口。景帝与晁错商议出兵之事，晁错想让皇上亲自带兵而自己留守京师；又说徐、僮两县旁边，吴国还没攻下的土地可以送给吴国。晁错平素与吴国丞相袁盎不和，晁错就坐之处，袁盎总是避开；袁盎就坐之处，晁错也避开；两人从未同堂谈过话。等晁错做了御史大夫，派官吏调查袁盎收受吴王财物之事，判他有罪；景帝下诏赦免，废为平民。吴、楚两国反叛，晁错对御史大夫的属官丞、史说：“袁盎收受很多吴王的金钱，专为吴王掩饰，说吴王不会反叛；而今果然反叛了，应治袁盎的罪，他应该知道吴王的计谋。”丞、史说：“叛乱未发生时，惩治袁盎也许能根绝这事，现在叛兵已向西而来，惩治又有何用！况且袁盎未必参与了吴王的阴谋。”晁错迟疑不决。有人把消息告诉袁盎，袁盎很害怕，当晚去见窦婴，说明吴王之所以反叛的原因，表示想晋见皇上，当面禀明一切。窦婴入宫奏闻后，皇上就召见袁盎。袁盎入宫时，皇上正与晁错商量如何调拨军粮。皇上问袁盎：“现在吴、楚反叛，你的看法如何？”答道：“没什么可忧虑的啊！”皇上说：“吴王就铜山铸钱，煮海水为盐，引诱天下豪杰，在垂老白发时反叛，如果没有周密的策划，岂敢发动？你怎么说他没有什么能耐呢？”答道：“吴国铸钱制盐获利是有的，可哪里有豪杰被引诱过去？真有豪杰到了吴国，也会辅佐吴王做正当的事，不会谋反了。吴国所引诱的都是无赖子弟、私铸铜钱的亡命之徒，所以才互相勾结来发动叛乱。”

晁错说:“袁盎分析得很好。”皇上说:“应采取什么办法呢?”袁盎说:“请让左右的人暂时离开。”皇上命左右人员退出，独留晁错在场。袁盎说:“臣所说的话，别的臣僚不能知道。”皇上就让晁错退下。晁错避到东厢，心里很痛恨袁盎。皇上再问袁盎的意见。袁盎说:“吴、楚两国互通书信，谈到高皇帝封子弟为王，都各有封地，而今贼臣晁错擅自贬谪诸侯，削夺他们的封地，所以起兵造反，要向西进军诛杀晁错，恢复原有封地才作罢。目前的对策只有斩晁错，派出使者赦免吴、楚七国，恢复他们的原有封地，那么不必血战就可以罢兵。”于是皇上沉默很久，才说道:“不知他们诚意如何?我不会因为爱惜一人而得罪天下人。”袁盎说:“我的想法就是这样，请皇上深思。”于是皇上任命袁盎为太常，秘密整治行装。过了十多天，皇上授意丞相青、中尉嘉、廷尉欧上疏弹劾晁错:“所作所为有违皇上的恩德信义，想使皇上疏离群臣、百姓，又想把城邑送给吴国，不合臣子礼节，大逆不道。应该将晁错腰斩，其父母、妻子、兄弟姐妹无论老幼全部当街处死。”景帝批示:“可以。”晁错对此一无所知。壬子日，皇上派中尉召见晁错，骗他一起乘车行至街市，晁错穿着官服在东市被斩杀。皇上接着就派袁盎与吴王的侄子、宗正德侯刘通出使吴国。谒者仆射邓公时任校尉，上书谈论战事，见到皇上后，皇上问他:“你从前方来，听说晁错死了，吴、楚两国会不会罢兵呢?”邓公说:“吴国谋反已经好几十年了，因为被削夺封地而发怒，以杀晁错为借口，其实本意不在晁错身上。而且臣担心天下士人从此闭口不敢再说话了。”皇上问道:“为什么呢?”邓公说:“晁错担心诸侯强大难以控制，所以请求削夺封地来尊崇京师，这对皇上是有万世之利的啊。计划刚要推行，竟被灭族，对内杜绝了忠臣的进言，对外反而为诸侯报了仇。臣私下认为陛下这种做法不足取。”于是景帝喟然长叹道:“你说得对，我也悔恨这件事!”

5太尉亚夫言于上曰："楚兵剽轻，难与争锋，愿以梁委之，绝其食道，乃可制也。"上许之。亚夫乘六乘传，将会兵荥阳[1]。发至霸上[2]，赵涉遮说亚夫曰："吴王素富，怀辑死士久矣，此知将军且行，必置间人[3]于殽、渑厄狭之间[4]。且兵事尚神密，将军何不从此右去，走蓝田，出武关[5]，抵洛阳？间不过差一二日，直入武库[6]，击鸣鼓，诸侯闻之，以为将军从天而下也。"太尉如其计，至洛阳，喜曰："七国反，吾乘传至此，不自意全[7]，今吾据荥阳，荥阳以东无足忧者。"使吏搜殽、渑间，果得吴伏兵。乃请赵涉为护军[8]。太尉引兵东北走昌邑[9]，吴攻梁急，梁数使使条侯求救[10]，条侯不许。又使使诉条侯于上。上使告条侯救梁。亚夫不奉诏，坚壁不出；而使弓高侯等将轻骑出淮泗口，绝吴、楚兵后，塞其饷道。梁使中大夫韩安国及楚相张尚弟羽为将军，羽力战，安国持重，乃得颇败吴兵。吴兵欲西，梁城守，不敢西，即走条侯军，会下邑[11]欲战，条侯坚壁不肯战。吴粮绝卒饥，数挑战，终不出。条侯军中夜惊，内相攻击，扰乱至帐下，亚夫坚卧不起，顷之复定。吴奔壁东南陬[12]，亚夫使备西北，已而其精兵果奔西北，不得入。吴、楚士卒多饥死叛散，乃引而去。二月，亚夫出精兵追击，大破之。吴王濞弃其军[13]，与壮士数千人夜亡走；楚王戊自杀。以上均景帝前三年

[1]六乘传是汉时最重要迅速的驿车。[2]霸上是长安向东行的第一站。[3]间人是指刺客。[4]殽是殽山，也作"崤山"，渑是渑池，是由函谷到洛阳的山路。[5]改从长安向东南行。[6]武库是军械库。在洛阳。[7]意思是：想不到居然平安到达。[8]护军是一种军职。[9]昌邑，后改为山阳郡，今山东省金乡县北。[10]条侯就是周亚夫的封号，忽称太尉，忽称条侯，忽称亚夫，这是《通鉴》采用旧史未及改归一致的地方。

[11] 下邑是梁国的一个县。 [12] 东南陬就是东南角。 [13] 濞音僻。

太尉周亚夫对皇上说:“楚兵剽悍轻捷,很难与他们争锋取胜,希望不要去救梁国,而要断绝吴、楚粮道,这样才可将其制服。”皇上许可了。亚夫就乘最快的驿车,准备赶往荥阳会兵。出发到霸上,赵涉私下对亚夫说:“吴王一向富有,豢养敢死之士很久了。这次知道将军启行,一定会让刺客埋伏在崤山、渑池的险要之处。而且打仗讲究神机妙算,将军何不从这里向右走,经过蓝田,出武关,抵达洛阳呢?时间不过相差一二天,直接进入军械库,大声击鼓,诸侯听到了,会以为将军从天而降呢。”太尉采纳此计,到了洛阳,高兴地说:“七国反叛,我乘驿车到此,想不到居然一路平安。现在我据守荥阳,荥阳以东的地方已经没什么可忧虑的了。”派人到崤山、渑池之间搜索,果然搜出了吴国的伏兵。就任命赵涉为护军。太尉率军向东北来到昌邑。吴军猛攻梁国,梁国多次派使节向条侯周亚夫求救,条侯不答应出兵。梁又派使者向皇上控告条侯。皇上派人令条侯出兵救梁。亚夫拒绝执行诏令,坚守营垒不出兵;而让弓高侯等率轻骑从淮泗口出发,将吴、楚联军的后路断绝,阻塞其粮道。梁派中大夫韩安国和楚国丞相张尚的弟弟张羽为将军;张羽竭力拼战,韩安国谨慎稳重,因而能够打败吴兵。吴兵想向西进攻,梁兵坚守城池,使得吴兵不敢向西,转而奔向条侯的部队。双方在下邑相遇,吴兵急于求战,而条侯坚守不出。吴军粮绝士卒饥饿,数次挑战,条侯始终不出。条侯军营中夜间士卒惊恐,互相攻击,骚乱到了条侯帐外,而条侯还是高卧不起,一会儿又平静下来。吴兵攻向军营的东南角,亚夫令士卒防备西北方。不一会儿吴国精兵果然攻向西北,但攻不进去。吴、楚士卒有很多饿死或反叛离散,只好引兵撤退。二月,亚夫出动精兵追击,大败吴、楚联军。吴王刘濞丢下他的军队,与数千精兵连夜逃走;楚王刘戊自杀。

张骞通西域

张骞通西域

为了解除匈奴对中国西北部的威胁，必须破坏匈奴与西域的联合。在匈奴盛强时代，它的疆域西面包括甘肃，势力达到青海的羌中，汉和西方的交通完全掌握在匈奴手里，要打通这条走道是非常困难的。中国以前对于西方的认识也非常薄弱，道里遥远，山川阻隔，语言不通，风俗不同，这样冒险的远征事业，几乎是不能想象的。时世的需要，出现了一个空前的探险家张骞，开辟了中国和西方的交通，沟通了中西文化。

张骞是公元前一三八年出使的，目的在联络月氏，共同对付匈奴，但是不得不取道匈奴，被匈奴扣留了十余年，最后仍然逃走，达到目的地，可是形势已经变更，月氏也没有报复匈奴的意思了。张骞回来的时候，另取南道，经过现在的青海，又为匈奴所捕获，经过一年多，方才逃回。这是张骞第一步的事业。最初的目的虽然没有达到，然而经历了许多西方国家，获得了不少的地理知识，他知道了大夏是西方的大国，而大夏的东南有身毒（印度），身毒又与中国的蜀中相近，可以另从西南方面开辟通往西域的道路，这是张骞第二步的事业。因为熟习匈奴情形，在卫青、霍去病出征的大战役中，张骞也参加立功，这是张骞第三步事业。张骞又知道乌孙的力量可以制匈奴，如果劝诱乌孙结为同盟，可以断匈奴右臂，达到原来的目的。虽然问题仍没有完全解决，但是乌孙近旁各国都因此与汉日渐接近，到西域的道路终于畅通无阻，西方的名产也源源而来了，这是张骞第四步事业。以他一生的精力，克服无数的困苦挫折，一直到临死的前一年方才回国。抱负的宏远，意志的坚强，是非常值得后人崇敬的。

本篇第一节叙张骞第一次出使月氏十几年的总经过。第二节叙张骞所获得的地理知识大概。第三节叙张骞再出使乌孙。第四节根据《汉书·西域传》叙西域的形势。第五、六节叙张骞以后汉朝对西域的措置。第七节叙乌孙与汉和亲的关系。第八节叙物产交流。第九、十、十一节叙李广利出征大宛，得宛马，完成对西域的军事行动。第十二节叙破大宛后的结果。

假使我们将《汉书》张骞本传及匈奴、西域等传综合起来与《通鉴》对勘，就可以看出《通鉴》的剪裁功夫是非常细密灵巧的，既没有浪费笔墨的地方，也没有遗漏的地方。现在本篇所摘录的也颇具有全面性、系统性，不仅是张骞本人的事迹，同时是汉代与西域关系的一篇总述。

1 初，匈奴降者言："月氏[1]故居敦煌[2]、祁连间[3]，为强国，匈奴冒顿[4]攻破之。老上单于杀月氏王[5]，以其头为饮器。余众遁逃远去，怨匈奴，无与共击之。"上募能通使月氏者，汉中[6]张骞以郎应募[7]，出陇西[8]，径匈奴中[9]；单于得之，留骞十余岁。骞得间亡向月氏[10]，西走数十日至大宛[11]。大宛闻汉之饶财，欲通不得，见骞，喜，为发导译[12]抵康居[13]，传致大月氏。大月氏太子为王，既击大夏[14]，分其地而居之，地肥饶，少寇，殊无报胡之心。骞留岁余，竟不能得月氏要领[15]，乃还；并南山[16]，欲从羌中归[17]，复为匈奴所得，留岁余。会伊稚斜逐于单[18]，匈奴国内乱，骞乃与堂邑氏奴甘父逃归[19]。上拜骞为太中大夫[20]，甘父为奉使君[21]。骞初行时百余人，去十三岁，唯二人得还。汉武帝元朔三年（前一二六）

[1] 月氏是西域国名，亦作月氏，月支，读如"肉支"。其地在今甘肃中部及青海东部一带。后为匈奴所攻破，西迁至中央亚细亚一带，占有今克什米尔、阿富汗及葱岭东西之地。下文云：既击大夏，分其地而居之。即

指此事。［2］敦煌本为匈奴浑邪王之地，汉置敦煌郡，治今甘肃敦煌县。［3］祁连山即天山。［4］冒顿是汉初匈奴有名的君长。其父为头曼单于。后射杀头曼单于而自立，东灭东胡，西击走月氏，南并楼烦等地，成为与汉对峙的强国。［5］老上单于名稽粥。匈奴的君主在单于的称号上另有一专名。老上单于即冒顿单于之子。这个冒字读如墨。［6］汉中为汉郡之一，今陕西省汉中市南郑区一带。［7］汉代的郎是皇帝的侍从官，员额无一定，职务亦无一定，资格亦无一定，或因文学，或因武术，或因专门技能，或因父兄关系，或因家财关系，都可以作郎。［8］陇西也是汉郡之一，在今甘肃东南部。［9］径匈奴中是经过匈奴的地界。［10］间是乘机的意思，亡是逃走。［11］大宛是西域国名，今乌兹别克斯坦境内。［12］导译是向导兼通译。［13］康居是西域国名，在今新疆维吾尔自治区北境及中央亚细亚一带。［14］大夏在今乌兹别克斯坦南撒马尔罕一带。［15］意思是：张骞在月氏住了一年多，始终没有得到月氏的具体表示。［16］南山指南祁连山，并即傍字。张骞想避免匈奴的阻挠，所以取南道回长安,南道当然离匈奴的势力远些。［17］那时的羌族散居于今甘肃及青海。［18］于单是伊稚斜的侄子。［19］堂邑氏是个复姓。据《史记》，这个名叫甘父的本来也是胡人。［20］太中大夫是掌议论的官。［21］奉使君是特赐甘父的称号，并不是官名，也不是爵名。

起初，匈奴投降的人说："月氏原来住在敦煌、祁连之间，是个强国，匈奴冒顿单于攻破了它。老上单于杀了月氏王，用它的头骨做成饮酒器具。其余的月氏部众都逃往远方，怨恨匈奴。上策莫过于联合它共同进攻匈奴。"皇上就招募能出使月氏的人。汉中张骞以郎官身份应募，出了陇西，经过匈奴的地界，单于捉到他，留他在匈奴十多年。张骞觅得机会逃往月氏，向西走了十多天来到大宛。大宛听说汉朝的物产富饶，想通使而不得，见到张骞后，很高兴，就为他配备向导和译员，引他抵达康居，辗转到大月氏。大月氏太子当上国王，击败了大夏，分割其地而居住下来，那里土地肥沃富饶，少有敌寇，所以他们没有向匈奴报仇雪耻的心。张骞逗留了一年多，竟得不到月氏人的具体表示，只好返回；他傍着南祁连山走，想穿过羌人居地回汉，却再次被匈奴抓到，留了一年多。适逢伊稚斜驱逐于单，匈奴国内大乱，张骞就与堂邑氏的奴仆甘父一同逃归。皇上任命张骞为太中大夫，甘父为奉使君。张骞当初出发时有一百多人同行，去了十三年，只有二人得以返回。

2初，张骞自月氏还，具为天子言西域诸国风俗："大宛在汉正西，可万里。其俗土著耕田[1]；多善马，马汗血[2]；有城郭、室屋如中国。其东北则乌孙[3]，东则于阗[4]，于阗之西，则水皆西流，注西海[5]；其东，水东流，注盐泽[6]。盐泽潜行地下，其南则河源出焉[7]。盐泽去长安可五千里。匈奴右方居盐泽以东，至陇西长城；南接羌，鬲汉道焉[8]。乌孙、康居、奄蔡[9]、大月氏，皆行国[10]，随畜牧，与匈奴同俗。大夏在大宛西南，与大宛同俗。臣在大夏时，见邛竹杖、蜀布[11]，问曰：'安得此？'大夏国人曰：'吾贾人[12]往市之身毒[13]。'身毒在大夏东南可数千里，其俗土著，与大夏同。以骞度之，大夏去汉万二千里，居汉西南；今身毒国又居大夏东南数千里，有蜀物，此其去蜀不远矣。今使大夏，从羌中，险，羌人恶之；少北，则为匈奴所得；从蜀，宜径，又无寇[14]。"天子既闻大宛及大夏、安息[15]之属皆大国，多奇物，土著颇与中国同业，而兵弱，贵汉财物；其北有大月氏、康居之属，兵强，可以赂遗设利朝也[16]。诚得而以义属之[17]，则广地万里，重九译[18]，致殊俗，威德遍于四海，欣然以骞言为然。

元狩元年（前一二二）

［1］土著是说有固定的城郭田宅，不随畜牧移徙。［2］大宛所产的一种名马，据说汗从前肩膊出，好像血一般，能日行千里。［3］乌孙先居敦煌、祁连之间，后逐大月氏而建乌孙国。在今新疆维吾尔自治区温宿以北，伊宁以南的地方。［4］于阗即今和田。［5］西海指青海。［6］盐泽，汉时亦名蒲昌海，即今新疆维吾尔自治区若羌县北的罗布泊。［7］河源指黄河发源处。［8］鬲即隔字。［9］奄蔡是西域国名，后人考证在今克里米亚半岛。［10］行国即游牧之国。［11］邛山在四川西部。［12］贾音古，即从事贸易的人。［13］身毒之身音眷，后称天竺，即今印度。［14］这几句话的意思是说：现在出使到大夏，从羌中走很危险，而且羌人很厌恶我们，稍向北走，又为匈奴所掳，若从蜀通过去，这条路应当是直接的，又没有敌人。［15］安息是今伊朗。［16］意思是：大月氏、康居等国兵力强盛，可以用赠送厚礼的方法使它们来朝贡。［17］以义属之，是说不用武力而用正当的方法使它们归附。［18］重九译是要经过许多次辗转的翻译，方能彼此相通。并不一定是九次。

起初，张骞从月氏返回，向天子详细介绍西域各国风俗："大宛在汉的正西边，大约有一万里远。当地百姓过着定居生活，以耕田为业；多产良马，马出汗如血；有和中国一样的城郭、房屋。在它的东北是乌孙，东边是于阗，于阗的西边，水都往西流，注入西海；它的东边，水往东流，注入盐泽。盐泽的水在地下流动，南边就是黄河的源头所出。盐泽距长安大约五千里远。匈奴右方处于盐泽东面，直到陇西长城；南方与羌邻接，将汉道隔开。乌孙、康居、奄蔡、大月氏都是游牧之国，随放牧牲畜而迁移，与匈奴风俗相同。大夏在大宛西南方，与大宛风俗相同。臣在大夏时，见到邛山出产的竹杖和蜀地出产的细布，问道：'哪里得来的这些东西？'大夏国人说：'我们的商人从身毒买来的。'身毒在大夏东南约几千里远，当地风俗是定居，与大夏相同。以我计算，大夏距汉约一万两千里，位于汉的西南方；现在身毒国又位于大夏东南几千里，有蜀地的物产,这说明身毒距蜀地不远了。如今派使者去大夏,从羌地经过,很危险，羌人又厌恶我们；稍向北走，则会被匈奴捉到；如果从蜀地前往大夏，道路应该很直接，又没有敌寇侵扰。”天子听说大宛以及大夏、安息之类的国家，都是大国，新奇之物颇多，百姓定居，与中国生活方式相同，而兵力薄弱，喜爱汉朝的财物；其北边有大月氏、康居之类的国家，兵力强盛，可以通过贿赂使他们前来朝贡。如果真能不用武力而用正当方式使他们归附，那么国家疆域可以扩大万里，通过多重翻译，招来不同习俗的人，使恩威德泽遍布四海。天子欣然，认为张骞所说很有道理。

3 浑邪王既降汉[1]，汉兵击逐匈奴于幕北[2]，自盐泽以东空无匈奴，西域道可通。于是张骞建言："乌孙王昆莫本为匈奴臣，后兵稍强，不肯复朝事匈奴，匈奴攻不胜而远之。今单于新困于汉，而故浑邪地空无人，蛮夷俗恋故地，又贪汉财物。今诚以此时厚币赂乌孙，招以益东，居故浑邪之地，与汉结昆弟，其势宜听，听则是断匈奴右臂也[3]。既连乌孙，自其西大夏之属皆可招来而为外臣。”天子以为然，拜骞为中郎将[4]，将三百人，马各二匹，牛羊以万数，赍金币帛直数千巨万[5]；多持节副使，道可便，遣之他旁国[6]。骞既至乌孙，昆莫见骞，礼节甚倨。骞谕指曰[7]："乌孙能东居故地，则汉遣公主为夫人；结为兄弟，共距匈奴，匈奴不足破也。”乌孙自以远汉，未知其大小；素服属匈奴日久，且又近之，其大臣皆畏匈奴，不欲移徙。骞留久之，不能得其要领，因分遣副使使大宛、康居、大月氏、安息、身毒、于阗及诸旁国。乌孙发译道送骞还，使数十人、马数十匹随骞报谢，因令窥汉大小。是岁骞还到，拜为大行[8]。后岁余，骞所遣使通大夏之属者，皆颇与其人俱来，于是西域始通于汉矣。元鼎二年（前一一五）

［1］浑邪一作昆邪，是匈奴部落名，在今甘肃省武威、张掖一带。前一二一年，浑邪王屡次为汉兵所败，单于要惩办他，他就带了手下人众归降中国，因此，他从前的辖境内就没有匈奴人了。［2］幕即漠字，幕北指大戈壁以北。［3］这段话的意思是：如果乌孙能听从我们的主意，回到浑邪的辖境，再在原处建立乌孙国，乌孙就会永远同我们和好，这样就把匈奴右边（西边）一只膀臂斩断了。［4］中郎将是稍次于将军的官号。［5］巨万大约等于百万。［6］多持节副使是说多派些副使，各人持节，作为汉的代表，顺道就派他们到附近各国去。［7］谕指是以汉廷的意旨晓谕他们。［8］大行是掌接待外宾的官，即大鸿胪。

浑邪王归降汉朝后，汉兵追击驱逐匈奴到漠北，自盐泽以东地区没有匈奴出没，往西域的道路已可通行。于是张骞建议说："乌孙王昆莫本来是匈奴的臣属，后来兵力稍强，不肯再朝拜侍奉匈奴，匈奴攻打未胜，只好舍之远去。如今单于刚被汉朝所困，而以前浑邪的土地空无一人，蛮夷的习俗是眷恋原有土地，又贪爱汉朝财物。现在我们如用丰厚的钱物拉拢乌孙，招他们更向东迁，到以前浑邪王的辖地居住，与汉朝结为兄弟，势必可使他们听从我们的主意，这就等于折断了匈奴的右臂啊。连络乌孙后，其西边的大夏等国也都能招来成为汉朝属国。"天子认为很好，就任命张骞为中郎将，率领三百人，各备两匹马，所带牛羊以万计，又带价值千百万的黄金、货币、丝织品；随行的还有很多持节的副使，路上顺道派遣他们出使其他各国。张骞到了乌孙，乌孙王昆莫见张骞时，礼节甚为倨傲。张骞以汉廷的旨意晓谕他们说：“乌孙如能东迁故地，那么汉朝就把公主许配给大王作夫人；彼此结成兄弟，共同对抗匈奴，匈奴就不堪一击了。”乌孙王认为自身远离汉朝，不知汉朝大小；长期以来一直臣服于匈奴，又离它很近，朝中大臣都畏惧匈奴，不愿迁徙。张骞居留很久，得不到要领，便派副使分头出使大宛、康居、大月氏、大夏、安息、身毒、于阗以及附近各小国。乌孙派翻译和向导送张骞回国，又派数十人，带数十匹马，随张骞回报答谢，顺便窥视汉朝大小。这年，张骞回到汉廷，被任命为大行。一年多后，张骞所派出使到大夏等国的使者，大都与他们的国人一起前来，于是西域开始和汉朝相通了。

4 西域凡三十六国，南北有大山，中央有河，东西六千余里，南北千余里。东则接汉玉门阳关[1]，西则限以葱岭[2]。河有两源，一出葱岭，一出于阗，合流东注盐泽。盐泽去玉门阳关三百余里。自玉门阳关出西域有两道。从鄯善傍南山北，循河西行至莎车，为南道；南道西逾葱岭，则出大月氏、安息。自车师前王庭随北山循河西行至疏勒，为北道；北道西逾葱岭，则出大宛、康居、奄蔡焉。故皆役属匈奴[3]，匈奴西边日逐王置僮仆都尉，使领西域[4]，常居焉耆[5]、危须[6]、尉黎间[7]，赋税诸国，取富给焉。

［1］汉时于敦煌郡置玉门关及阳关。［2］葱岭在今新疆维吾尔自治区疏勒、蒲犁之西，昆仑、天山都发脉于此。［3］故即旧也。［4］僮仆都尉是匈奴所置的官名。［5］焉耆即今新疆维吾尔自治区之焉耆。［6］危须在焉耆东。［7］尉黎在今新疆维吾尔自治区鄯善之北。

西域共有三十六个国家，南北都有大山，中间有河流，东西长六千多里，南北宽一千多里。东面与汉朝的玉门关、阳关相接，西面则与葱岭交界。黄河有两个源头，一条从葱岭流出，一条从于阗流出，合流后往东注入盐泽。盐泽距离玉门、阳关有三百多里。从玉门、阳关去西域有两条路：从鄯善靠着南山北面，沿河向西走到莎车，这是南面的路；从南面的路向西越过葱岭，就可前往大月氏、安息。从车师前王廷顺着北山，沿河向西走到疏勒，这是北面的路；从北面的路向西越过葱岭，就可前往大宛、康居、奄蔡了。这些国家以前都臣属匈奴，匈奴封西边的日逐王为僮仆都尉，让他统辖西域，常住在焉耆、危须、尉黎一带，向西域各国征收赋税，掠取财富。

5 乌孙王既不肯东还，汉乃于浑邪王故地置酒泉郡，稍发徙民以充实之；后又分置武威郡[1]，以绝匈奴与羌通之道。天子得宛汗血马，爱之，名曰“天马”。使者相望于道以求之。诸使外国，一辈大者数百，少者百余人，人所赍操，大放博望侯时[2]，其后益习而衰少焉[3]。汉率一岁中使多者十余，少者五六辈，远者八九岁，近者数岁而反[4]。以上均元鼎二年（前一一五）

[1]酒泉、武威是至今还沿用的地名，两郡加上张掖、敦煌，称为河西四郡，形成伸向西北的走廊，就是现在甘肃省的大部分。[2]放即仿字，张骞曾以军功封博望侯。这句话的意思是说：大家所携带的装备大都仿照张骞的成例。[3]益习而衰少是说：对于外国情形知道得更清楚，就不像从前那样多了。[4]反即返字。

乌孙既然不愿返回东方，汉朝就在浑邪王旧有土地上设置酒泉郡，逐渐迁徙百姓前往居住以充实人口；后来又另外设置武威郡，以断绝匈奴通往羌的道路。天子得到大宛的汗血马后，非常喜爱，称之为“天马”。求取天马的使者络绎不绝。出使外国的使团，多的一批有数百人，少的一批有百多人，他们所携带的东西大抵和博望侯张骞出使时相仿，后来对西域情况日益熟悉，就不像从前那样多了。一年内汉朝出使西域的使团多时大约有十几批，少时五六批；路远一点的要去八九年，近一点的几年就能返回。

6 博望侯既以通西域尊贵，其吏士争上书言外国奇怪利害求使。天子为其绝远，非人所乐往，听其言，予节募吏民，毋问所从来[1]，为具备人众遣之，以广其道。来还不能无侵盗币物及使失指[2]，天子为其习之，辄覆按致重罪，以激怒令赎，复求使[3]。使端无穷，而轻犯法[4]。其吏卒亦辄复盛推外国所有，言大者予节，言小者为副[5]。故妄言无行之徒皆争效之。其使皆贫人子，私县官赍物[6]，欲贱市以私其利。外国亦厌汉使人人有言轻重[7]，度汉兵远不能至，而禁其食物以苦汉使。汉使乏绝，积怨至相攻击[8]。而楼兰、车师小国当空道，攻汉使王恢等尤甚，而匈奴奇兵又时遮击之[9]。使者争言西域皆有城邑，兵弱易击。于是天子遣浮沮将军[10]公孙贺将万五千骑出九原二千余里[11]，至浮沮井而还；匈河将军赵破奴将万余骑出令居数千里，至匈河水而还；以斥逐匈奴不使遮汉使，皆不见匈奴一人。乃分武威、酒泉地置张掖、敦煌郡，徙民以实之。元鼎六年（前一一一）

[1] 予节是给予出使的符节。毋问所从来是不追究出身经历。 [2] 使失指是执行使命犯了错误。 [3] 这几句话的意思是：回来之后，不免发觉有贪赃溺职的罪，皇帝因为他们既已熟习外国情形，就故意将他们定罪，让

他们不得不再求出使以赎罪。［4］这是说：借故出使的人很多，犯法的人也很多。［5］这是说：下级官吏士兵也都极力铺张外国的物产，说得规模大的就给予使节，小的就派充副使。［6］汉代人称政府为县官，这是说出使的人隐匿公家财物，私自出卖，侵吞货价。［7］意思是：汉使在外国所说的话，人人轻重不一，为外国所厌恶。［8］这是说：汉使穷困之后，常生仇恨，以致与外国冲突起来。［9］汉时出西域有南北两道，南道从楼兰，北道从车师，两国常常挡住孔道，匈奴又加以拦击。空即孔字。［10］浮沮井是匈奴地名。当时汉遣公孙贺出兵，希望他能达到浮沮井，所以以浮沮为号，下文匈河将军也是这个意思。［11］九原在今山西北部。

博望侯因通使西域而获得尊贵地位，他的属吏也争相上书陈说外国的奇风异俗和利害关系，请求通使。天子因为西域太遥远，不是一般人所乐于前往，就接受他们的意见，授予符节，让他们招募吏民，不必追究出身经历，只要配备好人员就派他们出发，以扩大出使范围。使者们往返之间，免不了有侵夺钱币财物和违背使命的事，天子因为他们熟悉外国情形，就再三调查而判他们重罪，以激励他们为求赎罪而再度出使。结果出使的事不断进行，而使者轻易地就会违犯法令。使者的属吏士兵也都极力宣扬外国物产，说得规模大的就给予使节，小的就派充副使。所以那些乱讲话没有品行的人争相仿效。出使的人都是穷人子弟，把所携带的公家财物据为己有，贱价卖出中饱私囊。外国人也厌恶汉朝使者各个人所说的话轻重不一，估计汉兵路远难至，就禁止给食物以为难汉使。汉使穷困，常因怨恨而与外国人发生冲突。而楼兰、车师等小国地处交通孔道，劫夺汉使王恢等人尤其严重，而匈奴也时常发奇兵拦击汉使。使者争相报告说西域各国都有城邑，但兵力薄弱，容易征服。于是天子派遣浮沮将军公孙贺率领一万五千骑兵，从九原出发两千余里，到浮沮井而返回；匈河将军赵破奴率领一万多骑兵从令居出发几千里，到匈河水而返回；都是为了驱逐匈奴人，不让他们再拦击汉使，却都看不到一个匈奴人。就分割武威、酒泉二郡的土地，增设张掖郡、敦煌郡，迁徙民众来充实当地人口。

7 乌孙使者见汉广大，归报其国，其国乃益重汉。匈奴闻乌孙与汉通，怒，欲击之；又其旁大宛、月氏之属皆事汉；乌孙于是恐，使使愿得尚汉公主，为昆弟[1]。天子与群臣议许之。乌孙以千匹马聘汉女。汉以江都王建女细君为公主，往妻乌孙，赠送甚盛。乌孙王昆莫以为右夫人，匈奴亦遣女妻昆莫，以为左夫人。公主自治宫室居，岁时一再与昆莫会，置酒饮食，昆莫年老，言语不通，公主悲愁思归，天子闻而怜之，间岁遣使者以帷帐锦绣给遗焉。昆莫曰：“我老。”欲使其孙岑陬尚公主[2]。公主不听，上书言状。天子报曰：“从其国俗，欲与乌孙共灭胡[3]。”岑陬遂妻公主，昆莫死，岑陬代立为昆弥[4]。

[1] 尚公主就是娶公主，娶帝王之女称“尚”，帝王之女嫁人称“降”。[2] 岑陬据说是乌孙的官称。 [3] 意思是：因为要与乌孙联合，共灭匈奴，只可随从他们的风俗了。 [4] 昆弥即昆莫，是乌孙建国的王号。

乌孙使者见汉朝地域广大，回国后报告其国王，乌孙于是更加重视汉朝。匈奴听说乌孙与汉朝交往，很愤怒，想要去攻打乌孙；在乌孙西南的大宛、月氏这些国家，也都朝奉汉朝了；乌孙于是很害怕，便派了使者来到汉朝，希望能娶汉朝的公主，与汉朝结为兄弟。天子与群臣计议后，答允了对方的要求。乌孙用一千匹马作为聘礼来迎娶汉女。汉朝以宗室江都王刘建的女儿细君为公主，嫁给乌孙王，赠送的礼物非常丰盛。乌孙王昆莫封细君为右夫人。匈奴也选送一名女子嫁给昆莫，被封为左夫人。公主自治宫室而居，一年四季几次与昆莫相会，置酒饮食。昆莫年老，言语又不通，汉公主内心悲愁，想回汉朝，天子听说后很同情她，每隔一年，就派使者带一些帷帐和锦绣去送给她。昆莫说："我老了。"想让他的孙子岑陬娶汉公主。公主不肯，上书天子报告此事。天子回复说："顺从他们的国俗吧，因为我们希望与乌孙一起消灭匈奴。"岑陬于是娶了公主为妻。昆莫死后，岑陬继位，王号为昆弥。

8 是时，汉使西逾葱岭，抵安息。安息发使以大鸟卵[1]及犁靬[2]善眩人献于汉[3]，及诸小国驩潜[4]、大益、车师[5]、扜冞、苏薤之属，皆随汉使献见天子，天子大悦。西国使更来更去。天子每巡狩海上，悉从外国客。大都多人则过之[6]，散财帛以赏赐，厚具以饶给之，以览示汉富厚焉。大角抵，出奇戏诸怪物[7]，多聚观者。行赏赐，酒池肉林，令外国客遍观名仓库府藏之积，见汉之广大，倾骇之。大宛左右多蒲萄，可以为酒；多苜蓿[8]，天马嗜之；汉使采其实以来，天子种之于离宫别观旁极望。然西域以近匈奴，常畏匈奴使，待之过于汉使焉。以上元封六年（前一〇五）

［1］大鸟卵即今之鸵鸟卵。［2］犁靬即大秦国，指罗马帝国。靬音轩。［3］善眩人指善于吞刀吐火等幻术的人，眩与幻同。［4］驩潜、大益、扜冞、苏薤均西域国名。据《史记》，均在大宛之西，今中央亚细亚一带。扜音乌，冞与弥同，薤音泻。［5］车师一作姑师，在今新疆维吾尔自治区吐鲁番一带。［6］大都多人则过之，大概是经过繁盛都市的意思。［7］角抵是古代摔跤的游戏。［8］蒲萄和苜蓿都是以前中国所无而此后遍植于全国各处的。葡萄（我国古代曾叫"蒲萄"等名称）和苜蓿两个名词都是外国语的译

音。武帝首先把这两种植物栽在他的苑囿里。

这时汉朝使臣向西越过葱岭，抵达安息。安息王也派遣使者，将驼鸟蛋和黎軒国善变魔术的艺人献给汉朝，一些小国驩潜、大益、车师、扜罙、苏𩜁等，都随着汉使去朝贡汉天子。天子非常高兴。西域各国的使者来来往往，天子每次沿海巡游，外国使臣也都随行。路经大都市或人多之处就要游览一下，又将钱帛赏赐给他们，以丰盛的物品厚待他们，来显示汉朝的富裕。还表演摔跤，演出新奇戏剧，展示各种稀罕物品，聚集许多人观看。进行赏赐时，大摆酒肉盛宴，让外国宾客去各处参观仓库所储藏的财物，来显示汉朝的殷实富强，使他们倾慕惊骇。大宛国附近盛产葡萄，可以酿酒；还盛产苜蓿，天马最爱吃食；汉朝使者便采了种子回来，天子把它种在离宫别观旁边，一望无际。然而西域各国比较靠近匈奴，常常畏惧匈奴派来的使者，对待他们比对待汉使更为恭敬有礼。

9 汉使入西域者言："宛有善马在贰师城[1]，匿不肯与汉使。"天子使壮士车令等持千金及金马以请之。宛王与其群臣谋曰："汉去我远，而盐水中数败[2]，出其北有胡寇，出其南乏水草，又且往往而绝邑，乏食者多[3]，汉使数百人为辈来，而常乏食，死者过半，是安能致大军乎？无奈我何。贰师马，宛宝马也。"遂不肯予汉使。汉使怒，妄言椎金马而去[4]。宛贵人怒曰："汉使至轻我！"遣汉使去，令其东边郁成王遮攻，杀汉使，取其财物。于是天子大怒，诸尝使宛姚定汉等言："宛兵弱，诚以汉兵不过三千人，强弩射之，可尽虏矣。"天子尝使浞野侯以七百骑虏楼兰王[5]，以定汉等言为然；而欲侯宠姬李氏，乃拜李夫人兄广利为贰师将军，发属国六千骑及郡国恶少年数万人，以往伐宛[6]；期至贰师城取善马，故号贰师将军。赵始成为军正[7]，故浩侯王恢使导军[8]，而李哆为校尉[9]，制军事。太初元年（前一〇四）

［1］贰师城是大宛国的城名。［2］盐水是沙漠地区，数败是说行军常有死亡。［3］意思是：若从北道走，受匈奴的侵扰；从南道走，又苦于道中没有城郭居民，食物不足。［4］意思是：汉使以“椎破金马返回中国”相恐吓。胡注误会，以为真椎破金马而去，非也。下文明言：宛贵人遣汉使去。［5］赵破奴以军功封浞野侯。［6］郡国中恶少年是各处无职业的少年。按汉朝制度，这种人是要强迫服兵役的。［7］军正是军法官。［8］导军是做行军的向导。［9］校尉官职略次于将军。

曾出使西域的汉朝使者说：“大宛有良马藏在贰师城中，不肯给汉朝使者。”天子便派壮士车令等带着千金和金马，去向大宛请求交换良马。大宛国王与群臣商议说：“汉朝离我们很远，从盐水行军常有死亡，从北路来会遭遇匈奴，从南路来则沿途缺乏水草，又没有城郭居民，粮食不足，汉朝曾派数百人使团前来，还常因缺粮而死者过半，又如何能派大军来呢？汉朝对我们无可奈何。贰师的马，是大宛的宝马啊。”于是不肯给汉朝使者。汉使发怒，扬言要椎破金马而去。大宛的贵人生气地说：“汉朝使者非常轻视我国！”便遣走汉使，又让东边的郁成王去拦阻攻击，杀掉汉使，取走了他们的财物。天子于是大怒，各个出使过大宛的人如姚定汉等都说：“大宛兵弱，我们只需派三千人，用强弩去射击他们，就可以把他们全部俘虏了。”天子曾命浞野侯赵破奴率七百骑兵俘获楼兰王，所以认为姚定汉等人的话有理；又想要封宠姬李氏的兄弟为侯，就任命李夫人的哥哥李广利为贰师将军，征调了属国的六千骑兵及郡国中游手好闲的少年几万人，前往讨伐大宛。因为期望去贰师城夺取良马，所以号称贰师将军。任命赵始成为军正，原浩侯王恢为军前向导，李哆担任校尉，管制军事。

10 汉既亡浞野之兵[1]，公卿议者皆愿罢宛军，专力攻胡。天子业出兵诛宛，宛小国而不能下，则大夏之属渐轻汉，而宛善马绝不来，乌孙、轮台易苦汉使[2]，为外国笑。乃案言伐宛尤不便者邓光等[3]。赦囚徒，发恶少年及边骑，岁余而出敦煌者六万人，负私从者不与[4]，牛十万，马三万匹，驴、橐驼以万数[5]，赍粮兵弩甚设[6]。天下骚动，转相奉伐宛五十余校尉。宛城中无井，汲城外流水。于是遣水工徙其城下水，空以穴其城[7]。益发戍甲卒十八万酒泉、张掖北，置居延、休屠屯兵以卫酒泉[8]，而发天下吏有罪者、亡命者及赘壻、贾人、故有市籍、父母大父母有市籍者凡七科适为兵[9]；及载糒给贰师[10]，转车人徒相连属；而拜习马者二人为执、驱马校尉[11]，备破宛择取其善马云。

[1] 赵破奴兵败为匈奴所俘，是前一年的事。 [2] 现在新疆维吾尔自治区还有轮台这个地名。 [3] 意思是：把最不赞成讨伐大宛的人办罪示威。 [4] 负私从者是携带私人物资随军前往的。不与，即不计在内。 [5] 橐驼即骆驼字。 [6] 这句话的意思是：远征军队所带的粮食兵器非常完备。 [7] 意思是：大宛城里没有井，需要城外水泉的供给，于是派了水利工程师，把城外的水道改通别处，穿通城墙，加以围困。 [8] 居延属张掖郡，休屠属武威郡，屠音除。 [9] 适即谪字。“七科适”是汉代的专门名词。一是犯法的官吏，二是逃亡的人，三是自己不立家业而入赘人家做女婿的，四是商人，五是从前经营过商业的，六、七是父母或祖父母曾经营商业的。这七

种人有首先被征发服兵役的义务。［10］糒是干饭，音倍。［11］意思是：预先指定两个懂得马性的人，一个做执马校尉，一个做驱马校尉。

汉朝丧失浞野侯这支军队后，公卿们计议，都希望停止征讨大宛，先专力对付匈奴。天子认为业已出兵讨伐大宛，如大宛这样的小国都不能攻下，那大夏等国必将逐渐轻视汉朝，而大宛的良马也绝对得不到，甚至乌孙、轮台等国也会随意虐待汉使，使汉朝遭到外国耻笑。于是就惩办最反对攻伐大宛的邹光等人。赦免正在服刑的囚徒，征发游手好闲的少年和边塞地区的骑兵，一年多派往敦煌增援的达六万多人，携带私人物资随军前往的还未计算在内，又征拨十万头牛、三万匹马、数以万计的驴和骆驼，还有充足的粮食和武器。天下震动，由各地调去讨伐大宛的有五十多名校尉。大宛国城中没有水井，需要汲引城外的流水。于是派遣水工将城外的水道改通别处，利用原来的水道穿通城墙，准备攻城。还调派十八万驻军到酒泉、张掖的北面，又在居延、休屠驻扎军队来守卫酒泉。再征发全国犯罪的官吏、逃亡者，以及入赘为婿的人、商人、原属商人户籍的人，父母或祖父母属商人户籍的人，共七种人，一律征为士兵；载运干粮供给贰师将军，转运的车马人众络绎于途；又任命两名熟悉马匹的人为执马校尉和驱马校尉，准备攻破大宛后去择取良马。

11 于是贰师后复行，兵多，所至小国莫不迎，出食给军。至轮台，轮台不下，攻数日，屠之。自此而西，平行至宛城，兵到者三万。宛兵迎击汉兵，汉兵射败之；宛兵走入保其城。贰师欲攻郁成城[1]，恐留行而令宛益生诈，乃先至宛，决其水原移之，则宛固已忧困。围其城，攻之四十余日。宛贵人谋曰："王毋寡匿善马[2]，杀汉使，今杀王而出善马，汉兵宜解，即不解[3]，乃力战而死，未晚也。"

宛贵人皆以为然，共杀王。其外城坏，虏宛贵人勇将煎靡。宛大恐，走入城中，持王毋寡头，遣人使贰师约曰："汉无攻我，我尽出善马恣所取，而给汉军食。即不听我，我尽杀善马，康居之救又且至[4]；至，我居内，康居居外，与汉军战。孰计之何从[5]！"是时，康居候视汉兵尚盛，不敢进。贰师闻宛城中新得汉人，知穿井，而其内食尚多，计以为来诛首恶者毋寡，毋寡头已至，如此不许，则坚守，而康居候汉兵罢来救宛，破汉军必矣。乃许宛之约。宛乃出其马，令汉自择之，而多出食食汉军。汉军取其善马数十匹，中马以下牝牡三千余匹，而立宛贵人之故时遇汉善者[6]名昧蔡为宛王[7]，与盟而罢兵。

以上太初三年（前一〇二）

[1] 郁成城是大宛的一座城名。 [2] 毋寡是王的名字，毋一作母。 [3] 按汉代语法，"即"是"假使"的意思。 [4] 按古代语法，"且"是"就会"的意思。 [5] 孰即熟字。 [6] 遇汉善者，就是对汉抱亲善态度的人。 [7] 昧蔡之蔡读若"察"。

于是贰师将军再次西征，由于兵多，沿途各小国无不出城相迎，为汉军提供粮食。到了轮台，轮台抗拒，攻打几天后破城，进行了大屠杀。由此向西，一路无阻地到达大宛，共有士卒三万。大宛出兵迎击汉军，汉军射败宛兵，宛兵退入城中坚守。贰师将军原想进攻郁成城，又担心这段时间会让宛国想出更多诡计，便先到宛城，把水源引向别处，使城中军民陷入忧愁困苦之中。就此包围宛城，攻打了四十多天。大宛的贵人密谋说："是国王毋寡将良马藏起来，杀了汉朝使者，现在我们杀死国王，交出良马，汉军应当会解围；如不解围，再奋战而死，也不晚啊。"大宛贵人都认为这主意好，就一起杀死大宛国王。这时大宛外城已破，大宛贵人猛将煎靡被俘获。大宛人大为恐惧，退入城中，派人手持国王毋寡的头，前去对贰师将军说："汉军不要进攻了，我们将献出所有的良马，由你们任意选取，并供给汉军食物。如果你们不听从，我们将杀掉全部良马，而康居的救兵又将到来；救兵一到，我们在城内，康居在城外，将内外夹攻汉军。你们可以仔细考虑一下，要怎么办才好。"这时，康居探知汉军还很强盛，不敢前进。贰师将军则听说城里最近刚获得汉人协助，知道如何掘井，而且城内食物还很多，考虑到这次前来要诛杀的罪魁是毋寡，现在毋寡的头已经献来，如果仍不接受他们的请求，他们必然坚守，而康居等待汉军疲惫后也会来援救大宛，那必定会打败汉军。于是就答应大宛的求和，而大宛也就交出马匹，让汉军自行选择，并提供许多食物给汉军。汉军便选取了几十匹良马，以及中等以下的雌、雄马三千多匹，将以前善待汉使的大宛贵人昧蔡立为宛王，与其结盟后撤兵。

12 自大宛破后，西域震惧，汉使入西域者益得职。于是自敦煌西至盐泽往往起亭[1]，而轮台、渠犁[2]皆有田卒数百人[3]，置使者、校尉领护[4]，以给使外国者[5]。太初四年（前一〇一）

[1] 亭是驿站一类的建筑，汉代内地处处有亭。 [2] 渠犁在轮台以东。 [3] 田卒是屯田兵。 [4] 使者等于特派员，校尉等于驻屯军司令。 [5] 给使外国者是以屯田的粮食供应派往外国的使节。

自大宛被攻破后，西域各国非常震惊惧怕，汉朝派往西域的使者因此更能顺利完成使命。于是从敦煌以西直到盐泽一带，处处建起驿亭，而在轮台、渠犁等地都驻守了几百名屯田的士卒，派置了使者、校尉加以统领保护，以屯田的粮食供应出使外国的使者。

赵充国屯田

赵充国屯田

西汉时代，汉族与羌族之间起了摩擦。主要是由于羌族与匈奴之间的关系，威胁中国的边防，所以不得不把羌人强迫南移，好断绝与匈奴的勾结。但是当时的官吏贪残不法，对羌族肆行迫害，引起反抗，以致兵连祸结，一直绵延到东汉末年，几乎酿成重大事端，也是无可讳言的错误。

汉朝人的奏议，议论通达，规划详明，向来是大家公认的。尤其是赵充国的屯田奏，不但得到当时的君臣一致赞许，并为后人所爱好诵读。也就是当时对羌族政策的反映。

《通鉴》将这篇文章发生的背景写得原原本本，关于这篇文章的反复讨论情形也有详尽的记载，首尾最为完具，所以几乎不必删节。

第一节说明匈奴不断地勾结羌族，威胁汉与西域的交通，赵充国指出严密戒备的必要。第二节说汉廷任用非人，无故残害了羌族的领袖，以致失去他们的信任，引起不必要的仇恨，结果不得不由赵充国这位老将亲自出马。第三节说赵充国的用兵持重，以威信招抚羌人，不妄杀戮。第四节说赵充国和辛武贤两人的意见不一致，后者主张急速击破罕、开，而前者认为背叛的是先零，并不是罕、开，应当分别对待。可是朝廷大臣都不赞成赵充国的话，下诏书责备他，命令他即刻进兵。第五节载赵充国的复奏，反复说明先击罕、开，徒然促成羌族全部的团结，将来需用更大的兵力，拖延更长的岁月，如果先击先零，罕、开自然服从，即使不服，也不难再用武力。第六节述汉廷重行考虑，以赵充国的话为有理，果然出其不意，一举就把先零打败了。对罕、羌，则极力表示善意，不咎既往。第七节说先零已经大部分被解决，汉廷还要催促大军前进，继续作战，赵充国认为军事不赶快结束，是很危险的。他追溯从前湟中地方粮价贱的时候，建议收买一百万石就可以应付羌人任何事变，不料朝廷只批准四十万石。这是失败的根源。因此在第八节指出派出军队，输送粮食，费用浩大，不能持久，建议举办水利、建筑、交通、屯垦种种事业，以期节省政府开支。第九节载汉廷的回报，问他：按照这个计划，究竟几时才能解决羌事。第十节又载他的第二次奏文：他说可以希望在几个月内解决，因而举出撤回大军，留一万屯田兵，有十二利。第十一节载汉廷第二次回报，问他所谓几个月究竟是今年冬天呢，还是几时？撤兵之后，羌人又来侵扰屯田，又怎么办？第十二节又载他的复奏说，预料在明春，可以全部解决。以北面的边防为比，由西到东绵延一万多里，也不过用几千人驻守。现在骑兵虽已撤回，羌人也不敢轻兵远来，大举进犯。至于小小侵掠，这是边境常有的事，不能一律完全免除。凡是用兵，必须权衡得失，如果真能灭绝羌人，或者永远禁绝他们来犯，那也罢了。同样不能，徒然消耗自己的实力，是不值得的。第十三节说汉廷的大臣到此也不能不佩服赵充国的远见，起初怀疑、反对的，也都赞成了，不过还不肯完全放弃作战。第十四节说次年夏天，果然解决，连屯兵也撤回了。赵充国始终坚持用兵不是上策，不肯附和苟同，终于用事实证明了他的见解的正确。

1 初，武帝开河西四郡[1]，隔绝羌与匈奴相通之路[2]，斥逐诸羌，不使居湟中地[3]。及帝即位[4]，光禄大夫义渠安国使行诸羌[5]，先零[6]豪言[7]："愿时度湟水北，逐民所不田处畜牧。"安国以闻。后将军[8]赵充国劾安国奉使不敬[9]。是后羌人旁缘前言，抵冒度湟水[10]，郡县不能禁。既而先零与诸羌种豪二百余人，解仇、交质、盟诅[11]。上闻之，以问赵充国[12]。对曰："羌人所以易制者，以其种自有豪，数相攻击，势不壹也。往三十余岁，西羌反时，亦先解仇合约攻令居[13]，与汉相距，五六年乃定。匈奴数诱羌人，欲与之共击张掖、酒泉地，使羌居之。间者，匈奴困于西方，疑其更遣使至羌中与相结。臣恐羌变未止此，且复结联他种，宜及未然为之备。”后月余，羌侯狼何[14]果遣使至匈奴藉兵[15]，欲击鄯善、敦煌以绝汉道。充国以为狼何势不能独造此计，疑匈奴使已至羌中，先零、罕、开乃解仇作约[16]。到秋马肥，变必起矣。宜遣使者行边兵，豫为备敕，视诸羌，毋令解仇，以发觉其谋。于是两府复白遣义渠安国行视诸羌[17]，分别善恶。汉宣帝元康四年（前六二）

［1］河西四郡指武威、张掖、酒泉、敦煌。［2］羌是种族名，分布于今甘肃、青海。［3］湟中指湟水左右的地方，湟水即今西宁河，发源青海，入黄河。［4］帝指宣帝。［5］光禄大夫是一种在内廷备差遣顾问的官，行是巡视的意思。［6］先零是羌的一种，零读若怜。［7］豪是部落的首领。［8］汉代有前、后、左、右将军，是次于大将军的一种高级军事长官。但不一定领兵，也可以参与政事，与丞相、御史大夫地位略相等。［9］汉代习惯，所谓不敬就是不忠于职事的意思。［10］这句话的意思是说：后来羌人借口已经向义渠安国请求有案，于是不由分说，渡过湟水。［11］意思是：大家解除仇怨，互派人质，订结盟誓。反映羌人内部一向是不团结的。［12］赵充国是西北人，又是个职业军人，积有经验，所以要征求他的意见。［13］令居是汉时护羌都尉治所，在今甘肃境。［14］据《汉书·赵充国传》，狼何是小月氏种。［15］藉即借字。［16］罕、开都是羌的别种。［17］两府指丞相府及御史大夫府，西汉时代大政是由两府联合决定的。

起初，武帝开设武威、张掖、酒泉、敦煌等河西四郡，隔绝羌与匈奴相通的道路，驱逐羌人，不让他们居住在湟水地带。等到宣帝即位，光禄大夫义渠安国奉派到羌人地域巡行；先零族的首领说："希望能让我们经常渡到湟水北面，去无人耕种的地方放牧。"义渠安国表示会上报朝廷。后将军赵充国便弹劾义渠安国奉使在外而不忠于职事。后来羌人以已经向汉使有过请求为借口，强行犯禁渡过湟水，郡县也无法禁止。然后先零便与各羌人部族首领二百多人，解除仇怨，互派人质，订结盟誓。皇上听说后，便问赵充国。充国答道："羌人之所以容易控制，是因为其部族各有自己的首领，多次互相攻击，势难一致。三十多年前，西羌反叛汉朝时，也是先化解仇恨，订下合约，再合力进攻令居，与汉朝抗衡，历时五六年才被平定。匈奴多次引诱羌人，企图与羌人一起攻击张掖、酒泉等地，让羌人住在那里。近来匈奴被困在西方，可能又派了使者到羌中去和他们勾结。臣担心羌人变乱不止于此，还会和其他部族再次联合起来，应事先加以防备。"一个多月后，羌侯狼何果然派使者到匈奴去借兵，企图进攻鄯善、敦煌，断绝汉朝通往西域的道路。充国认为狼何势不可能独自想出这个计谋，怀疑匈奴使者已到羌中，先零、罕、开等羌人部落才会化解仇恨，订立盟约。到秋天马肥之时，变乱必会发生。应当派遣使者去巡视边境部队，要他们预先防备，还要监视各羌种的动静，不让他们化解彼此间的仇恨，注意识破他们的阴谋。于是丞相和御史大夫两府又建议派义渠安国去巡视观察各羌动态，视其善恶分别对待。

2 义渠安国至羌中，召先零诸豪三十余人，以尤桀黠者皆斩之[1]；纵兵击其种人，斩首千余级。于是诸降羌及归义羌侯杨玉等怨怒[2]，无所信乡[3]。遂劫略小种背叛，犯塞攻城邑，杀长吏。安国以骑都尉将骑二千屯备羌。至浩亹[4]，为虏所击，失亡车重兵器甚众。安国引还，至令居以闻。时赵充国年七十余，上老之；使丙吉问谁可将者[5]。充国对曰:“无逾于老臣者矣！”上遣问焉，曰:“将军度羌虏何如，当用几人？”充国曰:“百闻不如一见，兵难遥度，臣愿驰至金城[6]，图上方略。羌戎小夷，逆天背叛，灭亡不久，愿陛下以属老臣。勿以为忧！”上笑曰:“诺。”乃大发兵诣金城。夏四月，遣充国将之以击西羌。神爵元年（前六一）

[1] 桀黠是桀骜狡猾的意思。 [2] 杨玉先曾归降，所以称为归义羌侯。[3] 乡即向字。无所信向，是没有信心。 [4] 浩亹，读作告门，在今甘肃省皋兰西南。 [5] 丙吉此时居御史大夫之任，是宣帝的恩人，最为亲信。[6] 汉金城郡治所即今甘肃省皋兰县。

义渠安国到羌中后，召集先零各部首领三十多人，将其中特别桀骜狡黠的都斩首；还纵兵攻击先零部族，杀了一千多人。这就使得原已归顺的羌族以及归义羌侯杨玉等怨恨愤怒，失去信赖之心。于是挟持一些弱小种族，进犯汉朝边塞，攻击城邑，杀死长吏。安国便派骑都尉率领二千骑兵去防备羌人。到了浩亹，遭到羌人袭击，损失很多军需装备和武器。安国引兵回来，到令居后将战况呈报上去。这时赵充国已经七十多岁，皇上觉得他年事已高，便派丙吉去问他谁可胜任带兵之职。充国答道:“没有能超过老臣的人了！”皇上又派人去询问:“将军认为羌人情况如何？应当派多少兵力前去？”充国说:“百闻不如一见。打仗之事难以遥测，臣愿驰往金城郡，绘制地图，连同方略一并奏闻。羌人小戎夷，逆天背叛，不久就会灭亡，愿陛下把这任务交给老臣。不必担忧！”皇上笑道:“好吧。”于是发动大兵前往金城。夏，四月，派赵充国率领这支军队进攻西羌。

3 赵充国至金城，须兵满万骑，欲渡河，恐为虏所遮，即夜遣三校衔枚先渡[1]，渡辄营陈[2]；会明毕，遂以次尽渡。虏数十百骑来，出入军旁。充国曰："吾士马新倦，不可驰逐，此皆骁骑难制，又恐其为诱兵也。击虏以殄灭为期，小利不足贪。"令军勿击。遣骑候四望狭中无虏[3]，夜引兵上至落都[4]，召诸校司马谓曰："吾知羌虏不能为兵矣。使虏发数千人守杜四望狭中[5]，兵岂得入哉！"充国常以远斥候为务[6]，行必为战备，止必坚营壁，尤能持重，爱士卒，先计而后战。遂西至西部都尉府[7]，日飨军士，士皆欲为用。虏数挑战，充国坚守，捕得生口[8]，言羌豪相数责曰："语汝无反，今天子遣赵将军来，年八九十矣，善为兵。今请欲壹斗而死，可得邪？"初，罕、幵豪靡当儿使弟雕库来告都尉曰："先零欲反。"后数日果反。雕库种人颇在先零中，都尉即留雕库为质。充国以为无罪，乃遣归告种豪：大兵诛有罪者，明白自别，毋取并灭。天子告诸羌人：犯法者能相捕斩，除罪，仍以功大小赐钱有差；又以其所捕妻子财物尽与之。充国计欲以威信招降罕、幵及劫掠者，解散虏谋，徼其疲剧[9]，乃击之。

[1] 汉时以一队为一校。 [2] 陈即阵字。 [3] 狭即峡字，山峭而夹水曰狭。 [4] 落都，山名，在今青海省乐都县。 [5] 杜，塞也。 [6] 远斥候是向远处派出斥候，警备严密的意思。 [7] 汉代边郡辽远地方，别设都尉，西部都尉是属酒泉郡的。 [8] 生口是活捉到的人。 [9] 徼其疲剧就是乘其疲劳。

赵充国抵达金城，集结了一万骑兵，想渡黄河，又怕遭到羌人拦击，就趁夜晚派出三队军士衔枚先行偷渡，渡河后即刻营建阵地；等到天亮，军队依次全部渡过了河。这时有几十上百羌人骑兵出现在汉军附近。充国说:“我军现在兵马劳乏，不可奔驰追击，这些都是敌人的骁勇骑兵，不易制服，又怕是敌人的诱兵之计。此战目标是要歼灭全部敌军，不能贪图小利!”命令汉军不得出击。又派骑兵外出侦察，侦得四望狭中没有敌兵，就趁夜晚率军来到落都，召集各军校、司马说:“我就知道羌人不善用兵!如果羌人派几千军士守堵在四望狭中，我军怎么进得来呢!”充国经常向远处派出侦察兵，行军时必定随时做好战斗准备，扎营后必定注意营垒的坚固，处事尤为老成持重，爱护士卒，先有计谋而后再战。于是率军向西来到西部都尉府，每日让军士们吃好，军士们都愿为他效劳。羌人多次挑战，充国坚守不出。后来活捉到了敌人，得知羌族首领多次互相责备说:“告诉你不要反叛，现在天子派赵将军来，年已八九十岁了，善于用兵。我们想要同他拼死一战，可有这个机会吗?”当初，罕、开首领靡当儿派他弟弟雕库前来告诉都尉:“先零人想要谋反。”几天后果然反了。雕库族人有很多就在先零部族中，都尉便留下雕库作为人质。充国认为雕库无罪，便放他回去转告各部首领:大军前来诛杀有罪的人，你们要想明白，自行与罪人划清界限，不要与他们一同被歼灭。天子让我通告各部羌人:犯法者如能捕杀其他犯法的人，可以免除罪刑，仍按功劳大小赐给不同的钱财;并将捕杀之人的妻子和财物都送给他。充国打算凭借威信招降，罕、开人及曾有劫掠行为的人，破解羌人的阴谋，等他们非常疲困时，再去攻击他们。

4时,上已发内郡兵屯边者合六万人矣。酒泉太守辛武贤奏言:“郡兵皆屯备南山[1]，北边空虚，势不可久。若至秋冬乃进兵，此虏在境外之策。今虏朝夕为寇，土地寒苦，汉马不耐冬。不如以七月上旬赍三十日粮，分兵出张掖、酒泉，合击罕、开在鲜水上者[2]。虽不能尽诛，但夺其畜产，虏其妻子，复引兵还，冬复击之，大兵仍出，虏必震坏。”天子下其书充国，令议之。充国以为：“一马自负三十日食，为米二斛四斗[3]，麦八斛，又有衣装兵器，难以追逐。虏必商军进退，稍引去，逐水草，入山林。随而深入，虏即据前险，守后厄，以绝粮道，必有伤危之忧，为夷狄笑，千载不可复。而武贤以为可夺其畜产，虏其妻子，此殆空言，非至计也。先零首为叛逆，他种劫略[4]。故臣愚策，欲捐罕、开暗昧之过，隐而勿章，先行先零之诛，以震动之，宜悔过反善[5]。因赦其罪，选择良吏知其俗者，拊循和辑，此全师、保胜、安边之策。”天子下其书公卿议者[6]，咸以为先零兵盛，而负罕、开之助，不先破罕、开，则先零未可图也。上乃拜侍中许延寿为强弩将军[7]，即拜酒泉太守武贤为破羌将军[8]，赐玺书嘉纳其策[9]。以书敕让充国曰[10]：“今转输并起，百姓烦扰，将军将万余之众，不早及秋共水草之利，争其畜食，欲至冬，虏皆当畜食，多臧匿山中，依险阻。将军士寒，手足皲瘃[11]，宁有利哉！将军不念中国之费，欲以岁数而胜敌[12]。将军谁不乐此者[13]！今诏破羌将军武贤等将兵，以七月击罕羌，将军其引兵并进，勿复有疑！”

[1] 南山指南祁连山。 [2] 鲜水，据齐召南说，即青海。 [3] 古代以十斗为一斛。 [4] 他种劫略是说别种只是被先零裹胁，并非出于本心。 [5] 捐是弃置的意思。意思是：罕、开罪状并未显著，不如暂时放在一边，不揭穿。先把先零办了，他们害怕，应该会悔过的。 [6] 下其书是把原奏交下，由大臣会议。根据第十三节，议者二字应属上句。 [7] 侍中是亲近的贵臣。 [8] 即拜是在辛武贤的酒泉太守本任上加派“破羌将军”的名义。 [9] 汉代皇帝给臣下的信名为玺书。 [10] 让是斥责的意思。 [11] 皲是皮肤皴裂，音军。瘃即冻疮。 [12] 意思是：延长岁月以求胜。 [13] 意思是：凡作将军的，谁不愿意这样呢？

这时，皇上征发内地各郡军队前来屯戍边塞的已有六万人了。酒泉太守辛武贤上奏说：“郡兵都屯备在南祁连山，北边很空虚，这种势态难以持久。如要等到秋冬才进兵，那是羌虏远在边境外时的策略。现在羌虏早晚都来骚扰，大地寒冻困苦，汉马耐不住严冬天气。不如在七月上旬，携带三十天粮食，从张掖、酒泉分路出兵，合攻在鲜水上的罕、开两部羌人。虽不可能全部剿灭，但可夺其牲畜，俘虏其妻子，然后领兵退回，到冬天再次进攻，大军如此出击，羌虏必定震惊惧怕。”天子把这奏章下达给充国，让他计议。充国认为：“一匹马背负三十天粮食，就有米二斛四斗，麦八斛，又加上衣服、武器，很难再去奔逐。羌虏必定会计算汉军进退速度，稍稍退去，沿着有水草的地方，遁入山林。如果我军跟着深入，羌虏就会据守前方险要，扼住后方通路，断绝粮道，使我军陷入危亡境地，被夷狄所嘲笑，且将长期无法报复。而武贤认为可以因此夺得羌人的牲畜，俘虏他们的妻子，这恐怕只是空话，并非上策。先零首先起来反叛，其他羌种只是被裹胁。因此以臣的计谋，应捐弃罕、开愚昧不明的过错，不去揭穿它，先诛伐先零，以震惊羌人。他们应会悔过自新，那时再赦免其罪，挑选了解羌人风俗的贤良官吏加以安抚，这才是保全兵力、获取胜利、安定边境的策略。”天子将他的奏章交给群臣讨论，大家都认为，先零兵力强盛，又依恃罕、开的帮助，不先击破罕、开，对先零就无计可施。皇上于是任命侍中许延寿为强弩将军，就近加派酒泉太守辛武贤为破羌将军，赐给玺书，嘉勉、采纳他提出的谋略。下诏书责备充国说：“现在运输繁忙，百姓深感烦扰，将军率领一万多兵众，不及早利用秋季水草茂盛之机，争夺羌虏的牲畜粮食，却想等到冬天再出击。那时羌虏都带着牲畜粮食藏匿在山中，依恃险要之地，而将军手下的士兵，却受着寒苦，手足皴裂，又有什么好处呢！将军不体念国家的耗费，想要延长岁月来取胜敌人，凡作将军的，谁不愿意这样呢？

现在诏令破羌将军辛武贤等率兵，于七月攻击罕、开，将军要率兵同时进击，不可再迟疑！”

5 充国上书曰：“陛下前幸赐书，欲使人谕罕以大军当至，汉不诛罕，以解其谋。臣故遣开豪雕库宣天子至德；罕、开之属皆闻知明诏。今先零羌杨玉阻石山木[1]，候便为寇，罕羌未有所犯，乃置先零，先击罕，释有罪，诛无辜，起壹难，就两害，诚非陛下本计也。臣闻兵法：‘攻不足者守有余[2]。’又曰：‘善战者致人，不致于人[3]。’今罕羌欲为敦煌、酒泉寇，宜饬兵马，练战士，以须其至。坐得致敌之术，以逸击劳，取胜之道也。今恐二郡兵少，不足以守，而发之行攻[4]，释致虏之术而从为虏所致之道[5]，臣愚以为不便。先零羌虏欲为背畔，故与罕、开解仇结约，然其私心不能无恐汉兵至而罕、开背之也。臣愚以为其计常欲先赴罕、开之急以坚其约，先击罕羌，先零必助之。今虏马肥，粮食方饶，击之恐不能伤害，适使先零得施德于罕羌，坚其约，合其党。虏交坚党合，精兵二万余人迫胁诸小种，附着者稍众，莫须之属不轻得离也[6]。如是虏兵浸多[7]，诛之用力数倍。臣恐国家忧累，由十年数，不二三岁而已[8]。于臣之计，先诛先零已，则罕、开之属不烦兵而服矣。先零已诛，而罕、开不服，涉正月击之，得计之理，又其时也[9]。以今进兵，诚不见其利。”

［1］此四字据颜师古说，为阻依山之木石以自保固。［2］这句话的意思是：攻敌虽嫌人数不足，自守则有余。［3］这句话的意思是：善于作战的，要引致敌人，而不为敌人所引致。［4］意思是：既然考虑到两郡的兵数太少，守还不够，何以倒要起兵前往攻敌？［5］意思是：舍弃引致敌人的方法，反而采取为敌人所引致的方法。［6］莫须也是羌的一种。

[7] 浸是逐渐的意思。 [8] 意思是：少说也要十年，不能两三年就完结。
[9] 意思是：到正月再进击。

充国上书说："陛下以前曾赐书信，说要派人去告诉罕人，汉朝大军就会到来，但不诛讨罕人，以此来破解他们的反叛计谋。臣因此派开羌首领雕库回去宣扬天子的盛德；罕、开等羌人都已得知天子的明诏。现在先零羌杨玉倚恃山形木石的坚固，等候机会入寇，罕、开并没有犯乱，而竟要放过先零，先去攻击罕人，释放有罪者，诛讨无辜者，兴起一次兵难，造成两件祸害，这真不是陛下的本意啊！臣听兵法上说：'攻敌虽嫌兵力不足，自守则有余。'又说：'善于作战的要引致敌人，不要为敌人所引致。'现在罕羌想要入侵敦煌、酒泉，我们应该整饬兵马，训练战士，等待他们到来，坐获致敌之术，以逸击劳，是取胜的正确途径啊。现在唯恐二郡兵力太少，不足以坚守，却还要发兵出击，这是放弃了引致敌人的方法，反而被敌人所引致，臣认为这样做是不对的。先零羌虏想背叛汉朝，所以才与罕、开化解仇怨，结成盟约，然而其内心不能不担忧汉军一到，罕、开又会背叛他们啊。臣认为先零羌的如意算盘是希望罕、开先受到攻击，然后前去救急以巩固他们的联盟。当我们先去进攻罕羌的时候，先零羌必定会帮助他们。如今羌人的马匹正肥，粮食正多，攻击他们，恐怕不能造成伤害，反而会让先零乘机施恩德于罕羌，坚定其联盟，团结其族党。羌虏联盟巩固后，只需用精兵两万多人胁迫其他弱小种族，依附的人稍稍增多，像莫须这类小族便不会轻易解约离去。这样，虏兵越来越多，再想去诛讨，就得用上好几倍的兵力。臣担心那时国家的忧患受累，少说也会拖上十年，绝非二三年可以完结。依臣的计策，先诛灭先零，则罕、开之类不必劳烦动兵就会屈服。万一先零已被诛灭，而罕、开等族仍不屈服，等到明年正月再去攻击他们，既是合理的计谋，又是合适的时机。而现在就进兵，实在看不出有什么好处！”

6戊申，充国上奏。秋七月甲寅，玺书报从充国计焉[1]。充国乃引兵至先零在所，虏久屯聚懈弛，望见大军，弃车重，欲度湟水，道厄狭；充国徐行驱之。或曰：“逐利行迟。”充国曰：“此穷寇，不可迫也。缓之则走不顾，急之则还致死[2]。”诸校皆曰：“善。”虏赴水溺死者数百，降及斩首五百余人。虏马牛羊十万余头，车四千余两[3]。兵至罕地，令军毋燔聚落、刍牧田中[4]。罕羌闻之，喜曰：“汉果不击我矣。”豪靡忘使人来言，愿得还复故地。充国以闻，未报。靡忘来自归，充国赐饮食，遣还谕种人。护军以下皆争之[5]，曰：“此反虏不可擅遣。”充国曰：“诸君但欲便文自营，非为国家忠计也[6]！”语未卒[7]，玺书报令靡忘以赎论[8]。后罕竟不烦兵而下。

[1] 宋洪迈在所著的《容斋随笔》里说：赵充国这次上奏，是六月戊申。到七月甲寅，已经得到诏书批准。从金城到长安一千四百五十里，不过费七天工夫，中间还要经过大臣的会议。可以证明汉代行政效率之高，及驿递制度之完善。洪氏这话大体是对的。不过七月甲寅是指批准的日子，不是赵充国接到诏书的日子。然而七天工夫，西安已经接到兰州的来文，而且就作出决定，的确古人是很讲究行政效率的。从整个记载来看，也可以想见汉代政府办事颇有积极负责的精神，有了错误，立刻纠正。 [2] 意思是：如果进逼太紧，就会回头拼死了。 [3] 两即辆字。 [4] 意思是：不许焚烧村庄房屋，不许在田地牧放马牛。 [5] 护军是将军、校尉以下的军官。 [6] 意思是：诸君只想个人不受处分就算了，并不是忠心为国家打算。 [7] 卒，终也。 [8] 汉律有赎罪法，以赎论就是援照赎罪法赦免。

戊申日，充国上了奏章。秋七月甲寅日，皇上再下诏书，听从了充国的计议。充国率兵来到先零所在的地方。羌虏因为屯驻已久，十分懈怠，望见汉朝大军来到，便抛弃军需装备，想渡过湟水而逃，可是道路非常狭隘；充国便慢慢地追逐。有人说："要夺取战果，太慢了不行。"充国说："这是些走投无路的穷寇，不可逼迫。慢慢地追，他们会不顾一切地逃走，逼得太急，他们会回过头来拼命。"大家都说："是的。"羌虏溺水而死的有几百人，投降以及被斩首的有五百多人。又掠得马、牛、羊十万多头，车子四千余辆。汉军到了罕人居住的地方，充国下令不许焚烧村落，不许在田中放牧马牛。罕羌听说后，高兴地说："汉军果然不攻击我们啊！"首领靡忘派人来说，希望能回到原住地去。充国就奏闻朝廷，还没有等到回复，靡忘已亲自前来归顺。充国赐给他饮食，要他回去劝谕本部羌人。护军以下军官都反对，说："这是叛贼，不可擅自释放。"充国说："诸位只想个人不受处分，并非忠心为国家打算啊！"话还没说完，诏书已到，下令按赎罪法对靡忘予以赦免。后来罕羌竟不烦用兵就被平服了。

7 上诏破羌、强弩将军诣屯所，以十二月与充国合，进击先零。时羌降者万余人矣，充国度其必坏，欲罢骑兵，屯田以待其敝。作奏未上，会得进兵玺书。充国子中郎将卬惧，使客谏充国曰："诚令兵出，破军杀将，以倾国家，将军守之可也。即利与病，又何足争[1]？一旦不合上意，遣绣衣来责将军[2]，将军之身不能自保，何国家之安？"充国叹曰："是何言之不忠也！本用吾言，羌虏得至是邪[3]？往者举可先行羌者，吾举辛武贤，丞相御史复白遣义渠安国，竟沮败羌。金城、湟中谷斛八钱[4]，吾谓耿中丞[5]：'籴三百万斛谷，羌人不敢动矣。'耿中丞请籴百万斛，乃得四十万斛耳；义渠再使，且费其半。失此二策，羌人致敢为逆。失之毫厘，差以千里，是既然矣[6]。今兵又不决，四夷卒有动摇，相因而起，虽有知者不能善其后。羌独足忧邪[7]！吾固以死守之，明主可为忠言[8]。”

［1］这几句话的意思是：即使打败仗，坏了国家的事，你只遵照命令去办就是了，管他什么利弊呢？［2］绣衣是御史之称，御史查办事件，身穿绣衣，手执斧钺，可以逮捕人。［3］意思是：当初若用我的计策，羌人能有今天这样猖獗么？［4］谷价一斛只值八个钱，是非常低廉的时价。［5］中丞是司农中丞，为财务行政长官，耿中丞名寿昌。［6］意思是：这是已经过去的事了。［7］意思是：兵连祸结，前途不堪设想，可忧虑的岂止是西羌？知即智字。［8］意思是：明达的君主是可以和他讲实话的。

皇上诏令破羌将军、强弩将军前往充国屯驻的地方，于十二月合兵进攻先零。这时羌人投降的已有一万多人，充国预料他们必败，本想罢去骑兵，在当地屯戍，以待羌人困顿。正草拟奏章，还没有呈奏上去，就接到进兵诏书。充国的儿子中郎将赵卬便很担心，让人去劝充国说：“如果出兵，真的会使我们损兵折将，倾覆国家的话，将军是可以固守不出的。然而现在只是利与弊的区别，又有什么可争的呢？一旦违背皇上心意，派绣衣御史前来问罪，将军自身尚且不保，又怎能保证国家的安全！”充国叹道：“这是说的什么不忠的话啊！当初如果采用我的计策，羌虏能有今天这样猖獗么？以前让推举出使羌的人选，我推举辛武贤；丞相和御史却又建议派遣义渠安国，结果坏了羌事。金城、湟中的谷价一斛只值八钱时，我对司农中丞耿寿昌说：‘赶快买进三百万斛谷物储备起来，羌人就不敢蠢动了！’结果耿中丞只请求买进一百万斛，而实际上仅得四十万斛而已；义渠安国再次出使，又用去一半。错失了这两个计策，才使得羌人敢于叛逆。失之毫厘，差以千里，这已是过去的事了。现在战事相持不下，万一四方夷狄动摇，趁机而起，即使有才智之士出来，也难以善后。那时令人忧虑的何止是西羌啊！所以我主张死守，明达的君主是可以和他讲实话的。”

8 遂上屯田奏曰：“臣所将吏士、马牛食所用粮谷、茭稿[1]，调度甚广。难久不解，徭役不息，恐生他变。为明主忧，诚非素定庙胜之策[2]。且羌易以计破，难用兵碎也。故臣愚心以为击之不便。计度临羌[3]东至浩亹，羌虏故田及公田，民所未垦，可二千顷以上，其间邮亭多坏败者[4]。臣前部士入山，伐林木六万余枚，在水次。臣愿罢骑兵，留步兵万二百八十一人，分屯要害处，冰解漕下[5]，缮乡亭，浚沟渠，治湟陿以西道桥七十所，令可至鲜水左右。田事出[6]，赋人三十亩[7]，至四月草生，发郡骑及属国胡骑各千就草[8]，为田者游兵[9]，以充入金城郡，益积畜，省大费。今大司农所转谷，至者足支万人一岁食，谨上田处及器用簿[10]。”

9 上报曰：“即如将军之计，虏当何时伏诛，兵当何时得决？孰计其便，复奏。”

[1] 茭稿是干草。 [2] 庙胜是在庙堂上决胜的意思。 [3] 临羌属金城郡，其西北即塞外。 [4] 汉代的邮亭，兼具招待过客、传送文书，以及警备巡逻等作用。 [5] 意思是：等冰融化了，就可以运木料顺流而下。 [6] 田事出指春耕开始的时候。 [7] 赋就是分配。 [8] 就草等于现在的放青。 [9] 为田者游兵是保护耕作的人。 [10] 屯田的地点及所需器用的清册。

于是呈上关于屯田的奏章说：“臣带领的将士及马牛食用的粮食、草料，需用很大，现在战事相持不下，徭役征调不息，恐怕会生出其他变乱。很替明主担忧，因为这实在不是以前在庙堂上谋定的决胜策略。而且羌人很容易用计谋去攻破，难以靠军事去粉碎的啊。所以臣心里认为发动攻击很不妥当。据估算从临羌向东至浩亹，羌虏原有的土地及无人开垦的荒地，约有两千顷以上，中间的邮亭大多已经败坏。臣以前派兵士入山，砍伐林木六万多株，都堆在水边。臣希望撤除骑兵，留步兵一万二百八十一人，分别屯戍在要害地点，等冰融解时让木材顺流而下，用来修缮各乡邮亭，疏浚沟渠，整治湟陿以西的道路桥梁七十处，让交通运输可达到鲜水附近。春耕开始后，分给每人三十亩地，四月青草长出后，征发郡中骑兵和归附的胡人骑兵各一千名前往放青，保护耕作的人，将收成运入金城郡，增加粮食储备，节省大量费用。如今大司农转运来的粮食，足够一万人食用一年，谨呈上屯田的地点及所需器用的清册。

皇上批复说："如依将军的计议，羌虏何时可以诛灭？战事何时可以决胜？你再好好考虑一番，然后再上奏！"

10 充国上状曰："臣闻帝王之兵，以全取胜，是以贵谋而贱战。'百战而百胜，非善之善者也。故先为不可胜，以待敌之可胜[1]。'蛮夷习俗虽殊于礼义之国，然其欲避害就利，爱亲戚，畏死亡，一也。今虏亡其美地荐草[2]，愁于寄托[3]，远遁，骨肉心离，人有叛志，而明主班师罢兵，万人留田，顺天时，因地利，以待可胜之虏，虽未即伏辜，兵决可期月而望。羌虏瓦解，前后降者万七百余人，及受言去者凡七十辈[4]。此坐支解羌虏之具也[5]。臣谨条不出兵留田便宜十二事：步兵九校，吏士万人，留屯以为武备，因田致谷，威德并行，一也。又因排折羌虏，令不得归肥饶之地，贫破其众，以成羌虏相叛之渐，二也。居民得并田作，不失农业，三也。军马一月之食，度支田士一岁，罢骑兵以省大费，四也。至春省甲士，卒循河、湟漕谷至临羌，以示羌虏，扬威武传世折冲之具[6]，五也。以闲暇时下先所伐材，缮治邮亭，充入金城，六也。兵出，乘危侥幸[7]；不出，令反叛之虏窜于风寒之地，离霜露、疾疫、瘃堕之患，坐得必胜之道，七也。无经阻、远追、死伤之害，八也。内不损威武之重，外不令虏得乘间之势，九也。又无惊动河南大幵使生他变之忧，十也。治湟陿中道桥，令可至鲜水，以制西域，伸威千里，从枕席上过师[8]，十一也。大费既省，徭役豫息，以戒不虞，十二也。留屯田，得十二便；出兵，失十二利；唯明诏采择。”

[1] 这几句是《孙子》上的话。意思是：不要浪战，要自己随时警戒准备以待机。 [2] 荐草是稠密的茂草。 [3] 意思是：苦于无处安身。[4] 受言去是接受约束而去。 [5] 意思是：坐而制胜的办法。 [6] 意思大概是：以御敌的力量示人。 [7] 意思是：出兵不可必胜，即使胜利，也是冒着危险而侥幸的。 [8] 从枕席上过师是形容行军之安稳便利。

充国上奏说：“臣听说帝王用兵，以保全军力来取胜，所以看重谋略而瞧不起浪战。‘百战而百胜，并非最好的战略啊，应先使自己立于不败之地，再等待可以战胜敌人的机会。’蛮夷的习俗虽不同于讲求礼义的国家，但他们想要避免损害，追求有利，爱亲戚，畏死亡，这些都和我们一样。如今羌虏失去了他们肥美的土地和茂盛的牧草，苦于无处安身，逃得很远，骨肉之间离心离德，人人都想反叛。而明主如能还师休兵，留下一万人来屯田，顺应天时，善用地利，以等待制服羌虏的时机，羌虏虽未立即伏罪，但战事可望期月而平息。现在羌虏已在瓦解，前后归降的有一万七百多人，接受约束而去的有七十批。这都是我们坐而制胜的利器。臣谨条陈不出兵而留兵屯田的十二项好处：步兵九个军营，官兵万名，留此屯田以为战备，因耕作而收获粮食，声威与恩德并行，这是第一。又因排斥羌虏，不让他们回到肥沃的土地上去，令他们贫困破产，使得羌虏渐渐地互相叛离，这是第二。民田可以同时耕作，不影响农业，这是第三。军马一个月的食用，可以支付屯田士卒一年所需，所以撤去骑兵能省下一笔很大的费用，这是第四。到了春天，检阅甲士，沿黄河、湟水运谷物到临羌，展示给羌虏看，扬威耀武，为以后抵御敌人奠定基础，这是第五。空闲时将以前砍伐的木材运来，修缮邮亭，充实金城郡，这是第六。出兵进攻羌虏，要冒险而心怀侥幸；不出兵，让反叛的羌虏流窜于风寒之地，遭受霜露、疾病瘟疫、冻疮的灾患，可以坐享胜利，这是第七。没有道路阻碍，也没有远程追击和人员伤亡的祸害，这是第八。对内不使朝廷的威武尊严受损，对外不给羌虏以可乘之机，这是第九。又不会惊动黄河南岸的大开部落，以致变生不测，增加朝廷忧虑，这是第十。整治湟陿中的道路桥梁，使交通可以直达鲜水，从而控制西域，扬威千里，行军就像从枕席上经过一样安稳便利，这是第十一。大量军费既已节省，徭役也预先停息，以防止出现意想不到的变故，这是第十二。留兵屯田，可得十二项利益；出兵，会失去十二项利益；敬请皇上选择。”

11 上复赐报曰：“兵决可期月而望者，谓今冬邪？谓何时也？将军独不计虏闻兵颇罢，且丁壮相聚，攻扰田者[1]及道上屯兵，复杀略人民，将何以止之？将军孰计复奏[2]！”

[1] 田者就是种田的人。 [2] 孰即熟字，意思是详细考虑一下。

皇上又回复说："战事可望期月而平息，是说在今年冬天吗？还是别的什么时候？将军难道没想到羌虏听说我们休兵，会集结壮丁勇士，攻袭骚扰种田的人以及沿途守军，再次杀掠我国人民，那时我们将如何来制止？将军深思熟虑后再复奏！"

12 充国复奏曰："臣闻兵以计为本，故多算胜少算。先零羌精兵，今余不过七八千人，失地远客分散、饥冻叛还者不绝。臣愚以为虏破坏可日月冀，远在来春，故曰兵决可期月而望。窃见北边自敦煌至辽东，万一千五百余里。乘塞列地有吏卒数千人，虏数以大众攻之而不能害。今骑兵虽罢，虏见屯田之士精兵万人，从今尽三月，虏马羸瘦，必不敢捐其妻子于他种中，远涉河山而来为寇；亦不敢将其累重[1]，还归故地。是臣之愚计所以度虏且必瓦解其处，不战而自破之策也。至于虏小寇盗，时杀人民，其原未可卒禁[2]。臣闻战不必胜，不苟接刃，攻不必取，不苟劳众[3]。诚令兵出，虽不能灭先零，但能令虏绝不为小寇，则出兵可也。即今同是，而释坐胜之道，从乘危之势[4]，往终不见利，空内自疲敝，贬重以自损，非所以示蛮夷也。又大兵一出，还不可复留，湟中亦未可空，如是，徭役复更发也。臣愚以为不便。臣窃自惟念：奉诏出塞，引军远击，穷天下之精兵，散车甲于山野，虽无尺寸之功，偷得避嫌之便，而无后咎余责，此人臣不忠之利，非明主社稷之福也[5]。"

[1] 将其累重是带着家属和财产。 [2] 意思是：不能一下子从根本上禁绝。 [3] 意思是：没有把握就不要随便作战。 [4] 意思是：虽然不能灭掉先零，只要真能免除小的侵犯，也还值得。既然同样不能，而放弃可以坐而制胜的办法，去做冒险的行动，那就不对了。 [5] 这是说：苟且获得

避嫌的方便，一点功效没有，却可以推卸责任，不致惹起事后的责难，这只是个人取巧的打算，对于国家是有损的。

充国又上奏说："臣听说用兵以谋略为根本，所以多谋者胜过少谋者。先零羌的精兵，现在所剩不过七八千人，失去了原住地，远客他方，力量都已分散，因饥寒反叛先零而来归顺我们的人络绎不绝。臣认为羌虏败亡指日可待，至迟不过来年春天，所以说战事可望期月而平息。臣看到北边从敦煌到辽东，一万一千五百多里长的国境，守卫边塞的有将士几千人，羌虏多次派出大部队攻击他们而不能得逞。现在我们的骑兵虽撤，羌虏看到屯田的一万名精兵，从现在起到三月，羌虏的马匹又很疲弱，一定不敢将他们的妻子寄留在其他蛮夷间，远涉山河前来侵犯；也不敢带着家属和财产返回原住地。臣预料羌虏必将就地瓦解，这是不战而让他们自行破灭的策略。至于羌虏那些小骚扰，或有时杀害我国百姓，原不可能一下子根本禁绝。臣听说打仗如无必胜把握，就不要随便作战；进攻如无必取把握，就不要轻易劳师动众。真要出兵，虽然不能灭掉先零，但确实能免除羌虏那些小骚扰，那出兵也还值得。既然同样不能，而放弃坐而制胜的办法，去作冒险的行动，终究得不到好处，徒然使自身陷于疲困，贬损国家威望，这不是对付蛮夷的好办法。此外，大军一出，归来后便很难再让他们留屯，而湟中又不可空无防守，这样，徭役又将兴起。臣认为这样太不方便了。臣私下想：如果尊奉诏令出塞，带兵远征，用尽天下精兵，漫山遍野布满车甲，虽然并无丝毫战功，却能苟且获得避嫌的方便，不致惹起事后的责难，这是人臣不忠而取巧的好处，不是贤明君主和国家的福分啊！"

13 充国奏每上，辄下公卿议臣。初，是充国计者什三；中什五，最后什八。有诏诘前言不便者，皆顿首服。魏相曰[1]："臣愚不习兵事利害。后将军数画军策，其言常是。臣任其计必可用也[2]。"上于是报充国，嘉纳之。亦以破羌、强弩将军数言当击，于是两从其计。……以上均神爵元年

[1] 魏相是当时的丞相。 [2] 任是保证的意思。

充国每次上奏，就下发给公卿议臣们讨论。最初，赞同充国计谋的人占十分之三；后来占十分之五；最后占十分之八。下诏责问那些原先反对的人，都叩头表示佩服充国的建议。魏相说："臣不熟悉军事的轻重利害。后见将军多次运筹军事方略，而意见通常都不错。臣担保他的计谋一定可用。"皇上于是下诏充国，赞许并接纳了他的计谋。同时也因为破羌将军、强弩将军多次建议出兵，而兼采了两方面的意见。

14 夏五月，赵充国奏言："羌本可五万人军，凡斩首七千六百级，降者三万一千二百人，溺河湟、饿死者五六千人，定计遗脱与煎巩、黄羝俱亡者不过四千人[1]，羌靡忘等自诡必得[2]。请罢屯兵。"奏可。充国振旅而还。所善浩星赐迎说充国曰[3]："众人皆以破羌、强弩出击，多斩首生降，虏以破坏[4]。然有识者以为虏势穷困，兵虽不出，即自服矣。将军即见，宜归功于二将军出击，非愚臣所及，如此将军计未失也。"充国曰："吾年老矣，爵位已极，岂嫌伐一时事，以欺明主哉[5]？兵势国之大事，当为后法。老臣不以余命，壹为陛下明言兵之利害，卒死，谁当复言之者[6]？"卒以其意对。神爵二年（前六〇）

[1] 煎巩、黄羝也是羌的别种。 [2] 自诡必得是自己保证一定追捕得来。

[3] 浩星赐是人名，浩星是复姓。 [4] 以、已二字古通用。 [5] 意思是：“我年纪老了，官爵也无可再加了，怎么可以为避免夸功的嫌疑，不向明达的君主说实话呢？” [6] 意思是：“我若仓猝死了，还有谁肯说这些话？”卒即猝字。

夏，五月，赵充国上奏说：“羌本来约有五万军人，被斩首七千六百人，投降的三万一千二百人，淹死在黄河、湟水以及饿死的五六千人，脱逃的以及和煎巩、黄羝一起逃亡的估计不会超过四千人，羌酋靡忘等自己保证一定追捕得来。因此请求撤回屯兵。”获得批准后，充国班师凯旋。与充国友善的浩星赐前往迎接时劝他说：“大家都认为破羌将军、强弩将军出击，砍杀降服了很多羌人，羌虏因此败亡。然而有见识的人则认为羌虏那时已穷途末路，即使不出兵，他们也要屈服了。现在将军即将被召见，应该也归功于破羌、强弩二位将军，认为非你所能及。这样对将军是没有什么损失的啊。”充国说：“我年纪老了，爵位已无可再加了，怎么可以为避免夸功的嫌疑，不向明达的君主说实话呢？如何用兵是国家的大事，应当垂法后世。老臣不惜余命，当毫无保留地为陛下言明用兵的利害，我若仓猝死了，还有谁肯说这些话呢？”他终究按自己的本意做了应对。

贾让治河三策

贾让治河三策

黄河为害，是历史上一个最难解决的问题。从汉武帝时代起，历史上就有大篇幅的记载。《史记》的《河渠书》,《汉书》的《沟洫志》，都做过重点的叙述。武帝亲自视察黄河决口，带了随从官员，大家动手参加堵塞工作，并且作了一首歌来纪念这事。到了元帝永光五年（前三八），又在河北、山东交界的清河左近决了口，这一区域的人民从此就长期不得安居，而黄河也没有固定可循的河道。因此才有下列的议论。

第一节是负责河堤的专员提出意见，不主张筑堤而主张疏浚河道，请求招聘专门人才，征询方略。第二节就是历史上有名的贾让治河三策。他的大意是说黄河下游民居田地与河过于接近，筑堤防水，本来不是正当办法，现在又在堤以内筑几层堤，占得不留余地，水势受到迫束，所以容易溃决。最好把这一部分地区的民居让开，使黄河得有自己选择道路的机会，选择定了，自然顺轨安流。至于迁移民居的费用，是可以将年年堵口筑堤的费用相抵而有余的。其次则多修水渠，用来灌溉，同时也可以减弱水势，也还不失为补救的办法。据他的计划，可以保证几百年的国富民安。至于年年修堤，耗费无穷，仍然经常不免灾害，这是最下之策。

以上是成帝时代的事，到了王莽执政，很有意于建设事业，又大规模征聘专家。其中比较有力量的建议者，一为关并，他的主张大略与贾让相同。二为韩牧，主张尽量恢复大禹的九河故道。王横却说：现在的情形与昔不同，必须把黄河移到平安的地方，依傍太行山脚，由高处流到低处，东北入海。不能拘定所谓九河故道。桓谭是主持这次讨论的人，他说这几种意见之中，必有一种是正确的，应该精密考验，慎重决定。兴起工来，也可以养活些无业游民，比徒然赈济他们总值得些。但王莽专好空谈，仍无结果。这就是第三节的大意。

1 骑都尉平当使领河堤[1]，奏："九河[2]今皆寘灭[3]。按经义，治水有决河深川，而无堤防壅塞之文[4]。河从魏郡以东多溢决[5]，水迹难以分明[6]，四海之众不可诬[7]，宜博求能浚川疏河者。"上从之。汉成帝绥和二年（前七）

[1] 平当的本官是骑都尉，而差使是管理河堤。 [2] 九河是大禹治河时下游分流的水道，见《禹贡》。 [3] 寘与填同。 [4] 意思是：按照经义，治水只有疏导的办法，没有用堤防来堵塞的办法。 [5] 魏郡是汉时一郡，包括后世河南的彰德，河北的大名一带。 [6] 当时黄河漫溢，没有一定的轨道，不知道它究竟要从哪条路走，所以说：水迹难以分明。 [7] 意思是：群众是不好欺骗的。

骑都尉平当被委任负责治理河堤，上奏说："九河现在都被填灭。按照经义，治水只有疏导，而没有用堤防来堵塞的办法。黄河从魏郡以东多次决口泛滥，水道难以分清，四海之内百姓众多，不可欺骗，应广泛征求能挖深水道、疏通河水的人才。"皇上听从了他的建议。

2 待诏贾让奏言[1]："治河有上中下策。古者立国居民，疆理土地，必遗川泽之分，度水势所不及。大川无防，小水得入，陂障卑下，以为汙泽[2]，使秋水多得其所休息，左右游波，宽缓而不迫。夫土之有川，犹人之有口也。治土而防其川，犹止儿啼而塞其口。岂不遽止？然其死可立而待也。故曰：‘善为川者，决之使道；善为民者，宣之使言[3]。’盖堤防之作，近起战国，雍防百川[4]，各以自利。齐与赵、魏以河为竟[5]。赵、魏濒山[6]，齐地卑下[7]，作堤去河二十五里。河水东抵齐堤，则西泛赵、魏；赵、魏亦为堤去河二十五里。虽非其正，水尚有所游荡[8]。时至而去，则填淤肥美[9]，民耕田之；或久无害，稍筑宫宅，遂成聚落；大水时至漂没，则更起堤防以自救，稍去其城郭，排水泽而居之，湛溺自其宜也[10]。今堤防狭者去水数百步[11]，远者数里，于故大堤之内，复有数重，民居其间，此皆前世所排也[12]。河从河内、黎阳至魏郡、昭阳[13]，东西互有石堤，激水使还，百余里间，河再西三东，迫阨如此，不得安息。今行上策，徙冀州之民当水冲者[14]，决黎阳遮害亭[15]，放河使北入海；河西薄大山，东薄金堤，势不能远泛滥，期月自定[16]。难者将曰：‘若如此，败坏城郭、田庐、冢墓以万数，百姓怨恨。’昔大禹治水，山陵当路者毁之。故凿龙门[17]，辟伊阙[18]，析底柱[19]，破碣石[20]，堕断天地之性。此乃人功所造，何足言也[21]？今濒河十郡治堤，岁费且万万；及其大决，所残无数。如出数年治河之费，以业所徙之民，遵古圣之法，定山川之位，使神人各处其所而不相奸[22]；且大汉方制万里，岂其与水争咫尺之地哉？此功一立，河定民安，千载无患，故谓之上策。若乃多穿漕渠于冀州地，使民得以溉田，分杀水怒[23]，虽非圣人法，然亦救败术也。可从淇口以东为石堤[24]，多张水门。恐议者疑河大川难禁制，荥阳漕渠足以卜之[25]。冀州渠首尽当仰此水门，诸渠皆往往股引取之。旱则开东方下水门，溉冀州；水则开西方高门，分河流[26]。民田适治，河堤亦成。此诚富国安民，兴利除害，支数百岁，故谓之中策。若乃缮完故堤，增卑倍薄[27]，劳费无已，数逢其害，此最下策也。”以上同绥和二年

[1] 凡上书应聘的都称为待诏，以备随时顾问。这时哀帝访求能治水的，所以贾让以待诏的资格上这篇奏议。 [2] 意思是：把低洼的地方拦筑起来，成为潴水的地方。 [3] 这几句都是周朝的召公谏止厉王监谤的话，见《国语》。意思是：善于治理河道的，要分泄导引使它畅通，善于治理百姓的，要开导他们使他们肯说话。 [4] 雍与壅同。 [5] 竟与境同。 [6] 濒山是赵、魏两国以太行山为边界。 [7] 齐地在今山东半岛，濒海，所以比较起来是低地。 [8] 意思是：两堤之间有五十里的余地，可以容水自由徘徊。 [9] 填淤肥美是说经过河水泛滥以后，淤泥把地变得更肥了。 [10] 湛与沉同。 [11] 狭与峡同。 [12] 意思是：这都是过去的人所侵占的地区。 [13] 黎阳属河内郡，昭阳属魏郡。 [14] 冀州指今河北地区。 [15] 遮害亭在今河南浚县境内，这里有"金堤"。 [16] 期月是一年数月之间。 [17] 龙门是山名，在山西省河津与陕西省韩城之间。 [18] 伊阙也是山名，在洛阳之南，两山相对，仿佛古时城门的双阙，伊水从其间经过，故以为名。 [19] 底柱即今三门峡，在河南省陕县黄河中。 [20] 碣石也是山名，所在地说者不一，似以在河北省临榆附近为可信。 [21] 意思是：自然的障碍尚且可以征服，何况人造的呢？ [22] 这里的"神"是指"自然"，不相奸是彼此不相犯。 [23] 分杀水怒是分减水势的猛烈。 [24] 淇口在今河南省浚县境。 [25] 荥阳漕渠足以卜之，《汉书》作下之。似当以作下字为是。下是可以容纳一部分的意思。 [26] 意思是：河北各渠都靠水门来节制，旱的时候供给水源，涝的时候从上游流去。 [27] 意思是：把低的加高，薄的加厚。

待诏贾让上奏说："治河有上、中、下三种策略。古代建立国家安置居民，划分疆域进行垦殖，必定放弃川泽汇聚之处，而选择水势不足为害的地方。大川不修堤防，小河得以流入，把低洼的地方拦起来成为潴水之泽，使秋天的大水得到蓄积之所，微波左右荡漾，宽缓而不急迫。大地有河川，就像人有口一样，用土石去阻塞河流，就像为了制止小孩啼哭而去塞住他的嘴巴，怎会不立刻停止？然而他的死期也就马上到了。所以说：‘善于治理河道的，要分泄导引使它畅通；善于治理百姓的，要加以开导使他们敢说话。’堤防的修筑，始于距今不算久远的战国，壅防百川，各使本国获利。齐与赵、魏以黄河为国境线，赵、魏以高山为边界，齐地势低下，在距黄河二十五里处修筑堤防。河水东流到齐国堤防，受阻后向西泛滥于赵、魏，赵、魏也在距黄河二十五里处修筑堤防。虽非正道，而水在两堤之间尚可流来流去。汛期过后，被水淹过的土壤肥沃，百姓就在那里耕田。或很长时间没有灾害，人们就稍稍建些住宅，遂成聚居之地；大水又应汛而来漂没民宅，人们就另建堤防以自救，稍稍离开原来的城郭，排除积水而居住下来，这都是应有的举措。现在的堤防，距黄河近的只数百步，远的有几里，在旧有大堤之内又有数道堤防，人们居住在这里，这都是前代人将水排出而形成的啊。黄河从河内黎阳到魏郡昭阳，东西两岸互有石头筑成的堤防，激流受阻而回转，百余里之间，黄河两次向西，三次向东，如此遭受迫厄，不得平息。现在推行上策，是将面临洪水冲击的冀州人民迁走，在黎阳遮害亭开个缺口，使黄河的水向北流入大海；黄河西边靠近大山，东边靠近金堤，水势不可能泛滥很远，数月后自然会平定下来。责难的人会说：‘如果这样，毁坏的城郭、田舍、坟墓将数以万计，百姓会怨恨的。’从前大禹治水，山陵有挡路的就毁掉它，所以凿通龙门山，辟开伊阙山，中分底柱山，破开碣石山，毁坏了大地原有的形状。现在这些只是人造的东西，有什么值得一说的呢？如今靠近黄河的十个郡整治堤防，每年费用达万万之巨；一旦出现大决口，堤防毁坏无数。如果拿出几年的治河费用，来作迁移人民之用，遵行古代圣人的方法，确定山川位置，使自然界各得其所，互不相犯；

而且大汉有国土万里，何须与河水去争这些许的土地呢？这方案一旦确立，黄河治好，人民安定，千年将无灾害，所以称为上策。假若在冀州之地开凿很多河渠，让百姓用来灌溉田地，分减水势的猛烈，虽不是圣人的方法，也不失为挽救损毁的措施。可以从淇口以东建筑石头堤防，设置很多水门。恐怕有异议的人会怀疑黄河水大难以禁止，那么荥阳的河渠足以分流部分水势。冀州河头的水光了靠此水门，各条水渠往往都从这里取水。天旱时就开启东方向下的水闸，灌溉冀州农田；水涝时就开启西方的高闸，分散水流。农田适时治好，堤防也就此完成。这方案真可富国安民、兴利除害，且能维持几百年，所以说是中策。假若只是修补完善原有的堤防，把低处增高，薄处加厚，则所花的劳力和费用将无止境，并将不断遭受灾害，这是最下策啊！”

3 又征能治河者以百数。其大略异者，长水校尉[1]平陵关并言[2]：“河决率常于平原[3]、东郡左右[4]，其地形下而土疏恶。闻禹治河时，本空此地，以为水猥盛则放溢，少稍自索[5]，虽时易处，犹不能离此。上古难识。近察秦、汉以来，河决曹[6]、卫[7]之域，其南北不过百八十里，可空此亭，勿以为官亭民室而已。”御史[8]临淮[9]韩牧以为：“可略于《禹贡》九河处穿之，纵不能为九，但为四、五，宜有益。”大司空掾[10]王横言：“河入勃海[11]，地高于韩牧所欲穿处。往往天常连雨，东北风，海水溢西南出，浸数百里[12]，九河之地已为海所渐矣[13]。禹之行河，水本随西山下东北去[14]。《周谱》云[15]：‘定王五年，河徙。’则今所行非禹之所穿也。又秦攻魏，决河灌其都，决处遂大，不可复补。宜却徙完平处更开空[16]，使缘西山足，乘高地而东北入海，乃无水灾。”司空掾沛国[17]桓谭典其议[18]，为甄丰言[19]：“凡此数者必有一是；宜详考验，皆可豫见。计定然后举事，费不过数亿万，亦可以事诸浮食无产业民[20]，空居与行役同当衣食，衣食县官而为之作，乃两便[21]。可以上继禹功，下除民疾。”时莽但崇空语，无施行者[22]。平帝元始四年（四）

［1］长水校尉是官名，汉代八校尉之一，管一部分的军队。［2］平陵是右扶风的一县，今陕西省咸阳市境。［3］平原是汉郡之一，今山东省平原一带。［4］东郡也是汉郡之一，今河南省濮阳一带。［5］猥，多也。索，尽也。［6］曹是古国名，今山东省菏泽。［7］卫也是古国名，今河南省卫辉。［8］汉代的御史兼受理文书、纠察、弹劾的职务。［9］临淮也是汉郡之一，今江苏省盱眙一带。［10］大司空掾就是大司空的僚属，西汉末年，御史大夫改称大司空。［11］勃海即渤海。［12］意思是：海水向西南方面泛溢几乎达到几百里。［13］意思是：九河流域已经被海水浸灌。［14］西山指太行山。［15］《周谱》是周代帝王的年谱。［16］空音孔，即孔穴也。［17］沛国，《汉书》作沛郡，是对的。在西汉时应称沛郡，其治所在今安徽省宿州市境。［18］典其议是主持这次的会议。［19］甄丰就是当时的大司空。［20］事就是给这些人分配工作。［21］两便是说：无业之人，闲着没事，和做工是同样需要衣食的；现在政府供给他们衣食，叫他们去修治河道，是为公私两便。［22］当时正是王莽执政的时代，计划很多，成绩却很少。

又征召能治理黄河的人才百余位。其中有持不同主张的，如长水校尉平陵人关并说：“黄河决口通常在平原郡、东郡左右，那里地势低而土质疏松。听说大禹治理黄河时，原本空出这地方，水多时就用来蓄水，水少时就让它慢慢干涸。虽时代变更，还是不离这个原则。上古时代的事难以知道。近从秦、汉以来考察，黄河在曹、卫地域决口，南北相距不过百八十里，可以空出这块地方，不修建官亭、民舍也就罢了。”御史临淮人韩牧认为：“可约略在《禹贡》记载的九条河流的故道上疏通，即使不能疏通九条，只要疏通四五条，应该也是有益的。”大司空的僚属王横说：“黄河流入勃海，地面高出韩牧所想疏通的。天气经常连着下雨，吹东北风，海水从西南溢出，浸灌数百里，九河流域已逐渐被海水淹没了。大禹当初疏导黄河，本来水是顺着西山向东北流去。《周谱》记载：‘定王五年，黄河改道。’那么如今所经行的河道已不是大禹所凿的了。又当年秦国攻打魏国，决黄河堤坝，水灌其都城，决口于是变大，无法再加修补。应该迁徙到完整的平原地区，另外开通空窍，使黄河沿着西山山麓，趁着高地而向东北流入大海，才没有水灾。”司空的僚属沛国人桓谭主持这次会议，替甄丰说：“共有这几种方案，必有一种是对的；应该详细考察，使利弊得失都能预见。决策定下后再实施，花费不过几亿万，也可使一些吃浮食的无业游民有事做。无业之人闲着没事，与做工同样需要衣食，现在官府供给衣食，让他们去修治河道，乃是公私两便。可以向上继承大禹的功绩，向下除去人民的祸害。”当时王莽只是崇尚空话，并没有加以施行。

班超出使西域

班超出使西域

东汉初年，由于国力渐次充实，为解决北方的边患，从明帝永平十六年（七三）开始，再度对时常犯边的北匈奴展开积极攻势，并且继承武帝时代的政策，再度企图截断匈奴与西域的关系，恢复汉与西域的交通。杰出的军事、外交家班超就担负了这项重大的任务，与西汉的张骞成为前后相映的人物。他出身于文学、史学家的家庭，怀抱着卓越不凡的志趣，只同三十六个官长士兵出发，争取了西域五十几国的内向，在辽远的地区重新树立了汉朝的威信。他的成就是惊人的，在历史上与同时窦宪的驱迫北匈奴向欧洲迁徙，同样是非常重大的事件。

《通鉴》这段记载，大部分取材于《后汉书·班超本传》，原文资料是完整的，文笔也非常简净劲健，是《后汉书》中最精彩的一篇，所以《通鉴》改造的地方极少。但是依然可以看出《通鉴》删节得更为扼要，更为明净。如果对照起来看，可以给我们以写作技巧上的启发。

全篇分为三大段，第一大段中记班超初次的成功。其中第一节记鄯善态度不明，汉使陷于危境。第二节记班超冒险攻斩匈奴使者，迫使鄯善附汉。第三节记进一步向于阗树立威信，因而诸国望风归附，西域复通。第二大段记班超继续完成定西域的事业。其中第四节载其请兵原奏。第五节记汉廷派徐干将兵佐超。第六节记李邑的谗害，班超的宽大为怀。第七节记班超以少胜多，击败莎车，威震西域。第八节记班超所得关于西方的地理知识。第三大段是班超一生的总述。第九节记他年老思归，回到洛阳，才一月即死。第十节记他告诫任尚的话，以宽和简易为施政纲要。

一

1……（窦）固[1]使假司马[2]班超与从事[3]郭恂俱使西域。超行到鄯善[4]，鄯善王广奉超礼敬甚备，后忽更疏懈[5]。超谓其官属曰："宁觉广礼意薄乎？"官属曰："胡人不能常久，无他故也。"超曰："此必有北虏使来，狐疑未知所从故也。明者睹未萌，况已著邪？"乃召侍胡，诈之曰[6]："匈奴使来数日，今安在乎？"侍胡惶恐曰："到已三日，去此三十里。"超乃闭侍胡，悉会其吏士三十六人[7]，与共饮。酒酣，因激怒之曰："卿曹与我俱在绝域[8]，今虏使到才数日，而王广礼敬即废。如令鄯善收吾属送匈奴[9]，骸骨长为豺狼食矣，为之奈何？"官属皆曰："今在危亡之地，死生从司马！"超曰："不入虎穴，不得虎子。当今之计，独有因夜以火攻虏，使彼不知我多少，必大震怖，可殄尽也。灭此虏，则鄯善破胆，功成事立矣。"众曰："当与从事议之。"超怒曰："吉凶决于今日。从事文俗吏[10]，闻此必恐而谋泄，死无所名，非壮士也。"众曰："善。"汉明帝永平十六年（七三）

[1] 窦固是窦融的侄子，光武帝的女婿。明帝时预备继武帝的事业，击匈奴，通西域，以窦固为将帅，班超就在他的部下。 [2] 假司马是次于军司马的官名。 [3] 从事是幕僚官。 [4] 鄯善是西域国名，在今新疆维吾尔自治区东部，出玉门关，经白龙堆，首先到鄯善国。 [5] 意思是：后来礼貌不及从前。 [6] 侍胡是接待汉使的胡人。 [7] 吏士是手下的军官及士兵。 [8] 卿曹即卿等，卿是古代上对下的客气称呼。 [9] 收是捕掳的意思。 [10] 意思是：从事是个庸俗的文吏。

窦固派假司马班超和从事郭恂一起出使西域。班超来到鄯善国，鄯善王广对待班超恭敬有礼甚为周到，后来忽然疏远怠慢。班超对部属说:“有没有觉得广的礼节变差了?”部属说:“胡人做事不能常久,没有别的缘故啊。”班超说:“这一定是有北匈奴使者来了，鄯善王犹豫，不知归从谁的缘故啊。聪明人在事情尚未发生前就能看出，何况现在事情已经很明显了!”于是召唤前来侍候的胡人，诈他说:“匈奴使者来了好几天，现今还在这里么?”侍候的胡人惶恐地说:“已经来了三天，离这里三十里。”班超就把侍候的人关起来，集合手下吏士三十六人，一起饮酒。喝得酣畅时，就激怒他们说:“诸位与我都在远离国境的地方，现在匈奴使者来了才几天，鄯善王广就不讲礼节了。假如让鄯善王把我们捉起来送给匈奴人，我们的骸骨将永久被豺狼吃了，该怎么办呢?”部属都说:“现处在危亡的地方，死生都听从司马的!”班超说:“不进入虎穴，得不到虎子。现在的办法，唯有趁着夜晚放火攻打匈奴人，使他们不知我们兵有多少，一定会非常震惊恐怖，可就此全部歼灭。灭了匈奴人，则鄯善王吓破胆，我们就建功立业了。”众人说:“应当和从事商量这事。”班超发怒说:“吉凶就取决于今日。从事是个庸俗的文官，听到这事一定会害怕而泄露计划,死得没有名分,不算是壮士啊!”众人说:“好!”

2 初夜，超遂将吏士往奔虏营。会天大风，超令十人持鼓藏虏舍后，约曰:“见火然[1]，皆当鸣鼓大呼。余人悉持兵弩，夹门而伏。”超乃顺风纵火，前后鼓噪，虏众惊乱。超手格杀三人[2]，吏兵斩其使及从士三十余级，余众百许人悉烧死。明日乃还，告郭恂，恂大惊，既而色动。超知其意，举手曰:“掾虽不行，班超何心独擅之乎[3]?”恂乃悦。超于是召鄯善王广，以虏使首示之，一国震怖。超告以汉威德，“自今以后，勿复与北虏通。”广叩头，愿属汉无二心。遂纳子为质[4]。

[1] 然即燃字。 [2] 格是斗击的意思。 [3] 掾是对从事的官称，意

思是："你虽然没有同去，我难道想独占这次的功劳么？" 这与下文李邑那件事都是极力描写东汉官僚贪功忌才的恶劣作风。［4］古时外国表示服从，常派子弟到中国朝廷作人质，即下文所谓遣子入侍。

初夜时分，班超就率领吏士奔往匈奴人的营房。正逢天刮大风，班超命十人拿着鼓藏在匈奴人屋舍后面，约好说："看到起火，都要敲鼓大喊。其余的人都拿着兵器弓箭在门两边埋伏。"班超就顺着风向纵火，前后擂鼓喊杀，匈奴人惊恐慌乱。班超亲手杀死三人，吏兵斩杀了匈奴使者及其随从士兵三十多人，剩下一百多人都被烧死。第二天才回来，告诉郭恂，郭恂大惊，接着变了脸色。班超知道他的心思，举手说："从事虽然没有前往，班超哪会有独占功劳的想法呢！"郭恂这才高兴。班超于是召唤鄯善王广，把匈奴使者的头颅给他看，全国都非常震惊恐怖。班超向他们宣示汉朝威德，说："从今以后，不要再和北匈奴来往。"广叩头，表示愿意归顺汉朝而没有异心。于是交出儿子作为人质。

3还白窦固，固大喜，具上超功效，并求更选使使西域。帝曰："吏如班超，何故不遣，而更选乎？今以超为军司马，令遂前功[1]。"固复使超使于阗[2]，欲益其兵。超愿但将本所从三十六人，曰："于阗国大而远，今将数百人，无益于强。如有不虞[3]，多益为累耳。"是时于阗王广德雄张南道，而匈奴遣使监护其国。超既至于阗，广德礼意甚疏。且其俗信巫，巫言："神怒，何故欲向汉？汉使有䯄马[4]，急求取以祠我。"广德遣国相私来比就超请马，超密知其状，报许之，而令巫来自取马。有顷巫至，超即斩其首；收私来比，鞭笞数百，以巫首送广德，因责让之。广德素闻超在鄯善诛灭虏使，大惶恐，即杀匈奴使者而降。超重赐其王以下，因镇抚焉。于是诸国皆遣子入侍。西域与汉绝六十五载[5]，

至是乃复通焉。超，彪之子也[6]。以上均永平十六年

[1] 遂是继续完成的意思。 [2] 于阗即今新疆维吾尔自治区之和田。 [3] 不虞即不测。 [4] 騧音瓜，黄黑色马。 [5] 按王莽时代，焉耆击杀王骏，西域遂与汉断绝往还，到此时大约六十年。 [6] 班彪，字叔皮，初仕窦融，为窦融画策事汉。有文才，尝作《汉书》未成，由其子班固续成。

回来报告窦固，窦固非常高兴，向朝廷一一呈报班超的功劳成绩，并要求另选使者出使西域。皇帝说："像班固这样的官吏，为什么不派遣，而要更换呢？现在任命班超为军司马，让他继续完成以前的功业。"窦固再派班超出使于阗国，并想增加他的兵力。班超希望只带领原来的三十六名随从，说："于阗国大而遥远，现在带几百人去，对于增强兵力并无帮助。一旦发生不测之事，人多反而成为累赘。"这时于阗王广德在南道上雄强跋扈，而匈奴又派使者监护他的国家。班超已经来到于阗国，广德的礼节十分轻慢。而且当地民俗相信巫术，巫者说："神发怒了，为什么要投向汉朝呢？汉朝使者有嘴黑体黄的騧马，快去取来祭祀我！"广德派国相私来比往班超处求马。班超暗中已获知事情原委，回答表示同意，而让巫者自己来取马。不一会儿巫者来到，班超立刻将他斩首；拿下私来比，鞭打几百下，将巫者首级送去给广德，就此责备他。广德原来就听说班超曾在鄯善杀死匈奴使者，大为惶恐，随即杀了匈奴使者而投降。班超重赏于阗王以下的人，予以安抚。于是各国都派儿子到汉朝侍奉。西域和汉朝断绝关系六十五年，到现在才再度交往。班超，是班彪的儿子。

二

4 班超欲遂平西域，上疏请兵曰："臣窃见先帝欲开西域，故北

击匈奴，西使外国，鄯善、于阗即时向化。今拘弥[1]、莎车[2]、疏勒[3]、月氏、乌孙、康居复愿归附，欲共并力破灭龟兹[4]，平通汉道。若得龟兹，则西域未服者百分之一耳。前世议者皆曰：取三十六国，号为断匈奴右臂。今西域诸国，自日之所入，莫不向化，大小欣欣，奉贡不绝。唯延耆[5]、龟兹独未服从，臣前与官属三十六人奉使绝域，备遭艰厄；自孤守疏勒，于今五载，胡夷情数，臣颇识之，问其城郭大小，皆言倚汉与依天等。以是效之[6]，则葱岭可通，龟兹可伐。今宜拜龟兹侍子白霸为其国王，以步骑数百送之，与诸国连兵，岁月之间，龟兹可禽。以夷狄攻夷狄，计之善者也。臣见莎车、疏勒，田地肥广，草牧饶衍[7]，不比敦煌、鄯善间也，兵可不费中国，而粮食自足。且姑墨[8]、温宿[9]二王特为龟兹所置，既非其种，更相厌苦，其势必有降者；若二国来降，则龟兹自破。愿下臣章，参考行事[10]，诚有万分，死复何恨！臣超区区，特蒙神灵，窃冀未便僵仆[11]，目见西域平定，陛下举万年之觞[12]，荐勋祖庙，布大喜于天下。”章帝建初五年（八〇）

[1] 拘弥在今和田附近。 [2] 莎车为今新疆维吾尔自治区之叶尔羌。[3] 疏勒地名至今尚沿用，在今新疆维吾尔自治区。 [4] 龟兹，在今新疆维吾尔自治区之库车。 [5] 延耆即焉耆，在今新疆维吾尔自治区。[6] 效即验也。 [7] 草牧饶衍是草木茂盛，畜牧繁殖。 [8] 姑墨在今新疆维吾尔自治区拜城附近。 [9] 温宿也是新疆维吾尔自治区的地名。[10] 意思是：希望把我的奏章发交主管机关酌办。 [11] 意思是：希望乘我未死。 [12] 意思是：西域平定之后，廷臣进贺，奉觞称万岁。据《汉旧仪》，皇帝受贺时，举起酒杯，要说一句，“敬举君之觞”。

班超想就此平定西域，上疏请求援兵说：“臣私下看到先皇帝想要开发西域，所以往北边攻打匈奴，向西边派使者去外国，鄯善国、于阗国即时归化。现在拘弥国、莎车国、疏勒国、月氏国、乌孙国、康居国愿意再归附朝廷，想要合力消灭龟兹国，平定通往汉朝的道路。如果得到龟兹国，那么西域未归顺的只有百分之一而已。前汉议论的人都说：取得西域三十六国，可算是断了匈奴右臂。现在西域各国，自夕阳沉落的地方起，没有不仰慕汉朝德化的，大国小国都欣欣然，进贡不绝。唯独延耆国、龟兹国尚未服从，臣以前和官属三十六人奉命出使绝域，备受艰难困厄，从孤守疏勒国到现在五年了，胡夷的情形，臣很了解，向他们或大或小的城郭询问，都说倚仗汉朝和依附天一样。以此来验证，则葱岭可以通行，龟兹国可以征伐。现在应任命龟兹国入侍汉朝的儿子白霸做他们的新国王，派数百步骑兵护送他，与各国连兵，一年之内，就可擒拿龟兹的老国王。用夷狄攻打夷狄，是很好的计策啊。臣看到莎车国、疏勒国田地肥沃广阔，牧草茂盛，不像敦煌、鄯善国之间那般贫乏，兵卒可以不耗费中国的钱粮而自给自足。而且姑墨、温宿二国的君王系龟兹所立，既非同一种族，更厌恶痛恨龟兹，在这种情势下必然会有投降的；倘若二国来降，则龟兹自然就被攻破。希望把臣的奏章交给主管部门酌办。万一发生意外，臣死了又有何恨！臣班超区区细微之身，特别蒙受神灵保佑，私心希望不要倒下，能亲眼看到西域平定，群臣进贺，奉觞称万岁，在祖庙奉献功勋，将大喜消息颁布天下。”

5 书奏，帝知其功可成，议欲给兵。平陵徐干上疏，愿奋身佐超。帝以干为假司马，将弛刑及义从千人就超[1]。先是莎车以为汉兵不出，遂降于龟兹，而疏勒都尉番辰亦叛。会徐干适至，超遂与干击番辰，大破之，斩首千余级。欲进攻龟兹，以乌孙兵强，宜因其力，乃上言：“乌孙大国，控弦十万，故武帝妻以公主，至孝宣帝卒得其用，今可遣使招慰，与共合力。”帝纳之。以上同建初五年（八〇）

[1] 意思是：带着充军的罪犯及志愿兵共一千人到班超那里去。

奏疏呈上，皇帝知道他这功业可成，和朝臣商议要派给援兵。平陵人徐干上疏，愿意奋不顾身帮助班超。皇帝任命徐干为假司马，率领充军的罪犯以及志愿兵共一千人前往班超那里。先前，莎车国以为汉朝不会出兵，就向龟兹投降，而疏勒都尉番辰也背叛汉朝。恰逢徐干来到，班超就同徐干一起攻打番辰，大败敌军，斩杀一千多人。想要进攻龟兹，因为乌孙兵力强大，应该借助其兵力，就上书说："乌孙是大国，有军队十万，所以武帝把公主嫁给乌孙王，到孝宣帝时终于能借助这股力量。现在可以派使者招抚慰问，与他们共同合力。"皇帝采纳了这个意见。

6 帝拜班超为将兵长史[1]，以徐干为军司马，别遣卫候李邑护送乌孙使者[2]，邑到于阗，值龟兹攻疏勒，恐惧不敢前，因上书陈西域之功不可成，又盛毁超："拥爱妻，抱爱子，安乐外国，无内顾心。"超闻之，叹曰："身非曾参，而有三至之谗[3]，恐见疑于当时矣。"遂去其妻。帝知超忠，乃切责邑曰："纵超拥爱妻，抱爱子，思归之士千余人，何能尽与超同心乎？"令邑诣超受节度，诏："若邑任在外者，便留与从事[4]。"超即遣邑将乌孙侍子还京师。徐干谓超曰："邑前亲毁君，欲败西域，今何不缘诏书留之，更遣他吏送侍子乎？"超曰："是何言之陋也！以邑毁超，故今遣之。内省不疚，何恤人言[5]！快意留之，非忠臣也。"建初八年（八三）

[1] 将兵长史是汉代一种官称。大将军之下置长史，其不置将军而长史特将者，称将兵长史。 [2] 卫候是一种军职。 [3] 意思是：曾参大孝，

尚且有谣言说他杀人，惊动了曾母。我恐怕也要被疑了。《战国策》："鲁人有与曾参同姓名者杀人，人告其母，其母织自若也。及三人告之，其母投杼下机，逾墙而走。"［4］诏书的意思是：叫班超察看，如果李邑在外胜任，就留住他办事，不然就调开他。［5］意思是：自问没有亏心的事，何必怕人说话？《论语》：孔子曰："内省不疚，夫何忧何惧？"《左传》：《诗》云："礼义不愆，何恤乎人之言？"就是这两句话的出处。

皇帝任命班超为将兵长史，以徐干为军司马，另外派遣卫候李邑护送乌孙国使者。李邑到达于阗国，正逢龟兹国攻打疏勒国，恐惧而不敢前进，因此上书说平定西域不可能成功，又极力毁谤班超："拥着爱妻，抱着爱子，在外国安乐，没有顾念朝廷的心意。"班超听说此事，叹道："我不是曾参，却同样有三次受到谣言谗毁，恐怕也要被怀疑了。"于是送走妻子。皇帝知道班超忠心，就严词责备李邑说："纵然班超拥爱妻，抱爱子，想回家的军人有一千多，怎能都和班超同心呢？"命令李邑到班超那里接受指挥，下诏说："如果李邑在外胜任，就留住他办事。"班超便派李邑带着乌孙国的侍子回京城去。徐干对班超说："李邑以前亲自毁谤你，想要破坏通西域的事，现在为什么不根据诏书把他留下，另派别的属吏送侍子呢？"班超说："这是多么浅陋的话啊！因为李邑毁谤我，所以现在派他回京。我自问没有亏心的事，何必担心别人说话？为了自己痛快而把他留下，这不是忠臣的作为啊。"

7 是岁，班超发于阗诸国兵共二万五千人击莎车，龟兹王发温宿、姑墨、尉头[1]兵合五万人救之。超召将校及于阗王议曰："今兵少不敌，其计莫若各散去；于阗从是而东，长史亦于此西归，可须夜鼓声而发。"阴缓所得生口[2]。龟兹王闻之大喜，自以万骑于西界遮超，温宿王将八千骑于东界邀于阗。超知二虏已出，密召诸部勒兵，驰赴莎车营。胡大惊乱奔走，追斩五千余级，莎车遂降，龟兹等因各退散。自是威震西域。章和元年（八七）

［1］尉头是西域国名，在今新疆维吾尔自治区乌什县。［2］意思是：故意把所捕获的俘虏放走。

这年，班超发动于阗各国军队共二万五千人攻打莎车国，龟兹王发动温宿国、姑墨国、尉头国军队共五万人去援救。班超召集部下将校以及于阗王商议说："现在部队人少，打不过他们，最好的计谋莫过于各自散去。于阗国从这里往东，长史我也从这里往西回去，可以等到夜晚鼓声响起再出发。"暗中把所捕获的俘虏放回去。龟兹王听到这消息大喜，亲自率领一万骑兵在西界拦截班超，让温宿王率领八千骑兵去东界迎击于阗王。班超知道两支虏军已经出发，便秘密召回各路人马，迅疾杀往莎车国军营。胡虏大惊，慌乱奔逃，被追杀了五千多人，莎车国只得投降，龟兹等国因此各自撤军散去。从此班超威震西域。

三

8 西域都护定远侯班超遣掾甘英使大秦、条支，穷西海[1]，皆前世所不至，莫不备其风土，传其珍怪焉。及安息西界，临大海欲渡，船人谓英曰："海水广大，往来者逢善风，三月乃得渡，若遇迟风，亦有二岁者。故入海，人皆赍三岁粮，海中善使人思土恋慕，数有死亡者。"英乃止。和帝永元九年（九七）

[1] 西海指地中海，大秦、条支都是濒地中海的国家。可见当时已经注意到远西的交通。

西域都护定远侯班超派属官甘英出使大秦国、条支国，直抵西海，都是前代所未到达的地方，没有一处不详尽了解他们的风土人情，记载当地的奇珍异物。来到安息国西界，面临大海想要渡过去，船夫对甘英说："海水广阔，往来的人遇到顺风，三个月方能渡过，假如遇到逆风，也有二年才渡过的。所以入海，人们都携带三年的粮食，在海上容易使人思念故土和家人，常常有人死亡的。"甘英于是作罢。

9 班超久在绝域，年老思土，上书乞归曰："臣不敢望到酒泉郡，但愿生入玉门关。谨遣子勇随安息献物入塞。及臣生在，令勇目见中土朝廷。"久之未报，超妹曹大家上书曰[1]："蛮夷之性，悖逆侮老[2]，而超旦暮入地，久不见代，恐开奸宄之原，生逆乱之心[3]。而卿大夫咸怀一切[4]，莫肯远虑；如有卒暴，超之气力不能从心，便为上损国家累世之功，下弃忠臣竭力之用，诚可痛也！故超万里归诚，自陈苦急，延颈逾望[5]，三年于今，未蒙省录[6]。妾窃闻古者十五受兵，六十还之[7]。亦有休息，不任职也。故妾敢触死为超求哀，丐超余年[8]，一得生还，复见阙庭；使国家无劳远之虑，西域无仓卒之忧。超得长蒙文王葬骨之恩[9]，子方哀老之惠[10]。"帝感其言，乃征超还。八月，超至洛阳，拜为射声校尉[11]。九月卒[12]。

[1] 曹大家是班超之妹，嫁扶风曹寿，博学高才，在宫中为女师，号曰大家。家字读若姑。 [2] 意思是：外国的习惯是不尊重年老的人。[3] 这几句话的意思是：班超随时有死亡之可虑，日久没有见到接任的人，

恐怕西域诸国引起野心，会要反叛。［4］一切是苟且偷安的意思。［5］逾，即遥也。［6］意思是：没有蒙皇帝注意。［7］十五岁拿到分配的兵器，到六十岁缴还，这是极言兵役最长的期限。证明班超早已到了退休的年龄。［8］丐，乞也。［9］这是引用周文王的故事。《新序》：“周文王作灵台，掘地得死人之骨，王曰：‘更葬之！’吏曰：‘此无主矣。’文王曰：‘有天下者，天下之主也，有一国者，一国之主也；寡人固其主，又安求之主！’遂更葬之。天下皆曰：‘文王贤矣，泽及朽骨，而况于人乎！’”［10］田子方，魏文侯之师也，见君之老马弃之，曰：“少尽其力，老而弃之，非仁也。”于是收而养之。见《后汉书注》。［11］射声校尉是八校尉之一，所领的是射击兵。［12］据《后汉书》，班超死时年七十一。

班超长期驻在外国偏远地方，年老思念故土，上书请求返回本国说：“臣不敢盼望回到酒泉郡，只希望活着进入玉门关。现恭谨地派儿子班勇随安息国进献贡品的使者进入塞内。趁我还活着，让班勇亲眼见到汉朝的土地与朝廷。”过了很久朝廷都没有回音，班超的妹妹曹大家上书说：“蛮夷的习惯，轻视侮慢年老的人；而班超早晚将死，日久无人接替，恐怕会引起蛮族的奸邪动机，产生叛逆作乱的野心。而卿大夫都怀有苟且偷安的想法，不肯作长远的谋划；如突然发生暴乱，班超处理起来力不从心，就会上破坏国家多年积累的功业，下毁弃忠臣竭力的作为，真可痛惜啊！所以班超从万里外表达忠诚之心，陈述急迫之情，引颈遥望，至今已三年，未受朝廷注意。臣私下听说古人十五岁服兵役，六十岁退役，也有休息的时候，不再担任军职。所以臣敢冒死为班超请求朝廷哀悯，替班超乞得残年生还，再度见到宫廷；使国家没有奔劳远方的忧虑，西域没有仓猝发生的祸患，班超能长期蒙受如文王葬骨那样的恩泽，田子方哀悯老马那样的仁惠。”皇帝被她的话所感动，就征召班超回朝。八月，班超抵达洛阳，被任命为射声校尉。九月去世。

10 超之被征，以戊己校尉任尚代为都护[1]。尚谓超曰：“君侯在外国三十余年[2]，而小人猥承君后，任重虑浅，宜有以诲之。”超曰：“年老失智。君数当大位，岂班超所能及哉！必不得已，愿进愚言：塞外吏士本非孝子顺孙，皆以罪过徙补边屯[3]；而蛮夷怀鸟兽之心，难养易败。今君性严急，水清无大鱼，察政不得下和。宜荡佚简易，宽小过，总大纲而已。”超去，尚私谓所亲曰：“我以班君当有奇策，今所言平平耳。”尚后竟失边和，如超所言[4]。以上均永元十四年（一〇二）

[1] 戊己校尉是镇守西域的领兵官，元帝以后所设。戊己二字前人虽有解释，意义不明。 [2] 班超封定远侯，所以任尚称之为君侯。 [3] 汉代的制度，征发出征及驻守边境的，以罪犯占主要成分，所以说本非孝子顺孙，驾驭这种人不可太苛刻。 [4] 过了几年，在殇帝延平元年（一〇六），任尚为西域诸国所攻，被征还，从此汉在西域的威望削弱了下来。

班超被征召回朝，以戊己校尉任尚接替他为都护。任尚对班超说：“君侯在外国三十多年，而小人我接替你留下的职位，责任重大而思虑甚浅，你应对我有所教诲。”班超说：“我年老失智，你多次承当大任，哪里是班超所能赶得上的！一定要说的话，愿奉上一点浅陋之见：塞外的官吏士兵，本非孝子顺孙，都是因犯罪而被流放到边地屯田的；而蛮夷怀有禽兽心肠，难以抚养，容易反叛。现在你的个性严厉急迫，水清就没有大鱼，政事明察就得不到属下的支持合作。应该无拘无束，行事简易，宽恕小过，注重大原则就行了。”班超离开后，任尚私下对他亲近的人说：“我以为班超会有奇妙的策略，今天所说的，平平而已。”任尚后来与西域诸国处得不好，正像班超所说的一样。

党锢

党 锢

东汉盛行征辟制度，中央政府及各级政府都可以从乡里所推崇的有名人物中，不拘资格，聘任作大小官吏。因此之故，乡里的公评占有很大的势力，失去舆论拥护的就很难出头。这样发展下去，就形成一种所谓处士（在野的人）的势力。他们自以为得到舆论的拥护，热心政治活动，与当时据有重要位置的宦官集团就起了利害冲突，以致酿成所谓党锢之祸。“党锢”二字的解释就是在朝的势力痛恨这班处士揭发了他们的短处，于是把这班处士看成一党，彼此互相牵连，一概加以党人之名，逮捕起来，或杀或囚。

《通鉴》在党锢问题的记载中，特别着重表现他们的思想行动。《通鉴》借黄琼之死作引子，一步一步把党锢中的人物介绍出来，具有巧妙的手法。

第一大段由黄琼说起，黄琼本身就是名士的领袖，他的丧事就等于名士大会。再从吊客中的徐稚说到郭泰。郭泰更是处士中的典型人物，必须加倍描写。以他为中心，再说到符融和李膺，又将郭泰所赏识的人一一介绍，一茅容，二孟敏，三申屠蟠，四庾乘，五魏昭，六左原，七范滂，八黄允，九仇香。中间顺便提起郭泰的识时通变，明哲保身，又与其他处士不同。以上到第九节为止，都只是一般的介绍。

及至延熹八年（一六五）以后，冲突展开了，始于李膺等人的惩罚贪吏而反得罪，这是第十节。政府迫于舆论，不得不恢复李膺的职位，以致引起宦官集团更深的仇恨，这是第十一节。以上为第二段。

以后便是党锢事件本身的记载。第十二节记党人的缘起。第十三节记汝南、南阳两郡名士的气势嚣张。第十四节记名士对宦官集团的严厉攻击。

第十五、十六节记宦官集团的报复。第十七节记党狱的扩大，牵涉到大臣的罢免。第十八节记同情于党人的愈多，军人反以不列名于党人为耻。第十九节记外戚的窦武也出来抗议，党狱才稍为缓和。第二十节记窦太后临朝，政局稍变，窦武、陈蕃以党人的魁首执政，谋诛宦官。第二十一节记诛宦官的布置。第二十二节记诛宦官的失败。以上都是双方的斗争经过，是第三段。

第四段便是党祸的结局。第二十三节先将党籍中重要人物作一总述。第二十四节记宦官加党人以叛逆的罪名。第二十五节记李膺之死，第二十六节记范滂之死。第二十七节记被祸党人的总数。第二十八节记郭泰的明哲保身。第二十九节记张俭、夏馥等人亡命的艰苦。第三十节记陈寔、何颙的从中斡旋。第三十一节记袁闳。第三十二节记申屠蟠。末后两人，都是预料党人必将遭祸，而苦心想全身于事外的。

一

1 延熹七年春二月丙戌，邟乡[1]忠侯黄琼薨[2]。将葬，四方远近名士会者六七千人。初，琼之教授于家，徐稚从之咨访大义，及琼贵，稚绝不复交。至是，稚往吊之，进酹哀哭而去[3]，人莫知者。诸名士推问丧宰[4]，宰曰：“先时有一书生来，衣粗薄而哭之哀，不记姓字[5]。”众曰：“必徐孺子也[6]。”于是选能言者陈留茅容轻骑追之[7]，及于涂。容为沽酒市肉，稚为饮食[8]。容问国家之事，稚不答。更问稼穑之事，稚乃答之。容还，以语诸人。或曰：“孔子云：‘可与言而不与言，失人。’然则孺子其失人乎！”太原郭泰曰：“不然。孺子之为人，清洁高廉，饥不可得食，寒不可得衣，而为季伟饮酒食肉，此为已知季伟之贤故也[9]。所以不答国事者，是‘其智可及，其愚

不可及’也[10]。”汉桓帝延熹七年（一六四）

［1］郈乡是地名，属颍川郡。［2］黄琼是黄香之子，为人正直，通达政体，官至太尉，年七十九卒。［3］酹音类，祭奠时以酒浇地也。［4］丧宰是主办丧事的人。［5］意思是：不肯留下姓名。［6］徐稚字孺子。［7］陈留是汉郡之一，在今开封一带。［8］为读去声，意思是：徐稚为了茅容的缘故，才肯吃喝。［9］茅容字季伟。［10］“其智可及，其愚不可及”，是孔子指宁武子说的，郭泰拿来比方徐稚。这是说徐稚极力韬晦，不求人知。

延熹七年春，二月，丙戌日，郈乡忠侯黄琼去世。送葬时，远近各地来了六七千位名士。起初，黄琼在家设教，徐稚师从他探求道义；待黄琼位至高官，徐稚就不再与他交往。到这时，徐稚才前往吊唁，进酒礼拜，哀哭而去，没有人认识他。一些名士询问主办丧事的人，后者答道：“刚才有位书生前来，穿粗布衣服，哭得非常悲哀，没有留下姓名。”众人说：“那一定是徐孺子啊。”于是派善于言辞的陈留人茅容骑马前往追赶，在途中追到。茅容买了酒肉，徐稚与他一块吃喝。茅容问到国家大事，徐稚一概不答；换个话题问到稼穑方面的事，徐稚才答话。茅容回来，将经过告诉大家。有人说：“孔子说：‘可以与他谈论而不与他谈，就失去了可谈的人。’这么说来，徐孺子岂不是失去了一个可以论道的人么？”太原人郭泰说：“不对。徐孺子为人，清高廉洁，饥饿时不会随便吃饭，寒冷时不会随便穿衣，而为了茅季伟却可以饮酒食肉，这是他已经知道季伟贤明的缘故啊！他之所以不回答国事问题，是因为‘他的智慧别人可以赶上，他的装愚是别人赶不上的’啊！”

2 泰博学，善谈论，初游雒阳[1]，时人莫识。陈留符融一见嗟异，因以介于河南尹李膺[2]。膺与相见曰："吾见士多矣，未有如郭林宗者也[3]。其聪识通朗，高雅密博，今之华夏，鲜见其俦。"遂与为友。于是名震京师。后归乡里，衣冠诸儒送至河上[4]，车数千两；膺唯与泰同舟而济，众宾望之，以为神仙焉。

[1]雒阳即洛阳。 [2]河南尹是东汉首都所在的地方行政首长。 [3]郭泰字林宗。 [4]衣冠指士大夫。

郭泰很博学，善于谈论。初游雒阳时，人们都不认识他。陈留人符融一见之下便大为惊异，因而将他推介给河南尹李膺。李膺与他见面后，说："我见过的士人够多了，还没有像郭林宗这样的啊。他的见识聪慧通透而明朗，高雅细密而渊博，在今日中国，还很少遇见能与他匹敌的。"就同郭泰结为朋友，于是后者在京师声名大振。后来回乡，达官贤士到黄河岸边送行的，有好几千辆车子。李膺独与郭泰同舟渡河，众宾客望着他们，觉得如望神仙一般。

3 泰性明知人，好奖训士类，周游郡国。茅容年四十余，耕于野，与等辈避雨树下，众皆夷踞相对[1]，容独危坐愈恭[2]。泰见而异之，因请寓宿。旦日，容杀鸡为馔，泰谓为己设[3]；容分半食母，余半庋置，自以草蔬与客同饭。泰曰："卿贤哉远矣[4]！郭林宗犹减三牲之具以供宾旅[5]，而卿如此，乃我友也。"起，对之揖，劝令从学，卒为盛德。钜鹿孟敏客居太原[6]，荷甑堕地[7]，不顾而去。泰见而问其意，对曰："甑已破矣，视之何益？"泰以为有分决[8]，与之言，知其德性，因劝令游学，遂知名当世。陈留申屠蟠家贫，佣为漆工；鄢陵[9]庾乘少给事县廷为门士[10]；泰见而奇之。其后皆为名士。自余或出于屠沽卒伍，因泰奖进成名者甚众。

［1］夷踞是蹲在地下。［2］危坐是正襟尽前而坐。［3］郭泰以为茅容杀鸡是为款待自己。［4］意思是：“你真是个了不起的贤人啊！”［5］三牲之具是指养亲之物，宾旅即宾客。郭泰是个好客的人，从他自己口中说出来了。［6］钜鹿是汉郡之一，今河北省平乡、柏乡一带。［7］荷读去声。是背负的意思。［8］有分决是爽快果断的意思。［9］鄢陵县属颍川郡，今县在河南省许昌以东。［10］汉代称郡县政府为府廷、县廷。门士就是守门的人。

郭泰有知人之明，喜欢奖励贤士，周游郡国。茅容当年四十多岁，在田野耕作，与大伙一起在树下避雨，众人都相向蹲着，唯独茅容正襟危坐。郭泰见了很讶异，因而请求在他家借宿。第二天，茅容杀鸡做菜，郭泰以为是款待自己；结果茅容分了半只鸡给母亲吃，剩下半只搁在橱柜里，自己却做了蔬菜与客人共餐。郭泰说：“你的贤孝远超常人！我郭林宗还要将奉养双亲的佳肴分些招待宾客，而你竟然如此，正是我要交的朋友啊。”站起来，向茅容作揖，劝导他从学，终于将他培养成德行高超的人。钜鹿人孟敏，客居在太原，背负的瓦甑摔在地上，看都不看就走了。郭泰见到就问他的想法，孟敏答道：“瓦甑已经摔破，多看一眼又有什么好处呢？”郭泰认为他处事爽快有决断，与他交谈，知道他有德性，便劝他游学，于是闻名当世。陈留人申屠蟠家贫，替人做油漆工；鄢陵人庾乘，年轻时在县衙做守门人；郭泰见到他们而称奇，后来都成为知名人士。其他一些出身于屠宰、卖酒或行伍的人，因受郭泰奖掖而成名的还很多。

4 陈国童子魏昭请于泰曰[1]:“经师易遇，人师难遭[2]，愿在左右，供给洒扫。”泰许之。泰尝不佳[3],命昭作粥;粥成进泰,泰呵之曰[4]:“为长者作粥，不加意敬，使不可食！”以杯掷地[5]。昭更为粥重进，泰复呵之。如此者三,昭姿容无变。泰乃曰:“吾始见子之面,而今而后,知卿心耳！”遂友而善之。

[1] 陈国在今河南省淮阳一带。东汉时仍西汉旧制，以郡与王国并置，王国即相当于郡。 [2] 经师指学问可以为人师表的，人师指品行道德可以为人师表的。 [3] 不佳是不舒服。 [4] 呵是斥责。 [5] 古代的杯就是现在的碗，到六朝才有碗字。

陈国少年魏昭请求郭泰说:“传授学识的经师容易遇见，品行道德堪为人师的难以遭逢，我愿追随在你身旁，替你做些洒扫之类的事。”郭泰答应了。郭泰身体曾感不适，让魏昭煮粥；粥煮成后，端去侍奉郭泰，郭泰斥责道:“替长者煮粥，敷衍了事，叫我怎么吃得下！”将碗摔到地上。魏昭重新煮了粥，再进奉郭泰，郭泰又斥责一番。像这样共有三次，魏昭毫无怨色。郭泰才说:“开始我只见到你的外表，从今之后，知道你的内心了！”于是像好友般善待魏昭。

5 陈留左原为郡学生，犯法见斥，泰遇诸路，为设酒肴以慰之。谓曰:“昔颜涿聚，梁甫之巨盗[1]，段干木，晋国之大驵[2]，卒为齐之忠臣，魏之名贤。蘧瑗、颜回尚不能无过，况其余乎？慎勿恚恨[3]，责躬而已。”原纳其言而去。或有讥泰不绝恶人者，泰曰:“人而不仁，疾之已甚，乱也[4]。”原后忽更怀忿，结客欲报诸生。其日，泰在学，原愧负前言，因遂罢去。后事露，众人咸谢服焉。

［1］传说颜涿聚本是个大盗，后来学于孔子，并且做了齐国的大夫。与段干木事皆见《吕氏春秋》。［2］驵，指狡猾的市侩。［3］恚音慧，恨怒也。［4］这句话出在《论语》，意思是：不仁之人，若过分加以仇恨，就要造成祸乱。

陈留人左原为郡学生，因犯法被斥责。郭泰在路上与他相遇，特地备了酒菜宽慰他，说：“从前，颜琢聚是梁甫山上的大盗，段干木是晋国狡猾的大市侩，最后却成为齐国的忠臣，魏国的名贤。蘧瑗、颜回尚且不能无过，何况是其他人呢？你千万不要怀恨，而应反躬自责才是。”左原听从他的劝告而离去。有人讥评郭泰连坏人都不拒绝，郭泰说：“对待没有仁德的人，若过分加以仇恨，会造成祸乱啊。”左原后来忽然又燃起恨意，约了朋友，要去报复郡学生。那天，郭泰正在郡学中，左原羞愧地感到有负于郭泰先前的劝导，因而没闹事就走了。后来事情披露出来，大家都很感谢和敬佩郭泰。

6 或问范滂曰：“郭林宗何如人？”滂曰：“隐不违亲，贞不绝俗[1]，天子不得臣，诸侯不得友，吾不知其他。”

［1］意思是：虽然隐居，却并不抛弃父母，虽然性情高尚，却并不摒绝世事。

有人问范滂：“郭林宗是什么样的人？”范滂答道：“虽隐居却并不抛弃父母，贞洁高尚却并不摒绝世事，天子不能得他为臣，诸侯不能得他为友，其他的我就不知道了。”

7 泰尝举有道[1]，不就。同郡宋冲素服其德，以为自汉元以来[2]，未见其匹，尝劝之仕。泰曰：“吾夜观乾象[3]，昼察人事，天之所废，不可支也。吾将优游卒岁而已[4]。”然犹周旋京师，诲诱不息。徐稚以书戒之曰：“大木将颠，非一绳所维，何为栖栖不遑宁处[5]？”泰感悟曰：“谨拜斯言，以为师表。”

[1] 有道是汉代选举科目之一。 [2] 汉元是汉代初年。 [3] 乾象指天上的星象。 [4]“优哉游哉！聊以卒岁”是《诗经》上的话。 [5] 意思是：大局将坏，一个人的力量是维持不住的，何必东奔西走，不暇安居呢？

郭泰曾被推举为有道，他没有接受。同郡人宋冲向来佩服他的德行，认为自汉初以来，还没见到过能与他相比的人，曾劝他出来做官。郭泰说：“我夜观天象，昼察人事，上天要废弃这个朝代，不是人力所能支撑的，我只想优游自在地过完这一生就算了。”然而他还是在京师广为交游，不断地教诲诱导别人。徐稚写信劝诫他说：“大树将倒，不是一根绳子所能维系的，为什么还要栖栖惶惶地奔走而不暇安居呢？”郭泰感悟道：“我要拜受这番教诲，以你作为我的师表。”

8 济阴黄允以隽才知名[1]，泰见而谓曰：“子高才绝人，足成伟器，年过四十，声名著矣。然至于此际，当深自匡持[2]。不然，将失之矣。”后司徒[3]袁隗欲为从女求姻[4]，见允叹曰：“得婿如是，足矣。”允闻而黜遣其妻。妻请大会宗亲为别，因于众中攘袂[5]数允隐慝十五事而去，允以此废于时。初，允与汉中晋文经并恃其才智，曜名远近，征辟不就[6]。讬言疗病京师，不通宾客；公卿大夫遣门生旦暮问疾，郎吏杂坐其门[7]，犹不得见；三公所辟召者辄以询访之，随所臧否，以为与夺[8]。符融谓李膺曰："二子行业无闻，以豪杰自置[9]，遂使公卿问疾，王臣坐门[10]，融恐其小道破义，空誉违实，特宜察焉。"膺然之。二人由是名论渐衰，宾徒稍省，旬日之间，惭叹逃去，后并以罪废弃[11]。

[1] 济阴也是汉郡之一，今山东省菏泽一带。 [2] 匡持是自己检束行为的意思。 [3] 司徒在东汉即相当于西汉的丞相。 [4] 从女即侄女。 [5] 攘袂是卷起袖子。袂音妹。 [6] 汉代朝廷特聘人才，不拘资格，授以官职，名为征辟。特别是东汉，由征辟而入仕的最多。 [7] 郎吏泛指一切中央政府的官属。 [8] 意思是：赏罚之权操在他们手里。臧否就是好坏。否音痞。 [9] 意思是：自命为豪杰。 [10] 王臣是王室的臣子，即指上文的郎吏。 [11] 这一节是说当时的名士也有不少拥有虚名并无实际，因而被人看穿的。

济阴人黄允以隽才知名于世，郭泰见到他就说："你高才过人，足成大器，四十岁以后，声名显著。然而到了这时，应当深自检束。不然，美誉将被毁掉！"后来司徒袁隗想替侄女物色夫婿，见到黄允而赞叹："得到的女婿如能像他一样，就心满意足了。"黄允听说后便休掉妻子。妻子请他邀集宗亲聚会作为辞别，于是当众卷起袖子揭露黄允十五件隐匿的丑事，然后离去，黄允因此被时人唾弃。起初，黄允与汉中人晋文经都仗恃才智而闻名远近，不应征召。以住在京师疗病为托辞，不与宾客交往；公卿大夫派门生早晚去探问病情，郎吏们杂坐在门房中，还见不到他们；三公府征聘官吏，则要向他们咨询，顺着他们的好恶，以决定取舍。符融对李膺说："这两个人的德行功业一无所闻，而自命为豪杰，竟能使公卿差人问病，王臣坐在其家门口，我担心他们这种小道会破坏大义，空享虚名而无实德，应当特别注意。"李膺认为说得对。从此这两个人的名望和好评渐渐衰落，宾客门徒越来越少，过了十天左右，便惭愧叹息而逃离，后来都因罪而被废弃。

9 陈留仇香至行纯默，乡党无知者。年四十，为蒲亭长[1]。民有陈元，独与母居，母诣香告元不孝，香惊曰："吾近日过元舍，庐落整顿，耕耘以时，此非恶人，当是教化未至耳。母守寡养孤，苦身投老[2]，奈何以一旦之忿，弃历年之勤乎？且母养人遗孤，不能成济，若死者有知，百岁之后，当何以见亡者？"母涕泣而起。香乃亲到元家，为陈人伦孝行，譬以祸福之言，元感悟，卒为孝子。考城令河内[3]王奂署香主簿[4]，谓之曰："闻在蒲亭，陈元不罚而化之，得无少鹰鹯之志邪[5]？"香曰："以为鹰鹯不若鸾凤，故不为也。"奂曰："枳棘之林非鸾凤所集，百里非大贤之路。"乃以一月奉资香[6]，使入太学[7]。郭泰、符融赍刺谒之[8]，因留宿。明旦泰起，下床拜之曰："君，泰之师，非泰之友也。"香学毕归乡里，虽在宴居，必正衣服，妻子事之若严君。妻子有过，免冠自责，妻子庭谢思过；香冠，妻子乃敢升堂，终不见其喜怒声色之异。不应征辟，卒于家。以上均延熹七年（一六四）

［1］蒲亭属陈留郡考城县。长是亭长，亭长相当于后世的乡长。［2］苦身投老的意思是辛苦了一辈子。［3］河内也是汉郡之一，今河南省的北部。［4］主簿是县府的属官，署就是委派的意思。［5］鹰鹯比喻除恶唯恐不力的人。［6］奉即俸字。［7］太学是汉代首都的最高学府。［8］赍刺是携带名片。

陈留人仇香品行至美而默默无闻，同乡人都不了解他。四十岁时，做蒲亭长。乡民陈元，单独与母亲住在一起，母亲到仇香那里告陈元不孝，仇香惊讶地说："我最近经过陈元家，看见房舍院落都收拾得很好，又能按时耕耘，这不是个坏人，可能是缺乏应有的教导。你守寡养孤儿，辛苦了一辈子，怎么可以因一时之愤，就放弃了多年的辛勤养育呢？而且当母亲的养育遗孤，不能教子成器，倘若死者有知，百年之后，你怎么去见死去的丈夫？"陈元的母亲流着泪站起身来。仇香于是亲自到陈元家，向他讲述伦理孝道，并以祸福报应作譬喻，陈元感悟，终于成为孝子。考城县令河内人王奂委派仇香为主簿，对他说："听说你在蒲亭时，对陈元不加惩罚而予以教化，未免缺少鹰鹯之志吧？"仇香说："我以为鹰鹯搏击不如鸾凤和鸣，所以不用惩罚的方式啊。"王奂说："枳棘的树林不是鸾凤栖集之处，百里行程不是大贤驰骋之路。"于是以一个月薪俸资助仇香，让他去入太学。郭泰、符融曾携带名片去拜谒仇香，因而在他那儿住了一夜。第二天清晨，郭泰起身下床，向仇香拜揖道："你应当是我的老师，而不是我的同辈朋友啊。"仇香学成回乡里，虽然在家安居，衣服却必定穿戴整齐，妻子侍奉他像对待父亲一样。妻子有过错，他就摘下帽子以示自责。妻子在庭中谢罪思过，直到仇香戴上帽子，妻子才敢进入正堂，而始终没看见他因喜怒而改变音容。他不应征召，死于家中。

二

10 宛陵[1]大姓羊元群罢北海郡[2]，臧污狼籍[3]；郡舍溷轩有奇巧[4]，亦载之以归。河南尹李膺表按其罪；元群行赂宦官，膺竟反坐。单超弟迁为山阳太守[5]，以罪系狱，廷尉[6]冯绲考致其死[7]；中官相党，共飞章诬绲以罪[8]。中常侍苏康、管霸固天下良田美业[9]，州郡不敢诘，大司农刘祐移书所在，依科品没入之[10]。帝大怒，与膺、绲俱输作左校[11]。延熹八年（一六五）

［1］宛陵是东汉时河南府所属的一县。［2］罢北海郡是从北海太守的任上回来。北海郡在今山东省的东北部。［3］臧即赃字。［4］溷轩是厕所。［5］山阳郡在今山东省的南部。［6］廷尉是掌刑狱的首长。［7］意思是：拷问以后定成死罪。［8］飞章是纷纷上奏。［9］固是把持垄断的意思。［10］依科品是根据法律条文。［11］输作左校是罚充官营工场的苦工。

宛陵豪族羊元群从北海太守任上回来，贪污赃物无数，连衙门厕所里的奇巧之物，也装车带回家去。河南尹李膺上表告发他的罪行；羊元群就向宦官行贿，结果李膺竟反被判了诬告罪。单超的弟弟单迁任山阳太守，因犯罪而被关进监狱，廷尉冯绲将他拷问之后定为死罪；宦官们又互相勾结，纷纷上奏诬陷冯绲有罪。中常侍苏康、管霸，把持垄断天下良田美业，州郡官吏不敢追问，大司农刘祐传书有关州郡，依法没收了他们的田产。皇帝大怒，把他与李膺、冯绲都发配到官营工场去做苦工。

11 陈蕃数言李膺、冯绲、刘祐之枉，请加原宥，升之爵任。言及反覆，诚辞恳切，以至流涕；帝不听。应奉上疏曰："夫忠贤武将，国之心膂。窃见左校弛刑徒[1]冯绲、刘祐、李膺等，诛举邪臣，肆之以法；陛下既不听察，而猥受谮诉。遂令忠臣同愆元恶[2]，自春迄冬，不蒙降恕；遐迩观听，为之叹息。夫立政之要，记功忘失[3]。是以武帝舍安国于徒中[4]，宣帝征张敞于亡命[5]。绲前讨蛮荆[6]，均吉甫之功[7];祐数临督司[8],有不吐茹之节[9];膺著威幽、并,遗爱度辽[10]。今三垂蠢动[11],王旅未振[12],乞原膺等,以备不虞。”书奏,乃悉免其刑。久之,李膺复拜司隶校尉[13]。时小黄门[14]张让弟朔为野王令[15],贪残无道;畏膺威严,逃还京师,匿于兄家合柱中。膺知其状,率吏卒破柱取朔,付洛阳狱,受辞毕[16],即杀之。让诉冤于帝,帝召膺,诘以不先请便加诛之意[17]。对曰:“昔仲尼为鲁司寇,七日而诛少正卯[18]。今臣到官已积一旬,私惧以稽留为愆,不意获速疾之罪。诚自知衅责,死不旋踵,特乞留五日,克殄元恶,退就鼎镬[19],始生之愿也。”帝无复言,顾谓让曰:“此汝弟之罪,司隶何愆?”乃遣出。自此,诸黄门、常侍[20]皆鞠躬屏气,休沐[21]不敢出宫省[22]。帝怪问其故,并叩头泣曰:“畏李校尉。”时朝廷日乱,纲纪颓弛,而膺独持风裁,以声名自高。士有被其容接者,名为登龙门云[23]。以上延熹八年

[1] 弛刑徒是做工的罪犯。 [2] 意思是:忠臣和最坏的分子同样治罪。[3] 意思是:应当记人之功,忘人之过。 [4] 景帝时,韩安国从狱中被特赦拜官,原文误作武帝。 [5] 宣帝时,杨恽被诛,张敞因为连带关系亡命,宣帝忽然想起了他,找来做刺史。 [6] 指冯绲曾在南方镇压反叛。[7] 吉甫是周宣王的功臣。 [8] 指刘祐曾为司隶校尉。 [9]《诗经》上有两句话:“柔亦不茹,刚亦不吐。”意思是:软弱的不欺压,强横的也不畏惧。[10] 指李膺曾为渔阳太守、乌桓校尉及度辽将军,在东北地区都有他的遗爱。 [11] 垂是边境的意思,三垂指东北、西北及北方。 [12] 王旅即王师。 [13] 司隶校尉是督察首都附近的地方长官。 [14] 小黄门是宫内太监的一种官名。 [15] 野王是河内郡属县之一。 [16] 受辞是接受供词。[17] 意思是:问他为什么不先请示就杀人。 [18] 少正卯是春秋时代鲁国

的大夫，据说此人“心逆而险，行僻而坚，言伪而辩，记丑而博，顺非而泽”。孔子摄鲁相，首先将他办罪。［19］鼎镬是古代烹饪的器具，相传的酷刑是用鼎镬来把人煮死。［20］常侍也是一种内官。［21］休沐是下班休息的日期。［22］宫省即宫禁。［23］龙门在今山西，是黄河流过的地方。相传因为水流湍急，鱼类都上不去。若有幸而腾跃上去的，就变成了龙，所以地名叫龙门。

陈蕃数度为李膺、冯绲、刘祐申冤，请求宽恕，恢复原职。再三请求，言辞恳切，以至流涕。皇帝不理。应奉上疏说："忠臣良将，有如国家的腹心和手臂。我看到在工场服刑做工的冯绲、刘祐、李膺等人，举发奸臣，要绳之以法；而陛下既不调查，又轻信诬告。于是使忠臣与元凶首恶同罪，从春季到冬季，没有得到宽恕；远近人士，都为之叹息。立政用人重要的是记住他的功劳，忘掉他的过失。所以武帝（当作景帝）从囚徒中起用韩安国，宣帝从逃犯中征召张敞。冯绲以前讨平过蛮荆，功可与吉甫相比；刘祐数次担任司隶校尉，有不欺软弱不畏强横的高节；李膺威震幽州、并州，遗爱北疆。如今边陲夷蛮蠢蠢欲动，而王朝军队还不够振作，乞请宽赦李膺等人，以防发生意外忧患。"奏章呈上，才赦免了他们的罪刑。又过了许久，重新任命李膺为司隶校尉。其时小黄门张让的弟弟张朔为野王县令，贪残无道，因畏惧李膺严厉，逃回京城，躲在哥哥家的空心合柱中。李膺获知这种情况，率领吏卒到张让家，砸毁合柱，逮捕张朔，送到洛阳狱中，审讯完毕就杀了。张让向皇帝诉冤，皇帝召见李膺，责问他怎么不上奏就杀了张朔。李膺答道："从前孔子在鲁国任司寇，到任七天就杀了少正卯。现在臣到任已十天，私下担心会因积压案件而获罪，没想到会为办案迅速而得罪。自知闯下大祸，死在眼前，特请让我留职五天，消灭元凶，然后再受鼎镬之刑，方能了却一生的心愿啊。”皇帝无言可对，回过头来对张让说：“这都是你弟弟犯下的罪，司隶有什么过错呢？”于是让李膺退出。从此，各黄门、常侍变得小心谨慎、屏声息气，休息沐浴的日子也不敢出宫门一步。皇帝觉得奇怪，问是什么缘故，内侍都叩头流泪说：“怕李校尉。”当时朝廷日益混乱，纲纪衰颓废弛，唯独李膺持守法纪，以清正的名声显称于时，士人有被他容纳接待的，称为登龙门。

三

12 初，帝为蠡吾侯[1]，受学于甘陵周福[2]。及即位，擢福为尚书[3]。时同郡河南尹房植有名当朝，乡人为之谣曰：“天下规矩，房伯武；因师获印，周仲进[4]。”二家宾客互相讥揣，遂各树朋徒，渐成尤隙。由是甘陵有南北部，党人之议自此始矣。延熹九年（一六六）

［1］蠡吾即今河北省蠡县。桓帝是以蠡吾侯继承帝位的。［2］甘陵是汉代属于清河国的一县，今山东临清市东。［3］尚书是东汉时代在皇帝左右掌行政事务的官。［4］伯武、仲进是房植及周福的号。

起初，皇帝还是蠡吾侯时，受学于甘陵人周福。等到即位，将周福擢升为尚书。那时同郡人河南尹房植在朝已很有名，乡人就编了歌谣说：“天下规矩，房伯武；因师获印，周仲进。”房、周两家宾客互相讥评，于是各树党徒，逐渐形成怨隙。由此甘陵分为南北两派，党人评议的风气也从这时兴起了。

13 汝南太守宗资以范滂为功曹[1]，南阳太守成瑨以岑晊为功曹，皆委心听任，使之褒善纠违[2]，肃清朝府[3]。滂尤刚劲，疾恶如仇。滂甥李颂素无行，中常侍唐衡以属资，资用为吏，滂寝而不召。资迁怒，捶书佐朱零[4]，零仰曰："范滂清裁，今日宁受笞而死，滂不可违。"资乃止。郡中中人以下，莫不怨之。于是二郡为谣曰："汝南太守范孟博，南阳宗资主画诺；南阳太守岑公孝，弘农成瑨但坐啸[5]。"

［1］功曹为郡府的属官，主要职掌为人事。［2］意思是：责成他两人褒奖良善，纠举邪恶。［3］汉朝人对郡县政府，或称朝，或称府，或连称朝府。［4］书佐是办文书的事务员。［5］孟博、公孝是范滂及岑晊的号。

汝南太守宗资任范滂为功曹，南阳太守成瑨任岑晊为功曹，对他们都十分信任，责成他们褒奖良善，纠举邪恶，肃清郡府法纪。范滂为人尤其刚劲，疾恶如仇。范滂的外甥李颂，向来行为不端，中常侍唐衡将他托付给宗资，宗资安排他做一名小吏；范滂却将公文压下不发。宗资迁怒于书佐朱零，予以捶打。朱零仰起头来说："范滂的裁决很清正，今天我宁愿被打死，也不能违背范滂的意思。"宗资这才停止捶打。郡中一般不了解实情的人，没有不责怨范滂的。于是两郡人为他们编歌谣说："汝南太守范孟博，南阳宗资主画诺；南阳太守岑公孝，弘农成瑨但坐啸。"

14 太学诸生三万余人，郭泰及颍川贾彪为其冠[1]，与李膺、陈蕃、王畅更相褒重。学中语曰："天下模楷，李元礼；不畏强御，陈仲举；天下俊秀，王叔茂[2]。"于是中外承风，竞以臧否相尚，自公卿以下，莫不畏其贬议，屣履到门[3]。

[1] 颍川是汉郡之一，在今河南省许昌一带。 [2] 元礼、仲举、叔茂是李膺、陈蕃、王畅的号。 [3] 屣履是鞋跟没有穿上的意思，极言趋附唯恐不及。

太学里有学生三万多，郭泰和颍川人贾彪是他们的领袖，与李膺、陈蕃、王畅互相褒扬推重。太学中有歌谣说："天下模楷，李元礼；不畏强御，陈仲举；天下俊秀，王叔茂。"于是京师内外形成风气，竞相以褒善贬恶为时尚，自公卿以下，没人不怕他们贬议的，争先恐后登门趋附。

15 宛有富贾张汎者[1]，与后宫有亲，又善雕镂玩好之物，颇以赂遗中官，因此得显位，用势纵横。岑晊与贼曹史张牧劝成瑨收捕汎等[2]；既而遇赦，瑨竟诛之，并收其宗族宾客，杀二百余人，后乃奏闻。小黄门晋阳赵津贪暴放恣，为一县巨患。太原太守平原刘瓆使郡吏王允讨捕，亦于赦后杀之。于是中常侍侯览使张汎妻上书讼冤[3]，宦者因缘诉瑨、瓆。帝大怒，征瑨、瓆皆下狱。有司承旨，奏瑨、瓆罪当弃市。

[1] 宛即河南的南阳。 [2] 贼曹史主缉捕盗贼事。 [3] 中常侍也是太监的一种官名。

宛县有个名叫张汎的富商，与后宫的人有亲戚关系，又擅长雕镂玩物，常拿来贿赂宦官，因此谋得高位，仗势横行。岑晊与贼曹史张牧劝成瑨拘捕张汎等人；后来遇到赦免，成瑨竟然杀了张汎，并收捕他的宗族与宾客，杀了二百多人，然后才奏报朝廷。小黄门晋阳人赵津贪暴放纵，成为全县的大祸害。太原太守平原人刘瓆派郡吏王允去逮捕他，也是在大赦后予以诛杀。于是中常侍侯览指使张汎的妻子上书讼冤，宦官们乘机控诉成瑨、刘瓆。皇帝大怒，将成瑨、刘瓆召来投进监狱。有司按朝廷旨意，奏称成瑨、刘瓆罪该处死并暴尸街市。

16 符节令汝南蔡衍[1]、议郎刘瑜表救成瑨[2]、刘瓆，言甚切厉，亦坐免官。瑨、瓆竟死狱中。瑨、瓆素刚直，有经术，知名当时，故天下惜之。岑晊、张牧逃窜获免。

[1] 符节令是管符节的官。 [2] 议郎是议论朝政的官。

符节令汝南人蔡衍、议郎刘瑜上表救成瑨、刘瓆，言辞十分痛切凌厉，也被论罪免官。成瑨、刘瓆终于死在狱中。成瑨、刘瓆向来刚毅正直，通晓经术，知名于当时，因而天下人都感到痛惜。岑晊、张牧逃窜在外，得以免祸。

17 河南张成善风角[1]，推占当赦，教子杀人。司隶李膺督促收捕，既而逢宥获免；膺愈怀愤疾，竟按杀之。成素以方伎交通宦官，帝亦颇讯其占[2]；宦官教成弟子牢修上书告膺等养太学游士，交结诸郡生徒，更相驱驰，共为部党，诽讪朝廷，疑乱风俗[3]。于是天子震怒，班下郡国，逮捕党人，布告天下，使同忿疾。案经三府[4]，太尉陈蕃却之曰："今所按者，皆海内人誉，忧国忠公之臣，此等犹将十世宥也[5]，岂有罪名不章而致收掠者乎[6]？"不肯平署[7]。帝愈怒，遂下膺等于黄门北寺狱[8]，其辞所连及，太仆颍川杜密[9]、御史中丞陈翔及陈寔[10]、范滂之徒二百余人。或逃遁不获，皆悬金购募，使者四出相望。陈寔曰："吾不就狱，众无所恃。"乃自往请囚。范滂至狱，狱吏谓曰："凡坐系者，皆祭皋陶[11]。"滂曰："皋陶古之直臣，知滂无罪，将理之于帝[12]；如其有罪，祭之何益？"众人由此亦止。陈蕃复上书极谏，帝讳其言切，托以蕃辟召非人，策免之。

［1］风角是候四方四隅之风以占吉凶的术数。［2］意思是：皇帝也有时去问卜。［3］意思是：李膺为名望所归，所以一班游士奉为党魁，专与朝廷为难，摇惑人心。［4］三府是太尉、司徒、司空的官府。［5］意思是：即使到了十代以后，有罪还该赦免。语出《左传》。［6］收掠是逮捕鞭打。［7］平署即连署的意思。［8］北寺狱是宫内特置的监狱。［9］太仆是管车马的官，九卿之一。［10］御史中丞掌图书档案，兼监察职权。［11］皋陶为古代公正法官，所以习惯上犯人要祭他。陶读若遥。［12］这个帝指天而言。

河南人张成擅长风角占卜，预测朝廷将颁布赦令，便教儿子杀人。司隶校尉李膺督促手下予以收捕，不久遇赦获免；李膺更加愤疾，还是把他们杀了。张成向来以占候术勾结宦官，皇帝有时也去问卜。宦官怂恿张成的弟子牢修上书，告发李膺等人蓄养太学生和游士，交结各郡生徒，互相联络，结成群党，诽谤朝廷，惑乱人心。于是皇帝震怒，下诏各郡国，逮捕党人，布告天下，使人们都愤恨他们。公文过三府，太尉陈蕃拒绝说："现在所要逮捕的，都是誉满海内、忧国忠公之臣，即使到十代以后，有罪也该宽宥，怎么能够没搞清罪名就收捕拷打呢？"不肯连署文案。皇帝更加发怒，就将李膺等关进黄门北寺狱，案子所牵连的，有太仆颍川人杜密、御史中丞陈翔以及陈寔、范滂等二百多人。有的逃匿搜捕不到，就悬赏捉拿，派出使者四处搜索。陈寔说："我不下狱，众人会无所依恃。"于是自行前往请求下狱。范滂到了狱中，狱吏说："凡是坐牢的，都要先祭皋陶。”范滂说：“皋陶是古代耿直之臣，知道我无罪，将会在天帝面前为我申辩；如果我真有罪，祭祀他又有什么用处？”众人因此也都停止祭祀。陈蕃又上书极力谏诤，皇帝避忌他言辞激切，借口说陈蕃推荐的人不称职，下诏免了他的官。

18 时党人狱所染逮者皆天下名贤[1]，度辽将军皇甫规自以西州豪杰[2]，耻不得与，乃自上言：“臣前荐故大司农张奂[3]，是附党也，又臣昔论输左校时，太学生张凤等上书讼臣，是为党人所附也，臣宜坐之。”朝廷知而不问。以上均延熹九年（一六六）

［1］染逮是牵连逮捕的意思。［2］皇甫规是当时有名的将帅，他是酒泉人，所以说是西州豪杰。［3］大司农是掌财政的官，亦九卿之一。

当时受党人案牵连被捕的都是天下知名贤士，度辽将军皇甫规自认为是西州豪杰，以没有被牵连为羞耻，因而上言：“我以前举荐大司农张奂，是附和党人啊。又，我当初被罚在左校服劳役时，太学生张凤等人上书为我辩护，是党人附和我啊。我应当下狱。”朝廷知情却不加追问。

19 陈蕃既免，朝臣震栗[1]，莫敢复为党人言者。贾彪曰：“吾不西行，大祸不解。”乃入洛阳，说城门校尉窦武[2]、尚书魏郡霍谞等，使讼之。武上疏曰：“陛下即位以来，未闻善政，常侍、黄门竞行谲诈，妄爵非人。伏寻西京，佞臣执政[3]，终丧天下。今不虑前事之失，复循覆车之轨。臣恐二世之难必将复及，赵高之变不朝则夕[4]。近者奸臣牢修造设党议，遂收前司隶校尉李膺等逮考，连及数百人，旷年拘录，事无效验[5]。臣惟膺等建忠抗节，志经王室，此诚陛下稷、契、伊、吕之佐[6]，而虚为奸臣贼子之所诬枉，天下寒心，海内失望。惟陛下留神澄省[7]，时见理出，以厌人鬼喁喁之心[8]。今台阁近臣[9]，尚书朱寓、荀绲、刘祐、魏朗、刘矩、尹勋等，皆国之贞士，朝之良佐；尚书郎张陵[10]、妫皓、苑康、杨乔、边韶、戴恢等，文质彬彬，明达国典，内外之职，群才并列。而陛下委任近习，专树饕餮，外典州郡，内干心膂。宜以次贬黜，案罪纠罚；信任忠良，平决臧否，使邪正毁誉，各得其所，宝爱天官[11]，唯善是授。如此，咎征可消，天应可待。间者，有嘉禾、芝草、黄龙之见。夫瑞生必于嘉士，福至实由善人，在德为瑞，无德为灾。陛下所行不合天意，不宜称庆。”书奏，因以病上还城门校尉、槐里侯印绶[12]。霍谞亦为表请。帝意稍解，使中常侍王甫就狱讯党人范滂等，皆三木囊头[13]，暴于阶下[14]。甫以次辩诘曰：“卿等更相拔举，迭为唇齿[15]，其意如何？”滂曰：“仲尼之言，‘见善如不及，见恶如探汤[16]。’滂欲使善善同其清，恶恶同其污，谓王政之所愿闻，不悟更以为党。古之修善，自求多福；今之修善，身陷大戮。身死之日，愿埋滂于首阳山侧[17]，上不负皇天，下不愧夷齐。”甫愍然为之改容，乃得并解桎梏[18]。李膺等又多引宦官子弟，宦官惧，请帝以天时宜赦。六月庚申，赦天下，改元。党人二百余人皆归田里，书名三府，禁锢终身。永康元年（一六七）

［1］震栗是恐惧的意思。［2］城门校尉是掌首都城门守卫的官。［3］西京指西汉时代。这是说弘恭、石显一班人。［4］意思是：恐怕秦二世皇帝的灾难一定又会到来，赵高之变只在早晚之间了。二世就是赵高害死的。［5］意思是：拘禁了经年，并无实在罪状。［6］后稷等都是古代的贤臣。［7］澄省是澄清省察的意思。［8］喁喁是众人向慕的意思，喁音鱼。［9］台阁指尚书。［10］东汉的尚书分曹任事，属官名为尚书郎。西汉时

代丞相府的职务都归了尚书。［11］意思是：天命有德，人君不可以私授。［12］古时辞职的官要缴还印绶。［13］三木囊头的意思是：头颈及手足都有木械，并且把头蒙盖起来。［14］暴即曝字。［15］迭为唇齿是互相鼓吹。［16］意思是：与邪恶相接触，仿佛碰到滚热的水一样。语出《论语》。［17］首阳山是周初伯夷、叔齐所隐居饿死的地方。［18］在手曰桎，在足曰梏，都是刑具。

陈蕃被免职，朝臣恐惧，没有谁敢再替党人说话。贾彪说："我不西去京城一趟，大祸不会化解。"于是来到洛阳，游说城门校尉窦武、尚书魏郡人霍谞等，请他们为党人诉讼。窦武上疏说："自从陛下即位以来，没有听说实行什么善政，而常侍、黄门争相施行诡诈，妄封小人为官。想起西汉时，佞臣执政，终于失去天下。现在不吸取前述教训，反而重蹈覆辙。臣担心秦二世的灾难必将重演，赵高之变只在早晚之间。最近，奸臣牢修捏造党人之议，于是收捕前司隶校尉李膺等人拷问，牵连几百人，经过近一年拘禁，并无可验证的罪行。臣以为李膺等人都忠心有气节，志在报国，真是陛下身边如同古代后稷、后契、伊尹、吕尚一类的辅佐贤臣，却无辜为奸臣贼子所诬陷，使得天下寒心，海内失望。请陛下注意澄清省察，及时释放，以满足朝野上下人士的向慕之心。现在陛下身边近臣，如尚书朱寓、荀绲、刘祐、魏朗、刘矩、尹勋等人，都是国家的忠贞之士，朝廷的良佐之臣。尚书郎张陵、妫皓、苑康、杨乔、边韶、戴恢等人，文质彬彬，通晓国典，内外官员，群才并列。而陛下却委任近侍，专用贪官污吏，在外掌管州郡，在内倚为心腹。对这些人应当依次贬黜，按罪惩罚；同时应当信任忠良，明辨是非，批评邪恶，表扬正气，使之各得其所，珍惜官职，只授给贤才。这样，才可以消灾免祸，得到上天保佑。最近有嘉禾、灵芝、黄龙等祥瑞之物出现，但要知道祥瑞必应验在嘉士身上，福祉经由善人善行方能获得。所以这些物象对有德的人来说是瑞兆，而对无德的人来说反而会带来灾祸。陛下所作所为不合天意，不宜庆祝。”奏章呈上，窦武即称病辞职，缴还城门校尉和槐里侯印绶。霍谞也上书请求宽恕党人。皇帝的怒气稍稍消解，派中常侍王甫到狱中审讯党人范滂等，这些人头颈手足都戴着木械，脸上罩着黑布，站在阶下。王甫依次诘问："你们互为标榜，交相鼓吹，有什么企图？"范滂说："孔子有言：'看到善行，唯恐来不及效法；遇到恶行，就像触碰到沸水一样。'我想使善良的人同归于清白，邪恶的人同归于污浊。原以为朝廷会乐闻我们这样做，没想到竟指责我们为党人。古人修德行善，可以自求多福；今人修德行善，却招来杀身之祸。身死之日，请把我范滂埋在首阳山旁，对上我无负于皇天，对下我也无愧于伯夷、叔齐。"王甫听了这番话而悯然改容，就解除了他们的刑具。李膺等人的口供又牵扯到宦官子弟，宦官恐惧，以天时为借口，请皇帝予以赦免。六月庚申日，大赦天下，改年号为"永康"。二百多名党人都放归乡里，在三公府登记姓名，终身不得录用。

20 初，窦太后之立也，陈蕃有力焉[1]。及临朝，政无大小皆委于蕃。蕃与窦武同心戮力[2]以奖王室，征天下名贤李膺、杜密、尹勋、刘瑜等，皆列于朝廷，与共参政事。于是天下之士莫不延颈想望太平。而帝乳母赵娆及诸女尚书旦夕在太后侧[3]。中常侍曹节、王甫等共相朋结，谄事太后。太后信之，数出诏命，有所封拜。蕃、武疾之，尝共会朝堂，蕃私谓武曰："曹节、王甫等自先帝时操弄国权，浊乱海内，今不诛之，后必难图。"武深然之。蕃大喜，以手推席而起。灵帝建宁元年（一六八）

[1] 桓帝延熹八年，将立采女田圣为皇后，太尉陈蕃极力主张立窦后。

现在桓帝已死，灵帝即位，窦后做了太后，所以很感激陈蕃，因此起用了他。［2］就是同心合力的意思。 ［3］女尚书是管文书的宫内官。

当初，窦太后被册封为皇后，陈蕃曾经尽力。及至太后临朝听政，就把大小政务都委托给陈蕃处理。陈蕃与窦武同心合力辅佐王室，征召天下有名贤士李膺、杜密、尹勋、刘瑜等，都在朝廷供职，参与政事。于是天下士人没有不渴盼迎来太平盛世的。然而皇帝的乳母赵娆和一些女尚书早晚围着太后，中常侍曹节、王甫等人朋比为奸，谄谀太后。太后宠信他们，数次下诏，封官拜爵。陈蕃、窦武痛恨这些人。朝堂聚会时，陈蕃曾私下对窦武说："曹节、王甫等人从先帝时就操弄朝政，浊乱天下。现在不杀掉他们，后患无穷。"窦武深表赞同。陈蕃大喜，一手推开座席而站起来。

21……于是武、蕃以朱寓为司隶校尉，刘祐为河南尹，虞祁为洛阳令。武奏免黄门令魏彪[1]，以所亲小黄门山冰代之，使冰奏收长乐尚书郑飒[2]送北寺狱。蕃谓武曰："此曹子便当收杀[3]，何复考为？"武不从，令冰与尹勋、侍御史祝瑨杂考飒，辞连及曹节、王甫。勋、冰即奏收节等，使刘瑜内奏[4]。

［1］黄门令也是太监的一种官名。 ［2］飒读如杀。长乐是太后宫名，太后临朝听政，所以设长乐尚书。 ［3］此曹子是这班小人的意思。［4］内即纳字。

……窦武、陈蕃于是任命朱寓为司隶校尉，刘祐为河南尹，虞祁为洛阳县令。窦武又奏请免去黄门令魏彪的职务，而让他亲信的小黄门山冰接替该职，并让山冰奏请收系长乐尚书郑飒，送押到北寺狱去。陈蕃对窦武说："这班小人应当抓来就杀，还有什么好审问的？"窦武没有听从，派山冰和尹勋、侍御史祝瑨会审郑飒，供词牵连到曹节、王甫。尹勋、山冰便奏请收押曹节、王甫等人，而托刘瑜呈递奏折。

22 九月辛亥，武出宿归府[1]。典中书者先以告长乐五官史朱瑀[2]，瑀盗发武奏，骂曰："中官放纵者自可诛耳，我曹何罪？而当尽见族灭！"因大呼曰："陈蕃、窦武奏白太后废帝，为大逆！"乃夜召素所亲壮健者长乐从官史共普、张亮等十七人，喢血共盟[3]，谋诛武等。曹节白帝曰："外间切切[4]，请出御德阳前殿[5]。"令帝拔剑踊跃，使乳母赵娆[6]等拥卫左右[7]，取棨信[8]，闭诸禁门。召尚书官属，胁以白刃，使作诏板，拜王甫为黄门令，持节至北寺狱，收尹勋、山冰。冰疑，不受诏，甫格杀之[9]，并杀勋；出郑飒。还兵劫太后，夺玺绶，令中谒者守南宫[10]，闭门绝复道[11]。使郑飒等持节，及侍御史谒者捕收武等。武不受诏，驰入步兵营[12]，与其兄子步兵校尉绍共射杀使者，召会北军五校士数千人屯都亭[13]。下令军士曰："黄门常侍反，尽力者封侯重赏。"陈蕃闻难，将官属诸生八十余人[14]，并拔刃突入承明门。到尚书门[15]，攘臂呼曰："大将军忠以卫国，黄门反逆，何云窦氏不道邪？"王甫时出与蕃相遇，适闻其言而让蕃曰："先帝新弃天下，山陵未成，武有何功，兄弟父子并封三侯！又设乐饮宴，多取掖廷宫人，旬日之间资财巨万。大臣若此，为是道邪[16]？公为宰辅，苟相阿附，复何求贼！"使剑士收蕃，蕃拔剑叱甫，辞色逾厉。遂执蕃送北寺狱。黄门从官驺蹋踧蕃曰[17]："死老魅，复能损我曹员数，夺我曹禀假不[18]？"即日杀之。以上均建宁元年

[1] 窦武官拜大将军，归府是从宫内归大将军府。[2] 长乐宫有女尚书五人，五官史主之。下文从官长也是长乐宫的侍从长。[3] 啑通作歃，意思是：饮血订盟。[4] 切切是急迫的意思。[5] 德阳前殿是洛阳宫的正殿，相当于长安的未央前殿。[6] 娆音饶。[7] 这时新立的灵帝只有十二三岁。[8] 棨是有衣之戟，信是印信。[9] 格杀是当时击毙。[10] 中谒者是内廷掌门户的官。[11] 洛阳南、北宫之间有复道相通。复道是内中可以往来而外面看不见的走道，等于有楼屋的走廊。[12] 步兵即五校之一。[13] 都亭是京城外的大驿站。[14] 将是率领的意思。[15] 承明门、尚书门都是洛阳的宫门。[16]“为是道邪”是说：“这难道是正当的道理吗？”[17] 驺是骑士。[18] 这两句话的意思是：“还能够削减我们的员额吗？还能够夺去我们的薪俸吗？”

九月辛亥日，窦武出宫回到大将军府。掌管中书的人先已得到消息，报告了长乐宫五官史朱瑀，朱瑀偷看了窦武的奏章，骂道：“对于放纵的宦官自然可以诛杀，我们有什么罪？竟要将我们杀尽灭族！”于是大声呼喊：“陈蕃、窦武上奏，要太后废除皇上，大逆不道！”连夜召集平日关系亲密而身强体壮的长乐宫从官史共普、张亮等十七人，歃血结盟，阴谋诛杀窦武等人。曹节告白皇帝说：“外面情况紧急，请出宫坐镇德阳前殿。”让皇帝拔出剑来试舞，令乳母赵娆等人护卫在身边，携带棨和印信，关闭宫门，召来尚书府官员，拿刀胁迫，要他们写诏书，任命王甫为黄门令，持节到北寺狱，收捕尹勋、山冰。山冰怀疑诏书系伪造，拒不接受，王甫当场杀了他，又杀了尹勋。放出郑飒，回兵劫持太后，夺了玉玺。命令中谒者把守南宫，关闭宫门，断绝通道。派郑飒等人持节，和侍御史谒者收捕窦武等人。窦武不接受诏令，飞驰进入步兵营，和他哥哥的儿子窦绍合力射杀使者。召集北军五校士数千人把守都亭，对兵士下令说：“黄门、常侍造反，尽力平乱的人封侯重赏。”陈蕃听说发生动乱，就带领属官和太学生八十多人，持刀冲入承明门。到尚书门前，举臂呼叫：“大将军窦武忠心卫国，黄门宦官谋反，怎么能说窦氏大逆不道呢？”王甫正好出来遇见陈蕃，听到这番话，就责备陈蕃说：“先帝去世不久，陵墓还没完工，窦武有什么功，竟将兄弟父子三人同时封侯！还奏乐宴饮，带走不少后宫宫女，十天之内，资财就达巨万。大臣像这样，难道是正当的道理吗？你身为宰辅，与他沆瀣一气，还要去哪里捉贼！”便下令武士逮捕陈蕃，陈蕃拔剑呵斥王甫，声色俱厉。武士于是抓了陈蕃，送到北寺狱。黄门侍从骑士用脚踢陈蕃，骂道：“老不死的鬼，还能削减我们的员额，夺去我们的薪俸吗？”当天就杀了陈蕃。

四

23 初，李膺等虽废锢，天下士大夫皆高尚其道，而污秽朝廷[1]。希之者唯恐不及，更共相标榜，为之称号。以窦武、陈蕃、刘淑为三君，君者言一世所宗也[2]；李膺、荀翌、杜密、王畅、刘祐、魏朗、赵典、朱寓为八俊，俊者言人之英也；郭泰、范滂、尹勋、巴肃及南阳宗慈、陈留夏馥、汝南蔡衍、泰山羊陟为八顾，顾者言能以德行引人者也；张俭、翟超、岑晊、苑康及山阳刘表、汝南陈翔、鲁国孔昱、山阳檀敷为八及，及者言能导人追宗者也[3]；度尚及东平张邈、王孝、东郡刘儒、泰山胡母班、陈留秦周、鲁国蕃向[4]、东莱王章为八厨，厨者言能以财救人者也。及陈、窦用事，复举拔膺等；陈、窦诛，膺等复废。建宁二年（一六九）

[1] 污秽朝廷是贱视朝廷的意思。 [2] 宗是奉为主的意思。 [3] 此

句“能”字上原有“其”字，与上下文不一律，且语法亦不合，显为衍文。此乃《通鉴》采录范书，未及刊正者。［4］蕃读若皮。

当初，李膺等人虽被禁锢，但天下士大夫都推崇他们的操守，而贱视朝廷。仰慕他们的人，唯恐跟不上，更共相标榜，为他们取雅号。称窦武、陈蕃、刘淑为“三君”，“君”的意思是一代宗师；称李膺、荀翌、杜密、王畅、刘祐、魏朗、赵典、朱寓为“八俊”，“俊”的意思是人中英杰；称郭泰、范滂、尹勋、巴肃以及南阳人宗慈、陈留人夏馥、汝南人蔡衍、泰山人羊陟为“八顾”，“顾”的意思是能以德行引导众人；称张俭、翟超、岑晊、苑康以及山阳人刘表、汝南人陈翔、鲁国人孔昱、山阳人檀敷为“八及”，“及”的意思是能引导别人追慕宗师；又称度尚以及东平人张邈、王孝、东郡人刘儒、泰山人胡母班、陈留人秦周、鲁国人蕃向、东莱人王章为“八厨”，“厨”的意思是能施财救人。等到陈蕃、窦武执政，就再次举用李膺等人；而当陈蕃、窦武被杀，李膺等人又被废黜了。

24 宦官疾恶膺等，每下诏书，辄申党人之禁。侯览怨张俭尤甚，览乡人朱并素佞邪，为俭所弃[1]，承览意指，上书告俭与同乡二十四人别相署号，共为部党，图危社稷，而俭为之魁。诏刊章捕俭等[2]。冬十月，大长秋曹节等因此讽有司奏[3]“诸钩党者[4]故司空虞放及李膺、杜密、朱寓、荀翌、翟超、刘儒、范滂等，请下州郡考治”。是时上年十四，问节等曰：“何以为钩党？”对曰：“钩党者，即党人也。”上曰：“党人何用为恶，而欲诛之邪？”对曰：“皆相举群辈，欲为不轨[5]。”上曰：“不轨欲如何？”对曰：“欲图社稷。”上乃可其奏。

［1］东汉时讲究乡评，品行不端的必为正人所不齿。［2］刊章是当时

行政上的术语，大概是在奏章上削去姓名不宣布的意思。［3］大长秋是皇后宫内的官。［4］钩党是互相牵引而聚为朋党的意思。［5］不轨即不法。

宦官非常仇恨李膺等人，每次下诏书，总是重申对党人的禁锢。侯览对张俭尤其怨恨，他的同乡人朱并向来谄媚奸邪，被张俭斥逐，就迎合侯览的意旨，上书诬告张俭与同乡二十四人互相别起称号，结成同党，企图危害国家，而以张俭为首。下诏时削去告发人姓名，依据奏书，逮捕张俭等人。冬十月，大长秋曹节等唆使有关官员上奏："钩党的人有前司空虞放以及李膺、杜密、朱寓、荀翌、翟超、刘儒、范滂等，请下诏交州郡审讯治罪。"这时皇帝才十四岁，问曹节等人："什么叫钩党？"曹节回答："钩党嘛，就是勾结在一起的党人啊。"皇帝问："党人有什么罪恶，而非杀不可呢？"曹节回答："他们相互标榜举荐，图谋不轨。"皇帝问："图谋不轨又怎么样？"曹节回答："要夺权窃国。"皇帝这才批准奏章。

25 或谓李膺曰："可去矣！"对曰："事不辞难，罪不逃刑，臣之节也。吾年已六十，死生有命，去将安之？"乃诣诏狱[1]，考死。门生故吏并被禁锢。侍御史蜀郡景毅子顾为膺门徒[2]，未有录牒[3]，不及于谴；毅慨然曰："本谓膺贤，遣子师之，岂可以漏脱名籍，苟安而已！"遂自表免归。

［1］诏狱是奉诏特设的监狱。［2］蜀郡是汉郡之一，治所在成都。［3］未有录牒就是未曾登记。

有人对李膺说："可以逃走了。"李膺说："行事不畏难，有罪不逃刑，这是为臣应有的节操。我已经六十岁，死生自有天命，能够逃到哪里去？”于是自投诏狱，拷问致死。他的门生和旧属被一并禁锢。侍御史蜀郡人景毅之子景顾是李膺的学生，禁锢名册上未予登记，因而没有受牵连；景毅感慨地说：“本以为李膺贤良，才让儿子拜他为师，怎能因为名册上脱漏了名字，而苟且偷安！”于是上书检举自己，被免去官职回乡。

26 汝南督邮吴导受诏捕范滂[1]，至征羌[2]，抱诏书闭传舍[3]，伏床而泣，一县不知所为。滂闻之曰：“必为我也。”即自诣狱。县令郭揖大惊，出，解印绶，引与俱亡，曰：“天下大矣，子何为在此？”滂曰：“滂死则祸塞，何敢以罪累君；又令老母流离乎？”其母就与之诀，滂白母曰：“仲博孝敬，足以供养，滂从龙舒君归黄泉，存亡各得其所；惟大人割不可忍之恩，勿增感戚！”仲博者，滂弟也。龙舒君者，滂父龙舒侯相显也[4]。母曰：“汝今得与李、杜齐名，死亦何恨？既有令名，复求寿考，可兼得乎？”滂跪受教，再拜而辞。顾其子曰：“吾欲使汝为恶，恶不可为；使汝为善，则我不为恶。”行路闻之，莫不流涕。

[1]督邮是汉代郡守的佐官。主纠察属县。 [2]征羌是汝南郡的一县，在今河南省郾城附近。 [3]传舍即旅邸。 [4]龙舒是汉侯国之一，属庐江郡，今安徽省舒城。范滂之父显曾为龙舒侯相，故称为龙舒君。

汝南督邮吴导奉诏逮捕范滂，到征羌后，关上驿舍的门，抱着诏书伏在床上哭泣，一县的人都不知道为了什么。范滂听到这事就说：“必定是为了我啊。”就自行来到狱中。县令郭揖大惊，走出来，解下印绶，要与范滂一起逃亡，说：“天下很大，你为什么一定要留在这里？”范滂说:“我死了，祸事就停止了，怎敢以罪连累你;而又让老母流离失所呢?”他母亲与他诀别，范滂对母亲说:“弟弟仲博很孝敬，足以供养您;我跟随龙舒君到黄泉之下，存亡各得其所。求母亲割舍母子不忍之情，不要过于伤感悲戚!”仲博，是范滂的弟弟。龙舒君，是曾任龙舒侯相的范滂之父范显。范滂母亲说:“你今天能与李膺、杜密齐名，死了又有什么遗憾?已经获得美名，还要求得高寿，哪能兼而得之呢?”范滂跪着听受教诲，再拜而辞。回头对儿子说:“我要教你作恶，恶是不可作的;我要教你行善，我就不能作恶。”路过的人听到这几句话，无不流泪。

27 凡党人死者百余人，妻子皆徙边[1]。天下豪杰及儒学有行义者，宦官一切指为党人。有怨隙者，因相陷害，睚眦之忿[2]，滥入党中。州郡承旨，或有未尝交关[3]，亦离祸毒，其死、徙、废、禁者，又六七百人。

[1] 徙边是充军到边塞。 [2] 睚眦是张目怒视，读若厓柴。 [3] 交关是有来往的意思。

因党人案件而死的共一百多人，妻儿都充军到边塞。天下豪杰和有义行的儒士，都被宦官指为党人。有怨仇的人，便乘机陷害，为一点小小的积忿，也要将对方滥指为党人。州郡承奉旨意，使一些没有来往的人，也遭到祸害，被判死刑、放逐、废黜、禁锢的，又有六七百人之多。

28 郭泰闻党人之死，私为之恸曰:“《诗》云:‘人之云亡，邦国殄瘁[1]。’汉室灭矣，但未知‘瞻乌爰止，于谁之屋[2]’耳!”泰虽好臧否人伦，而不为危言核论[3]，故能处浊世而怨祸不及焉。

［1］殄，尽也；瘁，病也。语出《诗经·瞻卬》篇。［2］意思是：不知道民众会归向什么地方去了。语出《诗经·正月》篇。［3］意思是：不危言耸听，不作深刻之论。

郭泰听说党人被害死，私下为之悲痛，说："《诗》云：'人之云亡，邦国殄瘁（贤士死亡，国家危殆）。'汉室就要灭亡了，只是不知道'瞻乌爰止，于谁之屋（乌鸦飞翔，将停谁家）'罢了。"郭泰虽然喜好评议人物，但从不深论国事，所以能身处乱世而不受灾祸牵连。

29 张俭亡命困迫，望门投止[1]，莫不重其名行，破家相容。后流转东莱[2]，止李笃家。外黄[3]令毛钦操兵到门[4]，笃引钦就席曰："张俭负罪亡命，笃岂得藏之？若审在此，此人名士，明廷宁宜执之乎[5]？"钦因起抚笃曰："蘧伯玉耻独为君子[6]，足下如何专取仁义？"笃曰："今欲分之，明廷载半去矣。"钦叹息而去。笃导俭经北海戏子然家[7]，遂入渔阳出塞[8]。其所经历，伏重诛者以十数，连引收考者布遍天下，宗亲并皆殄灭，郡县为之残破。俭与鲁国孔褒有旧[9]，亡抵褒，不遇。褒弟融年十六，匿之。后事泄，俭得亡走，国相收褒、融送狱[10]，未知所坐[11]。融曰："保纳舍藏者融也[12]，当坐。"褒曰："彼来求我，非弟之过。"吏问其母，母曰："家事任长[13]，妾当其辜。"一门争死，郡县疑不能决，乃上谳之[14]，诏书竟坐褒。及党禁解，俭乃还乡里。后为卫尉[15]，卒年八十四。夏馥闻张俭亡命，叹曰："孽由己作，空汙良善，一人逃死，祸及万家，何以生为？"乃自剪须变形，入林虑山中[16]，隐姓名，为冶家佣，亲突烟炭[17]，形貌毁瘁，积二三年，人无知者。馥弟静载缣帛追求饷之，馥不受，曰："弟奈何载祸相饷乎？"

党禁未解而卒。

[1] 形容困急之甚，望门投入，以求收容。 [2] 东莱是汉郡之一，治所在今山东省莱州市。 [3] 外黄是汉县名，在今河南省杞县东。但外黄令不应当到东莱去，所以可能是黄县之误。今山东省有此县。 [4] 操兵是拿着武器。 [5] 明廷是对县令的尊称，与明府同。 [6] 蘧伯玉是春秋时代卫国的贤大夫。 [7] 戏音西。 [8] 渔阳也是汉郡之一，今北京以东，天津以北，长城以南的地区。 [9] 鲁国是山东省曲阜一带地方。 [10] 国相即等于郡守。 [11] 未知所坐的意思是：不知谁应当判罪。 [12] 意思是：收容藏匿应当由我负责。 [13] 意思是：家里的事由长辈负责。[14] 上谳是上请的意思。谳读如聂。 [15] 卫尉是九卿之一，掌门卫屯兵。 [16] 林虑山在河南省彰德境，虑音庐。 [17] 亲突烟炭是亲自挖煤。

张俭在逃亡中穷困窘迫，望见故旧人家的宅门，就前往投宿，主人无不尊重他的名望与德行，冒着破家灭族的风险予以收容。后来流亡到东莱郡，住在李笃家。外黄县令毛钦携带兵器来到李家，李笃请毛钦入座，说："张俭负罪逃亡，我岂敢窝藏？如果他真在这里，对这样一位名士，明府认为应当逮捕么？"毛钦起身抚着李笃肩膀说："蘧伯玉不愿独为君子，足下怎么想独行仁义呢？"李笃说："我现在就想平分，明府已经得到一半了。"毛钦叹息而去。李笃带着张俭投奔到北海戏子然家，接着从渔阳郡逃到塞外。张俭逃亡过程中，牵连被杀的人以十计，被逮捕、刑讯的遍及天下，宗族亲戚都被杀尽，郡县受到摧残。张俭与鲁国孔褒是旧交，投奔孔家时，孔褒不在，其弟孔融年方十六，就做主藏匿了张俭。后来事情泄露，张俭幸得逃走，鲁国国相收捕孔褒、孔融，送进监狱，不知该判谁的罪。孔融说："收容藏匿的是我，应当判我的罪。"孔褒说:“张俭是来找我的，不是弟弟的过错。”官吏问他们的母亲，母亲说:“家长负责家事，我当其罪。”全家人争着承担死罪，县官犹豫不决，请示朝廷，竟下诏杀孔褒。直到解除党锢，张俭才返回家乡，后来担任卫尉，死时八十四岁。早先夏馥听说张俭逃命，叹道:“张俭自己作孽，却凭空牵累善良，一人逃亡，万家受祸，怎么活下去呢?”于是自己剪了胡须，躲到林虑山中，隐姓埋名，在铁铺做工，身受烟熏炭烤，弄得形容憔悴，过了二三年，没人认得出他。其弟夏静驱车载着缣帛来找他，夏馥不接受，说:“你怎么载着灾祸来给我呢?”党禁还没有解除他就去世了。

30 初，中常侍张让父死，归葬颍川，虽一郡毕至，而名士无往者，让甚耻之，陈寔独吊焉。及诛党人，让以寔故，多所全宥。南阳何颙素与陈蕃、李膺善，亦被收捕，乃变名姓匿汝南间，与袁绍为奔走之交。常私入洛阳，从绍计议，为诸名士罹党事者求救援，设权计，使得逃隐，所全免甚众。

当初，中常侍张让父亲去世，归葬于颍川，虽然一郡人都来祭奠，却没有名士前往，张让甚以为耻，而陈寔曾单独前来吊丧。等到诛杀党人时，张让为了回报陈寔，多所宽宥。南阳人何颙，向来与陈蕃、李膺友善，也被搜捕，于是变换姓名，隐匿在汝南一带，因替袁绍奔走而结交。他常常潜入洛阳，与袁绍商议，想方设法救援被卷入党祸的名士，让后者逃走或隐匿，因他而得以保全免祸的人很多。

31 初，太尉袁汤三子，成、逢、隗。成生绍，逢生术。逢、隗皆有名称，少历显官。时中常侍袁赦以逢、隗宰相家，与之同姓，推崇以为外援，故袁氏贵宠于世，富奢甚，不与他公族同。绍壮健有威容，爱士养名，宾客辐凑归之，辎軿、柴毂[1]，填接街陌。术亦以侠气闻。逢从兄子闳少有操行，以耕学为业，逢、隗数馈之，无所受。闳见时方险乱，而家门富盛，常对兄弟叹曰："吾先公福祚，后世不能以德守之，而竞为骄奢，与乱世争权，此即晋之三郤矣[2]。"及党事起，闳欲投迹深林，以母老不宜远遁，乃筑土室四周于庭，不为户，自牖纳饮食；母思闳时，往就视，母去，便自掩闭，兄弟妻子莫得见也。潜身十八年，卒于土室。

［1］辎軿是贵人坐的车，柴毂是穷人坐的车。［2］三郤是春秋时代晋国的大家族，为晋厉公所杀。

当初，太尉袁汤有三个儿子：袁成、袁逢、袁隗。袁成有子名绍，袁逢有子名术。袁逢、袁隗都有名声，年轻时就出任高官。中常侍袁赦认为袁逢、袁隗出身于相府，与自己同姓，特别推崇并拉拢他们作为自己的外援，因此袁氏家族在当时显赫得宠，十分富贵奢华，不同于其他公族。袁绍健壮而有威仪，喜欢交结士人，显扬声名，因而宾客纷纷归附，贵人乘的有帷幔的车、穷人坐的柴车，一辆接一辆填满街巷。袁术也以侠义闻名。袁逢堂兄的儿子袁闳少时就有良好操行，以耕读为业，袁逢、袁隗几次馈赠财物给他，概不接受。袁闳见时局险恶混乱，而家门富贵兴盛，常对兄弟叹息说："我们先公传下的福祚，后代不能以德行慎守，反而竞相骄奢，在乱世争权夺利，这就同晋国的三郤一样了。"及至党祸事发，袁闳想躲到深林中去，因母亲年迈而不宜远行，就在庭院里筑一间土屋，没有门，从窗口递送饮食。母亲思念他时，就从窗口往里看，母亲离开后，就关闭窗子，兄弟妻子都见不到他。藏身十八年，最后死在土室中。

32 初，范滂等非讦朝政，自公卿以下皆折节下之。太学生争慕其风，以为文学将兴，处士复用[1]。申屠蟠独叹曰："昔战国之世，处士横议[2]，列国之王至为拥彗先驱[3]，卒有坑儒烧书之祸，今之谓矣。"乃绝迹于梁、砀之间[4]，因树为屋，自同佣人。居二年，滂等果罹党锢之祸，唯蟠超然免于评论。以上均建宁二年

[1] 处士指在野的知识分子。[2] 横议是高谈阔论的意思。[3] 拥彗先驱是欢迎贵客的敬礼，彗即扫帚，表示替贵客扫除尘土。[4] 梁、砀之间指河南、安徽邻近的地区。

当初，范滂等人抨击朝政，自公卿以下都对他们表示恭敬，太学生争相仰慕他们的作风，以为文化学术将会兴盛，在野人士会被重新起用。唯独申屠蟠叹道："从前战国时代，名士高谈阔论，列国王侯甚至亲自为他们扫径导行，终于发生焚书坑儒之祸，如今正在重演历史。"于是隐居梁国、砀县之间，在树林中筑屋，像佣人一般劳作。过了两年，范滂等人果然遭遇党禁大祸，只有申屠蟠超然事外，没受到抨击。

赤壁之战

赤壁之战

当公元二〇〇年，曹操在官渡击败了袁绍以后，中国北部都在他的掌握之中，而且几乎有了恢复国内统一的可能。过了八年，不料为刘备与孙权的联军所挫败，使他不得不放弃征服南方的企图，从此造成了魏、蜀、吴三国鼎立的局面。这次的战役，历史上称为赤壁之战。

赤壁之战是一件具有关键性的史事。本篇从刘备与诸葛亮的结合开始。《通鉴》简扼有力地写出了诸葛亮早期对于时势的敏锐观察，同时也看到鲁肃、周瑜两个出色人物的英勇气概。几乎全部三国史的骨干都容纳在这几千字之中。

第一节简略地介绍诸葛亮登场。第二节记诸葛亮对时局的看法和他的远大计划。第三节记刘备在襄阳失陷以后的狼狈情形。第四节记鲁肃在孙权方面预见有与刘备团结之必要。第五节记诸葛亮在刘备方面也预见到有与孙权团结之必要。两人意见不谋而合，诸葛亮就同鲁肃去见孙权，说服他。第六节记孙权的部下为曹操的实力所慑服，多数主张放弃抵抗。第七节记周瑜对孙权一番慷慨陈词，才确定了抵抗方针。第八节记孙权、周瑜、鲁肃协同决定与刘备联合的作战计划。第九节记周瑜与刘备的会面。第十节记赤壁战役中孙、刘联军的策略。

其中最令人鼓舞的是诸葛亮等三人的透辟议论，孙权的兴奋情感、周瑜的严正态度，把他们的个性都充分描绘了出来。最后形容战役中的出奇制胜，尤其是有声有色，费力不多，却精彩百倍。

1 初，琅邪诸葛亮寓居襄阳隆中，每自比管仲、乐毅；时人莫之许也。惟颍川徐庶与崔州平谓为信然。州平，烈之子也。刘备在荆州[1]，访士于襄阳司马徽。徽曰："儒生俗士，岂识时务，识时务者在乎俊杰。此间自有伏龙、凤雏[2]。"备问为谁，曰："诸葛孔明、庞士元也。"徐庶见备于新野[3]，备器之。庶谓备曰："诸葛孔明，卧龙也[4]，将军岂愿见之乎？"备曰："君与俱来。"庶曰："此人可就见，不可屈致也，将军宜枉驾顾之。"汉献帝建安十二年（二〇七）

［1］汉代的荆州包括湖北、湖南区域，不像后世专指江陵附近。此时作荆州牧的是刘表，以襄阳为根据地。他的势力范围很大，刘备的兵为曹操所破以后，因为同宗的关系，也去投奔了他。［2］龙凤以比奇才，伏龙、凤雏比喻奇才还不曾发挥作用，指诸葛亮和庞统。庞统见后文。［3］新野是南阳郡的一县。［4］卧龙也是龙还不曾腾跃起来的意思。

起初，琅邪人诸葛亮寄居襄阳隆中，常把自己比为管仲、乐毅；当时人都不以为然，唯有颍川人徐庶和崔州平认为他当得起这样的自我评价。州平，是崔烈的儿子。刘备在荆州时，向襄阳人司马徽访求贤士。司马徽说："儒生俗士，哪里能识时务，识时务者在于俊杰。这里自有伏龙、凤雏。"刘备问是什么人，司马徽说："是诸葛孔明、庞士元啊。"徐庶在新野见刘备，刘备器重他。徐庶对刘备说："诸葛孔明，卧龙啊，将军愿意见他吗？"刘备说："你带他一起来。"徐庶说："这个人可以去见他，而不能召来，将军应该屈驾前往拜访。"

2 备由是诣亮，凡三往乃见。因屏人曰："汉室倾颓，奸臣窃命，孤不度德量力，欲信大义于天下[1]，而智术浅短，遂用猖蹶[2]，至于今日。然志犹未已，君谓计将安出[3]？”亮曰：“今曹操已拥百万之众，挟天子而令诸侯，此诚不可与争锋。孙权据有江东，已历三世，国险而民附，贤能为之用，此可与为援而不可图也[4]。荆州北据汉、沔，利尽南海，东连吴会[5]，西通巴蜀，此用武之国，而其主不能守，此殆天所以资将军也。益州险塞，沃野千里，天府之土；刘璋暗弱，张鲁在北[6]，民殷国富而不知存恤，智能之士思得明君。将军既帝室之胄[7]，信义著于四海，若跨有荆、益，保其岩阻，抚和戎、越，结好孙权，内修政治，外观时变，则霸业可成，汉室可兴矣。”备曰：“善！”于是与亮情好日密。关羽、张飞不悦，备解之曰：“孤之有孔明，犹鱼之有水也。愿诸君勿复言。”羽、飞乃止。

［1］信与伸字古通用。［2］猖蹶是狼狈的意思。［3］意思是：心里总不甘心，你看应当怎么办。［4］此时几个割据称雄的人，袁绍在河北，袁术在淮南，都已经失败。曹操、孙权两个人既然都不可轻视，就只有荆州的刘表父子和益州（蜀）的刘璋，比较容易对付，可以把这两个地盘夺过来。诸葛亮把当时的形势看得非常清楚，后来鼎足三分的局面，已经在他的胸中安排好了。［5］吴会这个名词，前人有认为是吴和会稽两地的，也有认为是一个名词的。胡三省《通鉴注》主后说。［6］此时张鲁据汉中，后来被曹操收抚。［7］刘备是汉景帝子中山靖王之后，所以说是帝室之胄。

刘备因此去拜访诸葛亮，一共去了三次才见到。刘备屏退随从，说：“汉室倾覆颓败，奸臣把持朝政，我没有衡量自己的道德和实力，就想在天下伸张大义，而智谋短浅，因此陷入狼狈境地，直到今天。可我的志向尚未消磨，您认为该怎么办？”诸葛亮说：“如今曹操已经拥有百万大军，挟持天子而号令诸侯，这种形势下确实不能与他争锋。孙权占据江东，已历经三代，那里地势险要而民众归附，贤能之才都为他所用，可以和他联盟而不能对他图谋。荆州北靠汉水、沔水，利益一直延伸到南海，东面连接吴会，西面通向巴蜀，是一个用武之国，而其主人却不能守护，这或许是上天给将军的资助吧。益州险固，沃野千里，是天府之土；而刘璋昏庸懦弱。张鲁在北面，百姓殷实国家富庶却不知道保持和抚恤，贤能之士都希望能迎来开明的君主。将军既是皇室后裔，信义著称于四海，如果占有荆州、益州，固守其天险，安抚好戎人、越人，与孙权结为盟好，对内修明政治，对外观察时变，那就霸业可以达成，汉室可以复兴了。”刘备说：“好！”于是与诸葛亮友情日益亲密。关羽、张飞不高兴，刘备解释说：“我得到了孔明，犹如鱼儿得到了水。希望你们不要再多话。”关羽、张飞这才止住。

3 操以江陵有军实，恐刘备据之，乃释辎重，轻军到襄阳[1]。闻备已过，操将精骑五千急追之；一日一夜行三百余里，及于当阳之长坂[2]。备弃妻子，与诸葛亮、张飞、赵云等数十骑走，操大获其人众辎重。徐庶母为操所获，庶辞备，指其心曰：“本欲与将军共图王霸之业者，以此方寸之地也。今已失老母，方寸乱矣。无益于事，请从此别。”遂诣操。张飞将二十骑拒后，飞据水断桥，瞋目横矛曰：“身是张益德也[3]，可来共决死！”操兵无敢近者。或谓备：“赵云已北走。”备以手戟擿之曰[4]：“子龙不弃我走也。”顷之，云身抱备子禅，与关羽船会，得济沔[5]，遇刘琦众万余人，与俱到夏口[6]。建安十三年（二〇八）

［1］这时曹操乘荆州牧刘表之死亡，大举南伐，刘备本来是依附刘表的，刘表既败，只得离开襄阳南奔。荆州人不愿意归降曹操的都跟随刘备向江陵

方面而去，那时襄阳是荆州的治所，而江陵也是个重镇，曹操在所必争。襄阳、江陵都是现在沿用的地名。［2］当阳是汉县名，在今湖北省宜昌东，长坂在当阳东北。［3］张飞字翼德，亦作益德。［4］手戟是手用的小戟，擿是投掷的意思。［5］沔是水名，在今湖北境内。［6］夏口即今武汉地区。

曹操因为江陵有军事储备，担心被刘备占有，就放下辎重，轻军抵达襄阳。听说刘备已经过去，曹操亲率五千精锐骑兵急速追赶，一昼夜行军三百多里，追到当阳县长坂。刘备抛下妻子儿女，与诸葛亮、张飞、赵云等几十人骑马逃走，曹操获得大量人马辎重。徐庶母亲被曹操俘获，徐庶辞别刘备时，指着自己的心说："本想和将军共同谋划王霸大业的，全靠这颗心。现在失去老母，我的心乱了，留下也于事无益，请从此分别。"于是投奔曹操。张飞率二十名骑兵殿后，他据守岸边，拆掉桥梁，瞪眼横矛大声喝道："我是张益德，可以来同我决一死战！"曹操士兵没有敢接近他的。有人对刘备说："赵云已经向北逃走。"刘备将手中小戟掷向那人，说："赵子龙不会抛弃我逃走。"不久，赵云抱着刘备儿子刘禅，跟关羽的船队会合，得以渡过沔水，遇上刘琦部队一万多人，和他们一起来到夏口。

4 初，鲁肃闻刘表卒，言于孙权曰："荆州与国邻接，江山险固，沃野万里，士民殷富，若据而有之，此帝王之资也。今刘表新亡，二子不协[1]，军中诸将，各有彼此[2]。刘备天下枭雄，与操有隙，寄寓于表，表恶其能而不能用也。若备与彼协心，上下齐同，则宜抚安，与结盟好；如有离违，宜别图之，以济大事。肃请得奉命吊表二子，并慰劳其军中用事者，及说备使抚表众，同心一意，共治曹操，备必喜而从命，如其克谐[3]，天下可定也。今不速往，恐为操所先。"

权即遣肃行。到夏口，闻操已向荆州，晨夜兼道，比至南郡而琮已降[4]，备南走，肃径迎之，与备会于当阳长坂。肃宣权旨，论天下事势，致殷勤之意。且问备曰："豫州今欲何至[5]？"备曰："与苍梧太守吴巨有旧[6]，欲往投之。"肃曰："孙讨虏聪明仁惠[7]，敬贤礼士，江表英豪咸归附之。已据有六郡[8]，兵精粮多，足以立事。今为君计，莫若遣腹心自结于东，以共济世业。而欲投吴巨，巨是凡人，偏在远郡，行将为人所并，岂足托乎？"备甚悦。肃又谓诸葛亮曰："我，子瑜友也。"即共定交。子瑜者，亮兄瑾也，避乱江东，为孙权长史。备用肃计，进住鄂县之樊口[9]。

[1] 指刘表的儿子刘琦和刘琮争位，不能合作。 [2] 各有彼此也是意见不一，各成宗派的意思。 [3] 谐是事情能成功的意思。 [4] 南郡治所就在江陵。 [5] 刘备曾为豫州刺史，故称为豫州。 [6] 苍梧是汉郡之一，在今广西梧州一带。 [7] 曹操曾表请汉帝授孙权以讨虏将军称号。[8] 六郡指当时扬州所统之九江、丹阳、庐江、会稽、吴郡、豫章。[9] 鄂县即今湖北省鄂州市。樊口在鄂州市西北。

起初，鲁肃听说刘表已死，向孙权进言："荆州与我们国土相邻，江山险固，沃野万里，人民殷实富裕，如果据有它，这是成就帝王事业的资本啊。如今刘表刚死，两个儿子不和谐，军中各个将领，也分成两派。刘备是天下枭雄，与曹操有怨隙，寄居在刘表那里，刘表忌恨他的才能因而不能任用。如果刘备和他们同心同德，上下协力，那就应该去慰抚，与他们结为同盟；如果他们之间离心离德，应当另作谋划来完成大业。我请求能奉命去向刘表两个儿子吊丧，并慰劳他们军中的掌权者，以及说服刘备一起安抚刘表部属，同心一意，共同对付曹操，刘备必定高兴而赞同。如果事情成功,天下大势可定。现在不赶紧去,恐怕被曹操抢先。”孙权立即派鲁肃前往。鲁肃到夏口时,听说曹操已去荆州,便昼夜兼程而行,等赶到南郡,刘琮已经投降,刘备向南逃走,鲁肃径直前去迎接,与刘备在当阳长坂相会。鲁肃说明孙权意图,论述天下形势,向刘备殷勤致意。并且问刘备:“豫州现在打算去哪里?”刘备说:“我和苍梧太守吴巨有老交情,打算去投奔他。”鲁肃说:“孙讨虏将军聪明仁惠,敬重贤才,礼遇士人,江南的英雄豪杰都归附他。现在已据有六郡,兵精粮多,足以建功立业。现在为您着想,不如派亲信去江东结盟,来共同操持大业。而你想投奔吴巨,吴巨只是一个凡人,地处偏远的边郡,行将被人吞并,哪里可以依靠呢?”刘备十分高兴。鲁肃又对诸葛亮说:“我,是诸葛子瑜的朋友。”随即共同定交。子瑜,是诸葛亮的哥哥诸葛瑾,避难到江东,被孙权任命为长史。刘备采用鲁肃的计划,进驻鄂县的樊口。

5 曹操自江陵将顺江东下,诸葛亮谓刘备曰:“事急矣,请奉命求救于孙将军。”遂与鲁肃俱诣孙权。亮见权于柴桑[1],说权曰:“海内大乱,将军起兵江东[2],刘豫州收众汉南,与曹操并争天下。今操芟夷大难[3],略已平矣。遂破荆州,威震四海。英雄无用武之地,故豫州遁逃至此,愿将军量力而处之!若能以吴、越之众与中国抗衡,不如早与之绝;若不能,何不按兵束甲,北面而事之!今将军外托服从之名,而内怀犹豫之计,事急而不断,祸至无日矣。”权曰:“苟如君言,刘豫州何不遂事之乎?”亮曰:“田横,齐之壮士耳[4],犹守义不辱;况刘豫州王室之胄,英才盖世,众士慕仰,若水之归海。若事之不济,此乃天也。安能复为之下乎?”权勃然曰:“吾不能举全吴之地,十万之众,受制于人。吾计决矣!非刘豫州莫可以当曹操者;然豫州新败之后,安能抗此难乎?”亮曰:“豫州军虽败于长坂,今战士还者及关羽水军精甲万人，刘琦合江夏战士亦不下万人。曹操之众，远来疲敝，闻追豫州，轻骑一日一夜行三百余里，此所谓强弩之末不能穿鲁缟者也[5]。故兵法忌之，曰：'必蹶上将军[6]'。且北方之人不习水战；又，荆州之民附操者，逼兵势耳，非心服也。今将军诚能命猛将统兵数万，与豫州协规同力，破操军必矣。操军破，必北还。如此，则荆、吴之势强，鼎足之形成矣。成败之机，在于今日。"权大悦，与其群下谋之。

[1] 柴桑故城在今江西九江西南。 [2] 江东泛指现在江、浙、皖的大部分。扬子江的下游是向东北流的，所以从中原来看，苏南和皖、浙等处是江东而不是江南。 [3] 芟音三，芟夷是削平的意思。 [4] 田横在汉初不愿投降而自杀。 [5] 这是一句古话，鲁缟是鲁国出的一种薄绢。意思是：力尽不足畏。 [6] 意思是：远来疲敝，必使主帅遭受到大损失。

曹操将从江陵顺长江东下。诸葛亮对刘备说："情况危急，请让我奉命去向孙将军求救。"于是同鲁肃一起去拜见孙权。诸葛亮在柴桑见到孙权，就向后者游说："海内大乱，将军起兵江东，刘豫州在汉南聚众，与曹操一起争夺天下。如今曹操削平大的对手，北方已基本平定；于是又击破荆州，威震四海。英雄无用武之地，所以刘豫州逃到这里，希望将军量力来应付当前局势！如果能用吴、越众人之力与中原抗衡，不如趁早与曹操断绝；如果不能，为什么不解除武装，北面称臣呢？现在将军表面上服从朝廷，而内心犹豫不决，局势紧急却不能决断，灾祸就要临头了！"孙权说："假如真像你说的那样，刘豫州为什么不臣服于曹操呢？"诸葛亮说："田横，只是齐国的壮士罢了，尚且坚守气节而不屈辱投降，何况刘豫州是王室后裔，英才盖世，为众多士人所仰慕，如江河之归向大海。倘若事业不能成功，那是天意，哪能屈居曹操之下呢？”孙权勃然道：“我不能拿全吴土地，十万兵马，去受他人控制。我的主意已经定了！除刘豫州外没有敢抵挡曹操的人；可是豫州新败不久，怎能抵抗这强敌呢？”诸葛亮说：“豫州军队虽在长坂战败，但如今归来的战士加上关羽的水军仍有精兵万人，刘琦汇合的江夏战士也不下万人。曹操的部队，远道而来，已疲乏不堪，听说他们为追赶豫州，轻骑兵一昼夜走三百多里，这就是所谓‘强弓射出的箭，到最后连鲁国的薄绢也穿不透’啊。所以《兵法》对此很忌讳，说：‘这必定使主帅受挫。’而且北方人不熟悉水战；荆州民众归附曹操，又是被武力所逼而已，并非真心臣服。现在将军如真能命猛将率兵数万，与豫州齐心协力，必能击败曹军。曹军溃败，必定北归。这样，荆、吴的势力强大起来，三足鼎立之势便形成了。成败的关键，在于今天。”孙权非常高兴，就召集部属商议。

6是时，曹操遗权书曰：“近者奉辞伐罪，旌麾南指，刘琮束手。今治水军八十万众，方与将军会猎于吴。”权以示群下，莫不响震失色。长史张昭等曰[1]：“曹公，豺虎也。挟天子以征四方，动以朝廷为辞；今日拒之，事更不顺。且将军大势可以拒操者，长江也；今操得荆州，奄有其地，刘表治水军，蒙冲斗舰乃以千数[2]，操悉浮以沿江；兼有步兵，水陆俱下，此为长江之险已与我共之矣。而势力众寡又不可论。愚谓大计不如迎之。”鲁肃独不言。权起更衣，肃追于宇下[3]。权知其意，执肃手曰：“卿欲何言？”肃曰：“向察众人之议，专欲误将军，不足与图大事。今肃可迎操耳，如将军不可也。何以言之？今肃迎操，操当以肃还付乡党，品其名位，犹不失下曹从事[4]，乘犊车，从吏卒，交游士林，累官故不失州郡也。将军迎操，欲安所归乎[5]？愿早定大计，莫用众人之议也。”权叹息曰：“诸人持议，甚失孤望。今卿廓开大计，正与孤同。”

［1］长史相当于秘书长。［2］蒙冲是蒙着牛皮的战船。［3］宇下即屋檐下。［4］下曹从事等于说：一个小小科长。［5］这几句话的意思是：“我总还可以在地方上保持相当的地位，至于你，他又能拿什么位置给你呢？”

这时，曹操派人送信给孙权，说：“近来奉天子之命讨伐叛逆，旌旗指向南方，刘琮束手投降。现在训练水军八十万，准备同将军会战于吴地。”孙权把信出示给部属，莫不惊叫失色。长史张昭等说：“曹公，是豺狼虎豹啊。挟持天子来征伐四方，动不动就说是奉朝廷的旨意；今日抗拒他，事情就更加不顺。况且将军可以用来抵御曹操的最为有利的地势，是长江。现在曹操已得到荆州，占有其地，刘表训练的水军，蒙着牛皮的战舰就数以千计，曹操将全部战船沿江部署，再加上步兵，水陆并进，这样，所谓长江天险已和我们共有了，而双方势力的多少又不可相提并论。我们认为最好的办法不如迎接他。”唯独鲁肃一言不发。孙权起身上厕所，鲁肃追到屋檐下。孙权知道他的想法，握着鲁肃的手说：“你想说什么？”鲁肃说：“我刚才细听众人意见，都是一心想误导将军，根本不能与他们图谋大事。今天我鲁肃可以迎接曹操，像将军这样就不行了。为何这么说呢？今天我迎接曹操，曹操应该会让我还归乡里，根据我的名声地位，还可以做一个下曹从事，乘着牛车，有吏卒跟随，在名士圈中交游，逐步升迁，还能做上州郡长官。而将军迎接曹操，他能给你什么位置呢？希望早点定下大计，不要采用众人刚才的意见啊！”孙权叹息道：“那些人的意见，很让我失望。现在你阐明的大计，正与我想法一样。”

7时周瑜受使至番阳[1]，肃劝权召瑜还。瑜至，谓权曰："操虽托名汉相，其实汉贼也。将军以神武雄才，兼仗父兄之烈[2]，割据江东，地方数千里，兵精足用，英雄乐业，当横行天下，为汉家除残去秽；况操自送死，而可迎之邪？请为将军筹之！今北土未平，马超、韩遂尚在关西[3]，为操后患；而操舍鞍马，仗舟楫，与吴、越争衡，今又盛寒，马无藁草，驱中国士众，远涉江湖之间[4]，不习水土，必生疾病。此数者用兵之患也，而操皆冒行之，将军禽操，宜在今日。瑜请得精兵数万人，进住夏口，保为将军破之。"权曰："老贼欲废汉自立久矣，徒忌二袁[5]、吕布、刘表与孤耳。今数雄已灭，惟孤尚存。孤与老贼势不两立，君言当击，甚与孤合，此天以君授孤也。"因拔刀斫前奏案曰[6]："诸将吏敢复有言当迎操者，与此案同！"乃罢会。

[1]番阳大概即鄱阳，孙权在此立鄱阳郡，现在还沿用此名。 [2]意思是：又凭借了父（孙坚）兄（孙策）的功业。 [3]关西指函谷关以西地。 [4]中国指中原。 [5]二袁指袁绍、袁术。 [6]奏案是陈列文书的小几，古人进食的时候有食案，呈进文书的时候有奏案文案。

这时周瑜奉命到番阳，鲁肃劝孙权召他回来。周瑜回来后，对孙权说："曹操虽然名义上是汉朝丞相，其实是汉朝奸贼。将军以自己的神武雄才，再凭借父兄的功业，拥有江东，地域延伸几千里，军队精良足堪任用，英雄豪杰乐于效命，应当横扫天下，为汉朝铲除残暴，清除污秽；何况曹操自己前来送死，怎么可以迎接他呢？请让我为将军筹划一下！现在北方疆土尚未平定，马超、韩遂还在关西，是曹操的后患；而曹操舍弃骑兵，倚仗水军，来与吴、越人争高下；现在又是严寒季节，战马没有草料；驱使中原士兵远路来到南方江湖之间，水土不服，必生疾病。这几点都是用兵的大忌啊，而曹操都冒险实行，将军捉拿曹操，应当就在今日！我请求统领精兵数万，进驻夏口，保证为将军击败曹军！”孙权说：“曹操这老贼想废汉自立已经很久了，只是顾忌二袁、吕布、刘表和我罢了。如今几位英雄已被消灭，唯独我还存在。我与老贼势不两立，你说应当迎击，跟我的意见十分相合，这是上天把你赐给我啊。”于是拔刀砍面前的案桌，说道：“众将官有胆敢再说应当迎降曹操的，跟这张案桌一样！”就此散会。

8 是夜，瑜复见权曰：“诸人徒见操书言水步八十万而各恐慑，不复料其虚实，便开此议，甚无谓也。今以实校之，彼所将中国人不过十五六万，且已久疲；所得表众亦极七八万耳，尚怀狐疑。夫以疲病之卒，御狐疑之众，众数虽多，甚未足畏。瑜得精兵五万，自足制之。愿将军勿虑！”权抚其背曰：“公瑾[1]，卿言至此，甚合孤心。子布、元表诸人各顾妻子[2]，挟持私虑，深失所望；独卿与子敬与孤同耳[3]。此天以卿二人赞孤也。五万兵难卒合；已选三万人，船粮战具俱办。卿与子敬、程公便在前发[4]，孤当续发人众，多载资粮，为卿后援。卿能办之者诚决，邂逅不如意，便还就孤，孤当与孟德决之[5]。”遂以周瑜、程普为左右督，将兵与备并力逆操，以鲁肃为赞军校尉[6]，助画方略。

[1] 周瑜字公瑾。 [2] 子布是张昭，元表大概是秦松。 [3] 鲁肃字子敬。 [4] 程公是程普。 [5] 意思是：你办得了最好，否则我自己来办。[6] 赞军校尉是参谋长的性质。

当夜，周瑜又来见孙权说：“众人只见曹操信中说有水步兵八十万而各自惊恐慑服，不再多想其中虚实，就随便发表意见，太没有意义啦。现在据实核计，曹操率领的中原士兵不过十五六万，而且早已疲惫；所得到的刘表部队最多也就七八万而已，还都心怀狐疑。以疲惫患病的军队去驾驭心怀狐疑的部众，人数虽多，完全不足畏惧。我只要有精兵五万，就足以制服敌人，请将军不必担心！”孙权抚着周瑜的背说：“公瑾，你话说到这地步，很合我的心意。子布、元表等人，各自顾念妻子儿女，怀有私心，让我深为失望；唯有你和子敬与我同心。这是上天让你们二人来辅佐我啊。五万人难以一时集结，已经选了三万人，船只、粮草、武器都备齐了。你和子敬、程公就先行出发，我将继续调集人马，多运辎重粮草，作为你的后援。你能对付的话，就同曹操决战；交战不如意，就回到我这里，我将同曹孟德决一死战。”于是任命周瑜、程普为左右都督，率兵与刘备合力迎击曹操；任命鲁肃为赞军校尉，帮助谋划作战方略。

9刘备在樊口，日遣逻吏于水次候望权军。吏望见瑜船，驰往白备，备遣人慰劳之。瑜曰：“有军任，不可得委署；倘能屈威，诚副其所望[1]。”备乃乘单舸往见瑜曰[2]：“今拒曹公，深为得计。战卒有几？”瑜曰：“三万人。”备曰：“恨少。”瑜曰：“此自足用，豫州但观瑜破之。”备欲呼鲁肃等共会语，瑜曰：“受命不得妄委署；若欲见子敬，可别过之[3]。”备深愧喜。

[1]这几句的意思是：“我有重要军事责任在身，不能随便交给别人，如果你肯自己劳驾，那是我所希望的。”[2]单舸是不带保护的兵船。[3]“可别过之”是说：不妨另外去看他。

刘备驻扎在樊口，每天派巡逻兵到江边等候、眺望孙权军队。巡逻兵望见周瑜船队，飞驰回营报告刘备，刘备派人慰劳周瑜。周瑜说："我军务在身，无法离开岗位，倘若刘豫州能屈尊光临，那是我所希望的。"刘备就乘单舸去见周瑜，说："现在抵御曹公，是非常正确的决定。你有多少战士？"周瑜说："三万人。"刘备说："可惜少了点。"周瑜说："这已足够使用，豫州就看我击败曹军吧。"刘备想请鲁肃等一起来谈谈，周瑜说："他军务在身，不得随便离开岗位；如果想见子敬，可以另行前往拜访。"刘备听了这话深感惭愧，但又欣喜。

10 进与操遇于赤壁[1]。时操军众已有疾疫。初一交战，操军不利，引次江北。瑜等在南岸。瑜部将黄盖曰："今寇众我寡，难与持久。操军方连船舰，首尾相接，可烧而走也。"乃取蒙冲斗舰十艘，载燥荻、枯柴，灌油其中，裹以帷幕，上建旌旗，豫备走舸[2]，系于其尾。先以书遗操，诈云欲降。时东南风急，盖以十舰最著前，中江举帆，余船以次俱进。操军吏士皆出营立观，指言盖降。去北军二里余，同时发火，火烈风猛，船往如箭，烧尽北船，延及岸上营落[3]。顷之，烟炎张天[4]，人马烧溺死者甚众。瑜等率轻锐继其后，雷鼓大震[5]，北军大坏。

操引军从华容道步走[6]，遇泥泞，道不通，天又大风，悉使羸兵负草填之，骑乃得过，羸兵为人马所蹈藉，陷泥中，死者甚众。刘备、周瑜水陆并进，追操至南郡。时操军兼以饥疫，死者太半。操乃留征南将军曹仁、横野将军徐晃守江陵，折冲将军乐进守襄阳，引兵北还。以上均建安十三年。

[1] 赤壁相传在长江所经过的湖北黄冈附近。但古今对于此说多有异

同。《通鉴》胡注云:《水经注》，江水自沙羡而东，右迳赤壁山北。《郡县志》:赤壁山在蒲圻西百三十里。北岸乌林与赤壁相对，即周瑜用黄盖策焚曹公船处。杜佑曰：赤壁在鄂州蒲圻县。《武昌志》曰，曹操自江陵追刘备至巴丘，遂至赤壁，遇周瑜兵大败，取华容道归。赤壁山在今嘉鱼县，对江北之乌林，巴丘今巴陵，华容今石首也。黄州赤壁非是，今之华容县则晋之安南县也。[2]走舸是快艇，预备放火以后就逃走。[3]营落即营垒。[4]炎即焰字。[5]雷即擂字。[6]华容是南郡的一县，今湖北省监利境。

孙、刘联军向前挺进，与曹操军队在赤壁相遇。当时曹军中很多人已染上疾疫。刚一交战，曹军失利，退驻江北。周瑜等驻扎南岸。周瑜的部将黄盖说:“如今敌众我寡，难以持久。曹操军队正在把船舰连接在一起,首尾相接,可以火攻而使其败逃。”于是用蒙冲战舰十艘,载着干荻、枯柴，把油灌在里面，外面用帷幕裹住，插上旌旗，备好快船，系在船尾。黄盖事先写信给曹操，谎称要来投降。这时东南风大作，黄盖率十艘战舰行在最前面，到江心升起船帆，其余船只依次前进。曹军将士都出营来站着观看，指着说是黄盖来投降了。距江北曹军二里多路时，同时点火，火烈风猛，船如箭一般疾行，烧光了江北敌船，大火延烧到岸上军营。顷刻间，烟焰蔽天，人马被烧死溺死的非常多。周瑜等率轻装精锐部队紧追其后，擂鼓声震天，曹军大败。

曹操率军从华容道徒步逃跑，遇泥泞之路，难以通行，天又刮起大风，曹操让所有瘦弱残兵背草填路，骑兵才得以通过。瘦弱残兵被人马践踏，陷入泥潭中死去很多。刘备、周瑜水陆并进，追赶曹操到南郡。这时曹军又饿又有病，死者过半。曹操就留下征南将军曹仁、横野将军徐晃守江陵，折冲将军乐进守襄阳，自己率军返回北方。

蜀汉之亡

蜀汉之亡

从公元二二一年刘备称帝起，到二三四年诸葛亮病卒，蜀汉一直维持小康的局面，并且不断努力向中原发展。后来继任的人就只能兢兢自保而已。及至二五三年，姜维独掌军权，重复进行北伐。但是此时内政已经大不如前，国力也消耗将尽了。魏国在司马昭执政之下，窥破这种内情，大胆地出兵向蜀进攻，突破了剑阁的天险，摧枯拉朽一般把诸葛亮辛勤缔造的蜀汉覆灭了。在历史上，由秦灭蜀，以战国时代司马错领导的为第一次，这是第二次。

当时统兵伐蜀的将帅钟会、邓艾等人心理上的矛盾造成了一种离奇变幻的局面，蜀虽灭亡，邓艾却被钟会暗算而成为阶下囚。司马昭又窥破钟会拥曹（魏室）反马的内心，又在后面作“黄雀捕螳螂”的准备。姜维又利用这班人的矛盾冲突，希图造成一次突发的事变，将北军一网打尽，使蜀汉亡而复存。却不料彼此钩心斗角的结果，钟会、邓艾、姜维三个人都牺牲了生命，便宜了司马昭坐享其成，这是一次极富于戏剧性的历史事件。《通鉴》这篇记载。将几个人的个性都暴露无遗,例如刘禅的庸懦无能，司马昭的权诈百出，姜维的智勇深沉，邓艾的粗鲁朴实，都是很突出的。写来都很有声色。

全篇分三大段。第一大段一二两节述姜维北伐的开始。第三节记魏国的内乱造成姜维大举的机会。第四节记谯周反对姜维的议论，为日后主张投降张本。以下为第二大段。第五、六、七、八、九、十节均为魏国决心伐蜀的种种布置。第十一节记蜀汉方面仓皇退却。第十二节记关口的失陷。第十三节记姜维的被迫撤退。第十四节记钟会的扩张势力。第十五节记邓艾冒险从阴平直取绵竹，以及诸葛瞻的壮烈战死。第十六节记刘禅南奔之计为谯周所阻，终于投降。第十七节记邓艾的受降。第十八节记姜维放弃抵抗。以上都是灭蜀的经过。以下第三大段则为灭蜀以后所起的风波。第十九节记邓艾以擅权而招忌。第二十节记钟会的内心为姜维窥破，反而互相利用，陷害邓艾。第二十一节记司马昭逐步对钟会作军事布置。第二十二节记司马昭对钟会欲擒故纵的手段。第二十三节记卫瓘解决邓艾。第二十四节记钟会决计联合姜维起兵讨伐司马昭。第二十五节记姜维密谋将北军一网打尽。第二十六节记北军突然暴动，钟会、姜维都在混乱中被害。第二十七节记邓艾再起，又终于被卫瓘袭杀。

一

1 汉姜维自以练西方风俗[1]，兼负其才武，欲诱诸羌、胡以为羽翼，谓自陇以西可断而有[2]。每欲兴军大举，费祎[3]常裁制不从[4]，与其兵不过万人，曰:“吾等不如丞相，亦已远矣[5];丞相犹不能定中夏，况吾等乎？不如且保国治民，谨守社稷；如其功业，以俟能者，无为希冀侥幸，决成败于一举；若不如志，悔之无及。”及祎死[6]，维得行其志，及将数万人出石营，围狄道[7]。魏邵陵厉公嘉平五年（二五三）

[1] 练是熟习的意思。姜维本天水人，所以自以为熟习西方风俗。[2] 意思是：自陇山以西可以完全占领。[3] 祎音衣。[4] 诸葛亮死后，以蒋琬、费祎两人分继其任。蒋琬有病，费祎以尚书令兼益州刺史，握重权，为人精明有见识。后来在元旦的宴会上被一个魏国来的降人刺死。[5] 蜀汉人称诸葛亮为丞相。[6] 费祎遇刺而死，就是这一年元旦的事。

[7] 姜维出兵的道路是从四川边境向甘肃进攻。

汉姜维自以为熟悉西部风俗，又对自身才智和勇武十分自负，想招诱各部羌人、胡人作为羽翼，认为自陇山以西可以完全占为蜀汉所有。每次想大举出兵，费祎就反对并加以制约，给他的兵士不超过一万人，说："我们都不如丞相，差得远了；丞相尚且不能平定中原，何况我们呢？不如暂且保国治民，谨慎地守住社稷；至于建功立业，还是等有才能的人出来再说，不要希图侥幸，以一次战斗决定成败；倘若不能如愿，后悔就来不及了。"等到费祎死后，姜维得以实行他的抱负，率领几万兵士从石营出发，围攻狄道。

2 汉姜维自狄道进拔河间[1]、临洮[2]。将军徐质与战[3]，杀其荡寇将军张嶷，汉兵乃还。魏高贵乡公正元元年（二五四）

[1] 河间当作河关。河关也是陇西郡的一县，今甘肃省贵德县。 [2] 临洮也是陇西郡的一县，今仍沿用此名。当时姜维从狄道向西，而并不往东，无非想收取魏国的边县，以扩充自己的势力，暂时还不想大举伐魏。
[3]《通鉴》叙三国事以魏为主，这里的将军是魏国方面的。

汉姜维从狄道出发进攻河关、临洮。魏将军徐质同他交战，杀死他的荡寇将军张嶷，汉军于是撤退。

3 汉姜维闻魏分关中兵以赴淮南[1]，欲乘虚向秦川[2]，率数万人出骆谷，至沈岭。时长城积谷甚多而守兵少，征西将军都督雍、凉诸军事司马望及安西将军邓艾进兵据之以拒维。维壁于芒水[3]，数

挑战，望、艾不应。甘露二年（二五七）

［1］这时魏征东大将军诸葛诞在淮南起兵反抗司马师，所以分关中兵东下去讨伐。［2］秦川是秦地的通称。［3］骆谷在陕西洋县的北面，沈岭、长城、芒水等地都在洋县以北，留坝以东，盩厔以南的地方。

汉姜维听说魏国抽调关中军队远赴淮南，便想乘虚攻伐秦川，率领几万人出骆谷，抵达沈岭。当时长城积蓄粮食很多而守卫兵士较少，征西将军都督雍、凉诸军事的司马望和安西将军邓艾进军据守，以抵御姜维。姜维在芒水扎营，多次挑战，司马望、邓艾不应战。

4是时，维数出兵，蜀人愁苦，中散大夫谯周作《仇国论》以讽之曰[1]："或问：'往古能以弱胜强者，其术如何？'曰：'吾闻之，处大无患者常多慢，处小有忧者常思善。多慢则生乱，思善则生治，理之常也[2]。故周文养民，以少取多，勾践恤众，以弱毙强[3]，此其术也。'或曰：'曩者，项强汉弱，相与战争，项羽与汉约分鸿沟，各归息民，张良以为民志已定，则难动也，率兵追羽，终毙项氏，岂必由文王之事乎？'曰：'当商、周之际，王侯世尊，君臣久固，民习所专[4]；深根者难拔，据固者难迁。当此之时，虽汉祖安能杖剑鞭马而取天下乎？及秦罢侯置守之后，民疲秦役，天下土崩，或岁易主，或月易公[5]，鸟惊兽骇，莫知所从。于是豪强并争，虎裂狼分，疾搏者获多，迟后者见吞。今我与彼，皆传国易世矣[6]，既非秦末鼎沸之时，实有六国并据之势，故可为文王，难为汉祖。夫民之疲劳，则骚扰之兆生；上慢下暴，则瓦解之形起。谚曰：射幸数跌，不如审发[7]。是故智者不为小利移目，不为意似改步[8]，时可而后动，数合而后举，故汤、武之师不再战而克，诚重民劳而度时审也。如遂极武黩征，土崩势生，不幸遇难，虽有智者，将不能谋之矣。'” 甘露二年（二五七）

[1]中散大夫是掌议论的官。[2]意思是：大国无忧患，反而容易堕落，以致生乱，小国多忧患，反而刺激向上争强的精神，可以转乱为治。[3]周文王在岐，由方百里者起，结果是三分天下有其二，是所谓以少取多。勾践归越，吊死问疾，十年生聚，十年教训，终于灭吴，是所谓以弱毙强。[4]意思是：统治秩序已经巩固，大家习惯成自然，没有别的心思。[5]指秦末的动乱状态，甚至一个月换一个政权。[6]此时魏国已经从曹丕传到第三代，蜀汉也到了第二代。[7]这是以射箭作比喻，与其在屡次失败之中，希图一次的命中，还不如审慎再三而后发。[8]意思是：聪明人稳步前进，不轻于转移。

这时，姜维多次出兵，蜀地人民生活愁苦，中散大夫谯周作《仇国论》来加以婉讽，说：“有人问：‘古时弱国能打败强国，用的方法是什么？’答道：‘我听说，处于大国地位而无忧患意识的，往往傲慢懈怠，处于小国地位而有忧患意识的，时常想着要行善事。傲慢懈怠就会发生动乱，想行善事就会带来安定，这是很普通的道理啊。所以周文王养育百姓，以少胜多，勾践体恤民众，以弱胜强，这就是他们的方法啊。’有人质疑：‘从前，项羽强大，汉弱小，发生战争，项羽和汉约定以鸿沟为界，各自返回让百姓休养生息。张良认为民心一旦安定下来，就很难再发动了，于是率领军队追击，终于消灭项氏。难道一定要像周文王那样行事么？’答道：‘在商、周之际，王侯世代尊贵，君臣名分稳固，民众已习惯这种统治秩序；根深的树木难以拔除，牢固的基础难以迁移。在此时候，即使是汉高祖，又哪能仗剑鞭马去夺取天下呢？等到秦朝废除诸侯，设置郡县之后，民众疲于应付秦朝的徭役，天下土崩瓦解，有时一年换一个主宰，有时一月换一个政权，人们如鸟兽般惊恐不安，不知道何去何从。于是豪强群起争斗，如同虎狼一般攫夺瓜分，出手迅猛的所获多，行动迟缓的被吞并。现在，我国与魏国都经过世代更替，已经不同于秦末天下沸腾的时局，实际上更像六国割据的形势，因此可以师法周文王，而难以效法汉高祖。民众穷乏困顿，骚扰动乱的征兆就会发生；君主傲慢臣下暴虐，土崩瓦解的局面就会形成。谚语说：多次射箭都不中，不如仔细瞄准才放箭。所以聪明人不为小利而转移视线，不为似乎可行的事改变步骤，时机成熟而后发动，形势适合而后举事，所以商汤、周武的军队不用二次交战就取胜，实在是爱惜民力而又善于把握时机的缘故啊。如果无节制地随便动用武力，一旦土崩瓦解的局面出现，不幸遇上祸难，即使再有智谋的人，也没有什么办法了。'"

二

5 司马昭患姜维数为寇，官骑路遗求为刺客入蜀[1]，从事中郎荀勖曰[2]："明公为天下宰，宜杖正义以伐违贰，而以刺客除贼，非所以刑于四海也[3]。"昭善之。勖，爽之曾孙也[4]。元帝景元三年（二六二）

[1] 官骑是随从的骑兵。 [2] 从事中郎是汉、魏间的幕僚官名。 [3] 刑于四海是《诗经》上的话，意思是作四方的榜样。 [4] 荀爽是东汉末年的名士。家世有名。

司马昭对姜维多次进犯感到忧虑，随从的骑兵路遗请求进入蜀国去当刺客，从事中郎荀勖说："明公作为天下宰辅，应该依仗正义去讨伐叛逆，而用刺客除去贼寇，不是四海之内的榜样行为啊。”司马昭认为他说得对。荀勖，是荀爽的曾孙。

6昭欲大举伐汉，朝臣多以为不可，独司隶校尉钟会劝之。昭谕众曰：“自定寿春以来[1]，息役六年，治兵缮甲，以拟二虏。今吴地广大而下湿，攻之用功差难，不如先定巴蜀。三年之后，因顺流之势，水陆并进，此灭虢取虞之势也[2]。计蜀战士九万，居守成都及备他境不下四万，然则余众不过五万。今绊姜维于沓中[3]，使不得东顾，直指骆谷[4]，出其空虚之地，以袭汉中，以刘禅之暗，而边城外破，士女内震，其亡可知也。”乃以钟会为镇西将军，都督关中。征西将军邓艾以为蜀未有衅，屡陈异议，昭使主簿师纂为艾司马以谕之[5]，艾乃奉命。

[1] 定寿春指讨伐诸葛诞的那件事。 [2] 春秋时代，晋献公灭虢，因以灭虞。此言灭蜀可以乘势灭吴也。 [3] 沓中在今甘肃省武都区北。 [4] 汉中指陕西省南郑一带，由骆谷向西南可达。 [5] 这是说：司马昭命自己幕府里的主簿去做邓艾军营的司马，以便传达自己的意思。

司马昭想大举征伐蜀汉，多数朝臣认为不可，唯独司隶校尉钟会劝他出兵。司马昭晓谕众人说：“自从平定寿春以来，休养生息已有六年，治军备战，拟攻打两个敌寇。现在吴国面积广大而地势低洼潮湿，攻打它费力而难以奏效，不如先平定巴蜀。三年之后，顺流而下，水陆两路同时进发，这是先灭虢国后取虞国的那种形势。蜀汉兵士计有九万人，驻守成都和备守他地的不下于四万，这样，剩下的军队不过五万。现在把姜维牵绊在沓中，使他不能东顾，我军直指骆谷，通过空虚地带袭击汉中，以刘禅的昏庸，一旦边城陷落，内部人心震动，他的灭亡是可以预知的。”于是任钟会为镇西将军，都督关中。征西将军邓艾认为蜀汉没有内乱，多次陈述不同意见；司马昭派主簿师纂去担任邓艾的司马，传达自己的意图，邓艾这才奉命。

7 姜维表汉主：“闻钟会治兵关中，欲规进取，宜并遣左右车骑张翼、廖化督诸军分护阳安关口[1]及阴平之桥头[2]，以防未然。”黄皓信巫鬼[3]，谓敌终不自致，启汉主寝其事，群臣莫知。以上均景元三年

［1］阳安关大概就是嘉陵江上游的阳平关口。［2］阴平之桥头当在今甘肃省文县界。［3］黄皓是汉主刘禅左右的小人。

姜维上奏蜀汉君主：“听说钟会在关中整顿军队，想要进犯我国，应该同时派遣左右车骑将军张翼、廖化督率各军，分别驻守阳安关口以及阴平的桥头，以防患于未然。”黄皓迷信巫术鬼神，认为敌人终究不会自行前来，劝说汉主不要理会姜维的意见，而群臣都不知道这件事。

8 诏诸军大举伐汉，遣征西将军邓艾督三万余人自狄道趣甘松[1]、沓中以连缀姜维；雍州刺史诸葛绪督三万余人自祁山[2]趣武街桥头[3]，绝维归路。钟会统十余万众，分从斜谷[4]、骆谷、子午谷[5]趣汉中。以廷尉卫瓘持节监艾、会军事，行镇西军司[6]。瓘，觊之子也。景元四年（二六三）

［1］甘松在今四川省松潘县西北境。［2］祁山在今甘肃省西和县西北。［3］武街在今陕西省同谷县。［4］斜谷在今陕西省褒城县。［5］骆谷、子午谷都在秦岭山中。［6］意思是：以卫瓘带廷尉的本官充任邓艾和钟会

两支大军的监军使，又兼钟会本军的军司，相当于副军长。这是司马昭不放心邓、钟两人的预防手段。

诏令各军大举征伐蜀汉，派遣征西将军邓艾统率三万多人从狄道赶往甘松、沓中，以牵制姜维；雍州刺史诸葛绪统率三万多人，从祁山赶往武街桥头，切断姜维退路。钟会统率十万多战士，分别从斜谷、骆谷、子午谷赶往汉中。派廷尉卫瓘持节监督邓艾、钟会军务，并任镇西军司。卫瓘，是卫觊的儿子。

9 会过幽州刺史王雄之孙戎，问计将安出。戎曰："道家有言：'为而不恃[1]。'非成功难，保之难也。"或以问参相国军事平原刘寔曰[2]："钟、邓其平蜀乎？"寔曰："破蜀必矣，而皆不还。"客问其故，寔笑而不答。

[1] 语出《老子》，意思是：不自以为功。 [2] 参相国军事即司马昭的参议官。

钟会去拜访幽州刺史王雄的孙子王戎，问应当采用什么计策。王戎说："道家有句话：'做事而不自恃其功'。不是成功困难，而是保住它才困难。"有人就这件事询问参相国军事平原人刘寔："钟会、邓艾能平定蜀汉吗？"刘寔说："消灭蜀汉是必定的了，但二人都不能返回。"那人问其中缘故，刘寔笑而不答。

10 秋八月，军发洛阳，大赉将士，陈师誓众。将军邓敦谓蜀未可讨，司马昭斩以徇。

秋，八月，军队从洛阳出发，朝廷大举赏赐将士，列队誓师。将军邓敦认为蜀汉还不能讨伐，司马昭将他斩首示众。

11 汉人闻魏兵且至，乃遣廖化将兵诣沓中为姜维继援；张翼、董厥等诣阳安关口为诸围外助[1]。大赦，改元炎兴。敕诸围皆不得战，退保汉、乐二城[2]。城中各有兵五千人。翼、厥北至阴平，闻诸葛绪将向建威[3]，留住月余待之。钟会率诸军平行至汉中。九月，钟会使前将军李辅统万人围王含于乐城，护军荀恺围蒋斌于汉城。会径过西趣阳安口，遣人祭诸葛亮墓。

[1] 此时汉兵前线对魏作战的据点名为围。 [2] 汉、乐二城是汉城与乐城。一在陕西省沔县东南，一在城固县北。 [3] 建威在今甘肃省西和县东北。

蜀汉人听说魏军即将到来，就派廖化率领军队前往沓中做姜维的后援；张翼、董厥等前往阳安关口，做各个前线据点的外援。颁大赦令，改年号为炎兴。下令各前线营地都不得出战，退守汉、乐二城。城中各驻兵五千人。张翼、董厥向北到达阴平，听说诸葛绪将要进军建威，便留下来一个多月以等待对方到来。钟会率领各军并进至汉中。九月，钟会命令前将军李辅统领一万人到乐城包围王含，护军荀恺到汉城包围蒋斌。钟会直接向西赶往阳安口，派人祭祀诸葛亮墓。

12 初，汉武兴督[1]蒋舒在事无称[2]，汉朝令人代之，使助将军傅佥守关口，舒由是恨。钟会使护军胡烈为前锋[3]，攻关口[4]。舒诡谓佥曰："今贼至不击，而闭城自守，非良图也。"佥曰："受命保城，惟全为功。今违命出战，若丧师负国，死无益矣。”舒曰：“子以保城获全为功，我以出战克敌为功，请各行其志。”遂率其众出。佥谓其战也，不设备。舒率其众迎降胡烈；烈乘虚袭城，佥格斗而死，佥，肜之子也[5]。钟会闻关口已下，长驱而前，大得库藏积谷。

[1] 武兴是汉武都郡沮县地，蜀国以其地当要冲，置武兴督以守之。[2] 在事无称是说没有成绩表现。[3] 护军是一种领队的军职。[4] 关口即阳安口。[5] 肜音荣。

当初，蜀汉武兴督蒋舒在任时没有什么政绩，朝廷派人取代他，让他协助将军傅佥守卫关口，蒋舒因此心怀不满。钟会命护军胡烈担任前锋，攻打关口。蒋舒诡诈地对傅佥说：“现在贼寇到了不主动出击，而关起城门防守，不是好办法啊。”傅佥说：“受命保卫城池，唯有以保全为功。现在违反命令出城交战，如果战败，辜负了国家，战死也没有用处了。”蒋舒说：“你以保全城池为功，我以出城战胜敌人为功，让我们各按意愿行事。”于是率领部众出城。傅佥以为他是去交战的，不加防备。蒋舒率领部众迎降胡烈；胡烈乘虚袭击城池，傅佥格斗而死。傅佥，是傅肜的儿子。钟会听说关口已攻下，长驱直入，获得大量库藏财物和粮食。

13 邓艾遣天水太守王颀直攻姜维营，陇西太守牵弘邀其前，金城太守杨欣趣甘松。维闻钟会诸军已入汉中，引兵还；欣等追蹑于强川口[1]，大战，维败走。闻诸葛绪已塞道屯桥头，乃从孔函谷入北道[2]，欲出绪后；绪闻之，却还三十里。维入北道三十余里，闻绪军却，寻还，从桥头过；绪趣截维，较一日不及[3]。维遂还至阴平，合集士众，欲赴关城；闻其已破，退趣白水[4]，遇廖化、张翼、董厥等，合兵守剑阁以拒会[5]。

[1] 强川口为今清江与白龙江合流之口，在今甘肃省武都区西北。[2] 孔函谷在强川口西南。[3] 意思是：只差一天工夫，没有追到。[4] 白水在今四川省昭化县西北。[5] 剑阁是诸葛亮在剑山之间所造，凿石架空，以通行人。

邓艾派天水太守王颀直接攻打姜维军营，陇西太守牵弘在前面拦截，金城太守杨颀赶往甘松。姜维听说钟会各军已经进入汉中，便率领军队返回；王颀等尾追到强川口，双方大战，姜维败走。听说诸葛绪已驻兵桥头堵住退路，就从孔函谷进入北面通道，想从诸葛绪背后出走；诸葛绪得知后，后退三十里。姜维进入北面道路三十多里后，得知诸葛绪军队后撤，随即返回，从桥头通过；诸葛绪赶紧趋前截击姜维，但相差一天路程，没有赶上。姜维于是回到阴平，集合军队，想赶赴关城；听说关城已失守，只得退往白水，遇上廖化、张翼、董厥等，合并兵力，守卫剑阁，来抵御钟会。

14 邓艾进至阴平，简选精锐，欲与诸葛绪自江油趣成都[1]；绪以本受节度邀姜维，西行非本诏，遂引军向白水，与钟会合。会欲专军势，密白绪畏懦不进，槛车征还[2]，军悉属会。

[1] 江油是今四川县名。[2] 槛车是囚车。

邓艾进军到阴平，挑选精锐兵士，想同诸葛绪从江油直趋成都。诸葛绪认为自己受命拦截姜维，西进不符合原来的诏令，于是率领军队前往白水，与钟会会合。钟会想独揽军权，密告诸葛绪畏缩不前，用囚车征还诸葛绪，军队就此全归钟会统领。

15 姜维列营守险，会攻之不能克，粮道险远，军食乏，欲引还。邓艾上言："贼已摧折，宜遂乘之，若从阴平由邪径经汉德阳亭[1]趣涪[2]，出剑阁西百里，去成都三百余里，奇兵冲其腹心，出其不意，剑阁之守必还赴涪，则会方轨而进。剑阁之军不还，则应涪之兵寡矣。"遂自阴平行无人之地七百余里，凿山通道，造作桥阁。山高谷深，至为艰险；又粮运将匮，濒于危殆。艾以毡自裹，推转而下；将士皆攀木缘崖，鱼贯而进。先登至江油，蜀守将马邈降。诸葛瞻督诸军拒艾[3]，至涪，停住不进。尚书郎黄崇，权之子也[4]。屡劝瞻宜速行据险，无令敌得入平地，瞻犹豫未纳。崇再三言之，至于流涕，瞻不能从。艾遂长驱而前，击破瞻前锋，瞻退往绵竹。艾以书诱瞻曰："若降者，必表为琅邪王[5]。"瞻怒，斩艾使，列阵以待艾。艾遣子惠唐亭侯忠出其右[6]，司马师纂等出其左。忠、纂战不利，并引还，曰："贼未可击！"艾怒曰："存亡之分，在此一举，何不可之有？"叱忠、纂等将斩之。忠、纂驰还更战，大破，斩瞻及黄崇。瞻子尚叹曰："父子荷国重恩，不早斩黄皓，使败国殄民，用生何为？"策马冒阵而死。

[1] 德阳亭在今四川省梓潼县境。 [2] 涪在今绵阳县境。涪音福。 [3] 诸葛瞻即诸葛亮之子。 [4] 黄权是蜀旧将，因兵降魏，其子仍留在蜀。 [5] 诸葛氏原是琅邪的大家族，所以用琅邪王的名义作饵。 [6] 东汉以后，次于县侯的有乡侯、亭侯。

姜维安营扎寨，守卫险阻，钟会进攻而不能取胜，运粮道路既险峻又很远，军队缺粮，想要撤回。邓艾上奏说："贼寇已受挫折，应该乘胜进攻，如果从阴平小路经汉德阳亭赶往涪县，那里出剑阁以西一百里，距成都三百多里，出奇兵冲击他们的腹心地带，因为出其不意，剑阁守军必定返回救援涪县，那么钟会的兵士就可以整队前进了；假如剑阁守军不回援，那么接应涪县的兵力就很薄弱了。"于是从阴平出发，在没有人烟的地方行进七百多里，在山中开凿道路，架设桥梁阁道。山高谷深，极为艰险；粮食运输又快跟不上，濒临危险境地；邓艾用毡毯自裹，翻滚而下；将士都攀援树木，沿着悬崖峭壁，鱼贯而进。先头部队到达江油，蜀国守将马邈投降。诸葛瞻统领各军抵御邓艾，到达涪县，停留下来不前进。尚书郎黄崇，是黄权的儿子，多次劝说诸葛瞻迅速占据险阻，不使敌人进入平地，诸葛瞻心中犹豫，不采纳；黄崇再三劝说，直到流下眼泪，诸葛瞻还是不听从。邓艾于是长驱直入，打败诸葛瞻的前锋，诸葛瞻退到绵竹驻守。邓艾写信劝诱诸葛瞻说："你如果投降，一定上奏章举荐你为琅邪王。"诸葛瞻发怒，杀死邓艾的使者，列下阵势等待邓艾。邓艾派遣儿子惠唐亭侯邓忠出兵到诸葛瞻的右面，司马师纂等出兵到诸葛瞻的左面。邓忠、师纂交战失败，率军返回，说："贼寇不容易打败！"邓艾发怒说："是存是亡，就在这一战，哪有不能打败的？"呵斥邓忠、师纂等人，将要处斩他们。邓忠、师纂骑兵返回再交战，大破蜀军，杀死诸葛瞻和黄崇。诸葛瞻儿子诸葛尚叹道："我们父子蒙受国家大恩，不尽早处死黄皓，使他败坏国家危害人民，活着还有什么用处？"策马冲入敌阵战死。

16汉人不意魏兵卒至，不为城守调度；闻艾已入平土，百姓扰扰，皆迸山泽，不可禁制。汉主使群臣会议，或以蜀之与吴本为与国，宜可奔吴；或以为南中七郡[1]，阻险斗绝，易以自守，宜可奔南。光禄大夫谯周以为[2]:“自古以来无寄他国为天子者，若入吴国，亦当臣服。且治政不殊，则大能吞小[3]，此数之自然也。由此言之，则魏能并吴，吴不能并魏明矣。等为称臣，为小孰与为大？再辱之耻何如一辱[4]？且若欲奔南，则当早为之计然后可果[5]，今大敌已近，祸败将及，群小之心无一可保，恐发足之日，其变不测，何至南之有乎？”或曰:“今艾已不远，恐不受降，如之何？”周曰:“方今东吴未宾，事势不得不受，受之不得不礼。若陛下降魏，魏不裂土以封陛下者，周请身诣京都，以古义争之[6]。”众人皆从周议。汉主犹欲入南，狐疑未决。周上疏曰:“南方远夷之地，平常无所供为，犹数为叛；自丞相亮以兵威逼之，穷乃率从。今若至南，外当拒敌，内供服御，费用张广，他无所取，耗损诸夷，其叛必矣。”汉主乃遣侍中张绍等奉玺绶以降于艾。北地王谌怒曰[7]:“若理穷力屈，祸败将及，便当父子君臣背城一战，同死社稷，以见先帝可也，奈何降乎？”汉主不听。是日，谌哭于昭烈之庙，先杀妻子而后自杀。

[1] 南中七郡是越巂、朱提、牂柯、云南、兴古、建宁、永昌。 [2] 光禄大夫也是掌议论的官。 [3] 意思是：政治好坏的程度相同，则小的终要为大的所吞并。 [4] 意思是：降魏只是一次受辱。若奔吴称臣，再与吴俱为魏所灭，又将臣服于魏，是为再度受辱。 [5] 可果是可以成功。 [6] 这是谯周一味劝刘禅投降，保证魏必待刘禅以王礼。 [7] 谌音甚，平声。

蜀汉人没有料到魏军突然来到，没有为守城做好准备；听说邓艾已经进入平地，百姓慌乱，都逃往山林川泽，不可阻止。蜀汉君主召集文武官员商议，有人认为蜀与吴本来结盟，应该投奔吴国；有人认为南中七郡，地势绝险，易于防守，应该逃往南方。光禄大夫谯周认为:“自古以来，没有寄居别国而做天子的，如果进入吴国，也要对它称臣。而且治理政事没有不同之处，则大国就会吞并小国，这是很自然的道理。由此看来，魏国能够吞并吴国，吴国不能吞并魏国是很明白的。同样是称臣，对小国称臣何如对大国称臣？两度受羞辱何如仅受一次羞辱？而且如果要逃往南方，则应该早订计划，然后可以成功；现在强敌已经逼近，祸患即将来临，下属小人之心没有一个可以确保，恐怕出发当天，就会变生不测，哪里能到达南方呢？”有人说：“现在邓艾已经距此不远，恐怕不会接受投降了，该怎么办？”谯周说：“现在东吴没有归附魏国，按情势不得不接受我们投降，受降后不得不以礼相待。倘若陛下投降魏国，魏国不给陛下划地封王的话，我请求亲身前往京都，以古人的道理为陛下争取。”众人都赞同谯周的意见。蜀汉君主仍想逃往南方，犹豫不决。谯周上疏说：“南方边远蛮荒之地，平时不纳税服役，还多次反叛，自从丞相诸葛亮以军威相逼，他们才因无路可走而顺从。现在如果到南方，对外要抵御敌寇，对内要供给衣食，所需费用极大，没有别的财政来源，只好向夷人索取．他们的反叛就必不可免了！”蜀汉君主于是派遣侍中张绍等人捧着玉玺绶带去向邓艾投降。北地王刘谌发怒说：“如果理穷力屈，祸患将要来临，就应该父子君臣背城一战，一起为国家而死，好到地下去见先帝，为什么要投降呢？”蜀汉君主不听从。当天，刘谌在昭烈皇帝庙中痛哭，先杀死妻子儿女而后自杀。

17 张绍等见艾于雒，艾大喜，报书褒纳。汉主遣太仆蒋显别敕姜维，使降钟会；又遣尚书郎李虎送士民簿于艾，户二十八万，口九十四万，甲士十万二千，吏四万人。艾至成都城北，汉主率太子诸王及群臣六十余人，面缚[1]舆榇诣军门[2]。艾持节解缚焚榇，延请相见；检御将士[3]，无得虏略，绥纳降附，使复旧业。辄依邓禹故

事[4]，承制[5]拜汉主禅行骠骑将军[6]，太子奉车、诸王驸马都尉[7]，汉群司各随高下拜为王官[8]，或领艾官属；以师纂领益州刺史，陇西太守牵弘等领蜀中诸郡。艾闻黄皓奸险，收闭将杀之，皓赂艾左右，卒以得免。

［1］面缚是两手绑在背后。［2］舆榇是以车载棺自随，都是古代国君投降的仪式。［3］检御是约束的意思。［4］邓禹奉东汉光武帝命入关，便宜行事，是远征的将帅可以援用的前例。［5］承制是代行皇帝的命令。［6］骠骑将军位次于大将军，行是暂时署理。［7］奉车、驸马都尉都是皇帝侍从的官号。唐以后始专以公主所嫁的人为驸马都尉。［8］王官指魏朝的职官。

张绍等人在雒县见到邓艾，邓艾大喜，回信褒扬蜀汉君主，表示接纳。汉主派太仆蒋显另外下令给姜维，让他投降钟会，又派尚书郎李虎送官民簿籍给邓艾，共计二十八万户，九十四万人，十万二千兵士，四万官吏。邓艾到达成都城北，蜀汉君主率领太子、诸王以及臣属六十多人，双手反绑，用车载着棺材来到邓艾军营门前。邓艾秉持符节，解开绳索，焚烧棺材，邀请他们进入军帐相见；约束将士，不准抢劫掳掠，安抚归降的人，让他们恢复旧日营生；援用东汉初邓禹的前例，代表皇帝任命汉主刘禅暂时署理骠骑将军，太子为奉车、诸王为驸马都尉，蜀汉各官署官员依职位高低改任为魏国官员，或任邓艾下属职位；任命师纂为益州刺史，陇西太守牵弘等人为蜀地各郡太守。邓艾听说黄皓为人奸险，将他逮捕，准备处斩，黄皓贿赂邓艾身边的人，最后得以免死。

18 姜维等闻诸葛瞻败，未知汉主所向，乃引军东入于巴[1]。钟会进军至涪，遣胡烈等追维。维至郪[2]，得汉主敕命，乃令兵悉放仗[3]，送节传于胡烈。自从东道与廖化、张翼、董厥等同诣会降。将士咸怒，拔刀斫石。于是诸郡、县、围、守皆被汉主敕，罢兵降。钟会厚待姜维等，皆权还其印绶节盖。

[1] 巴是四川东部。[2] 郪属广汉郡，今四川省三台县境。[3] 古称兵器为仗，放仗即解除武装。

姜维等人听说诸葛瞻失败，不知蜀汉君主去向，便率军向东进入巴中。钟会进军到涪县，派胡烈等人追击姜维。姜维抵达郪县，得到蜀汉君主命令，便下令全体战士解除武装，将所持符节传交给胡烈，自己从东面的道路与廖化、张翼、董厥等人一同前往钟会那里投降。将士们都很愤怒，拔刀乱砍石头。于是各郡县据点守军都按蜀汉君主的命令，放下武器投降。钟会厚待姜维等人，权且把印章、绶带、符节、伞盖都还给他们。

三

19 邓艾在成都，颇自矜伐，谓蜀士大夫："诸君赖遭艾，故得有今日耳，如遇吴汉之徒[1]，已殄灭矣。"艾以书言于晋公昭曰："兵有先声而后实者，今因平蜀之势以乘吴，吴人震恐，席卷之时也。然大举之后，将士疲劳，不可便用，且徐缓之。留陇右兵二万人，蜀兵二万人，煮盐兴冶，为军农要用。并作舟船，豫为顺流之事。然后发使告以利害，吴必归化，可不征而定也。今宜厚刘禅以致孙休[2]，封禅为扶风王，锡其资财，供其左右。郡有董卓坞[3]，为之宫舍；爵其子为公侯，食郡内县，以显归命之宠；开广陵[4]、城阳[5]以待吴人，则畏威怀德，望风而从矣。”昭使监军卫瓘喻艾：“事当须报，不宜辄行。”艾重言曰[6]：“衔命征行，奉指授之策，元恶既服；至于承制拜假[7]，以安初附，谓合权宜。今蜀举众归命，地尽南海，东接吴会，宜早镇定。若待国命，往复道途，延引日月。《春秋》之义：‘大夫出疆，有可以安社稷，利国家，专之可也[8]。’今吴未宾，势与蜀连，不可拘常，以失事机。兵法：‘进不求名，退不避罪。’艾虽无古人之节，终不自嫌以损国家计也[9]。”

［1］吴汉奉光武帝命伐蜀，与公孙述八战八克，遂斩述。［2］孙休是孙权第六子，此时为吴主。［3］董卓所建的郿坞此时还存在。［4］广陵是郡名，魏时广陵郡治淮阴，不治江都。［5］城阳也是郡名，今山东省莒县。［6］重言是再言之。［7］拜假是临时任命官吏。［8］这是《春秋·公羊传》的话。［9］意思是：不为自己避嫌而妨害国家大计。

邓艾在成都，很爱自我夸耀，对蜀地士大夫说：“各位幸亏遇上了我，所以才有今日，如果遇上吴汉那种人，早已被杀光了。”邓艾写信向晋公司马昭进言说：“用兵有先凭借声威然后使用实力的，现在利用平蜀的势头攻吴，吴人震惊恐惧，是席卷吴国的好时机。然而在大举用兵之后，将士疲劳，不可马上使用，不妨暂缓一些时日。拟留下陇西兵士二万人、蜀地兵士二万人，煮盐炼铁，满足军民需要。并修造船只，预先做好顺流而下的准备。然后派遣使者，向吴国讲清利害关系，吴国必定归顺，可以不用征伐就平定。现在应该优厚地对待刘禅，以便招降吴王孙休，可封刘禅为扶风王，赏赐他资财，供应他身边的人。扶风郡有董卓坞，可以作为他的宫舍；封他的儿子为公侯，以郡内各县为食邑，来显示他们归顺后的受宠；空出广陵、城阳，留待封赏吴国人，这样，他们既畏惧声威、又感怀恩德，就会望风归降了。”司马昭让监军卫瓘晓谕邓艾：“凡事须等待批复，不宜马上施行。”邓艾再次进言说：“接受诏命出征，奉行所指示的策略，元凶已经归降；至于依承旧制临时任命官吏，以安定刚刚归附的人心，是合乎时宜的。现在蜀汉举国归顺，疆土直抵南海，东面邻接吴郡、会稽，应趁早让局势稳定下来。如果凡事等待朝廷下旨，则往返路途遥远，将会拖延时日。《春秋》认为：‘大夫出了疆域，只要做的事可以安定社稷、有利国家，自行决断就行了。’现在吴国还没有归顺，地域与蜀相连，我们不能拘泥于常规，以免错失时机。《兵法》上说：‘进攻不为求名，后退不避罪嫌。’我虽无古人节操，但终究不会为避嫌疑而妨害国家大计啊。”

20 钟会内有异志，姜维知之，欲构成扰乱。乃说会曰：“闻君自淮南以来，算无遗策，晋道克昌，皆君之力。今复定蜀，威德振世，民高其功，主畏其谋，欲以此安归乎？何不法陶朱公泛舟绝迹，全功保身邪[1]？”会曰：“君言远矣，我不能行。且为今之道，或未尽于此也[2]。”维曰：“其他则君智力之所能，无烦于老夫矣。”由是情好欢甚，出则同舆，坐则同席。会因邓艾承制专事，乃与卫瓘密白艾有反状。会善效人书[3]，于剑阁要艾章表白事，皆易其言，令辞指悖傲，多自矜伐；又毁晋公昭报书，手作以疑之。以上均景元四年。

[1] 越大夫范蠡既与越王勾践灭吴以雪会稽之耻，鉴于勾践为人的忌刻残忍，于是扁舟五湖，泛海而止于陶，隐名自号曰陶朱公。[2] 意思是：你说得太远了，我做不到，并且现在也还不完全适用。[3] 意思是：善于模仿别人的笔迹。

钟会内心有反叛意向，姜维看出后，想促成叛乱，就鼓动钟会说："听说你从平定淮南以来，谋算从来没有遗漏和失误。晋的事业能够昌盛，都是你在出力。现在又平定蜀汉，威德震撼天下，民众颂扬你的功劳，主上却畏惧你的谋略，想在这种情势下安然返回么？为什么不效法陶朱公，泛舟江湖而隐遁，以保全自己的功名性命呢？"钟会说："你的话扯远了，我不能实行。而且目前要走这一步，也许并不完全合适吧。"姜维说："其他选择则凭你的智慧自能作出，不用老夫我多说了。"从此二人情感甚为融洽，出门同乘一辆小车，坐下同用一张席子。钟会因邓艾秉承旧制专权行事，就与卫瓘秘密上告邓艾有谋反迹象。钟会善于模仿他人笔迹，在剑阁拦下邓艾的奏章信件，重新写过，使言辞变得狂悖傲慢，多自我夸耀；又毁掉晋公司马昭的回信，亲手另写来疑惑邓艾。

21 咸熙元年，春正月壬辰，诏以槛车征邓艾。晋公昭恐艾不从命，敕钟会进军成都，又遣贾充将兵入斜谷。昭自将大军从帝幸长安，以诸王公皆在邺，乃以山涛为行军司马，镇邺。

咸熙元年，春，正月，壬辰日，下诏用囚车召回邓艾。晋公司马昭担心邓艾不服从诏命，敕令钟会进军成都，又派贾充率军进入斜谷。司马昭亲自率领大军跟从皇帝到达长安，因各个王公都在邺城，就委派山涛担任行军司马，镇守邺城。

22 初，钟会以才能见任，昭夫人王氏言于昭曰[1]："会见利忘义，好为事端，宠过必乱，不可大任。"及会将伐汉，西曹属[2]邵悌言于晋公曰[3]："今遣钟会率十万余众伐蜀，愚谓会单身无任[4]，不若使余人行也。"晋公笑曰："我宁不知此邪？蜀数为边寇，师老民疲，我今伐之，如指掌耳！而众言蜀不可伐。夫人心豫怯，则智勇并竭，智勇并竭而强使之，适所以为敌禽耳[5]。惟钟会与人意同，今遣会伐蜀，蜀必可灭。灭蜀之后，就如卿虑，何虑其不能办邪[6]？夫蜀已破亡，遗民震恐，不足与共图事；中国将士各自思归，不肯与同也。会若作恶，祇自灭族耳。卿不须忧此，慎勿使人闻也。”及晋公将之长安，悌复曰：“钟会所统兵五六倍于邓艾，但可敕会取艾，不须自行。”晋公曰：“卿忘前言邪？而云不须行乎？虽然，所言不可宣也。我要自当以信意待人，但人不当负我耳，我岂可先人生心哉！近日贾护军[7]问我‘颇疑钟会不[8]？’我答言：‘如今遣卿行，宁可复疑卿邪？’贾亦无以易我语也。我到长安，则自了矣。”

［1］司马昭夫人王氏是王肃之女，生晋武帝及齐王攸，后谥文明皇后。［2］丞相属官有东西曹掾。属即掾。［3］司马昭此时爵为晋公。［4］魏制：凡遣将帅，皆留其家属以作保证，钟会无子弟，所以说单身无任。任是担保的意思。［5］禽即擒字。［6］意思是：如果钟会作乱，也不怕没有法子解决他。［7］贾护军指贾充，是晋朝的开国功臣。［8］不读如否。

当初，钟会因有才能而受重用，司马昭夫人王氏对司马昭说：“钟会这人见利忘义，喜欢制造事端，过分宠爱必会作乱，不可赋予重任。”等到钟会将要攻伐蜀汉，西曹属邵悌对晋公说：“现在派钟会率十多万军队伐蜀，我想钟会单身，没有子弟做人质，不如派其他人出征。”晋公笑道：“我难道不知道此事吗？蜀汉多次侵犯我国边境，军队倦怠民众疲惫，我们现在讨伐他们，易如反掌啊！而众人却说蜀汉不能讨伐。人心如果先就犹豫胆怯，则智勇都会衰竭，智勇衰竭却强要派遣出征，正好让他们被敌人俘获。唯独钟会与我心意相同，现在派钟会征伐蜀汉，蜀汉必定可以消灭。消灭蜀汉以后，即使发生你所担心的情况，又有什么不能应付的呢？蜀汉已灭亡，遗民震惊恐惧，没有能力共图大事；中原将士各自想家思归，也不肯和他共同作乱。钟会如果叛乱，只会自己招来灭族之祸而已。你对此不必担忧，千万不要让别人知道啊！”等晋公将前往长安时，邵悌又说：“钟会所统领的军队是邓艾的五六倍，只需下令钟会逮捕邓艾，不必亲自前往。”晋公说：“你忘了从前说的话吗？怎么能说不必前往呢？虽然如此，原先说的话还是不能传出去。我自当以诚意待人，只是别人不应负我而已，我怎么能在别人行动之前就产生疑心呢？近日贾护军问我：‘是否很怀疑钟会？’我回答说：‘如今派先生前去，难道能再怀疑先生么？’贾护军也无法再问下去了。我到了长安，这事自会了结。”

23 钟会遣卫瓘先至成都收邓艾。会以瓘兵少，欲令艾杀瓘，因以为艾罪；瓘知其意，然不可得距。乃夜至成都，檄艾所统诸将称：“奉诏收艾，其余一无所问。若来赴官军，爵赏如先；敢有不出，诛及三族。”比至鸡鸣，悉来赴瓘，唯艾帐内在焉[1]。平旦开门，瓘乘使者车，径入至艾所；艾尚卧未起，遂执艾父子，置艾于槛车。诸将图欲劫艾，整仗趣瓘营；瓘轻出迎之，伪作表草，将申明艾事，诸将信之而止。

[1] 帐内是主帅的亲兵。

钟会派卫瓘先到成都逮捕邓艾。钟会因卫瓘兵少，想让邓艾杀死卫瓘，再把这作为邓艾的罪状。卫瓘知道钟会的意图，然而不能拒绝，就乘夜晚抵达成都，向邓艾所统辖的各个将领发布檄文，声称：“奉诏令逮捕邓艾，其余人概不追究。如果主动投奔官军，爵位赏赐都和先前一样；

有胆敢不出来的，诛灭三族！”等到鸡鸣时分，都投奔到卫瓘这边来，只有邓艾的亲兵还留在营内。天亮时营门开启，卫瓘乘坐使者专车，直接进入邓艾住所；邓艾还卧床未起，于是拿下邓艾父子，将邓艾关进囚车。各将领想救邓艾，携带武器直奔卫瓘军营；卫瓘轻装出来迎接，假称正在草拟奏章，要为邓艾的事申辩，各将领信以为真而停止下来。

24 丙子，会至成都，送艾赴京师。会所惮惟艾，艾父子既禽，会独统大众，威震西土，遂决意谋反。会欲使姜维将五万人出斜谷为前驱，会自将大众随其后；既至长安，令骑士从陆道，步兵从水道，顺流浮渭入河，以为五日可到孟津[1]，与骑兵会洛阳，一旦天下可定也。会得晋公书云：“恐邓艾或不就征，今遣中护军贾充将步骑万人径入斜谷，屯乐城，吾自将十万屯长安，相见在近。”会得书惊，呼所亲语之曰：“但取邓艾，相国知我独办之；今来大重[2]，必觉我异矣[3]。便当速发；事成可得天下，不成退保蜀汉，不失作刘备也！”丁丑，会悉请护军、郡守、牙门骑督以上[4]，及蜀之故官，为太后发哀于蜀朝堂[5]。矫太后遗诏，使会起兵废司马昭[6]，皆班示坐上人[7]，使下议讫[8]，书版署置[9]，更使所亲信代领诸军；所请群官悉闭著益州诸曹屋中[10]，城门宫门皆闭，严兵围守。卫瓘诈称疾笃，出就外廨。会信之，无所复惮。

[1] 孟津，河南一县名。 [2] 意思是：亲自出马，情势非常严重。[3] 意思是：一定已经知道我有非常举动了。 [4] 牙门骑督是部队中的骑兵队长。 [5] 指魏国的明元郭太后新近身故。 [6] 当时忠于魏室的人都知道司马昭有谋篡之志。 [7] 班，分也。 [8] 意思是：表示同意。[9] 签名在文书上。 [10] 意思是：软禁在益州官署的各部分房屋。

丙子日，钟会到达成都，押送邓艾前往京城。钟会所忌惮的人只有邓艾，邓艾父子既被擒拿，钟会独揽统军大权，威镇西部，便下决心谋反。钟会想让姜维率领五万人从斜谷出兵担任前锋，他自率大军跟随在后；到长安后，下令骑兵从陆路行进，步兵从水路行进，顺流由渭水进入黄河，估计五天可以抵达孟津，与骑兵在洛阳会师，很快天下就可以平定了。这时钟会接到晋公的信说："担心邓艾或许不接受征召，现派中护军贾充率步兵骑兵一万人，直接进入斜谷，屯驻乐城，我亲自率军十万屯驻长安，相见的日子很近了。"钟会接信后大吃一惊，将亲信唤来说道："只逮捕邓艾，相国知道我能独力办成；现在亲率大军前来，情势非常严重，必定觉察到我们将有异常举动了。我们应尽速发动。事成可以得到天下；不成则退守蜀汉，也不失为做一个刘备啊！"丁丑日，钟会请来护军、郡守、牙门骑督以上官员，以及原来蜀汉的官员，在蜀汉朝堂为新近去世的郭太后发哀。伪造太后遗诏，说是下令钟会起兵废黜司马昭，交给在座的人传阅，让大家认同，在文书上签名。随即另派亲信代领各军；而将所请来的群官都软禁在益州各官署房舍中，城门宫门全部关闭，派军队严密把守。卫瓘假称病重，出来住在外面的房舍中。钟会相信了他，不再有所忌惮。

25 姜维欲使会尽杀北来诸将，已因杀会，尽坑魏兵，复立汉主。密书与刘禅曰："愿陛下忍数日之辱，臣欲使社稷危而复安，日月幽而复明。"会欲从维言诛诸将，犹豫未决。

姜维想让钟会杀尽北方来的各个将领，自己再乘机杀死钟会，活埋所有魏国兵士，重新拥立蜀汉君主。他秘密写信给刘禅说："希望陛下忍耐几天羞辱，臣下想让国家危难后再得安宁，日月幽暗后重现光明。"

钟会想听从姜维的话杀死各个将领，但又犹豫不决。

26 会帐下督丘建本属胡烈，会爱信之。建愍烈独坐[1]，启会使听内一亲兵出取饮食，诸牙门随例各内一人。烈绐语亲兵及疏与其子渊曰[2]：“丘建密说消息，会已作大坑，白棓数千[3]，欲悉呼外兵入，人赐白帢[4]，拜散将[5]，以次棓杀，内坑中。”诸牙门亲兵亦咸说此语，一夜转相告皆遍。己卯日中，胡渊率其父兵，雷鼓出门[6]，诸军不期皆鼓噪而出，曾无督促之者，而争先赴城。时会方给姜维铠仗,白外有匈匈声似失火者[7]。有顷,白兵走向城。会惊谓维曰:“兵来似欲作恶[8]，当云何？”维曰:“但当击之耳。”会悉杀所闭诸牙门郡守，内人共举机以拄门，兵斫门，不能破。斯须，城外倚梯登城，或烧城屋，蚁附乱进，矢下如雨;牙门郡守各缘屋出，与其军士相得。姜维率会左右战，手杀五六人，众格斩维，争前杀会。会将士死者数百人，杀汉太子璿及姜维妻子，军众钞略，死丧狼藉。卫瓘部分诸将，数日乃定。

[1] 愍是怜惜的意思。 [2] 意思是：造一番假话骗亲兵，又写条子给自己的儿子。 [3] 棓与棒同。 [4] 帢是头巾，音洽。 [5] 散将是空名军职。 [6] 雷即擂字。 [7] 白外似当作外白。白是报告的意思。[8] 作恶意即作乱。

钟会的帐下督丘建，本是胡烈部下，钟会喜爱并信任他。丘建怜悯胡烈被独自关押，请求钟会，让他允许由一名亲兵进出替胡烈递取饮食，各牙门将也随此例各放入一人。胡烈哄骗他的亲兵，又写条子给他儿子胡渊说：“丘建秘密透露消息，钟会已经挖了大坑，准备了几千根白木棒，想把外面所有的兵都叫进去，每人赐给一副白头巾，任命为散将，然后依次用棒打死，扔进坑中。”各牙门将的亲兵也都这么说，一夜之间，辗转相告，都传遍了。己卯日中午，胡渊率领他父亲的兵士擂起战鼓出了营门，各军没有约定，也都击鼓呐喊而出，并没有督促的人，却争先恐后地奔向城门。这时，钟会正给姜维发放铠甲兵器，有人报告说外面人声喧嚣，像失了火一样。过了一会儿，又报告说军队已接近城门。钟会吃惊地问姜维：“军队前来似乎要作乱，怎么办？”姜维说：“只有打击了！”钟会派兵士去杀被关押的所有牙门郡守，里面的人一起举起几案顶住房门，兵士用刀砍门，砍不开。不一会儿，城外兵士攀着梯子登上城墙，有人放火焚烧城楼，兵士如蚂蚁般拥进，箭下如雨；牙门郡守各自沿着屋墙逃出，与自己的兵士相会合。姜维率领钟会身边的人出战，亲手杀死五六人，众人拥上来杀死姜维，又争相上前杀死钟会。钟会的将士死了几百人。又杀死蜀汉太子刘璿和姜维的妻子儿女，兵士大肆抢掠，死伤遍地。卫瓘约束各将领，几天才安定下来。

27 邓艾本营将士追出艾于槛车，迎还。卫瓘自以与会共陷艾，恐其为变，乃遣护军田续等将兵袭艾，遇于绵竹西[1]，斩艾父子。以上均咸熙元年（二六四）

[1] 绵竹即今四川省德阳县。

邓艾本营的将士追上囚车，救出邓艾，将他迎回。卫瓘自认为曾和钟会一起诬陷邓艾，担心他回来后发生变故，就派护军田续等人率军袭击邓艾，在绵竹西部相遇，斩杀邓艾父子。

肥水之战

肥水之战

氐族的苻坚在十六国的君主中是比较出色的人物，由于长时期掌握了政权，所以从公元三〇四年到三五七年五十多年中的混乱状态因苻坚称帝而暂时中止。在他占领了北中国全部以后，就侈心自大起来，想继续以武力征服南方的晋。历史上有名的肥水之战，就是这样发生的。假使他在这一战役中占了优胜，历史上就会出现一个为氐族所统治的统一帝国了。事实却不然，结果他不仅达不到所梦想的统一，连已经成就的局面也因之动摇，以至前功尽弃。

《通鉴》在这篇记载中详述反战论几乎成为当时一致的见解，而苻坚的顽强态度终于导致失败，是第一大段。苻坚方面的庞大而散漫的军事布置，及晋军方面英勇沉着的抵抗说明弱可以胜强，少可以胜多，是第二大段。第一大段中第一节记苻坚的创议南征及朱肜的献媚。第二节记权翼的话，第三节记石越的话，都指出晋的内政无可乘之隙。第四、第五节记阳平公融及太子宏的话，更明白指出人心不愿用兵，以及内部之不稳定。第六节记慕容垂别有用心，所以独加怂恿。第七节记阳平公融最后更率直指出胡人统治汉族是不会得人心的。第八节记众人请出高僧道安来劝谏，苻坚仍是不听。第九、第十节连他的宠妃爱子都来谏阻，也一概不听。南侵之举就在这样众情不服的情况下勉强实现的。第二大段第十一至第十三节记军事布置的不妥，为有识者所窥破。第十四节记大军出发。第十五节记晋廷的急遽应付。第十六节记谢安故作镇定。第十七节记苻坚轻兵急进。第十八节记洛涧之战为晋军得胜之先声。第十九节记肥水一战，秦军一败而不可收拾。最后一节写出谢安心中也觉得这一次获胜喜出望外。

一

1 冬十月，秦王坚会群臣于太极殿[1]，议曰："自吾承业，垂三十载[2]，四方略定，唯东南一隅，未沾王化。今略计吾士卒，可得九十七万，吾欲自将以讨之，何如？"秘书监朱肜曰[3]："陛下恭行天罚，必有征无战，晋主不衔璧军门[4]，则走死江海。陛下返中国士民，使复其桑梓[5]，然后回舆东巡，告成岱宗[6]，此千载一时也。"坚喜曰："是吾志也。"

[1] 秦都长安，太极殿是长安的正殿。 [2] 苻坚于晋穆帝升平元年（三五七）自立，至是凡二十六年，所以说将近三十年。 [3] 秘书监是管藏书的长官。 [4] 衔璧军门是国君向军前求降的仪式。 [5] 永嘉乱起，中国人多数南迁，现在如果灭晋，这班人又可以还乡了。 [6] 告成岱宗指封禅的典礼。

冬十月，秦王苻坚在太极殿召集群臣，商议说："自我继承大业以来，将近三十年了，四方大致平定，唯有东南一角，尚未蒙受王者教化。现在约略统计我们的军队，可达九十七万，我想亲自率军讨伐，怎么样？"秘书监朱肜说："陛下恭奉天意前去讨罚，必定有征服而无抵抗，晋国君主不是口衔璧玉到军前投降，就是逃跑而死于江海之上。陛下遣返由中原南逃的士民，让他们重返家乡。然后转车向东巡视，登泰山祭告天地，这是千载难逢的时机啊。"苻坚高兴地说："这正是我的志向啊。"

2 尚书左仆射权翼曰[1]："昔纣为无道，三仁在朝[2]，武王犹为之旋师。今晋虽微弱，未有大恶；谢安、桓冲皆江表伟人，君臣辑睦，内外同心。以臣观之，未可图也。"坚默然良久，曰："诸君各言其志。"以上晋孝武帝太元七年（三八二）

［1］尚书省有左右二仆射，在各尚书之上，射音夜。［2］三仁是微子、箕子、比干。

尚书左仆射权翼说："从前商纣王残暴无道，只因三位仁人尚在朝中，周武王还为之退兵。现在晋国虽然微弱，但没有很大罪恶。谢安、桓冲都是江南杰出人物，君臣和睦，朝野同心。依臣下看来，不可谋取啊。"苻坚沉默很久，说："诸位各自谈谈看法。"

3 太子左卫率石越曰[1]："今岁镇守斗[2]，福德在吴，伐之必有天殃。且彼据长江之险，民为之用，殆未可伐也。"坚曰："昔武王伐纣，逆岁违卜[3]。天道幽远，未易可知。夫差、孙皓皆保据江湖，不免于亡[4]。今以吾之众，投鞭于江，足断其流，又何险之足恃乎？"对曰："三国之君皆淫虐无道，故敌国取之，易于拾遗。今晋虽无德，未有大罪，愿陛下且按兵积谷以待其衅[5]。"于是群臣各言利害，久之不决。坚曰："此所谓筑舍道旁，无时可成[6]，吾当内断于心耳。"

［1］太子左卫率是掌太子护卫的官名。率读如力。［2］此系指星的分野而言。岁、木星。镇、土星。斗，牛女，是吴、越，扬州分。［3］逆岁违卜的意思是：逆太岁而违卜筮也。《尸子》："武王伐纣，鱼辛谏曰：'岁在北方，不可北征。'武王不从。"又《史记·齐世家》："武王将伐纣，卜龟，

兆不吉，风雨暴至，群公尽惧。唯太公强之，劝武王，武王遂行。”［4］这两句话的意思是：驳长江之险也不足恃。［5］衅是可乘之隙。［6］这是用《诗经》上的话。

太子左卫率石越说：“今年木星、土星留守在斗宿，福德在吴地，伐吴必有天灾。况且他们据有长江天险，民众为之效命，恐怕不可讨伐啊。”苻坚说：“从前周武王讨伐商纣王时，也曾冲犯太岁，有违卜筮。天道幽眇微茫，不容易得知。夫差、孙皓都曾占据长江湖泊，终究不免于灭亡。现在凭我们兵士众多，把马鞭投入长江，都足以截断流水，他们又有什么险阻可以倚恃呢？”石越答道：“三个国家的君主都荒淫残暴而不讲道义，所以敌国攻取他们，比拾取路上遗物还容易。现在晋国虽然没有德政，却也没有大罪，希望陛下暂且休整军队，积储粮食，以等待可乘之隙。”于是群臣各个陈述进军利弊，很久都不能作出决定。苻坚说：“此正所谓在路旁建房，人多口杂，永远都办不成事。我要按自己的思考来作出决断。”

4 群臣皆出，独留阳平公融谓之曰：“自古定大事者，不过一二臣而已。今众言纷纷，徒乱人意，吾当与汝决之。”对曰：“今伐晋有三难：天道不顺，一也；晋国无衅，二也；我数战兵疲，民有畏敌之心，三也。群臣言晋不可伐者，皆忠臣也。愿陛下听之。”坚作色曰：“汝亦如此，吾复何望！吾强兵百万，资仗如山[1]。吾虽未为令主，亦非暗劣；乘累捷之势，击垂亡之国，何患不克？岂可复留此残寇，使长为国家之忧哉？”融泣曰：“晋未可灭，昭然甚明；今劳师大举，恐无万全之功。且臣之所忧，不止于此。陛下宠育鲜卑[2]、羌、羯[3]，布满畿甸，此属皆我之深仇。太子独与弱卒数万留守京师，臣惧有不虞之变生于腹心肘掖，不可悔也。臣之顽愚，诚不足采。王景略一时英杰[4]，陛下常比之诸葛武侯，独不记其临没之言乎？”坚不听。于是朝臣进谏者众，坚曰：“以吾击晋，校其强弱之势，犹疾风之扫秋叶，而朝廷内外皆言不可，诚吾所不解也。”

［1］资是军资，仗是军器。［2］鲜卑族是据有匈奴故地的种族，其分支东入辽西、辽东，西入甘肃、青海，在晋末已经侵入中原，在河南、北建国。其族以慕容氏、拓跋氏、宇文氏为最大。［3］羯族本居山西省东南部的武乡一带，以石勒为领袖，后来建国于河北邢台，几乎统一了全部北中国。［4］王猛，字景略，曾为苻坚之丞相，临终告坚勿图晋。

群臣都退出了，单独留下阳平公苻融，对他说：“自古以来决定大事的，不过一两个臣僚而已。现在众人议论纷纷，徒然扰乱人的想法，我要和你决断这件事。”苻融答道：“现在讨伐晋国有三个难处：与上天意旨不合，这是其一；晋国内部没有可乘之隙，这是其二；我国频繁征战，将士疲劳，民众有畏敌之心，这是其三。群臣中说晋国不可征伐的，都是忠臣啊。愿陛下听从他们的意见。”苻坚变了脸色，说：“你也这样讲，我还有什么指望！我们有强兵百万，军资兵器堆积如山。我虽不是英明君主，也绝非昏庸之辈。乘着屡战屡胜的声势，攻打行将灭亡的国家，何必担忧不能攻克？怎能再留下这些残寇，使他们长期成为国家的忧患呢？”苻融哭着说：“晋国不能消灭，是很清楚的。现在让军队辛苦地大举出动，恐怕没有绝对成功的把握。而且臣下所担忧的，不止于此。陛下宠信、培育鲜卑人、羌人、羯人，让他们布满京城内外，而这些人都与我们怀有深仇。太子单独与几万弱兵留守京城，臣下担心会有不测的变乱在腹心地带发生，那就后悔莫及了。臣下顽愚之见，实在不值得采纳。

王景略是一代豪杰，陛下时常把他比为诸葛武侯，唯独不记得他临终时说的话了么？”苻坚不听从。于是朝臣中进言劝阻的很多，苻坚说：“以我们的兵力攻打晋国，比较双方一强一弱的形势，犹如狂风吹扫秋天的落叶，然而朝廷内外都说不可，这真让我不理解啊！”

5 太子宏曰：“今岁在吴分，又晋君无罪，若大举不捷，恐威名外挫，财力内竭，此群下所以疑也！”坚曰：“昔吾灭燕，亦犯岁而捷，天道固难知也。秦灭六国，六国之君岂皆暴虐乎？”

太子苻宏说：“现在木星处于吴地上空，晋国君主又没有罪恶，如果大举出兵不能获胜，恐怕在外会使威名受损，而内部造成财力枯竭，这是臣属所以疑虑的缘故啊！”苻坚说：“从前我们消灭燕国，也是冲犯岁星而获胜，天道本来就难以测知。秦国灭掉六国，难道六国君主都暴虐无道么？”

6 冠军、京兆尹慕容垂言于坚曰[1]：“弱并于强，小并于大，此理势自然，非难知也。以陛下神武应期，威加海外，虎旅百万，韩、白满朝[2]，而蕞尔江南，独违王命[3]，岂可复留之以遗子孙哉？诗云：‘谋夫孔多，是用不集[4]。’陛下断自圣心足矣。何必广询朝众？晋武平吴，所仗者张、杜二三臣而已[5]。若从朝众之言，岂有混一之功？”坚大悦曰：“与吾共定天下者，独卿而已。”赐帛五百匹。

[1] 冠军，即冠军将军。前燕内乱，慕容垂避难于秦，秦授以此官。[2] 韩指汉初名将韩信，白指秦国名将白起。[3] 蕞尔是渺小的意思。[4] 见《诗经·小旻》篇。[5] 张指张华，杜指杜预，皆佐晋灭吴之人。

那时候晋廷的群臣也都不赞成伐吴，只有这两人极力主张。

冠军将军、京兆尹慕容垂向苻坚进言说：“弱国被强国兼并，小国被大国兼并，这是顺理成章的事，不难理解啊。以陛下的神武和应天承运，声威远播海外，强军多达百万，韩信、白起那样的将领满朝都是，而渺小的江南一隅，独敢违背王命，难道能把他们留下来交给子孙去了结么？《诗经》说：‘谋夫孔多，是用不集。’（参谋的人很多，反而难以决断。）陛下凭圣主之心作出决断就行了，何必广泛征询朝臣意见？晋武帝平定吴国，所依仗的不过张华、杜预二三大臣而已。如果遍听众多朝臣意见，哪能有统一天下之功？”苻坚非常高兴地说：“与我一同平定天下的，唯有你一人而已。”赏赐给慕容垂绢帛五百匹。

7 坚锐意欲取江东，寝不能旦。阳平公融谏曰[1]：“‘知足不辱，知止不殆[2]。’自古穷兵极武，未有不亡者。且国家本戎狄也，正朔会不归人[3]。江东虽微弱仅存，然中华正统，天意必不绝之。”坚曰：“帝王历数，岂有常邪？惟德之所在耳。刘禅岂非汉之苗裔邪？终为魏所灭。汝所以不如吾者，正病此不达变通耳。”

［1］阳平公融是苻坚之弟。［2］语出《老子》。［3］意思是：中国正朔相传，不至归于夷狄也。

苻坚一心想攻取江东，睡觉不到天明就醒了。阳平公苻融规劝说：“‘知足不辱，知止不殆。’（知足就不会受辱，知适可而止就不会遇险。）自古以来，穷兵黩武的国家，没有不灭亡的。我们本是戎狄之人，而中国正朔相传，是不会归于异族的。江东虽然微弱，仅能生存，却是中华正统，天意必定不会灭绝他们。”苻坚说：“帝王气运，哪有恒久不变的呢？只看谁施德政而已。刘禅难道不是汉室后裔么？终究被魏所消灭。你所以不如我，毛病正在不知道变通而已。”

8 坚素信重沙门道安[1]，群臣使道安乘间进言。十一月，坚与道安同辇游于东苑，坚曰：“朕将与公南游吴、越，泛长江，临沧海，不亦乐乎？”安曰：“陛下应天御世，居中土而制四维，自足比隆尧、舜，何必栉风沐雨，经略遐方乎？且东南卑湿，沴气易构[2]，虞舜游而不归，大禹往而不复[3]，何足以上劳大驾也！”坚曰：“天生烝民而树之君，使司牧之。朕岂敢惮劳，使彼一方独不被泽乎？必如公言，是古之帝王皆无征伐也。”道安曰：“必不得已，陛下宜驻跸洛阳，遣使者奉尺书于前，诸将总六师于后，彼必稽首入臣，不必亲涉江、淮也。”坚不听。

[1] 沙门是佛教出家修道者之称。 [2] 沴音立，五行之气相克胜则为沴气。 [3] 相传虞舜南巡，崩于苍梧之野，夏禹东巡，崩于会稽。

苻坚一向信任尊重僧人道安，群臣让道安寻找机会进言。十一月，苻坚与道安同乘一车在东苑游览，苻坚说：“我将与你南游吴、越，泛舟长江，亲临沧海，不也很快乐吗？”道安说：“陛下顺应天命，治理天下，身处中原而驾驭四方，自足以媲美尧、舜盛世，何必栉风沐雨，去经营谋划远方呢？况且东南地带低洼潮湿，容易染上灾气，虞舜南巡而不能归来，大禹东巡而不能复返，哪里值得劳您大驾呢？”苻坚说：“上天生育民众而为他们树立君主，让他管教他们。我怎敢畏惧辛劳，唯独使那一方民众不蒙受恩泽呢？如果一定像你所说，古代帝王就都没有征战攻伐了。”道安说:“必不得已的话,陛下应该停留在洛阳,先派使者去送信,再让各将统率六军随后进发,对方必定前来叩头称臣,不必亲自渡过长江、淮河啊。”苻坚不听从。

9 坚所幸张夫人谏曰:“妾闻天地之生万物,圣王之治天下,皆因其自然而顺之,故功无不成。是以黄帝服牛乘马,因其性也;禹浚九川,障九泽,因其势也;后稷播殖百谷,因其时也;汤、武率天下而攻桀、纣,因其心也。皆有因则成,无因则败。今朝野之人皆言晋不可伐,陛下独决意行之,妾不知陛下何所因也?《书》曰:‘天聪明自我民聪明[1]。’天犹因民,而况人乎?妾又闻王者出师,必上观天道,下顺人心。今人心既不然矣,请验之天道。谚云:‘鸡夜鸣者不利行师,犬群嗥者宫室将空,兵动马惊,军败不归。’自秋冬以来,众鸡夜鸣,群犬哀嗥,厩马多惊,武库兵器自动有声,此皆非出师之祥也。”坚曰:“军旅之事,非妇人所当预也。”

[1] 见《尚书·皋陶谟》。

苻坚所宠爱的张夫人劝谏说:“妾听说天地生养万物,圣王治理天下,都是依据自然之理而顺应它,所以没有不成功的。黄帝驾牛乘马,是顺应它们的本性;大禹疏通九川,拦阻九泽,是顺应它们的地势;后稷播种繁殖各种谷物,是顺应它们的时令;商汤、周武王率领天下军队攻打夏桀、商纣王,是顺应民众的心愿。都是有依据就成功,无依据就失败。现在朝野人士都说晋国不能讨伐,陛下独自决心要去攻打,妾不知道是依据什么。《尚书》说:‘天聪明自我民聪明。’(上天的视听依从我民众的视听。)上天还要依从民众,何况是人呢?妾又听说王者出兵,必定上观天道，下顺人心。现在人心已不赞同出兵了，再请验证一下天道。谚语说：‘鸡在夜里啼鸣不利于出兵，狗成群吠叫宫室将成无人空旷之地，兵器发声马匹受惊，军队失败不能回归。’自从秋、冬以来，众多的鸡在夜里啼鸣，成群的狗悲哀地吠叫，厩房马匹多次受惊，武库里兵器自行发出声音，这都不是出兵的好兆头啊。”苻坚说：“行军打仗的事，不是妇人应当干预的！”

10 坚幼子中山公诜最有宠，亦谏曰：“臣闻国之兴亡，系贤人之用舍。今阳平公国之谋主，而陛下违之；晋有谢安、桓冲，而陛下伐之，臣窃惑之。”坚曰：“天下大事，孺子安知！”以上均太元七年

苻坚的小儿子苻诜最受宠爱，也劝谏说：“臣听说国家兴亡，决定于对贤人的任用或舍弃。现在阳平公是国家的主要谋士，陛下却不听他的意见。晋国有谢安、桓冲，而陛下要去攻打。臣私下里感到疑惑！”苻坚说：“天下大事，小孩子哪能知道！”

二

11 秦王坚下诏大举入寇，民每十丁遣一兵，其良家子年二十以下有材勇者[1]，皆拜羽林郎。又曰：“其以司马昌明为尚书左仆射[2]，谢安为吏部尚书，桓冲为侍中。势还不远，可先为起第。”良家子至者三万余骑，拜秦州主簿赵盛之为少年都统[3]。是时朝臣皆不欲坚行，独慕容垂、姚苌及良家子劝之[4]。阳平公融言于坚曰：“鲜卑、羌虏，我之仇雠，常思风尘之变以逞其志[5]，所陈策画，何可从也？良家少年皆富饶子弟，不闲军旅，苟为谄谀之言，以会陛下之意[6]；

今陛下信而用之，轻举大事，臣恐功既不成，仍有后患，悔无及也。”坚不听。太元八年（三八三）

［1］良家子指民间青年，以别于罪犯奴隶等。［2］晋孝武帝名司马曜，字昌明。［3］秦州治所在今天水。主簿是州府的事务官。［4］姚苌是氐族首领。［5］风尘之变指乱事。［6］会是迎合的意思。

秦王苻坚下诏大举入侵晋境，百姓每十个成年男子里面抽一人当兵；良家子弟中年龄二十岁以下勇敢而有才能的，都任命为羽林郎。又说：“我委任司马昌明为尚书左仆射，谢安为吏部尚书，桓冲为侍中。依情势估计，我们不久就可凯旋，可以先替这几个将被俘获的人盖好住宅。”良家子弟骑马前来报到的有三万多人，于是任命秦州主簿赵盛之为少年都统。这时朝臣都不希望苻坚出兵，只有慕容垂、姚苌以及一些良家子弟鼓动他。阳平公苻融向苻坚进言说：“鲜卑人（指慕容垂）、羌虏（指姚苌），都是我们的仇敌，常常想乘风尘变乱以实现他们的志愿，他们所说的策略，怎么可以听从呢？良家少年都是富家子弟，不熟悉军旅之事，随便讲些谄媚阿谀的话来迎合陛下心意。现在陛下信任他们而加以重用，轻率地发动大战，臣下担心既不能成功，还有后患，到那时后悔也来不及了啊！”苻坚听不进他的话。

12 八月戊午，坚遣阳平公融督张蚝[1]、慕容垂等步骑二十五万为前锋；以兖州刺史姚苌为龙骧将军，督益、梁州诸军事[2]。坚谓苌曰：“朕昔以龙骧建业，未尝轻以授人，卿其勉之！”左将军窦冲曰：“王者无戏言，此不祥之征也！”坚默然。

［1］蚝音刺。 ［2］益州、梁州相当于今四川及陕西的西南部。

八月戊午日，苻坚派阳平公苻融统率张蚝、慕容垂等带领的步骑兵二十五万人充当前锋；任命兖州刺史姚苌为龙骧将军，指挥益州、梁州诸军事。苻坚对姚苌说："我往日由做龙骧将军而建立帝业，此后未曾轻易将此名号授予别人，希望你好好以此自勉！"左将军窦冲说："君王不可讲玩笑话，这是不祥的兆头啊！"苻坚沉默不语。

13 慕容楷、慕容绍言于慕容垂曰："主上骄矜已甚，叔父建中兴之业，在此行也。"垂曰："然。非汝，谁与成之！"

慕容楷、慕容绍对慕容垂说："主上骄傲自大已到极点，叔父建立复兴燕国的大业，就在此行了！"慕容垂说："是的。除了你们，还有谁能与我共同完成这一大业呢！"

14 甲子，坚发长安，戎卒六十余万，骑二十七万，旗鼓相望，前后千里。九月，坚至项城[1]；凉州之兵始达咸阳[2]，蜀、汉之兵方顺流而下，幽、冀之兵至于彭城[3]，东西万里，水陆齐进，运漕万艘。阳平公融等兵三十万先至颍口[4]。

［1］项城县名，在今河南省东南部。 ［2］咸阳县名，在今西安之西。［3］彭城即今徐州。 ［4］颍口是颍水入淮之口。

甲子日，苻坚率军从长安出发。步兵六十多万、骑兵二十七万，旌旗相望，战鼓相闻，队伍绵延千里。九月，苻坚已到项城，凉州军队才到达咸阳；巴蜀、汉水等地军队刚沿着长江东下，幽州、冀州军队已经到达彭城。从东到西全长万里，水路陆路同时前进，运粮船只多至万艘。阳平公苻融等率领的三十万军队首先到达颍口。

15 诏以尚书仆射谢石为征虏将军、征讨大都督；以徐、兖二州刺史谢玄为前锋都督，与辅国将军谢琰、西中郎将桓伊等众共八万拒之；使龙骧将军胡彬以水兵五千援寿阳。琰，安之子也。

皇帝下诏委任尚书仆射谢石为征虏将军、征讨大都督；委任徐、兖二州刺史谢玄为前锋都督，与辅国将军谢琰、西中郎将桓伊等共同率领八万军队抵御苻坚；又命令龙骧将军胡彬带领水军五千去增援寿阳。谢琰，是谢安的儿子。

16 是时秦兵既盛，都下震恐。谢玄入，问计于谢安；安夷然答曰："已别有旨。"既而寂然。玄不敢复言，乃令张玄重请，安遂命驾出游山墅[1]，亲朋毕集，与玄围棋赌墅[2]。安棋常劣于玄；是日玄惧，便为敌手而又不胜[3]。安遂游陟[4]，至夜乃还。桓冲深以根本为忧，遣精锐三千入卫京师；谢安固却之曰："朝廷处分已定，兵甲无阙，西藩宜留以为防[5]。"冲对佐吏叹曰："谢安石有庙堂之量，不闲将略。今大敌垂至，方游谈不暇，遣诸不经事少年拒之，众又寡弱，天下事已可知，吾其左衽矣[6]！"

[1]山墅是野外的别墅。［2］意思是：拿这所别墅作为赌注。［3］意思是：张玄的技术本来高于谢安，常常要让几子，这一次虽然不让，还是不胜，因为有了重要心事，无心着棋了。［4］陟，登也。［5］此时桓冲在长江

上游镇守，在建康（南京）之西，所以称西藩。［6］“吾其被发左衽矣”是《论语》上的话。意思是：要沦为夷狄了。左衽是夷狄的衣服。

这时秦军声势浩大，京城里人心震恐。谢玄来到谢安住处，向他请问应敌之计。谢安平静地答道：“朝廷已经另有命令。”说完便不作声了。谢玄不敢多问，就让张玄再去请示。谢安于是吩咐备车，去野外别墅游玩。亲朋都到齐后，谢安与张玄下围棋，而以别墅为赌注。谢安平日棋艺不如张玄；这天张玄因心中恐惧，竟与谢成为水平相当的对手，还不能取胜。于是谢安又登高游览，到深夜才回家。桓冲深以朝廷安危为忧，派三千名精锐士兵回京城加强防守；谢安坚拒，说：“朝廷已经做好部署，军队、武器都不缺乏，这部分兵力你们应留着以加强西部防卫。”桓冲向手下官吏叹道：“谢安石有宰相雅量，但不娴熟将帅韬略。现在敌方大队人马眼看就要到了，还只顾游山玩水，下棋闲谈，派一些没有战争经验的年轻人去抵御敌军，兵士又少又弱，天下大事已不问可知，我们将要穿夷狄服装了！”

17 冬十月，秦阳平公融等攻寿阳[1]；癸酉，克之，执平虏将军徐元喜等。融以其参军河南郭褒为淮南太守。慕容垂拔郧城[2]。胡彬闻寿阳陷，退保硖石，融进攻之。秦卫将军梁成等帅众五万屯于洛涧[3]，栅淮以遏东兵。谢石、谢玄等去洛涧二十五里而军，惮成不敢进。胡彬粮尽，潜遣使告石等曰：“今贼盛粮尽，恐不复见大军。”秦人获之，送于阳平公融。融驰使白秦王坚曰：“贼少易擒，但恐逃去；宜速赴之。”坚乃留大军于项城，引轻骑八千，兼道就融于寿阳。遣尚书朱序来说谢石等，以为强弱异势，不如速降。序私谓石等曰：“若秦百万之众尽至，诚难与为敌。今乘诸军未集，宜速击之；若败其前锋，则彼已夺气，可遂破也。”

［1］寿阳即今安徽省寿县。［2］郧城在今湖北省东南部。［3］硖石、洛涧都是寿阳以西的地名。

冬十月，秦阳平公苻融等人攻打寿阳；癸酉日，攻克该城，活捉平虏将军徐元喜等人。苻融委任他的参军河南人郭褒为淮南太守。慕容垂也攻克郧城。胡彬听说寿阳失陷，退守到硖石，苻融又向硖石进攻。秦卫将军梁成等人率兵五万驻扎在洛涧，在淮河边竖起栅栏阻挡从东面前来增援的晋军。谢石、谢玄的军队在距离洛涧二十五里处驻扎下来，畏惧梁成而不敢前进。胡彬军队的粮食已经吃完，暗地派信使去告诉谢石等人说：“现在敌军强盛，我们粮食已尽，恐怕再也见不到你们大军了！”信使被秦兵抓获，送到阳平公苻融那里。苻融立即派人快马驰报秦王苻坚说：“敌军兵少，容易擒获，只是怕他们逃跑，应该迅速进攻。”苻坚便将大部队留在项城，带领轻装骑兵八千人，加速赶路到寿阳与苻融会合。派尚书朱序前来游说谢石等人，指出双方强弱悬殊，不如赶快投降。然而朱序私下里却对谢石等人说：“倘若秦国百万大军全部赶到，实在难与他们对抗。现在应乘他们各军尚未到齐，马上发动进攻。只要打败先头部队，他们的气势就被打掉了，随后就可将他们完全击溃。”

18 石闻坚在寿阳，甚惧，欲不战以老秦师。谢琰劝石从序言。十一月，谢玄遣广陵相[1]刘牢之帅精兵五千人趣洛涧，未至十里，梁成阻涧为陈以待之。牢之直前渡水，击成，大破之。斩成及弋阳太守王咏，又分兵断其归津；秦步骑崩溃，争赴淮水，士卒死者万五千人；执秦扬州刺史王显等，尽收其器械军实。于是谢石等诸军水陆继进。秦王坚与阳平公融登寿阳城望之，见晋兵部陈严整，又望八公山上草木皆以为晋兵[2]，顾谓融曰：“此亦勍敌[3]，何谓弱也！”怃然始有惧色[4]。

［1］晋代的制度，侯国与县相等，侯国的相即等于县令。广陵即广陵郡所属的一个侯国。［2］八公山在寿阳之北。［3］勍，强也。音情。［4］怃然是怅然失意貌。怃音午。

谢石听说苻坚在寿阳，非常恐惧，想避战而让秦军逐渐自行懈怠而失去锐气。谢琰劝谢石听从朱序建议。十一月，谢玄派广陵相刘牢之率精兵五千人赶往洛涧，还差十里路程，梁成就在对岸摆开阵势等待他们。刘牢之一往直前渡过河流，进攻梁成军队，大败敌军，杀死梁成和弋阳太守王咏，又分兵去截断他们撤退时必经的渡口；秦国步骑兵完全崩溃，争先恐后地跳进淮水逃生，士兵中死亡的达一万五千人；刘牢之还俘获了秦扬州刺史王显等人，收缴了他们全部的兵器和粮草。于是谢石等所率各军从水路陆路继续前进。秦王苻坚和阳平公苻融登上寿阳城头瞭望，看到晋军部署的阵势非常严整，又远远望见八公山上的草木，以为都是晋兵，苻坚回头对苻融说：“这也是强敌，怎可说他们薄弱呢？”心中怅然若失，开始露出恐惧神色。

19 秦兵逼肥水而陈[1]，晋兵不得渡。谢玄遣使谓阳平公融曰：“君悬军深入，而置阵逼水，此乃持久之计，非欲速战者也。若移阵少却，使晋兵得渡，以决胜负，不亦善乎？”秦诸将皆曰：“我众彼寡，不如遏之使不得上，可以万全。”坚曰：“但引兵少却，使之半渡，我以铁骑蹙而杀之，蔑不胜矣。”融亦以为然，遂麾兵使却。秦兵遂退，不可复止。谢玄、谢琰、桓伊等引兵渡水击之。融驰骑略陈，欲以帅退者；马倒，为晋军所杀，秦兵遂溃。玄等乘胜追击，至于青冈；秦兵大败，自相蹈藉而死者，蔽野塞川。其走者闻风声鹤唳，皆以为晋兵且至；昼夜不敢息，草行露宿，重以饥冻，死者什七八。初，秦兵少却，朱序在陈后呼曰："秦兵败矣！"众遂大奔[2]。

[1] 肥水亦作淝水，今合肥即由此得名。 [2] 朱序本是晋人，所以暗中助晋。

秦军紧靠肥水列阵，晋军不能渡河。谢玄派使者对阳平公苻融说："你孤军深入，而紧挨水边设阵，这是持久作战的办法，不是速战速决的样子啊。如果你把阵势稍稍后移一下，让晋军得以渡河，同秦军一决胜负，不也很好吗？"秦国将领都说："我军人多，敌军人少，不如就这样阻止他们上岸，可以万无一失。"苻坚说："只是将部队稍稍后移一点，等他们过河过到一半时，我们用铁骑紧逼着他们杀过去，没有不能取胜的。"苻融也认为这样很好，于是指挥部队后移。秦军这样一退，就没有办法再停下来。谢玄、谢琰、桓伊等人乘机率军渡河进攻。苻融骑马巡行军阵，想率领正在退却的兵士反击；可是马倒下了，他自己也被赶来的晋兵杀死，秦军于是崩溃。谢玄等人乘胜追击，一直追到青冈。秦军大败，自相践踏而死的尸体，布满田野，塞断河流。那些逃跑的兵士，听到风声鹤唳，都以为是晋军就要追来；白天黑夜都不敢停息，只往草丛中奔逃，倦了就露宿，加上饥饿寒冷，死亡的人有十分之七八。当初，秦军稍稍后移时，朱序就在阵后大喊："秦军失败了！"兵士们于是争相逃跑。

20 谢安得驿书，知秦兵已败。时方与客围棋，摄书置床上，了

无喜色，围棋如故。客问之，徐答曰："小儿辈遂已破贼。"既罢，还内，过户限，不觉屐齿之折[1]。以上均太元八年

[1] 屐齿是木屐下面的齿，齿断了，他都不知道，形容内心欢喜过度。

谢安收到驿站送来的文书，知道秦军已经失败。当时他正同客人下围棋，就把文书折起来放在坐床上，没有露出丝毫喜色，继续下棋。客人询问文书内容，他慢悠悠地答道："小孩子们已经打败贼寇。"棋下完后，他回到内室，过门槛时，高兴得连木屐下面的齿被折断也未发觉。

刘裕北伐

刘裕北伐

自从永嘉南渡（三一七）以后，西北各族先后分割了中国北部，形成了错综复杂的局面。南方的东晋自保不暇，无力恢复。虽然也曾几次企图北伐，终未成功。北方强大的前秦王朝几乎达到统一，也由于肥水一战而成了幻想。以后前秦政权过渡为后秦（姚氏），这时东晋的权臣刘裕势力渐强，又进行了一次大规模的北伐，结果后秦虽然灭亡，而由于鲜卑族的拓跋氏的兴起，另外形成了一种势力，给刘裕以阻碍，并且刘裕本身也志不在经营北方，只图篡夺东晋的政权。北伐的事业终于垂成而又败。从此奠定了南北相持的局面，南方政权归于刘氏，北方的混乱由拓跋氏的后魏王朝之建立也告一段落。所以刘裕北伐是一件关键性的史事。

这件事大体上分为三大段来叙述，第一、第二大段分述灭南燕、灭蜀两件事，这都是北伐的前奏曲。刘裕取得了有利条件，才能进行对后秦的进攻。第三大段叙述伐秦的经过和结果。

在第一大段中，第一节说伐南燕的开始，就将王镇恶介绍登场，因为王镇恶就是后来灭后秦的主要将帅。第二节说刘裕预测南燕的对付方法。第三节说南燕主决策的错误。第四节说刘裕深入南燕境内。第五节说南燕求救于后秦。第六节说后秦无力救援，为刘裕所窥破。第七节说南燕灭亡。

在第二大段中，第八节说刘裕伐蜀的预定计划。第九节说伐蜀的经过。第十节说蜀之灭亡。

在第三大段中，第十一节说伐秦的开始。第十二节说刘裕的后方布置。第十三节说留守刘穆之的才干。第十四节说前方布置。第十五节说北伐军进入秦境的情况。第十六节说北伐军与魏军的交涉。第十七节说洛阳之取得。第十八节说刘裕篡晋的初步成功。第十九节说入关前锋的进展。第二十节说后秦方面的布置及前锋之接触。第二十一节说后魏方面的态度与计划。第二十二节说前锋的冒险急进。第二十三节插叙后魏方面崔浩的观察议论。第二十四节叙北伐军南路的进展。第二十五节叙王镇恶主力深入直取长安。第二十六节叙述后秦灭亡。第二十七节以下都是说刘裕虽取得长安终于不能完成北伐的全功。

以后，刘裕留在关中的将帅不和，王镇恶被害，夏王赫连勃勃乘机侵入长安等事，此处因限于篇幅，就从略了。

一

1 三月，刘裕抗表伐南燕[1]，朝议皆以为不可，惟左仆射孟昶、车骑司马谢裕、参军臧熹以为必克，劝裕行。裕以昶监中军留府事[2]。谢裕，安之兄孙也。初，苻氏之败也，王猛之孙镇恶来奔，以为临澧令。镇恶骑乘非长，关弓甚弱[3]，而有谋略，善果断，喜论军国大事。或荐镇恶于刘裕，裕与语，悦之，因留宿。明旦，谓参佐曰："吾闻将门有将，镇恶信然。"即以为中军参军。晋安帝义熙五年（四〇九）

［1］南燕在今山东省境，国主是慕容超。［2］南北朝时代中军将军是最高的军职，刘裕正作此官，在北伐期内，派孟昶代行他的本部职权，所以称为监中军留府事。［3］关弓就是弯弓。

三月，刘裕上奏建议征伐南燕，朝中议论都认为不可，唯有左仆射孟昶、车骑司马谢裕、参军臧熹认为必能取胜，劝刘裕出兵。刘裕委任孟昶为监中军将军留府事。谢裕，是谢安哥哥的孙子。当初，苻氏失败，王猛的孙子王镇恶前来投奔晋国，被任为临澧令。王镇恶不擅长骑马，弯弓射箭的技能很低，但有谋略，善于决断，喜欢谈论军国大事。有人将王镇恶推荐给刘裕，刘裕与他交谈后，很有好感，于是留他住宿。第二天早上，刘裕对僚属说："我听说名将家门出名将，王镇恶的确如此。"当即委任他为中军参军。

2（四月）己巳，刘裕发建康[1]，帅舟师自淮入泗。五月，至下邳[2]，留船舰辎重，步进至琅邪[3]。所过皆筑城，留兵守之。或谓裕曰："燕人若塞大岘之险[4]，或坚壁清野，大军深入，不唯无功，将不能自归，奈何？"裕曰："吾虑之熟矣。鲜卑贪婪，不知远计，进利虏获，退惜禾苗，谓我孤军远入，不能持久，不过进据临朐[5]，退守广固，必不能守险清野，敢为诸君保之。"

[1]建康即今南京，东晋的首都。［2］下邳即今苏北邳州市。［3］琅邪即今山东临沂。［4］大岘关在临沂附近。［5］临朐在今苏北东海。

（四月）己巳日，刘裕从建康出发，率领水军从淮河进入泗水。五月，到达下邳，留下船舰和物资装备，步行前进到琅邪。所经过的地方都修筑城堡，留下军队守卫。有人对刘裕说："燕国人如果堵住大岘山险要之处，或者坚壁清野，我大军深入，不但无功，还将不能安全返回，怎么办？"刘裕说："我已考虑成熟了。鲜卑人很贪婪，没有长远之计，进攻时贪求俘获，退守时吝惜禾苗，认为我们孤军深入，不会坚持多久。因此他们进军不过是占据临朐，后退则守卫广固，一定不会守住险要、坚壁清野，我敢向各位作出保证。"

3 南燕主超闻有晋师，引群臣会议。征虏将军公孙五楼曰："吴兵轻果，利在速战，不可争锋，宜据大岘，使不得入，旷日延时，沮其锐气，然后徐简精骑二千，循海而南，绝其粮道，别敕段晖帅兖州之众，缘山东下，腹背击之，此上策也。各命守宰依险自固，校其资储之外，余悉焚荡，芟除禾苗，使敌无所资，彼侨军无食，求战不得，旬月之间，可以坐制，此中策也。纵贼入岘，出城逆战，此下策也。"超曰："今岁星居齐[1]，以天道推之，不战自克；客主势殊，以人事言之，彼远来疲弊，势不能久。吾据五州之地[2]，拥富庶之民，铁骑万群，麦禾布野，奈何芟苗徙民，先自蹙弱乎？不如纵使入岘，以精骑蹂之，何忧不克？"辅国将军广宁王贺赖卢苦谏不从，退谓五楼曰："必若此，亡无日矣。"太尉桂林王镇曰："陛下必以骑兵利平地者，宜出岘逆战，战而不胜，犹可退守；不宜纵敌入岘，自弃险固也。"超不从。镇出，谓韩𧨳曰："主上既不能逆战却敌，又不肯徙民清野，延敌入腹，坐待攻围，酷似刘璋矣[3]。今年国灭，吾必死之。卿中华之士，复为文身矣[4]。"超闻之大怒，收镇下狱。

[1] 古人以岁星所临的分野为有利。 [2] 南燕在境内立并州、幽州、徐州、兖州、青州，其实不过假立的名称，并不是汉、魏时代这五州的旧地。 [3] 刘璋坐视魏军侵入，束手无策，以致灭亡。已见本书第十一篇。 [4] 古人说东南的风俗，将身上刺成花纹。这几句话的意思是：本是中原的人，现在要投到东南，沦于东南的异俗了。

南燕君主慕容超听说有晋军来犯，召集群臣商议对策。征虏将军公孙五楼说："吴军轻捷果断，长处在速战速决，我们不能同他们争锋决斗，而应该占据大岘，使他们不能进入，拖延时间，挫伤他们的锐气，然后慢慢挑选二千精锐骑兵，沿海边南行，截断他们的粮道，另外命段晖率领兖州军队，沿山路东下，前后夹击他们，这是上策啊。命令各地官员依凭险阻自卫，估算存储自己需要的物资之外，其余全部焚毁，芟除田野禾苗，使敌人无从取得给养，他们军队在外没有粮食，寻求作战又不可得，一个月之间，我们就可制服他们，这是中策啊。放任贼寇进入大岘，出城迎战，这是下策啊。”慕容超说：“今年岁星处在齐地上空，按天道推测，不用交战就自能取胜。客主所处形势不同，从人事角度看，他们远道而来，疲劳困顿，势必不能坚持多久。我们占据五州土地，拥有富裕民众，铁骑成千上万，庄稼布满田野，为什么要芟除禾苗、迁徙民众，自己先削弱自己呢？不如放他们进入大岘，用精锐骑兵践踏他们，何须担忧不能取胜？”辅国将军广宁王贺赖卢苦苦规劝而不被听从，退朝后对公孙五楼说：“一定要像这样做，灭亡没有几天了！”太尉桂林王慕容镇说：“陛下如坚持认为骑兵适合于平地作战，那就应该出大岘迎战，战而不胜的话，还可以退守；不应该放任敌人进入大岘，自动放弃险要地势。”慕容超不听从。慕容镇退出后，对韩（言卓）说：“主上既不肯出关迎战敌人，又不肯迁徙民众、清除田野，将敌军引入腹地，坐等对方攻打包围，太像刘璋了。今年国家灭亡，我一定会死。你是中原人士，又要断发文身了。”慕容超听说后大怒，将慕容镇逮捕下狱。

4 刘裕过大岘，燕兵不出。裕举手指天，喜形于色。左右曰：“公未见敌而先喜，何也？”裕曰：“兵已过险，士有必死之志；余粮栖亩，人无匮乏之忧。虏已入吾掌中矣。”六月己巳，裕至东莞[1]。超先遣公孙五楼、贺赖卢及左将军段晖等将步骑五万屯临朐，闻晋兵入岘，自将步骑四万往就之。使五楼帅骑进据巨蔑水[2]。前锋孟龙符与战，

破之，五楼退走。裕以车四千乘为左右翼，方轨徐进，与燕兵战于临朐南，日向昃[3]，胜负犹未决。参军胡藩言于裕曰："燕悉兵出战，临朐城中留守必寡，愿以奇兵从间道取其城，此韩信所以破赵也。"裕遣藩及咨议参军檀韶，建威将军河内向弥潜师出燕兵之后，攻临朐，声言轻兵自海道至矣。向弥擐甲先登[4]，遂克之。超大惊，单骑就段晖于城南。裕因纵兵奋击，燕众大败，斩段晖等大将十余人，超遁还广固[5]，获其玉玺、辇及豹尾。裕乘胜逐北至广固；丙子，克其大城。超收众入保小城。裕筑长围守之，围高三丈，穿堑三重；抚纳降附，采拔贤俊，华夷大悦。于是因齐地粮储，悉停江淮漕运。

［1］东莞在今山东莒县。［2］巨蔑水经过临朐县境。［3］昃与侧音义相同，太阳偏西的意思。［4］擐甲是套上铠甲，擐音患。［5］广固在今山东益都，是南燕的都城。

刘裕经过大岘，燕军没有出关迎战。刘裕举手指天，喜形于色。左右的人说："您没见到敌人就先高兴起来，为什么？"刘裕说："军队已通过险阻，将士有拼死作战的决心；余粮仍在田野中，我们没有缺粮之忧。虏寇已经落入我们掌心了。"六月己巳日，刘裕到达东莞。慕容超先派公孙五楼、贺赖卢和左将军段晖等人率领步骑兵五万屯驻在临朐；听说晋军进入大岘，亲自率领步骑兵四万前去会合。命公孙五楼率骑兵前进据守巨蔑水，晋军前锋孟龙符与他交战，打败了他，公孙五楼退走。刘裕以四千辆兵车为左右两翼，列成方阵稳步前进，与燕军在临朐南交战，太阳已经偏西，还没有决出胜负。参军胡藩向刘裕进言说："燕国全军出来交战，临朐城内留守兵士必定很少，我愿率领一支奇兵，从小路去攻袭该城，这是韩信所以能打败赵国的原因啊。"刘裕派胡藩和咨议参军檀韶、建威将军河内人向弥秘密率领军队，绕到燕军后面，攻打临朐，声称轻装军队从海路赶来了。向弥套上铠甲首先登城，于是攻下临朐。慕容超非常吃惊，单人匹马到城南同段晖会合。刘裕乘机指挥军队奋勇战斗，燕军大败，斩杀段晖等大将十多人，慕容超逃回广固，晋军缴获了他的玉玺、辇和豹尾。刘裕乘胜追击到广固。丙子日，攻克外城。慕容超召集部众，进入内城据守。刘裕筑起长长的围墙守在外面，围墙高三丈，穿过三道城沟；安抚、招纳归降的人，选拔贤才俊士，汉人、夷人都很欣悦。于是利用齐地粮食储备，完全停止长江、淮河的军粮运输。

5 超遣尚书郎张纲乞师于秦，赦桂林王镇，以为录尚书、都督中外诸军事，引见谢之，且问计焉。镇曰："百姓之心，系于一人。今陛下亲董六师，奔败而还。群臣离心，士民丧气。闻秦人自有内患，恐不暇分兵救人。散卒还者尚有数万，宜悉出金帛以饵之，更决一战，若天命助我，必能破敌，如其不然，死亦为美，比于闭门待尽，不犹愈乎？"司徒乐浪王惠曰："不然。晋兵乘胜，气势百倍，我以败军之卒当之，不亦难乎？秦虽与勃勃相持[1]，不足为患；且与我分据中原，势如唇齿，安得不来相救？但不遣大臣则不能得重兵。尚书令韩范为燕、秦所重，宜遣乞师。"超从之。或谓裕曰："张纲有巧思，若得纲使为攻具，广固必可拔也。"会纲自长安还，太山太守申宣执之送于裕。裕升纲于楼车，使周城呼曰："刘勃勃大破秦军，无兵相救。"城中莫不失色。江南每发兵及遣使者至广固，裕辄潜遣兵夜迎之，明日，张旗鸣鼓而至。北方之民执兵负粮归裕者，日以千数，围城益急。张华、封恺皆为裕所获。超请割大岘以南地为藩臣，裕不许。

[1] 夏王赫连勃勃正从西北威胁秦的后方，赫连亦称汉姓为刘。

慕容超派尚书郎张纲向秦国乞求援兵，赦免桂林王慕容镇，委任他为录尚书，都督中外诸军事，接见他，向他道歉，并询问计策。慕容镇说："百姓的心，维系在一人身上。如今陛下亲自统领六军，失败奔逃而回，群臣离心离德，士民垂头丧气。听说秦国人自己有内部忧患，恐怕顾不上分军救援别人。我们逃散的兵士返回的还有几万人，应该拿出所有的金银布帛来诱导他们，再决一死战。如果天命助我，必能打败敌人；如果不是这样，死也是一件光荣的事，比关起门来坐等灭亡，不还强得多吗？"司徒乐浪王慕容惠说："不对。晋军乘胜围攻，气势增长百倍，我们用已被打败的兵士来抵抗，不是太难了吗？秦国虽与赫连勃勃相对峙，但勃勃不足为患；而且秦国与我国分别占据中原，情势如同唇齿相依，怎么会不来相救？只是我们不派大臣就不能求到重兵。尚书令韩范为燕国、秦国所重视，应该派他前往乞求援兵。"慕容超听从了他的意见。有人对刘裕说："张纲有巧思，如果得到张纲让他作为攻城用具，广固一定可以攻克。"正好张纲从长安返回，太山太守申宣捉住他送给刘裕。刘裕请张纲登上楼车，让他围绕城池边行边喊："刘勃勃大败秦军，秦国无兵前来相救。"城中人莫不惊恐失色。江南每次调兵和派使者到广固，刘裕就暗中派军队于夜晚去迎候，第二天，再旌旗招展、战鼓齐鸣地到来。北方民众握着兵器、背负粮食归附刘裕的，每天以千人计数，围城更加紧迫激烈。张华、封恺都被刘裕擒获。慕容超请求割让大岘以南土地，做晋的藩臣，刘裕不允许。

6 秦王兴遣使谓裕曰："慕容氏相与邻好，今晋攻之急，秦已遣铁骑十万屯洛阳，晋军不还，当长驱而进。"裕呼秦使者谓曰："语汝姚兴：我克燕之后，息兵三年，当取关、洛；今能自送，便可速来。"刘穆之闻有秦使，驰入见裕，而秦使者已去，裕以所言告穆之。穆之尤之曰[1]："常日事无大小，必赐预谋，此宜善详[2]，云何遽尔答之？此语不足以威敌，适足以怒之。若广固未下，羌寇奄至，不审何以待之？"裕笑曰："此是兵机，非卿所解，故不相语耳。夫兵贵神速，彼若审能赴救，必畏我知，宁容先遣信命[3]，逆设此言！是自张大之词也。晋师不出，为日久矣。羌见伐齐，殆将内惧。自保不暇，何能救人邪？"以上均义熙五年

[1] 尤之的意思是：怪他不应当这样。 [2] 意思是：应当好好商量一下。 [3] 信命即使命。

秦王姚兴派使者对刘裕说："慕容氏与我国相邻友好，现在晋军猖狂地攻击他们，秦国已经调遣十万强大骑兵驻扎在洛阳，晋军不撤回，我们将长驱直入。"刘裕把秦使者叫来对他说："告诉你们姚兴：我攻克燕国之后，军队休整三年，将夺取关中、洛阳。现在能自己送上门，就请赶快前来！"刘穆之听说秦国派来使者，骑马赶去见刘裕，而秦使者已经离开。刘裕把他所说的话告诉刘穆之。刘穆之埋怨他说："平时事情无论大小，一定会让我参与谋划，这件事应该好好商量一下，为什么要仓促地回答他呢？这些话不足以震住敌人，恰恰足以激怒他。如果广固尚未攻下，羌寇大举而至，不知道怎么对付他们？"刘裕笑道："这是用兵机密，不是你所能理解的，所以没有相告。兵贵神速，他们如果真以为能来救援，一定害怕我们知道，哪能先派使者来说这番话！这是他们的夸大之词啊。晋军不外出征伐，已经很久了。羌人看到我们征伐齐地，只怕会内心恐惧，保全自己都来不及，怎能救援别人呢？"

7 南燕贺赖卢，公孙五楼为地道出击晋兵，不能却。城久闭，城

中男女病脚弱者太半,出降者相继。超辇而登城,尚书悦寿说超曰:“今天助寇为虐,战士凋瘁,独守穷城,绝望外援,天时人事亦可知矣。苟历数有终,尧、舜避位,陛下岂可不思变通之计乎?”超叹曰:“废兴,命也。吾宁奋剑而死,不能衔璧而生[1]。”(二月)丁亥,刘裕悉众攻城。或曰:“今日往亡[2],不利行师。”裕曰:“我往彼亡,何为不利?”四面急攻之。悦寿开门纳晋师,超与左右数十骑逾城突围出走,追获之。裕数以不降之罪,超神色自若,一无所言,惟以母托刘敬宣而已[3]。裕忿广固久不下,欲尽坑之,以妻女赏将士,韩范谏曰:“晋室南迁,中原鼎沸,士民无援,强则附之,既为君臣,必须为之尽力。彼皆衣冠旧族,先帝遗民;今王师吊伐而尽坑之,使安所归乎?窃恐西北之人无后来苏之望矣[4]。”裕改容谢之,然犹斩王公以下三千人,没入家口万余,夷其城隍[5],送超诣建康斩之。义熙六年(四一〇)

[1]衔璧是投降。 [2]二月惊蛰节后十四日为往亡日。 [3]刘敬宣从前曾奔到南燕,所以慕容超认为有点交谊。 [4]“后来其苏”,古时说诸侯都盼望汤来拯救,意思是:君王来了,我们就有了再生之望了。 [5]隍是城壕。

南燕贺赖卢、公孙五楼挖掘地道,出城攻击晋军,没能击退。城门长久关闭,城中男女患腿脚无力病的占了一大半,出城投降的相继不绝。慕容超乘辇登上城墙,尚书悦寿劝慕容超说:“现在上天帮助敌寇为虐,我们的战士凋零疲惫,孤独地守卫这座穷城,外援毫无希望,天时人事也可想而知了。如果国运已到尽头,哪怕尧、舜也得让位,陛下难道能不考虑变通之计么?”慕容超叹道:“衰亡兴盛,都是天命啊。我宁可仗剑战斗而死,也不能衔璧投降而生。”丁亥日,刘裕全军攻打内城。有人说:“今天是往亡日，出兵不利。”刘裕说:“我们前往他们灭亡，怎么会不利?”从四面猛烈攻城。悦寿打开城门放入晋军，慕容超与左右几十名骑兵越过城墙突围逃跑，被晋军追上俘获。刘裕指责他不投降的罪过，慕容超神色自若，一言不发，只是把母亲托付给刘敬宣而已。刘裕为广固久攻不下而愤恨，想全部活埋守城的人，把他们的妻女赏赐给晋军将士。韩范劝谏说:“晋王室南迁，中原动乱不止，士民没有依靠，谁强大就归附谁，既然有了君臣名分，就必须为君主尽力。他们都是士宦旧族,先帝遗民;我们出动王师是为了吊民伐罪，而今却要全部活埋他们，究竟要让士民归向哪里呢?我私下里担心西北民众从此不再期盼有新君来拯救自己了。”刘裕改变面容向他道歉,然而还是杀了王公以下三千人，籍没他们的家属一万多人，铲平城濠，把慕容超押送到建康斩首。

二

8 太尉裕谋伐蜀,择元帅而难其人,以西阳太守朱龄石既有武干[1]，又练吏职，欲用之。众皆以为龄石资名尚轻，难当重任，裕不从。十二月，以龄石为益州刺史，帅宁朔将军臧熹、河间太守蒯恩、下邳太守刘钟等伐蜀，分大军之半二万人以配之。熹，裕之妻弟，位居龄石之右,亦隶焉。裕与龄石密谋进取,曰:“刘敬宣往年出黄虎[2]，无功而还。贼谓我今应从外水往，而料我当出其不意犹从内水来也。如此，必以重兵守涪城以备内道。若向黄虎，正堕其计。今以大众自外水取成都，疑兵出内水[3]，此制敌之奇也。”而虑此声先驰，贼审虚实。别有函书封付龄石，署函边曰:“至白帝乃开[4]。”诸军虽进，未知处分所由。义熙八年(四一二)

[1] 西阳在今湖北境内。 [2] 刘敬宣伐蜀事在义熙四年，黄虎在涪城，今四川三台。 [3] 胡注引庾仲雍曰：巴郡江州县对二水口，右则涪，内水，左则蜀，外水。江州即今四川巴县。 [4] 白帝城在今重庆奉节。

太尉刘裕谋划伐蜀，挑选主帅而难以找到合适的人。因西阳太守朱龄石既有军事才干，又有行政历练，打算任用他。众人都认为朱龄石资历名望尚浅，难以担当重任。刘裕不听从。十二月，委任朱龄石为益州刺史，率领宁朔将军臧熹、河间太守蒯恩、下邳太守刘钟等人伐蜀，分出大军的一半约两万人配给他。臧熹，是刘裕的妻弟，职位在朱龄石之上，也隶属于他。刘裕与朱龄石秘密商议进攻策略，说："刘敬宣往年经过黄虎出兵，无功而返。贼寇认为我们现在应该从外水前往，便料想我们将会出其不意从内水到达。这样，他们必然用主要兵力守卫涪城来防备内水通道。我们如果向黄虎进军，正好落入他们圈套。现在我们大军从外水攻取成都，另派一支迷惑他们的军队从内水进军，这是制服敌人的奇策。"又担心这个计划先传出去，会让贼寇弄清虚实，便另写一信密封后交给朱龄石，信封边上写着："到白帝再打开。"各路军队虽然向前进发，却不清楚是怎样部署的。

9 朱龄石等至白帝发函书曰："众军悉从外水取成都。臧熹从中水取广汉[1]，老弱乘高舰十余，从内水向黄虎[2]。"于是诸军倍道兼行。谯纵果命谯道福将重兵镇涪城[3]，以备内水。龄石至平模，去成都二百里，纵遣秦州刺史侯晖、尚书仆射谯诜帅众万余屯平模，夹岸筑城以拒之。龄石谓刘钟曰："今天时盛热，而贼严兵固险，攻之未必可拔，只增疲困，且欲养锐息兵以伺其隙，何如？"钟曰："不然。前扬声言大众向内水，谯道福不敢舍涪城。今重军猝至，出其不意，侯晖之徒已破胆矣。贼阻兵守险者，是其惧不敢战也。因其凶惧，尽锐攻之，其势必克。克平模之后，自可鼓行而进，成都必不能守矣。若缓兵相守，彼将知人虚实。涪军忽来，并力拒我。人情既安，良将又集，此求战不获，军食无资，二万余人悉为蜀子虏矣。”龄石从之。诸将以水北城地险兵多，欲先攻其南城，龄石曰：“今屠南城，不足以破北，若尽锐以拔北城，则南城不麾自散矣。”秋七月，龄石帅诸军急攻北城，克之，斩侯晖、谯诜；引兵回趣南城，南城自溃。龄石舍船步进；谯纵大将谯抚之屯牛脾[4]，谯小苟塞打鼻[5]。臧熹击抚之斩之，小苟闻之亦溃，于是纵诸营屯望风相次奔溃。

[1]广汉是郡名，在今四川遂宁西北。[2]意思是：直取成都的是南路，取广汉的是中路，取黄虎的是北路。蜀国的兵力以防北路为主。[3]谯纵从义熙元年乘桓玄之乱据蜀，称成都王。[4]据胡注牛脾当作牛鞞，在今四川简阳。[5]打鼻在今四川彭山。

朱龄石等人到达白帝拆开信函，上面写道：“各军全部从外水攻取成都。臧熹从中水攻取广汉，年老体弱的乘坐十几艘高大的船舰，从内水向黄虎开进。”于是各军加速行进。谯纵果然命令谯道福率领主要兵力镇守涪城，来防备从内水发起的进攻。朱龄石抵达平模，距成都二百里。谯纵派秦州刺史侯晖、尚书仆射谯诜率领一万多兵士屯驻平模，沿岸筑城来加强防御。朱龄石对刘钟说：“现在天气炎热，而贼寇严兵防守险要之地，攻打他们未必能攻克，只是徒然增添兵士的疲困。我想暂且休整士卒，养精蓄锐，以侦候他们的疏漏之处，怎么样？”刘钟说：“不能这样。先前我们扬言大军从内水进发，谯道福不敢舍弃涪城。现在我们重兵突然来到，出其不意，侯晖之流已经吓破胆了。贼寇据险守卫，阻遏大军，是因为他们内心畏惧，不敢交战。我们趁他们恐惧不安，出动精兵攻打，势必能够攻克。攻下平模之后，自可擂鼓前进，成都他们是肯定守不住了。如果我们延缓进攻，改为守候，他们将会弄清我们的虚实。涪城守军忽然赶来，两支兵力联合抵御我们，他们人心既得以安定，良将又得以聚集，我们寻求交战而不获，军粮又供应不上，两万多人就全部成为蜀人俘虏了。”朱龄石听从了他的意见。各将领因水北城池地势险要、敌兵众多，想先攻打南城，朱龄石说：“现在屠灭南城，不足以攻破北城；如果我们集中精兵攻下北城，则南城就不攻自溃了。”秋七月，朱龄石率领各军猛烈攻打北城，攻克下来，杀死侯晖、谯诜；率军回头赶往南城，南城自溃。朱龄石舍弃战船，步行前进；谯纵的大将谯抚之驻扎在牛鞞，谯小苟守卫在打鼻。臧熹攻打并斩杀谯抚之，谯小苟听说后，部队也溃散了，于是谯纵的各营据点听到风声也一个接一个地溃散奔逃。

10 戊辰，纵弃成都出走，尚书令马耽封府库以待晋师。壬申，龄石入成都，诛纵同祖之亲，余皆按堵，使复其业。纵出成都，先辞墓。其女曰：“走必不免，只取辱焉。等死，死于先人之墓可也。”纵不从。谯道福闻平模不守，自涪引兵入赴，纵往投之。道福见纵，怒曰：“大丈夫有如此功业而弃之，将安归乎？人谁不死，何怯之甚也？”因投纵以剑，中其马鞍。纵乃去，自缢死。巴西人王志斩其首以送龄石。道福谓其众曰：“蜀之存亡实系于我，不在谯王，今我在，犹足一战。”众皆许诺。道福尽散金帛以赐众，众受之而走。道福逃于獠中[1]，巴民杜瑾执送之，斩于军门。义熙九年（四一三）

[1] 獠是当时一种西南少数民族之称。

戊辰日，谯纵放弃成都出逃，尚书令马耽封闭府库等待晋军到来。

壬申日，朱龄石进入成都，诛杀与谯纵同祖父的亲属，其他人都安然无事，让他们恢复原来的职业。谯纵出成都，先告别祖坟。他女儿说："逃跑肯定不能免于一死，只是自取其辱。同样是死，可以死在先人墓前啊。"谯纵不听从。谯道福听说平模失守，从涪城率军赶回来救援，谯纵前去投靠他。谯道福看见谯纵，发怒说："大丈夫有如此功业而放弃它，将逃往何方呢？人谁能不死，怎么这样害怕呢？"随即将剑投向谯纵，刺中他的马鞍。谯纵只得离去，自缢而死。巴西人王志砍下谯纵首级，送给朱龄石。谯道福对众人说："蜀国的存亡，实际上维系于我，而不是谯王，如今有我在，还足以拼死一战。"众人都答应。谯道福散发所有的金银布帛来赏赐众人，大家接受后纷纷逃走。谯道福逃到獠人居住区，被巴地平民杜瑾捉住送往晋营，在军营门前斩首。

三

11 二月，加太尉裕中外大都督。裕戒严将伐秦，诏加裕领司、豫二州刺史[1]，以其世子义符为徐、兖二州刺史[2]。琅邪王德文请启行戎路[3]，修敬山陵，诏许之。义熙十二年（四一六）

[1] 司州、豫州都在今河南境内。这是在未占领以前，先任命刘裕作地方长官。 [2] 徐、兖二州是北伐军的根据地，此时刘裕封豫章公，用他的长子作后方的地方长官，事实上就是要造成一家的地盘和势力。 [3]"元戎十乘，以先启行"是《诗经》上的话。意思是：要首先进入洛阳，因为晋室的先代陵墓都在洛阳。

二月，朝廷加授刘裕为中外大都督。刘裕严密戒备，将征伐秦国，诏令刘裕兼任司州、豫州刺史，委任他的长子刘义符为徐州、兖州刺史。琅邪王司马德文请求率军在前面开路，首先到洛阳修治礼敬王室陵墓。皇帝下诏同意。

12 裕以世子义符为中军将军，监太尉留府事。刘穆之为左仆射，领监军、中军二府军司，入居东府，总摄内外。以太尉左司马东海徐羡之为穆之之副[1]。左将军朱龄石守卫殿省，徐州刺史刘怀慎守卫京师，扬州别驾从事史张裕任留州事。怀慎，怀敬之弟也[2]。

［1］以上的布置是以刘裕的儿子刘义符居留守之名，由刘穆之代行职权。中军将军是刘义符自己的官位。又兼任父亲的太尉府本部的监军。刘穆之又兼管中军、监军两个机关的一切事务。［2］以上的布置是用三个人，一个担任宫城的警卫，事实上就是监视晋皇室；一个担任首都的防卫；一个担任扬州刺史管内的政务。自魏、晋以来，权臣都握有军、政、宫廷事务及地方行政的全权。南朝的扬州刺史管江南各郡，为最高地方行政长官，并不指近代的扬州而言。

刘裕委任长子刘义符为中军将军、监太尉留府事。刘穆之为左仆射，兼任监军、中军二府军司，搬进东府居住，总管朝廷内外事务。委任太尉左司马东海人徐羡之为刘穆之副手。左将军朱龄石守卫宫廷，徐州刺史刘怀慎守卫京城，扬州别驾从事史张裕掌管扬州政务。刘怀慎，是刘怀敬的弟弟。

13 刘穆之内总朝政，外供军旅，决断如流，事无拥滞。宾客辐凑，求诉百端，内外咨禀，盈阶满室。目览词讼，手答笺书，耳行听受，口并酬应，不相参涉，悉皆赡举[1]。又喜宾客，言谈赏笑，弥日无倦。裁有闲暇，手自写书，寻览校定。性奢豪，食必方丈，旦辄为十人馔，未尝独餐。尝白裕曰："穆之家本贫贱，赡生多阙。自叨忝以来，虽每存约损，而朝夕所须，微为过丰，自此外一毫不以负公[2]。"中军咨议参军张邵言于裕曰[3]："人生危脆，必当远虑。穆之若邂逅不幸，谁可代之？尊业如此，苟有不讳，处分云何？"裕曰："此自委穆之及卿耳。"

［1］这是说刘穆之才干精力过于常人，能五官并用。［2］这是说：除了生活稍微优裕以外，别的丝毫没有对不住你的地方。［3］张邵是中军将军府的幕僚，南朝军府的幕僚位分很高，权势也很重。

刘穆之在内总管朝政，在外供给军需，处事决断如流水，没有积压拖延的情形。宾客纷至沓来，求诉千头万绪，内外咨询禀报的文书，满阶满屋都是。刘穆之眼睛披览词讼，手中批复书函，耳听别人谈话，口里还能酬答，诸多事情互不干扰，全都处理得很圆满。又喜欢接待宾客，闲谈玩赏，整日不知疲倦。才有空闲，就亲手写书，通过搜寻阅览他书来加以校订。个性奢华豪放，吃饭一定用一丈见方的桌子，一早就吩咐预备十人饭菜，从未独自一人用餐。曾对刘裕说："我家本来贫贱，衣食不足。自从任职以来，虽然时常想到要节省，但早晚所需，还是稍嫌过于丰盛，除此之外，没有丝毫对不起您的地方。"中军咨议参军张邵向刘裕进言说："人的生命脆弱，一定要有长远考虑。刘穆之假若遭遇不幸，谁能代替他？您的功业已到这种程度，如有不测，该怎样处置？"刘裕说："这自然要委托刘穆之和你了。"

14（八月）丁巳，裕发建康，遣龙骧将军王镇恶、冠军将军檀道济将步军自淮、肥向许、洛，新野太守朱超石、宁朔将军胡藩趋阳城，振武将军沈田子、建威将军傅弘之趋武关，建武将军沈林子、彭城内史刘遵考将水军出石门，自汴入河，以冀州刺史王仲德督前锋诸军开巨野入河[1]。遵考，裕之族弟也。刘穆之谓王镇恶曰："公今委卿以伐秦之任，卿其勉之。"镇恶曰："吾不克关中，誓不复济江。"

[1] 以上的布置分五路进攻，第一路从安徽经河南南部指向洛阳，第二路经河南中部，第三路经河南南路，攻入陕西东南的武关，也就是汉高祖入关的路，第四路、第五路分别从汴水、济水入黄河。

（八月）丁巳日，刘裕从建康出发，派龙骧将军王镇恶、冠军将军檀道济率领步兵，从淮河、肥水向许昌、洛阳进发，派新野太守朱超石、宁朔将军胡藩前往阳城，派振武将军沈田子、建威将军傅弘之前往武关，派建武将军沈林子、彭城内史刘遵考率领水军出石门，从汴水进入黄河，让冀州刺史王仲德督率前锋各军开通巨野进入黄河。刘遵考，是刘裕族弟。刘穆之对王镇恶说："公现在把伐秦重任交给你，你要努力呀！"王镇恶说："我不攻下关中，誓不再渡长江！"

15 王镇恶、檀道济入秦境，所向皆捷。秦将王苟生以漆丘降镇恶，徐州刺史姚掌以项城降道济，诸屯守皆望风款附。惟新蔡太守董遵不下，道济攻拔其城，执遵杀之，进克许昌，获秦颍川太守姚垣及大将杨业。沈林子自汴入河，襄邑人董神虎聚众千余人来降，太尉裕版为参军。林子与神虎共攻仓垣，克之。秦兖州刺史韦华降。神虎擅还襄邑，林子杀之[1]。

[1] 这一节所说的都是北伐军进入河南省境的经过。

王镇恶、檀道济进入秦国境内，所到之处接连获胜。秦将王苟生献出漆丘，投降王镇恶，徐州刺史姚掌献出项城，投降檀道济，各个戍守据点都望风归顺。只有新蔡太守董遵不降，檀道济攻下城池，将董遵捉住斩杀。进军攻克许昌，擒获秦颍川太守姚垣和大将杨业。沈林之从汴水进入黄河，襄邑人董神虎聚集部众一千多人前来投降，太尉刘裕委任他为参军。沈林子与董神虎一同进攻仓垣，攻下来了。秦兖州刺史韦华投降。董神虎擅自返回襄邑，沈林子杀了他。

16 王仲德水军入河，将逼滑台[1]。魏兖州刺史尉建畏懦，帅众弃城，北渡河。仲德入滑台，宣言曰："晋本欲以布帛七万匹假道于魏，不谓魏之守将弃城遽去。"魏主嗣闻之，遣叔孙建、公孙表自河内向枋头[2]，因引兵济河，斩尉建于城下，投尸于河。呼仲德军人，问以侵寇之状。仲德使司马竺和之对曰："刘太尉使王征虏自河入洛[3]，清扫山陵，非敢为寇于魏也。魏之守将自弃滑台去，王征虏借空城以息兵，行当西引，于晋、魏之好无废也。何必扬旗鸣鼓以曜威乎？"嗣使建以问太尉裕，裕逊词谢之曰："洛阳，晋之旧都，而羌据之。晋欲修复山陵久矣。诸桓宗族，司马休之、国璠兄弟，鲁宗之父子[4]，皆晋之蠹也，而羌收之为晋患。今晋将伐之，欲假道于魏，非敢为不利也。"

［1］滑台即今河南滑县，自古为黄河渡口兵事要地。［2］枋头在今河南浚县。［3］王仲德的官号是征虏将军。［4］这里所举的一班人都是在晋政权下不能容身的人，投奔了秦，借秦的力量反抗当时的晋政权。

王仲德率水军进入黄河，将要逼近滑台。魏兖州刺史尉建畏惧怯懦，率领部队放弃城池，向北渡过黄河。王仲德进入滑台，宣称说："晋国本来要用布帛七万匹向魏国借路，没想到魏国守将放弃城池，突然离去。"

魏国君主拓跋嗣听说后，派叔孙建、公孙表从河内赶往枋头，率军渡过黄河，在城下杀死尉建，将尸体抛入河中。呼喊王仲德军中的人，责问他们进犯情况。王仲德派司马竺和之回答：“刘太尉命王征虏从黄河进入洛阳，清扫晋王室陵墓，不敢进犯魏国啊。魏国守将自己放弃滑台离开，王征虏借用空城来休整士卒，行将西进，对于晋魏之间的友好没有妨碍啊。何必要扬旗擂鼓来炫耀武力呢？”拓跋嗣派叔孙建去询问太尉刘裕，刘裕用词谦逊地道歉说：“洛阳，是晋国旧都，而羌人占据了它。晋国想修整王室陵墓很久了。桓氏宗族中人，司马休之、司马国璠兄弟，鲁宗之父子，都是晋国的蛀虫啊，而羌人收留他们，成为晋国的祸患。现在晋国将前往征伐，想向魏国借路，不敢做对魏国不利的事啊。”

17 秦阳城、荥阳二城皆降，晋兵进至成皋。秦征南将军陈留公洸镇洛阳，遣使求救于长安。秦主泓遣越骑校尉阎生帅骑三千救之，武卫将军姚益男将步卒一万助守洛阳，又遣并州牧姚懿南屯陕津，为之声援。宁朔将军赵玄言于洸曰：“今晋寇益深，人情骇动；众寡不敌，若出战不捷，则大事去矣。宜摄诸戍之兵，固守金墉[1]，以待西师之救。金墉不下，晋必不敢越我而西，是我不战而坐收其弊也。”司马姚禹阴与檀道济通，主簿阎恢、杨虔，皆禹之党也，共嫉玄，言于洸曰：“殿下以英武之略受任方面，今婴城示弱，得无为朝廷所责乎？”洸以为然，乃遣赵玄将兵千余南守柏谷坞[2]，广武将军石无讳东戍巩城。玄泣谓洸曰：“玄受三帝重恩[3]，所守正有死耳。但明公不用忠臣之言，为奸人所误，后必悔之。”既而成皋、虎牢皆来降[4]，檀道济等长驱而进，无讳至石关，奔还。龙骧司马荥阳毛德祖与玄战于柏谷，玄兵败，被十余创，据地大呼。玄司马蹇鉴冒刃抱玄而泣，玄曰：“吾创已重，君宜速去。”鉴曰：“将军不济，鉴去安之？”

与之皆死。姚禹逾城奔道济。甲子，道济进逼洛阳，丙寅，洸出降。道济获秦人四千余人，议者欲尽坑之以为京观。道济曰："伐罪吊民，正在今日。"皆释而遣之。于是夷夏感悦，归之者甚众。

[1] 金墉是附于洛阳的一座城。 [2] 柏谷坞在河南偃师附近。 [3] 三帝是后秦姚苌、姚兴、姚泓三个皇帝。 [4] 成皋、虎牢都是郑州附近的地方。

秦国阳城、荥阳二城都投降，晋军推进到成皋。秦国征南将军陈留公姚洸镇守洛阳，派信使向长安求救。秦国君主姚泓派越骑校尉阎生率三千骑兵前往救援，武卫将军姚益男率一万步兵协助守卫洛阳，又派并州牧姚懿向南戍守陕津，作为声援。宁朔将军赵玄向姚洸进言说："现在晋寇日益深入，人心惊恐不安；敌众我寡，倘若出战不胜，则大事就无法挽回了。应该统领各据点部队，固守金墉城，以等待西部军队的救援。金墉城能守住，晋军必定不敢越过我们向西开进，这是我们不战而坐收他们疲痹的好处啊。"司马姚禹暗中与檀道济勾结，主簿阎恢、杨虔，都是姚禹的同党，嫉恨赵玄，向姚洸进言说："殿下以英武的谋略，承担方面重任。现在闭城而守显示怯弱，能不被朝廷责怪吗？"姚洸认为他们说得有理，于是派赵玄率一千多兵士向南守卫柏谷坞，广武将军石无讳向东戍守巩城。赵玄哭着对姚洸说："我蒙受三位皇帝重恩，所抱志向唯有一死而已。但是明公不采纳忠臣意见，被奸人所误，今后一定要后悔的。"不久成皋、虎牢的军队都来向晋军投降，檀道济等人率军长驱而进，石无讳到达石关，奔逃回去。龙骧司马荥阳人毛德祖与赵玄在柏谷交战，赵玄兵败，受伤十多处，手撑在地上还向兵士大声疾呼。赵玄的司马蹇鉴冒着兵刃，抱住赵玄哭泣。赵玄说："我伤势已经很重，你赶快离开。"蹇鉴说："将军不行了，我又能到哪里去？"于是和赵玄一同死去。姚禹翻过城墙，投奔檀道济。甲子日，檀道济进逼洛阳。丙寅日，姚洸出城投降。檀道济俘获秦兵四千多人，有人建议将俘虏全部活埋来作为洛阳的一处景观。檀道济说：“讨伐罪人，安抚民众，正在今日！”将被俘兵士全部释放，遣送回去。于是夷人、汉人感激喜悦，归附的人也很多。

18 太尉裕遣左长史王弘还建康[1]，讽朝廷求九锡[2]，时刘穆之掌留任，而旨从北来，穆之由是愧惧发病[3]。弘，珣之子也。十二月壬申，诏以裕为相国、总百揆、扬州牧，封十郡为宋公，备九锡之礼，位在诸侯王上，领征西将军、司、豫、北徐、雍四州刺史如故[4]。裕辞不受。以上均义熙十二年

[1] 魏、晋以来，重臣的府幕里分设左右长史，左右司马，分任政务、军务。
[2] 加九锡是篡位以前的步骤。九锡就是九种特殊的待遇，异于一般臣僚。
[3] 刘穆之是刘裕的亲信要人，他不能仰体刘裕的心思，主动替他布置谋篡，而需要刘裕自己派人来表示，深恐刘裕有对他不满的意思，所以既愧且惧。
[4] 这些名称都是将要篡位的先声。相国是位在百官之上的名称，总百揆是无所不统，扬州牧是京畿行政长官，宋公是由郡公而晋封为国公，九锡见前，征西将军是他现在北伐总司令的职务，四州刺史是占领地区的行政长官。

太尉刘裕派左长史王弘回到建康，含蓄地建议朝廷加赐刘裕九种优礼大臣的特殊器物。这时刘穆之掌管留守重任，而旨令却从北方发来，刘穆之由此既愧且惧而发病。王弘，是王珣的儿子。十二月壬申日，皇帝下诏任命刘裕为相国、总百揆、扬州牧，封赐十郡为宋公，加赐优礼大臣的九种器物，地位在诸侯王之上，兼任的征西将军、司、豫、北徐、雍四州刺史仍旧保留。刘裕辞让不受。

19 王镇恶进军渑池，遣毛德祖袭尹雅于蠡吾城[1]，禽之；雅杀守者而逃。镇恶引兵径前，抵潼关。檀道济、沈林子自陕北渡河，拔襄邑堡，秦河北太守薛帛奔河东。又攻秦并州刺史尹昭于蒲阪[2]，不克。别将攻匈奴堡，为姚成都所败。义熙十三年（四一七）

[1] 据胡注说蠡吾城当作蠡城，这是河南的极西部，接近陕西边界了。
[2] 蒲阪在黄河北岸山西境内，这一支兵是渡河想由河东攻入陕西的，但是太迂回，所以不久就放弃这条路了。

王镇恶进军渑池，派毛德祖到蠡城袭击尹雅，将其擒获；尹雅杀死看守逃走。王镇恶率军一直向前，抵达潼关。檀道济、沈林子从陕北渡过黄河，攻克襄邑堡，秦国河北太守薛帛逃往河东。又到蒲阪攻击秦国并州刺史尹昭，未能攻克。别部将领攻打匈奴堡，被姚成都打败。

20 秦主泓以东平公绍为太宰，大将军、都督中外诸军事、假黄钺，改封鲁公，使督武卫将军姚鸾等步骑五万守潼关，又遣别将姚驴救蒲阪[1]。沈林子谓檀道济曰："蒲阪城坚兵多，不可猝拔，攻之伤众，守之引日。王镇恶在潼关，势孤力弱，不如与镇恶合势并力以争潼关。若得之，尹昭不攻自溃矣。"道济从之。三月，道济、林子至潼关。秦鲁公绍引兵出战，道济、林子奋击，大破之，斩获以千数。绍退屯定城[2]，据险拒守。谓诸将曰："道济等兵力不多，悬军深入，不过坚壁以待继援。吾分军绝其粮道，可坐禽也。"乃遣姚鸾屯大路以绝道济粮道。鸾遣尹雅将兵与晋战于关南，为晋兵所获，将杀之。雅曰："雅前日已当死，幸得脱至今，死固甘心。然夷、夏虽殊，君臣之义一也。晋以大义行师,独不使秦有守节之臣乎?”乃免之。丙子夜,沈林子将锐卒袭鸾营,斩鸾,杀其士卒数千人。绍又遣东平公赞屯河上以断水道,沈林子击之,赞败走,还定城。薛帛据河曲来降[3]。

[1]后秦方面的布置以姚绍为元帅,守潼关以敌王镇恶的主力,救蒲阪以拒檀道济的偏师。[2]定城离潼关三十里。[3]河曲是黄河南下转而向东的地方。

秦国君主姚泓委任东平公姚绍为太宰、大将军、都督中外诸军事,假黄钺,改封为鲁公,命令他统领武卫将军姚鸾等步骑兵五万守卫潼关,又派别部将领姚驴救援蒲阪。沈林子对檀道济说:“蒲阪城池坚固,兵士众多,不能一下子攻克,攻打它会损伤兵力,围困它又要拖延时日。王镇恶在潼关,势孤力弱,不如前往与王镇恶会合,集中兵力争夺潼关。倘若夺下潼关,尹昭就不攻自溃了。”檀道济听从了他的意见。三月,檀道济、沈林子到达潼关。秦国鲁公姚绍率军出城交战,檀道济、沈林子奋力攻击,大败姚绍,斩杀俘获的秦兵以千计。姚绍退守定城,占据险要来加强防御,对各将领说:“檀道济等人兵力不多,孤军深入,只能坚守城垒以等待后援。我们分兵断绝他们的运粮之路,就可以轻易擒获他们。”于是派姚鸾驻扎在大路上来断绝檀道济的粮道。姚鸾派尹雅率军与晋军在潼关南面交战,尹雅被晋军擒获,将要杀掉他。尹雅说:“我前些天已经该死,侥幸脱逃到今天,死固然心甘情愿,不过夷、夏种族虽然不同,君臣间道义却是一样的。晋国依照大义出兵,唯独不让秦国有保持节操的臣子么?”于是免他一死。丙子夜晚,沈林子率精锐兵士袭破姚鸾营垒,斩杀姚鸾,杀其士卒几千人。姚绍又派东平公姚赞驻扎黄河边来断绝对方水路。沈林子发动攻击,姚赞战败逃走,退回定城。

薛帛占据河曲，前来投降。

21 太尉裕将水军自淮、泗入清河，将溯河西上，先遣使假道于魏；秦主泓亦遣使请救于魏。魏主嗣使群臣议之，皆曰[1]："潼关天险，刘裕以水军攻之甚难。若登岸北侵，其势便易。裕声言伐秦，其志难测。且秦，婚姻之国，不可不救也。宜发兵断河上流，勿使得西。"博士祭酒崔浩曰[2]："裕图秦久矣。今姚兴死，子泓懦劣，国多内难。裕乘其危而伐之，其志必取。若遏其上流，裕心忿戾，必上岸北侵，是我代秦受敌也。今柔然寇边，民食又乏，若复与裕为敌，发兵南赴，则北寇愈深，救北则南州复危，非良计也。不若假之水道，听裕西上，然后屯兵以塞其东。使裕克捷，必德我之假道；不捷，吾不失救秦之名，此策之得者也。且南北异俗，借使国家弃恒山以南，裕必不能以吴、越之兵与吾争守河北之地，安能为吾患乎？夫为国计者，惟社稷是利，岂顾一女子乎[3]？"议者犹曰："裕西入关，则恐吾断其后，腹背受敌；北上，则姚氏必不出关助我，其势必声西而实北也。"嗣乃以司徒长孙嵩督山东诸军事，又遣振威将军娥清、冀州刺史阿薄干将步骑十万屯河北岸。

[1] 拓跋嗣是后魏道武帝。 [2] 博士祭酒是学术顾问的首长。 [3] 指秦公主嫁给道武帝作夫人的。

太尉刘裕率水军从淮河、泗水进入清河，将溯流西上，先派使者向魏国借路，秦国君主姚泓也派使者向魏国求救。魏国君主拓跋嗣让群臣商议这件事，都说："潼关有天然险阻，刘裕用水军攻打它很难。如果上岸向北侵犯，形势就变得容易。刘裕声称征伐秦国，他内心的想法难以预测。而且秦国，是与我们联姻的国家，不能不救啊。应该调遣军队，断绝黄河上游通道，不让他们西进。”博士祭酒崔浩说：“刘裕图谋攻取秦国很久了。现在姚兴已死，儿子姚泓懦弱恶劣，国内困难甚多。刘裕乘其危难时征伐，志在必得。如果阻拦他向上游进军，刘裕心中愤怒，必定上岸北侵，我们就变成代替秦国挨打了。现在柔然骚扰我国边境，民众又缺乏粮食，如果再同刘裕为敌，调兵向南，则北面的敌寇会入侵更深，救援北面，则南面的州郡又有危险，这不是好计策啊。不如借水路给刘裕，听凭他向西进发，然后屯驻军队阻塞在他的东面。假若刘裕取胜，必定感激我们借路给他；不能取胜，我们也就没有失去救援秦国的名声。这是最可取的计策。而且南北习俗不同，假使国家放弃恒山以南地区，刘裕必定不能用吴、越军队与我们争夺黄河以北土地，哪能成为我们的祸患呢？为国家出谋划策，只看是否有利于国家，哪能顾及一个出嫁女子呢？”议事的人还是说：“刘裕向西入关，则担心我们截断他的后路，会腹背受敌；北进，则姚氏肯定不会出函谷关援助我们；所以他势必会声称向西而实际北进啊。”拓跋嗣于是委任司徒长孙嵩统领山东诸军事，又派振威将军娥清、冀州刺史阿薄干率步骑兵十万驻扎在黄河北岸。

22 初，裕命王镇恶等：“若克洛阳，须大军到俱进。”镇恶等乘利径趋潼关，为秦兵所拒，不得前；久之，乏食，众心疑惧，或欲弃辎重还赴大军。沈林子按剑怒曰：“相公志清六合，今许、洛已定，关右将平，事之济否，系于前锋。奈何沮乘胜之气，弃垂成之功乎？且大军尚远，贼众方盛，虽欲求还，岂可得乎？下官授命不顾，今日之事当自为将军办之，未知二三君子将何面目以见相公之旗鼓邪？”镇恶等遣使驰告裕，求遣粮援。裕呼使者，开舫北户，指河上魏军以示之曰：“我语令勿进，今轻佻深入。岸上如此，何由得遣军[1]？”镇恶乃亲至弘农，说谕百姓，百姓竞送义租[2]，军食复振。

[1]这几句话的意思是：还要防备魏军，没有余力派遣援兵，前线只可孤军奋斗。 [2]义租是自动缴纳的租税。

当初，刘裕命令王镇恶等人："倘若攻克洛阳，须等待大军到达后一起前进。"王镇恶等人却乘胜直接赶往潼关，遭到秦军阻击，不能前进；时间一长，缺乏粮食，众人心中疑惧，有人想抛下物资装备，撤退与大军会合。沈林子手按剑柄，发怒说："刘相公立志澄清天下，现在许昌、洛阳已经平定，关中即将平定，事情成功与否，决定于前锋。为什么要挫伤乘胜挺进的气势，放弃即将完成的大功呢？而且大军离我们还远，贼寇气势正盛，我们即使想回去，难道能做到吗？我接受命令后已不顾惜性命，今天的事情我将自行率军办理，不知几位君子将有什么脸面去见相公的旌旗战鼓？"王镇恶等人派使者飞马禀报刘裕，请求支援粮草兵力。刘裕叫来使者，打开战船北窗，把黄河边的魏军指给他看，说："我告诉过你们不要前进，现在却轻率地深入敌境。岸上情形如此，怎能派出援军？"王镇恶于是亲自到弘农，开导百姓，百姓竞相交纳租谷，军粮又充足了。

23 五月乙未，齐郡太守王懿降于魏，上书言："刘裕在洛，宜发兵绝其归路，可不战而克。"魏主嗣善之。崔浩侍讲在前，嗣问之曰："刘裕伐姚泓，果能克乎？"对曰："克之。"嗣曰："何故？"对曰："昔姚兴好事虚名而少实用，子泓懦而多病，兄弟乖争。裕乘其危，兵精将勇，何故不克？"嗣曰："裕才何如慕容垂？"对曰："胜之。垂藉父兄之资，修复旧业，国人归之，若夜虫之就火，少加倚仗，易以立功。刘裕奋起寒微，不阶尺土，讨灭桓玄，兴复晋室，北禽慕容超，南枭卢循[1]，所向无前，非其才之过人，安能如是乎？"嗣曰："裕既入关，不能进退，我以精骑直捣彭城、寿春，裕将若之何？”对曰：“今西有屈丐[2]，北有柔然[3]，窥伺国隙。陛下既不可亲御六师，虽有精兵，未有良将。长孙嵩长于治国，短于用兵，非刘裕敌也。兴兵远攻，未见其利，不如且安静以待之。裕克秦而归，必篡其主。关中华戎杂错，风俗劲悍，裕欲以荆、扬之化施之函、秦，此无异解衣包火，张罗捕虎。虽留兵守之，人情未洽，趋尚不同，适足为寇敌之资耳。愿陛下按兵息民以观其变，秦地终为国家之有，可坐而守也。”嗣笑之曰：“卿料之审矣。”浩曰：“臣尝私论近世将相之臣，若王猛之治国，苻坚之管仲也；慕容恪之辅幼主，慕容玮之霍光也；刘裕之平祸乱，司马德宗之曹操也[4]。”嗣曰：“屈丐何如？”浩曰：“屈丐国破家覆，孤孑一身，寄食姚氏，受其封殖。不思酬恩报义，而乘时徼利，盗有一方，结怨四邻。撅竖小人[5]，虽能纵暴一时，终当为人所吞食耳。”嗣大悦，语至夜半，赐浩御缥醪十觚[6]，水精盐一两[7]，曰：“朕味卿言，如此盐、酒，故欲与卿共飨其美。”然犹命长孙嵩、叔孙建各简精兵伺裕西过，自成皋济河，南侵彭、沛，若不时过，则引兵随之。

［1］卢循从广州起兵攻讨刘裕，事败，在义熙六年、七年。［2］屈丐即赫连勃勃。［3］柔然是北方一族，常侵魏边境。［4］司马德宗即晋安帝。［5］撅竖是突然而起的意思。［6］缥是青白色，醪即酒。［7］水精盐是透明的盐。

五月乙未日，齐郡太守王懿投降魏国，上奏章说：“刘裕在洛阳，我们应该调遣军队断绝他的退路，可以不战而胜。”魏国君主拓跋嗣认为他说得对。崔浩在拓跋嗣身旁侍讲经典，拓跋嗣问他说：“刘裕征伐姚泓，果真能攻克吗？”崔浩答道：“能攻克。”拓跋嗣说：“为什么？”崔浩答道:“从前姚兴好求虚名而少讲实效，儿子姚泓懦弱多病，兄弟之间争斗。刘裕乘他们危难时进攻，兵精将勇，怎么会不攻克！”拓跋嗣说:“刘裕的才能比慕容垂如何?”崔浩答道:“胜过慕容垂。慕容垂凭借父兄资本，恢复旧时基业，国人归附他，如同夜间的虫子飞向火光，稍加依赖，就很容易立功。刘裕从清寒低微的地位奋起，没有尺土的凭借，讨伐、消灭桓玄，复兴晋室，在北方擒获慕容超，在南方斩下卢循首级，所向无敌。如果不是他才能过人,怎么会这样呢?”拓跋嗣说:“刘裕进入关中后，一时之间不能前进后退，我们用精锐骑兵直捣彭城、寿春，刘裕会怎么应付?”崔浩答道:“现在西有屈丐,北有柔然,都在窥伺我国的可乘之隙，陛下既不能亲自统率六军,则虽有精兵,而无良将。长孙嵩擅长治理国家，不善于用兵，不是刘裕的对手。调拨军队远出攻伐，看不出有什么利益。不如暂且安静下来以等待时机。刘裕攻下秦国后返回，肯定要篡夺皇位。关中汉族、戎族杂居，风俗强劲剽悍，刘裕想把治理荆州、扬州的办法施行到函秦地带，这无异于脱下衣服包火、张开罗网捕虎。虽然他留下军队守卫，但人情未融洽，风尚不相同，适足为敌方提供有利条件而已。希望陛下按兵不动，让民众休养生息，来静观事变，秦地终将为我国所有，可以坐守而得啊。”拓跋嗣笑道:“你分析得很周密。”崔浩说:“臣曾私下评论近代将相之臣，如王猛治理国家，是苻坚的管仲;慕容恪辅佐年幼君主，是慕容的霍光;刘裕平定祸乱，是司马德宗的曹操。”拓跋嗣说:“屈丐这人怎么样?”崔浩说:“屈丐在国破家亡之后，孤身一人，寄居在姚氏那里，接受其官职津贴。不考虑酬恩报德，反而乘机谋利，窃据一方，与四邻结下仇怨。这是一个暴发小人，虽能横行霸道一时，终将为别人所吞并。”拓跋嗣非常高兴，谈到半夜，赐给崔浩十觚御用美酒、一两水精盐，说:“我品味你的话，就如同食用这种盐和酒，所以想和你共享其美味。”但还是命令长孙嵩、叔孙建各自挑选精兵，等刘裕向西开进后，从成皋渡过黄河，向南侵入彭城、沛郡；如果刘裕没有很快西进，就率军跟随其后。

24 秋七月，太尉裕至陕。沈田子、傅弘之入武关，秦戍将皆委城走。田子等进屯青泥[1]，秦主泓使给事黄门侍郎姚和都屯峣柳以拒之。……太尉裕至阌乡，沈田子等将攻峣柳，秦主泓欲自将以御裕军，恐田子等袭其后，欲先击灭田子等，然后倾国东出；乃帅步骑数万奄至青泥。田子本为疑兵，所领裁千余人，闻泓至，欲击之；傅弘之以众寡不敌止之，田子曰："兵贵用奇，不必在众。且今众寡相悬，势不两立，若彼结围既固，则我无所逃矣。不如乘其始至，营陈未立，先薄之，可以有功。"遂帅所领先进，弘之继之。秦兵合围数重，田子抚慰士卒曰："诸君冒险远来，正求今日之战，死生一决，封侯之业于此在矣。"士卒皆踊跃鼓噪，执短兵奋击，秦兵大败。

[1] 青泥城在陕西蓝田，即峣柳。姚泓的行动是想先击败长安东南方面来的敌军，然后再迎击潼关方面的主力。

秋七月，太尉刘裕抵达陕城。沈田子、傅弘之进入武关，秦国守将都弃城逃走。沈田子等人进军屯驻青泥，秦国君主姚泓命给事黄门侍郎姚和都屯驻峣柳来抵抗。……太尉刘裕抵达门阌乡。沈田子等人将要攻打峣柳。秦国君主姚泓想亲自率军来抵御刘裕军队，因担心沈田子等人从背后袭击，便打算先攻打沈田子等人，然后出动全国兵力东进；于是率领几万步骑兵突然到达青泥。沈田子率领的本是迷惑敌人的军队，才一千多人，听说姚泓到达，想要出击。傅弘之认为众寡不敌，加以阻止。沈田子说："用兵贵在出奇制胜，不一定在人数众多。而且现在双方众寡悬殊，势不两立，如果他们的包围稳固形成，我们将无处可逃。不如趁他们刚刚到达，营垒阵势尚未立稳，先冲击过去，可以立功。”于是率领所属部众先冲出去，傅弘之紧跟其后。秦军设施多重包围。沈田子抚慰兵士说：“各位冒险远道而来，正是为了寻求今日之战，决一生死，封侯大业就在这里啦！”兵士都踊跃击鼓呐喊，拿着短兵器奋勇冲击，秦军大败。

25 王镇恶请帅水军自河入渭以趋长安，裕许之。……镇恶溯渭而上，乘蒙冲小舰[1]，行船者皆在舰内，秦人见舰进而无行船者，皆惊以为神。壬戌旦，镇恶至渭桥，令军士食毕，皆持仗登岸，后登者斩。众既登，渭水迅急，舰皆乘流，倏忽不知所在。时泓所将尚数万人。镇恶谕士卒曰：“吾属并家在江南，此为长安北门，去家万里，舟楫、衣粮皆已随流。今进战而胜，则功名俱显；不胜，则骸骨不返，无他歧矣[2]。”乃身先士卒，众腾踊争进，大破姚丕于渭桥，泓引兵救之，为丕败卒所蹂践，不战而溃；姚谌等皆死，泓单马还宫。镇恶入自平朔门，泓与姚裕等数百骑逃奔石桥。东平公赞闻泓败，引兵赴之，众皆溃去；胡翼度降于太尉裕。

[1] 蒙冲是兵舰之名。 [2] 意思是：不胜则死，没有第三条路可走。

王镇恶请求率水军自黄河进入渭水，赶往长安，刘裕同意。……王镇恶沿渭水溯流而上，乘蒙冲小船，划船的人都在船里面。秦国人看到船只前进而看不到划船的人，都深感惊讶和神奇。壬戌日早晨，王镇恶到达渭桥，下令兵士们饭后都拿着兵器上岸，后上岸的要斩首。兵士们上岸后，渭水迅急，船只都随水流漂走，转瞬之间不知所在。这时姚泓率领的兵士还有几万人。王镇恶晓谕兵士们说：“我们家都在江南，这里是长安北门，离家万里，现在船只、衣服、粮食都已随水流漂走。今日进军交战获胜，则功劳名声都很显赫；如果不胜，则连尸骨也回不了家乡，再没有别的路可走。”于是身先士卒，冲在前面，部众都踊跃争先冲杀，在渭桥把姚丕打得大败。姚泓率军赶来救援，却被姚丕手下的败退之兵冲撞践踏，没有交战就溃散了。姚谌等人都被杀死，姚泓单人匹马逃回宫廷。王镇恶从平朔门进入长安，姚泓和姚裕等人带着几百骑兵逃奔石桥。东平公姚赞听说姚泓失败，率军赶去，部众都溃散逃走。胡翼度向太尉刘裕投降。

26 泓将出降，其子佛念年十一，言于泓曰：“晋人将逞其欲，虽降必不免，不如引决。”泓怃然不应。佛念登宫墙自投而死。癸亥，泓将妻子、群臣诣镇恶垒门请降，镇恶以属吏[1]。城中夷、晋六万余户，镇恶以国恩抚慰，号令严肃，百姓安堵。九月，太尉裕至长安，镇恶迎于灞上，裕劳之曰：“成吾霸业者卿也。”

[1] 属吏是交给属下去看守。

姚泓准备出宫投降，他的儿子姚佛念才十一岁，对姚泓说：“晋国人将要发泄他们的欲望，即使投降也一定不能免死，不如自杀。”姚泓情绪低落，没有应答。姚佛念登上宫墙，自坠而死。癸亥日，姚泓率领妻儿、群臣到王镇恶军营门前请求投降，王镇恶把他们交给属下去看管。城中夷人、汉人六万多户，王镇恶以晋国恩惠的名义加以抚慰，号令严明，百姓安居乐业。九月，太尉刘裕抵达长安，王镇恶到灞上迎接。刘裕慰劳他说：“完成我霸业的是你啊。”

27 裕议迁都洛阳，咨议参军王仲德曰：“非常之事固非常人所及，必致骇动。今暴师日久，士卒思归，迁都之计未可议也。”裕乃止。[1]

[1] 刘裕的意思确想就此恢复西晋时代的局面，无奈南渡偏安，为日已久，南方住惯的人一时也不想回北方了。

刘裕提议把都城迁到洛阳，咨议参军王仲德说："非常之事，原非常人所能理解接受，必会引起惊骇骚动。如今军队在外已经很久，士卒盼望归家，迁都的计划不可议论啊。"刘裕于是作罢。

28（十一月）辛未，刘穆之卒，太尉裕闻之，惊恸哀惋者累日。始，裕欲留长安经略西北，而诸将佐皆久役思归，多不欲留。会穆之卒，裕以根本无托，遂决意东还。

（十一月）辛未日，刘穆之去世，太尉刘裕听说后，连着几天惊恸哀惋。起初，刘裕想留在长安，筹划治理西北，而各将领僚属都因长久征战思归心切，多数不愿留下来。适逢刘穆之去世，刘裕因朝廷没有可以信托的人，于是决定东还。

29 三秦父老闻裕将还，诣门流涕诉曰："残民不沾王化，于今百年，始睹衣冠，人人相贺。长安十陵是公家坟墓，咸阳宫殿是公家室宅[1]，舍此欲何之乎？"裕为之愍然，慰谕之曰："受命朝廷，不得擅留。诚多诸君怀本之志，今以次息与文武贤才共镇此境[2]，勉与之居。"十二月庚子，裕发长安，自洛入河，开汴渠而归。

[1] 刘裕总算是汉室的后人，所以说长安是他的老家。 [2] 次息是第二个儿子。

三秦父老听说刘裕将要返回，上门流泪诉说："残存民众受不到朝廷教化，至今已有百年，才看到汉人衣冠，人人互相庆贺。长安十陵是您家坟墓，咸阳宫殿是您家住宅，舍弃这里，想去哪里呢？"刘裕为此伤感，宽慰他们说："我受朝廷命令，不能擅自留下来。实在铭感各位怀念先辈的心意，现在委派次子和文武贤才共同镇守这片疆域，希望你们之间好好相处。"十二月庚子日，刘裕从长安出发，由洛阳进入黄河，开通汴渠后返回。

30 夏王勃勃闻太尉裕东还，大喜，问于王买德曰："朕欲取关中，卿试言其方略。"买德曰："关中形胜之地，而裕以幼子守之[1]，狼狈而归，正欲急成篡事耳，不暇复以中原为意。此天以关中赐我，不可失也。青泥、上洛，南北之险要，宜先遣游军断之；东塞潼关，绝其水陆之路；然后传檄三辅，施以威德，则义真在网罟之中，不足取也[2]。" 以上均义熙十三年

[1] 刘裕的第二个儿子刘义真才十岁左右，此时镇守长安。 [2] 王买德的意思是：预先堵住长安向东及向东南的两条出路，则刘义真成为瓮中之鳖。

夏王赫连勃勃听说太尉刘裕返回东方，非常高兴，询问王买德说："我想夺取关中，请你谈谈方法谋略。"王买德说："关中形胜之地，而刘裕却以幼龄儿子守卫，自己匆忙返回，正急着篡夺皇位，再没有空闲顾及中原。这是上天把关中赐给我们，不可失去啊。青泥、上洛，是贯通南北的险要之地，我们应该先派遣游击部队切断它。东面堵住潼关，断绝他们归逃的水陆之路；然后传檄三辅地区，恩威并施，这样刘义真就如同处于网罟之中，不难擒获了。"

魏孝文帝迁都

魏孝文帝迁都

从苻坚的政权崩溃以后，北方又陷于混乱，鲜卑族的拓跋氏乘机而起，在今大同附近建国。由于北方各小国的互相争夺，及南方汉族的内部倾轧，无力北伐，造成了拓跋氏独霸的机会，不到五十年，将北方全部征服，于是北朝的魏与南朝的宋成为对峙的局面。在当时南北双方都已经相当安定，文化经济有一定程度的交流，而北方的领土更为广阔，实力也更为雄厚，因此，引起北魏统治者向南发展的野心。同时，北魏内部的各族间存在着复杂的矛盾，特别是被征服的汉族，占人口的多数，不甘心长此忍受压迫，时时流露反抗的意图。这是北魏统治者不能不苦心对付的一个问题。

北魏统治阶层中的知识分子，汉化程度已经是与日俱增了。他们为要争取汉族的合作，就不得不极力尊重汉族传统，经过几十年的接触和熏陶，也就在文化生活上成了汉族的俘虏。到了北魏孝文帝，他本身就是醉心汉族文化的人，于是提出一种主张，由边地迁都到内地。选取了洛阳作新都，以图继承周汉的太平文物，彻底改革胡人风俗，全盘接收汉化。如此，一方面可以更便于镇压汉族人民的反抗，一方面还可以加强南侵的准备。这就是孝文帝迁洛一举的动机。

他的本族人对于这种政策是不赞成的。从《通鉴》这篇记载可以看出他怎样苦心说服众人，才勉强把这件工作完成。然而迁都以后，引起了北人的不满和离心，又促成统治集团的生活腐化，以致几十年后就形成魏王朝的瓦解。不过从另一方面说，这项政策也促进了各族人民在文化上和血统上的融合，加强了汉族在文化上的领导地位，奠定了隋、唐时代统一的基础。所以这在历史上也是一个重要关键。

《通鉴》这篇记载可以分为三大段。第一节记孝文帝宣布伐齐（此时南朝的宋已为齐所继承），引起臣下的疑虑。第二节记孝文帝以迁都的本心实告任城王，取得他的同意。第三节记孝文帝决意南侵。第四节记平城留守之布置。以上第一段都是实行迁都前的步骤。以下为第二段。第五节记南侵临时改为南迁，足见当时众人都认为两者比较起来，南侵是更不情愿的。第六节记经营新都。第七节记于烈的话，足见众意仍是勉强，孝文帝也未尝不明白。以上是迁都的定计。以下为第三段。第八至第十四节记韩显宗建议的话，都是针对当时的弊政而言，如用人不重真才、用刑过于严酷、亲贵滥得赏赐、行政区域不明等等。又主张新都须按职业性质分配住宅区域，旧都地位不可听其沦降。足见当时政治情况之不稳定。最后一节记孝文帝在迁洛以前还亲到平城，再与旧人作一次辩论，足见旧人还是不能心服。总的来看，孝文帝的毅力是很可敬的。与赵武灵王的变法对照，一个是主张汉族向胡人学习，一个是主张胡族向汉人学习，倒也相映成趣。

一

1 魏主以平城地寒[1]，六月雨雪，风沙常起，将迁都洛阳；恐群臣不从，乃议大举伐齐，欲以胁众。斋于明堂左个[2]，使太常卿王谌筮之，遇《革》[3]，帝曰："'汤、武革命，顺乎天而应乎人[4]，'吉孰大焉！"群臣莫敢言。尚书任城王澄曰："陛下奕叶重光[5]，帝有中土，今出师以征未服，而得汤、武革命之象，未为全吉也。"帝厉声曰："繇云[6]：'大人虎变[7]'，何言不吉？"澄曰："陛下龙兴已久，何得今乃虎变？"帝作色曰："社稷我之社稷，任城欲沮众邪？"澄曰："社稷虽为陛下之有，臣为社稷之臣，安可知危而不言！"帝久之乃解，曰："各言其志，夫亦何伤！"齐武帝永明十一年（四九三）

［1］平城故城在今山西省大同市东。［2］明堂左个指魏依古制所建之大寝南堂东偏。［3］《革》是《周易》六十四卦之一。［4］此是《周易·革卦》的彖辞。［5］奕叶即累代。［6］繇是卦兆的占辞。繇音昼。［7］此是《革卦》的爻辞。大人指君主。

魏国君主因为平城地方寒冷，六月下雪，风沙常起，想迁都洛阳；恐群臣不依从，于是商议大举伐齐的事，想以此来胁迫众人。在明堂大寝南堂东边的偏房斋戒，吩咐太常卿王谌卜筮，遇到《革卦》，魏帝说："'商汤、周武王革命，顺乎天意而应乎人心。'吉瑞有比这更大的吗！"群臣无人敢进言。尚书任城王拓跋澄说："陛下让累代勋业再度发扬，称帝于中原；如今出兵去征讨尚未臣服的敌人，而占得汤、武革命的卦象，这并非全然吉瑞啊。"魏帝厉声说道："繇辞说：'大人虎变'，怎么不是吉瑞？"拓跋澄说："陛下如龙兴起已经很久，怎么现在又如虎变化？"魏帝变了脸色说："社稷是我的社稷，任城王想挫伤众人志气么？"拓跋澄说："社稷虽为陛下所拥有，臣是社稷之臣，怎能知道危险而不说！"魏帝过了好久才平缓下来，说："各人谈谈自己的心志，又有什么妨碍！"

2既还宫，召澄入见，逆谓之曰："向者《革卦》，今当更与卿论之。明堂之忿，恐人人竞言，沮我大计，故以声色怖文武耳。想识朕意。"因屏人谓澄曰："今日之举，诚为不易。但国家兴自朔土，徙居平城；此乃用武之地，非可文治。今将移风易俗，其道诚难，朕欲因此迁宅中原，卿以为何如？"澄曰："陛下欲卜宅中土以经略四海，此周、汉所以兴隆也。"帝曰："北人习常恋故，必将惊扰，奈何？"澄曰："非常之事，故非常人之所及[1]。陛下断自圣心，彼亦何所能为！"帝曰：

“任城，吾之子房也[2]。”

［1］南北朝时，故字多作固字用。［2］子房，张良字。张良赞助汉高帝建都长安，故孝文帝用此语作比。

回到宫廷以后，魏帝召唤拓跋澄入宫晋见，迎上来对他说：“刚才的《革卦》，现在该再与卿讨论一番。我在明堂发怒，是怕大家争着发言，坏了我的大计，所以声色俱厉来吓阻文武群臣罢了。卿想必了解朕的心意。”于是屏退左右，对拓跋澄说：“今日想做的事，确实不容易。但国家兴起于北方，迁徙到平城；这是用武的地方，不能施行文治。现在要移风易俗，确实很难，朕想借此迁都到中原，卿认为怎么样？”拓跋澄说：“陛下想在中原选择都城以经营天下，这是周代、汉代所以兴隆的方法啊。”魏帝说：“北方人习惯依恋旧有事物，迁都必将引起惊扰，怎么办？”拓跋澄说：“非常之事，本来就不是常人所能理解。陛下的决断出自圣明之心，他们又能怎么样！”魏帝说：“任城王，是朕的张良啊！”

3 六月丙戌，命作河桥，欲以济师。秘书监卢渊上表，以为：“前代承平之主，未尝亲御六军，决胜行陈之间；岂非胜之不足为武，不胜有亏威望乎？昔魏武以弊卒一万破袁绍，谢玄以步兵三千摧苻秦，胜负之变，决于须臾，不在众寡也。”诏报曰：“承平之主所以不亲戎事，或以同轨无敌[1]，或以懦劣偷安。今谓之同轨则未然，比之懦劣则可耻。必若王者不当亲戎，则先王制革辂[2]，何所施也？魏武之胜，盖由仗顺，苻氏之败，亦由失政；岂寡必能胜众，弱必能制强邪？”

［1］同轨无敌：指天下一统。［2］革辂是古代行军时所用之辇辂。

六月丙戌日，命令在河上搭建桥梁，准备用来运送军队。秘书监卢渊上表，认为："前代承平时期的君主，不曾亲自统率六军，在行军布阵之间和敌人决一胜负；如果这么做，岂不是胜了不足为勇武，败了则有亏威望么？过去魏武帝以一万疲惫的士卒击破袁绍，谢玄以三千步兵摧毁苻秦，胜负变化，决定于片刻之间，不在于人数多少。"诏令回答说："承平时期的君主所以不亲自参与军事行动，有的是因为天下统一，没有敌国，有的是懦弱无能，偷安苟且。现在若说已是天下统一，则不符合事实，要把朕比作懦弱无能，偷安苟且，则很可耻。倘说王者一定不该亲历军事，那么先王制定革辂，又用在什么地方呢？魏武帝的胜利，由顺乎天命而来；苻秦的失败，也是由于施政失当；哪里是人少的必能战胜人多的，弱小的必能战胜强大的呢？"

4 魏主使录尚书事[1]广陵王羽持节安抚六镇[2]，发其突骑。丁亥，魏主辞永固陵[3]。己丑，发平城南伐，步骑三十余万；使太尉丕与广陵王羽留守平城，并加使持节[4]。羽曰："太尉宜专节度，臣正可为副。"魏主曰："老者之智，少者之决[5]。汝无辞也。"

［1］汉代在宫廷内管机要文书，助理政务的，称领尚书事，东汉改称"录尚书事"。自魏晋以后，多以公卿权重者为之，职无不总，实即宰相，与唐代之平章事意义相当。［2］北魏太武帝平柔然，分设六镇。一、武川，二、抚冥，三、怀朔，四、怀荒，五、柔远，六、御夷，都在今内蒙古自治区与山西省接界地方。［3］永固陵是孝文帝祖母冯太后的陵。［4］按魏、晋以来的制度，凡加使持节的有专杀之权。［5］意思是：利用老年人的智慧经验，也利用少壮人的决心毅力。

魏国君主命录尚书事广陵王拓跋羽掌持符节安抚六镇，调动突击骑兵。丁亥日，魏国君主拜辞永固陵。己丑日，由平城出发南征，步骑兵共三十多万；命太尉拓跋丕与广陵王拓跋羽留守平城，并加号“使持节”。拓跋羽说：“应该由太尉节度一切，臣正可以做副手。”魏国君主说：“老年人的智慧经验，少年人的决心毅力，正好互补，你不要推辞啊。”

二

5 魏主自发平城至洛阳，霖雨不止。丙子，诏诸军前发。丁丑，帝戎服，执鞭乘马而出，群臣稽颡于马前。帝曰：“庙算已定[1]，大军将进，诸公更欲何云？”尚书李冲等曰：“今者之举，天下所不愿，惟陛下欲之；臣不知陛下独行竟何之也？臣等有其意而无其辞，敢以死请！”帝大怒曰：“吾方经营天下，期于混一，而卿等儒生，屡疑大计；斧钺有常[2]，卿勿复言！”策马将出。于是安定王休等并殷勤泣谏。帝乃谕群臣曰：“今者兴发不小，动而无成，何以示后？朕世居幽朔，欲南迁中土；苟不南伐，当迁都于此，王公以为何如？欲迁者左，不欲者右。”南安王桢进曰：“‘成大功者不谋于众[3]。’今陛下苟辍南伐之谋，迁都洛邑，此臣等之愿，苍生之幸也。”群臣皆呼万岁。时旧人虽不愿内徙，而惮于南伐，无敢言者，遂定迁都之计。

[1] 庙算是朝廷内定的政策。 [2] 斧钺是用以杀人的，意思是：国有常刑。 [3] 这是引用商鞅的话。

魏国君主从平城出发到洛阳，一路上霖雨不停。丙子日，诏令各路军队前进。丁丑日，魏帝身穿军服，执鞭骑马出来，群臣在马前叩头。

魏帝说："朝廷大计已定，大军即将出发，各位还想说些什么？"尚书李冲等人说："今日的举动，天下人所不愿意，唯独陛下想这么做；臣不知道陛下独自前行竟往哪里去？臣等有意见而不知该怎么说，敢冒死向陛下请求！"魏帝大怒说："我正经营天下，期望一统江山，而你们这些儒生，屡次怀疑朝廷大计；国有常刑，你不要再说了！"将要策马而出。于是安定王拓跋休等人都流泪再三劝谏。魏帝这才晓谕群臣说："现在出军不是小事，有所举动而无成果，怎么给后人示范？朕世代居住在北方，想南迁到中原一带，如果不南伐，应当迁都到这里，各位王公认为如何？想迁都的站到左边，不想迁都的站在右边。"南安王拓跋桢进言说："'成就大功业的人，不与众人商议。'现在陛下如果放弃南伐的谋略，迁都到洛邑，这是臣等的愿望，百姓的幸福啊。"群臣都高呼万岁。当时北方旧族虽不愿向内地迁徙，但害怕南伐，没人敢说话，于是决定了迁都大计。

6 李冲言于上曰："陛下将定鼎洛邑，宗庙宫室，非可马上游行以待之。愿陛下暂还代都，俟群臣经营毕功，然后备文物、鸣和鸾而临之[1]。"帝曰："朕将巡省州郡，至邺小停，春首即还，未宜归北。"乃遣任城王澄还平城，谕留司百官以迁都之事，曰："今日真所谓革也，王其勉之！"

[1] 和鸾是辇辂上的铃。

李冲对皇上说："陛下将建都洛邑，宗庙宫室，不可能等着从马背上移动过来。愿陛下暂时回到代都，等群臣将这里经营完毕，然后再备齐文物，鸣动鸾铃而驾临。"魏帝说："朕将巡察州郡，到邺稍作停留，明年春初就回来，不宜返回北方。"于是派任城王拓跋澄回平城，向留守百官告谕迁都的事，说："今天真是《革卦》所谓'去旧'的意思了，王爷好好努力！"

7 帝以群臣意多异同，谓卫尉卿、镇南将军于烈曰："卿意如何？"烈曰："陛下圣略渊远，非愚浅所测。若隐心而言[1]，乐迁之与恋旧，适中半耳[2]。"帝曰："卿既不唱异，即是肯同，深感不言之益。"使还镇平城，曰："留台庶政，一以相委[3]。"烈，栗磾之孙也[4]。以上均永明十一年

[1] 隐心而言，是凭个人所揣度的来说。 [2] 意思是：赞成的与不赞成的各得一半。 [3] 留台是留都的政务机关。 [4] 磾读如提。于栗磾是北魏初开国时的名将。

魏帝因为群臣想法多有异同，向卫尉卿、镇南将军于烈问道："卿的想法如何？"于烈说："陛下韬略圣明深远，非愚陋浅近的我辈所能窥测。如凭个人所揣度的来说，乐于迁都和留恋旧城的人，刚好各占一半罢了。"魏帝说："卿既然不提出异议，就是首肯赞同，我深深感激你不说话带来的好处。"派他回平城去镇守，说："留守朝廷的各项政务，完全委托你了。"于烈，是于栗磾的孙子。

三

8 正月（乙亥），魏主如洛阳西宫。中书侍郎韩显宗上书陈四事：其一以为："窃闻舆驾今夏不巡三齐，当幸中山。往冬舆驾停邺，当农隙之时，犹比屋供奉，不胜劳费。况今蚕麦方急，将何以堪命！且六军涉暑，恐生疠疫。臣愿早还北京，以省诸州供张之苦，成洛都营缮之役。"其二以为："洛阳宫殿故基，皆魏明帝所造，前世已讥其奢。今兹营缮，宜加裁损。又，顷来北都富室，竞以第舍相尚；宜

因迁徙，为之制度。及端广衢路，通利沟渠。”其三以为：“陛下之还洛阳，轻将从骑。王者于闱闼之内，犹施警跸[1]，况涉履山河，而不加三思乎？”其四以为：“陛下耳听法音，目玩坟典[2]，口对百辟[3]，心虞万机[4]，景昃而食[5]，夜分而寝；加以孝思之至，随时而深，文章之业，日成篇卷；虽睿明所用，未足为烦，然非所以啬神养性，保无疆之祚也。伏愿陛下垂拱司契[6]而天下治矣。”帝颇纳之。显宗，麒麟之子也[7]。齐明帝建武元年（四九四）

[1] 警跸是警戒禁止行人。 [2] 坟典是指《三坟》《五典》，古代书籍之名。 [3] 百辟指百官。 [4] 万机指皇帝所须处理的各种政务。[5] 景是日影，昃与侧同，指中午以后。 [6] 意思是：安静无为。[7] 韩麒麟是魏太和中的名臣。

正月乙亥日，魏国君主来到洛阳西宫。中书侍郎韩显宗上书陈述四件事。其一认为：“我听说君王车驾今夏不巡视三齐，将莅临中山。去年冬季车驾停留邺城，正逢农闲时候，百姓犹须一家接一家供奉，劳费不堪承受；何况现在正忙于养蚕种麦，将如何承受得起！而且六军在酷暑天跋涉，怕要发生流行疾病。臣希望陛下早点返回北京，以减轻各州供奉张罗的劳苦，完成洛都经营修缮的工作。”其二认为：“洛阳宫殿的旧有基础，都是魏明帝所建造，前代已讥刺他奢华。现在营修，应该加以裁汰减损。又，近来北都富裕人家，以攀比住宅豪华为时尚；应该趁着迁都，定下相关制度。还要把道路铺正修宽，沟渠也要畅通便利。”第三认为：“陛下返回洛阳，只带少量亲兵。王者在宫禁之内，还要设警卫禁止一般行人，何况跋涉山河，能不再三考虑么？”第四认为：“陛下耳听雅乐，眼观《三坟》《五典》，口里与百官应对，心里操虑各种政务，中午过了才进食，夜半时分才就寝；加上极为孝顺的情思，随时都在加深；文章大业，每天都成篇成卷地完成；虽说凭着陛下的聪睿贤明，这些还不足以带来烦扰，然而这不是爱护心神、怡养心性，保有无边福祚的方式啊。但愿陛下垂衣拱手，掌握契要，安静无为而天下大治。”皇帝很采纳他的意见。韩显宗，是韩麒麟的儿子。

9 显宗又上言，以为：“州郡贡察，徒有秀、孝之名而无秀、孝之实[1]；朝廷但检其门望，不复弹坐[2]。如此，则可令别贡门望以叙士人，何假冒秀、孝之名也！夫门望者，乃其父祖之遗烈，亦何益于皇家？益于时者，贤才而已。苟有其才，虽屠钓奴虏[3]，圣王不耻以为臣；苟非其才，虽三后之胤[4]，坠于皂隶矣。议者或云：‘今世等无奇才，不若取士于门。’此亦失矣。岂可以世无周、邵[5]，遂废宰相邪？但当校其寸长铢重者先叙之[6]，则贤才无遗矣。

[1] 南北朝时，州郡贡举有秀才、孝廉两种，名为秀才、孝廉，其实才既不秀，品德亦不孝不廉，成为一种虚文了。 [2] 意思是：只问是否出于名门大族，并不检举州郡贡举名不副实之罪。 [3] 这是指吕尚及箕子，一曾隐于屠钓，一曾为奴，均为周武王所师友。 [4] 三后是夏、商、周之王。 [5] 周、邵指周公、召公，都是周武王、成王的辅佐。 [6] 意思是：只要选取稍有一分能力的，先加以录用。

韩显宗又进言，认为：“州郡通过贡举向朝廷引荐的人才，徒有秀才、孝廉之名，而无秀才、孝廉之实；朝廷只问其人是否为名门望族，并不检察州郡贡举名不副实之罪。这样的话，就可以下令另外以门第名望来铨选士人，何必假冒秀才、孝廉之名呢？所谓门第名望，乃是父祖辈遗留的功业，对皇家又有什么益处？对当代有益处的，只是贤才而已。如果真有才干，即使是屠夫、钓徒，或为人奴仆，圣王都不以重用他们为耻；如果没有才干，即使是三代圣王的后裔，也会沦落至地位低贱的差役。有议论者说：‘当代没有奇才，不如按门第来擢用士人。’这话也说错了。怎能因为当代没有周公、邵公，就废除宰相职务呢？只需仔细衡量比较，选出较为出众的人才优先录用，贤才就不会遗漏了。

10 又，刑罚之要在于明当，不在于重。苟不失有罪，虽捶挞之薄，人莫敢犯；若容可侥幸，虽参夷之严[1]，不足惩禁。今内外之官，欲邀当时之名，争以深刻为无私，迭相敦厉，遂成风俗。陛下居九重之内，视人如赤子；百司分万务之任，遇下如仇雠。是则尧、舜止一人，而桀、纣以千百；和气不至，盖由于此。谓宜敕示百僚，以惠元元之命[2]。

［1］意思是：如果有罪而可以苟免，那么，即使用灭族之刑，也不能防止人犯罪。［2］元元指一般的百姓。

“又，刑罚的要点，在于明确恰当，不在于求重。如果有罪的人都不予漏网，那么虽只是轻微的杖击鞭挞，人们也不敢犯法；如果有罪而可以侥幸逃免，那么即使是用灭族的严刑，也不足以禁止人们犯法。如今京城内外官吏，想求得当代盛名，争着把严刑峻法当作无私，互相敦促激励，于是形成风俗。陛下深居九重宫闱之内，将人民视同赤子；百官分担万种政务责任，对待人民却如仇敌。这样一来，尧、舜只有一人，而桀、纣有千百个；和谐的风气没有造成，都是这个原因。臣认为应该敕令告示百官，以惠爱百姓生命。

11 又，昔周居洛邑，犹存宗周[1]；汉迁东都，京兆置尹。察春秋之义，有宗庙曰都，无曰邑。况代京，宗庙山陵所托，王业所基，其为神乡福地，实亦远矣。今便同之郡国，臣窃不安。谓宜建畿置尹，一如故事；崇本重旧，光示万叶。

[1] 周成王经营洛邑，犹以原来的丰邑为宗周。

“又，过去周成王经营洛邑，犹以原来的丰邑为宗周；汉迁往东都，长安仍设京兆尹。观察《春秋》大义，有宗庙的称为都，没有宗庙的叫作邑。何况代京，为宗庙与祖先陵墓所依托，系帝王立业的根基所在，作为神佑福祉之地，实在也很久远了。现在就把它等同于一般郡县封国，臣私下深感不安。认为应该建立王畿设置郡尹，一如以往通例；推崇根本，尊重旧制，光照万代。

12 又，古者四民异居，欲其业专志定也。太祖道武皇帝[1]创基拨乱，日不暇给，然犹分别士庶，不令杂居，工伎屠沽，各有攸处；但不设科禁，久而混淆。今闻洛邑居民之制，专以官位相从，不分族类。夫官位无常，朝荣夕悴，则是衣冠皂隶不日同处矣。借使一里之内，或调习歌舞，或讲肄诗书，纵群儿随其所之，则必不弃歌舞而从诗书矣。然则使工伎之家习士人风礼，百年难成；士人之子效工伎容态，一朝而就。是以仲尼称里仁之美，孟母勤三徙之训[2]。此乃风俗之原，不可不察。朝廷每选人士，校其一婚一宦以为升降，何其密也！至于度地居民，则清浊连甍[3]，何其略也！今因迁徙之初，皆是空地，分别工伎，在于一言，有何可疑，而阙盛美？

[1] 道武皇帝是拓跋珪。 [2] 孔子说：“里仁为美，择不处仁，焉得知（智）？”孟母为教子而三迁其家，都是表明择邻之要。 [3] 甍音萌，

屋栋也。意思是：清浊两等的人混杂在比邻之内。

“又，古时候士、农、工、商四民，分别住在不同地方，希望他们能一心从事专门职业。太祖道武皇帝创立基业，拨乱反正，每天都忙得没有空闲，但还是区分士人和庶人，不让他们杂居在一起，工匠、艺人、屠夫、商人，各有各的居处；只是未设科罚禁令，时间久了就混淆了。如今听说洛邑居民制度，专以官位为依据，不分职业。官位没有长久不变的，早晨荣达，晚上可能就遭贬谪，那样不用多久士绅人家与皂隶之流就同处一地了。假使一里之内，有的教习歌舞，有的讲授诗书，而任由孩子们随意选修，那么他们必定不会舍弃歌舞而去学习诗书的。既然如此，要让工匠艺人家子弟效仿读书人的风尚礼仪，百年也难得有成；要让士人子弟效仿工匠艺人的姿容举止，一朝而就。所以孔子说居处要有仁德风气，孟母为教育儿子而三次迁徙。这是风俗的根本，不可不明察。朝廷每次选拔士人，都要衡量其婚姻与为官的情况来决定升降，何其周密啊！至于安置地方居民，则清浊不同的人都比邻而居，混在一处，何其疏略啊！现在趁着迁徙初期，到处都是空地，要想区分工匠艺人，只在一句话而已，有什么可疑虑的，而失去推行这一盛美之事的机会？

13 又，南人昔有淮北之地，自比中华，侨置郡县。自归附圣化，仍而不改；名实交错，文书难辨。宜依地理旧名，一皆厘革[1]，小者并合，大者分置。及中州郡县昔以户少并省，今民口既多，亦可复旧。

[1] 这是说：淮北地方从前被南朝占领时，曾经空立许多北方州郡之名。现在淮北既然归了北朝，这些名称就与北方原有的州郡名称重复了。

“又，南边人过去占有淮北地方，自比为中华，曾经空立许多北方州郡之名。自从淮北归附圣朝之后，这些名称仍未更改；造成地名重复，交互错乱，文书也难以辨别。应该依照地理上的旧名，一律改正，小的合并，大的分别设置。至于中州郡县，过去由于户少而合并裁省了一些，如今人口已经增多，也可恢复旧有设置。

14 又，君人者以天下为家，不可有所私。仓库之储，以供军国之用，自非有功德者，不可加赐。在朝诸贵，受禄不轻；比来赐赉，动以千计。若分以赐鳏寡孤独之民，所济实多；今直以与亲近之臣，殆非周急不继富之谓也。”帝览奏，甚善之。

“又，统治百姓的人以天下为家，不能有所偏私。仓库的储积，要供给军队和国家使用，没有功德的人自然不能给予赏赐。在朝各权贵，俸禄本已不少；近来赏赐，动辄以千计。倘若分出一些赏赐给鳏夫、寡妇、孤儿、孤老之人，所救济的人实际上会很多；现在直接用来给予亲近的臣子，可不符合‘周济急需帮助的人，不接济富人’的说法啊！”皇帝看了奏章，很赞许他的意见。

15（二月）壬寅，魏主北巡；癸卯，济河；三月壬申，至平城。使群臣更论迁都利害，各言其志。燕州刺史穆罴曰[1]：“今四方未定，未宜迁都；且征伐无马，将何以克？”帝曰：“厩牧在代，何患无马？今代在恒山之北，九州之外，非帝王之都也。”尚书于果曰：“臣非以代地为胜伊、洛之美也。但自先帝以来，久居于此，百姓安之；一旦南迁，众情不乐。”平阳公丕曰：“迁都大事，当讯之卜筮。”帝曰：“昔周、召圣贤，乃能卜宅。今无其人，卜之何益？且‘卜以决疑，不疑何卜？’黄帝卜而龟焦，天老曰：吉，黄帝从之[2]。然则至人之知未然，审于龟矣。王者以四海为家，或南或北，何常之有？朕之远祖，世居北荒。平文皇帝始都东木根山[3]，昭成皇帝[4]更营盛乐[5]，道武皇帝迁于平城。朕幸属胜残之运[6]，而独不得迁乎？”群臣不敢复言。

[1]燕州是北魏所分置，治所在今河北省昌平县。 [2]古代卜筮灼龟，以龟所裂纹，定为吉凶。龟焦是兆不成，而天老曰吉，黄帝亦从之，可见龟的前知总不及人。 [3]拓跋郁律谥曰平文皇帝。 [4]拓跋什翼犍谥昭成皇帝。 [5]盛乐城在今内蒙古自治区境内。 [6]胜残是感化人不为残暴的意思。《论语》：孔子曰：“善人为邦百年，亦可以胜残去杀矣。”

（二月）壬寅日，魏国君主北巡；癸卯日，渡过黄河。三月壬申日，抵达平城。让群臣再次讨论迁都的利弊得失，各谈各的看法。燕州刺史穆罴说：“现在四方尚未平定，不宜迁都；而且征战时没有马匹，将凭什么战胜敌人？”皇帝说：“马厩与牧马人都在代郡，还怕没有马匹？如今代郡位于恒山之北，九州范围之外，不适合作为帝王都城啊。”尚书于果说：“臣并不认为代郡有胜过伊河、洛水的优越之处。但自先帝以来，长期居住在这里，百姓都很安心；一旦南迁，民众心里会不乐意。”平阳公拓跋丕说：“迁都大事，应该由占卜来探知吉凶。”皇帝说：“过去周公、召公是圣贤，才能占卜安居之所。现在没有圣贤人物，占卜又有什么用处？而且‘占卜是为了决定有疑虑的事，没有疑虑还占卜什么？’黄帝占卜而龟甲烧焦，天老说：‘吉’，黄帝依从他的判断。如此说来，超凡的人能预知未来的事，比龟甲还灵验了。王者以四海为家，或南或北，哪有什么恒久不变的居留之所？朕的远祖，世代居住北边荒野之地。平文皇帝才建都东木根山，昭成皇帝又经营盛乐，道武皇帝迁都平城。朕有幸遇上能感化人不为残暴的好时运，为何独独不能迁都呢？”群臣不敢再说话。

侯景之乱

侯景之乱

自魏孝文帝迁洛以后，与北方逐渐隔绝，内部政治也日益腐败。公元五二三年，北边六镇军民开始行动，各族的人纷纷乘机而起。其中最大一支是葛荣所领导的，后来为尔朱荣所败。继尔朱荣之后的是高欢，都拥有强兵，专擅政权。魏主不胜其辱，讨高欢不成，就入奔关中，依靠宇文氏。高氏只得另立一个君主作傀儡。于是魏分为两，宇文氏所拥戴的在关西，称西魏，高氏所拥戴的在关东，称东魏。而这时南朝的政权则由萧齐过渡到萧梁，梁的开国君主武帝享国最长久，内部比较安定。

高欢死后，他的部下大将侯景不愿服从高欢的儿子高澄，于是带了地盘投奔梁朝，梁武帝接纳了他。但是也不能与高氏完全绝交。侯景感觉武帝不可靠，又窥破了梁朝内部的腐败情形，起兵直逼梁的首都，取得了一时的胜利。然而由于南方人心不附，终为王僧辩、陈霸先的联军所败。

自此以后，梁的政权移到长江上游，又为宇文氏所灭，而陈霸先杀害王僧辩之后，据有长江下游，成立陈国。又维持了三十年左右，为宇文氏的后身杨氏（隋）所并。南北朝从此结束。

因此，侯景一番举动是南北混乱的开始，也是由分裂而复归统一的先声。

在这场滔天大祸之中，南朝纸醉金迷的酣梦被打断了。东西南北的人互相奔窜，家室流亡，文物残破。全中国都起了变化。关中得了渔人之利，逐步伸张势力到南方，形成汉、胡、南、北的交流，为后来的隋、唐文化奠下了基础。永嘉南渡以后的世家传统起了动摇，而南方浙、闽、赣、广的人渐渐抬头向北发展。新兴的陈霸先就是一个代表。这一时期中出现了两篇史料性的文艺作品，一是庾信的《哀江南赋》，一是颜之推的《观我生赋》。这两个作者，一是由梁入周的（周就是西魏的后身），一是由梁入齐的（齐就是东魏的后身）。他们亲身的经历，把这一动荡的局面从时间空间两方面都观察透了。尤其是《哀江南赋》写得最有声有色，可歌可泣，与《通鉴》这一篇记载正好参看。

由于事态过分复杂，牵涉方面过分广泛，虽然选录得相当长，仍然有大部分是无法全面容纳的。

本篇以侯景叛魏降梁，以至入建康称帝旋即兵败身死为止，限于篇幅，前后都从略，中间关于梁室王公将帅的内争以及起兵讨侯景的复杂情事也都节去了。

第一节叙侯景的为人。第二节叙侯景与高氏结仇的原因。第三节叙梁武帝贪得河南土地而接纳侯景，以致引狼入室。第四节叙侯景兵败于慕容绍宗，以致在北方不能容身。第五节叙侯景侥幸取得了寿阳作暂时根据地。第六节叙高氏利用被俘的贞阳侯渊明作要求引渡侯景的准备。第七、八、九节叙侯景窥破高氏与梁的勾结，知道自己要被牺牲，以致铤而走险。第十至十三节叙侯景起兵的种种布置策划，而梁朝仍不觉悟，毫不提防。

第十四节开始叙侯景起兵，第十五节叙梁朝的应付。第十六、十七节叙侯景决计攻建康，以及梁朝严守失策。第十八节叙侯军渡江。第十九节叙建康之防守。第二十节叙侯军围台城。第二十一节叙双方拒守的情形。第二十二节叙侯景深知梁朝贵族的昏庸奢纵，指出梁之必败，以告城中士民。第二十三节叙侯景同时卑词通书于高氏以期家属在北之安全。第二十四节叙侯景暂时向梁讲和以期赢得时间。第二十五节叙上游援军之观望。第二十六节叙侯景预备毁约再战，痛斥梁武帝在位以来之种种失政，以及他家庭中的丑事。第二十七节叙梁朝不得不再战，而将帅无战意。第二十八节叙台城被陷。第二十九节叙侯景专制朝权。第三十节叙武帝被幽困而死。第三十一、三十二节叙简文帝即位后侯景跋扈的情状。第三十三节叙侯景不得人心。第三十四节叙简文帝被废。第三十五、三十六节叙侯景称帝。在这里还有侯景向上游进兵，直到现在的岳州，终于败退的种种情节，因为牵涉方面太多，从略了。

第三十七节叙王僧辩、陈霸先兵迫建康，侯景无力抵御，向东方逃走。第三十八节叙侯景穷困，被部下杀害。

1 东魏司徒、河南大将军、大行台侯景[1]右足偏短，弓马非其长，而多谋算。诸将高敖曹、彭乐等皆勇冠一时，景常轻之，曰："此属皆如豕突，势何所至[2]！"景常言于丞相欢[3]："愿得兵三万，横行天下，要须济江，缚取萧衍老公[4]，以为太平寺主[5]。"欢使将兵十万，专制河南，杖任若己之半体[6]。

[1] 魏、晋以来的大行台相当于大行政区的政府。 [2] 意思是：勇而无谋，干得出什么大事！ [3] 此时高欢正执东魏的政权。 [4] 萧衍即梁武帝，老公即老头子。 [5] 因为梁武帝好佛，所以预备给他一所僧寺养老。[6] 意思是：倚仗他就同自己的左右手一般。

东魏司徒、河南大将军、大行台侯景，右脚偏短一些，不擅长射箭骑马，而善于谋算。诸将领中如高敖曹、彭乐等都以勇猛冠绝一时，侯景却对他们十分轻视，说："这些人只会横冲直撞，干得出什么大事！"侯景曾对丞相高欢说："我愿领兵三万，横扫天下，势必渡过长江，把萧衍那老头子活捉过来，做太平寺的寺主。"高欢便让他统兵十万，专门管理河南地方，倚仗他如同自己的左右手一般。

2 景素轻高澄[1]，尝谓司马子如曰[2]：“高王在，吾不敢有异，王没，吾不能与鲜卑小儿共事[3]。”子如掩其口。及欢疾笃，澄诈为欢书以召景。先是，景与欢约曰：“今握兵在远，人易为诈，所赐书皆请加微点[4]。”欢从之。景得书无点，辞不至。又闻欢疾笃，用其行台郎颍川王伟计[5]，遂拥兵自固。以上梁武帝中大同元年（五四六）

[1] 高澄是高欢的儿子，预备继承高欢地位的。 [2] 司马子如是高欢方面的一个要人。 [3] 高氏虽说是汉人，也等于是鲜卑族。 [4] 这是侯景与高欢密约的凭证，在信上加一个墨点，预防假冒。 [5] 王伟是侯景的幕僚，后来大部分主意都是他出的。

侯景一向瞧不起高澄，曾对司马子如说：“高欢王在世，我不敢有异心；一旦高欢王逝世，我不能与高澄那鲜卑小子共事！”司马子如赶紧捂住他的口。等到高欢病重，高澄伪造高欢的信召侯景前来。以前，侯景曾与高欢约定：“如今握兵在远处，别人容易造假，赐给我的书信，请加一个小墨点。”高欢答应了。侯景看到这次信上没有加墨点，便推辞不来。又听说高欢病重，于是听从行台郎颍川人王伟的计谋，拥兵以巩固自己的势力。

3 侯景自念己与高氏有隙，内不自安。（正月）辛亥，据河南叛，归于魏[1]。庚辰，景又遣其行台郎中丁和来[2]，上表言：“臣与高澄有隙，请举函谷以东，瑕丘以西，豫、广、郢、荆、襄、兖、南兖、济、东豫、洛、阳、北荆、北扬等十三州内附[3]，惟青、徐数州，仅须折简[4]。且黄河以南，皆臣所职，易同反掌。若齐、宋一平，徐事燕赵[5]。”上召群臣廷议。尚书仆射谢举等皆曰：“顷岁与魏通和，边境无事，今纳其叛臣，窃谓非宜。”上曰：“虽然，得景则塞北可清，机会难得，岂宜胶柱？”是岁正月乙卯，上梦中原牧守皆以其地来降，举朝称庆。旦见中书舍人朱异告之[6]，且曰：“吾为人少梦，若有梦必实。”异曰：“此乃宇宙混一之兆也。”及丁和至，称景定计以正月乙卯，上愈神之。然意犹未决，尝独言：“我国家如金瓯，无一伤缺，今忽受景地，讵是事宜？脱致纷纭，悔之何及[7]？”对曰：“圣明御宇，南北归仰，正以事无机会，未达其心。今侯景分魏土之半以来，自非天诱其衷，人赞其谋，何以至此？若拒而不纳，恐绝后来之望。此诚易见，愿陛下无疑。”上乃定议纳景。壬午，以景为大将军，封河南王，都督河南、北诸军事，大行台，承制如邓禹故事[8]。太清元年（五四七）

［1］此时原来的魏室已经西迁入关，一般称为西魏，而高氏在东方拥立的魏室则称为东魏，侯景既不服从高氏，就不能不叛归西魏，史书上因为西魏是继承魏室正统的，所以仍称为魏，不加西字。［2］《通鉴》记事以南朝为主，因为南朝是由晋传下来的。此时南朝是梁，所谓来就是来梁。［3］瑕丘在山东滋阳一带，此处所举十三州都是东魏所辖的河南中部、山东西南部、湖北北部的地区。此时南北朝疆域分合无定，随时设立州名，州的范围比以前小，名称也很纷乱。［4］折简是招降的意思。［5］意思是：将河南、山东收入掌握，就可以北伐消灭高氏政权了。［6］梁朝的中书舍人是在内廷掌机密的官，而上文的尚书仆射则是外廷掌各部事务的长官。朱异又特别是梁武帝亲信的人。［7］脱是万一的意思。［8］邓禹奉汉光武帝之命入关，有便宜行事，自由任命官吏之权。

侯景想到自己与高澄有嫌隙，内心不安。（正月）辛亥日，侯景占据河南，叛归西魏。庚辰日，侯景又派行台郎中丁和前来，上表说：“臣与高澄有怨隙，请让我率函谷关以东、瑕丘以西，包括豫、广、郢、荆、襄、兖、南兖、济、东豫、洛、阳、北荆、北扬等十三州前来归附，唯有青、徐等几个州，也只需写封信招降。况且黄河以南，都归臣所管辖，说服起来易如反掌。待将齐、宋一带平定，便可逐步攻取燕赵之地了。”皇帝召集群臣到宫廷商议。尚书仆射谢举等人都说：“近几年与东魏互通友好，边境地区平安无事，现在如果接纳该国叛臣，我们私下认为不妥。”皇帝说：“虽然如此，但接纳侯景则塞北可以收复。机会难得，怎么能够拘泥而不变通呢？”这一年正月乙卯日，皇帝梦见中原各州郡长官都献出土地前来归降，举朝欢庆。第二天早晨，皇帝将梦境告诉中书舍人朱异，并说：“我向来很少做梦，如果做了梦就一定会应验。”朱异说：“这是天下统一的预兆啊。”等丁和来到，说侯景决定归顺是在正月乙卯日，皇帝更感到梦的神奇。但还没下决心，曾自言自语：“我的国家如同金瓯，没有缺损之处，如今忽然接受侯景献的土地，怎么知道是正确的呢？万一因此造成纷乱，后悔怎么来得及？”朱异就此对答说：“圣明之主统治天下，南北人民都归顺景仰，只是因为没有机会，未能表达他们的心愿。如今侯景献出东魏一半的土地来归附，如果不是上天引导他的心思，人们赞同他的谋划，怎能走到这一步呢？如果我们拒绝接纳，恐怕会杜绝今后准备来降者的希望。这是显而易见的，希望陛下不要再迟疑。”皇帝于是决定接纳侯景。壬午日，梁朝皇帝委任侯景为大将军，封为河南王，都督河南、北诸军事，大行台，像东汉邓禹那样，有便宜行事、自由任命官吏之权。

4 太清二年春正月己亥，慕容绍宗以铁骑五千夹击侯景，景诳其众曰：“汝辈家属已为高澄所杀。”众信之。绍宗遥呼曰：“汝辈家属并完，若归，官勋如旧[1]。”被发向北斗为誓。景士卒不乐南渡，其将暴显等各帅所部降于绍宗。景众大溃，争赴涡水，水为之不流。景与腹心数骑自硖石济淮，稍收散卒，得步骑八百人，南过小城，人登陴诟之曰："跛奴！欲何为邪？"景怒，破城，杀诟者而去。昼夜兼行，追军不敢逼，使谓绍宗曰："景若就擒，公复何用？"绍宗乃纵之[2]。太清二年（五四八）

[1] 南北朝以后的制度，除官爵以外，另有勋号以赏有功之人。

[2] 这一段的意思是：侯景预备奔梁，而高氏派慕容绍宗追击，在河南、安徽边境，几乎将侯景擒获。

太清二年春，正月，己亥日，慕容绍宗率五千铁甲骑兵夹攻侯景。侯景欺骗他的部下说："你们的家属已经被高澄所杀害。"大家都信以为真。慕容绍宗从远处高声对侯景的部下说："你们的家属都安然无恙，如果你们回归，官爵仍同以前一样。"说着又披散头发面向北斗星发誓。侯景的士兵不愿到南方去，他手下将领暴显等人各率所部投降慕容绍宗。侯景的部队因而大溃败，争先恐后地抢渡涡水，以至于河水都被阻塞而不流。侯景与几个亲信骑马从硖石渡过淮河，稍稍收集逃散士卒，共得步、骑兵八百来人，往南经过一座小城时，有人登上城墙骂他说："跛脚奴才，想干什么呀？"侯景大怒，攻破小城，杀死骂他的人而离去。日夜兼程，追兵也不敢逼近。侯景派使者对慕容绍宗说："侯景如果就擒，你以后还有什么用处呢？"慕容绍宗便放过了他。

5 侯景既败，不知所适，时鄱阳王范除南豫州刺史[1]，未至。马头戍主刘神茂素为监州事韦黯所不容[2]，闻景至，故往候景，景问曰："寿阳去此不远，城池险固，欲往投之，韦黯其纳我乎？"神茂曰："黯虽据城，是监州耳。王若驰至近郊，彼必出迎，因而执之，可以集事。得城之后，徐以启闻，朝廷喜王南归，必不责也。”景执其手曰：“天教也。”神茂请帅步骑百人先为向导。壬子，景夜至寿阳城下；韦黯以为贼也，授甲登陴。景遣其徒告曰：“河南王战败来投此镇，愿速开门！”黯曰：“既不奉敕，不敢闻命。”景谓神茂曰：“事不谐矣。”神茂曰：“黯懦而寡智，可说下也。”乃遣寿阳徐思玉入见黯曰[3]：“河南王，朝廷所重，君所知也。今失利来投，何得不受？”黯曰：“吾之受命，唯知守城；河南自败，何预吾事！”思玉曰：“国家付君以阃外之略，今君不肯开城，若魏兵来至，河南为魏所杀，君岂能独存！纵使或存，何颜以见朝廷。”黯然之。思玉出报，景大悦曰：“活我者，卿也[4]。”癸丑，黯开门纳景，景遣其将分守四门，诘责黯，将斩之；既而抚手大笑，置酒极欢。黯，睿之子也[5]。

[1] 南豫州治所就在寿阳，今安徽寿县。 [2] 鄱阳王范还没有到任，韦黯代行职权，是事实上的刺史。 [3] 徐思玉是随侯景南来的人，本来就是寿阳人，所以用作说客。 [4] 侯景此时正在濒于败亡，穷无所归，得到寿阳一个重要据点，所以非常之喜。 [5] 韦睿是南梁的名将。

侯景战败后，不知该到哪里去。那时鄱阳王萧范被任命为南豫州刺史，尚未到任。南豫州马头戍主刘神茂一向不为监州事韦黯所容纳，听说侯景到了，便特意前往迎候。侯景问他：“寿阳离此不远，城池险要坚固，我们想前往投奔，韦黯肯接纳吗？”刘神茂说：“韦黯虽然据守城池，只是监州官而已。大王如果奔驰到近郊，他必定出来迎接，乘机捉住他，就可以成事。夺取城池后，再慢慢写信奏闻皇上，朝廷对大王南来归顺感到高兴，必定不会责怪你的。”侯景握着他的手说：“真是天教我啊。”

刘神茂请求率步骑兵百人为向导。壬子日夜间，侯景来到寿阳城下；韦黯以为是盗贼，便让众人披戴铠甲登上城墙。侯景让手下人告诉韦黯说：“河南王侯景战败前来投奔此城，希望赶紧打开城门。”韦黯说：“我没有接到朝廷敕命，不敢答应你们的要求。”侯景对刘神茂说：“事情难办了。”刘神茂说：“韦黯怯懦而少智谋，可以劝说他开门。”便派寿阳人徐思玉进城见韦黯说：“河南王侯景，为朝廷所器重，这是你知道的啊。如今作战失利，前来投奔，怎能不接受呢？”韦黯说：“我接受的任务，只知道是守城；河南王自己打败了，与我有何相干！”徐思玉说：“朝廷赋予你守卫国门的重任，如今你不肯打开城门，如果东魏兵赶到，河南王被魏兵杀害，你又怎么能单独存活？即使活下来，又有什么脸面去见朝廷？”韦黯认为说得有理。徐思玉出城作了汇报，侯景非常高兴地说：“救活我的人，正是你呀。”癸丑日，韦黯下令开门接纳侯景，侯景随即派自己的将领分别守住四个城门，斥责韦黯，想杀了他；过了一会儿，又拍掌大笑，设宴狂欢。韦黯，是韦睿的儿子。

6 东魏既得悬瓠、项城[1]，悉复旧境。大将军澄数遣书移[2]，复求通好，朝廷未之许。澄谓贞阳侯渊明曰[3]：“先王与梁主和好，十有余年。闻彼礼佛文云：‘奉为魏主，并及先王。’此乃梁主厚意。不谓一朝失信，致此纷扰，知非梁主本心，当是侯景扇动耳，宜遣使咨论。若梁主不忘旧好，吾亦不敢违先王之意，诸人并即遣还，侯景家属亦当同遣[4]。”渊明乃遣省事夏侯僧辩奉启于上[5]，称勃海王弘厚长者[6]，若更通好，当听渊明还。上得启流涕，与朝臣议之。右卫将军朱异、御史中丞张绾等皆曰：“静寇息民，和实为便。”司农卿傅岐独曰：“高澄何事须和？必是设间，故命贞阳遣使，欲令侯景自疑；景意不安，必图祸乱。若许通好，正堕其计中[7]。”异等固执宜和，上亦厌用兵，乃从异言，赐渊明书曰："知高大将军礼汝不薄，省启，甚以慰怀，当别遣行人，重敦邻睦。"

［1］这都是河南南部重要城镇，侯景带了投降梁朝的地方，现在侯景已败，东魏又收复过去，所以也就很满意。［2］书是书信，移是公文。［3］贞阳侯渊明是梁朝派去应援侯景的将帅，而被慕容绍宗俘虏去的。［4］高澄这番话意思是：梁武帝心地本来很好，不过上了侯景的当，如果现在重修旧好，愿意将贞阳侯释放，连侯景的家属被扣留在东魏的也可以放走。［5］省事是一种事务官的名称。［6］渤海王是高澄的封号。［7］侯景此时已经没有什么势力，如果东魏与梁通和，则东魏必会要求梁朝引渡侯景，侯景为自卫计，就必然反抗。傅岐已经看清楚后来事态的演变了。

东魏占领悬瓠、项城后，完全恢复了原有疆域。大将军高澄多次派使者到梁朝传递书信和公文，要求继续通好；梁朝没有答应。高澄对贞阳侯萧渊明说："我父王与梁国君主和好，保持了十多年。听说梁国君主在拜佛文字中写道：'为魏国君主及高丞相祝福。'这是他的深厚情谊。不料一时间失去信任，造成现在的纷乱困扰，我知道这不是梁国君主的本意，一定是侯景煽风点火所致，应当派使者咨询讨论。如果梁国君主没有忘记过去的友好关系，我也不敢违背先王的意愿，诸位将士都会立即释放，连侯景的家属也会同时遣还。"萧渊明便派省事夏侯僧辩带着书信回去启禀皇上，称勃海王高澄是个宽宏仁厚的长者，如果再次与东魏和好，他们会放萧渊明返回建康。皇上看了书启，流下眼泪，召集群臣商议这事。右卫将军朱异、御史中丞张绾等人都说："平息寇乱，休养百姓，和好确为上策。"唯独司农卿傅岐认为："高澄为什么要讲和？必定是设施离间计，所以让贞阳侯派使者回来，要让侯景自我生疑；侯景心里不安，必然图谋叛乱。如果答应与东魏通好，就正好中了他的计。”朱异等人坚持认为应当和好，皇帝也厌烦用兵，于是采纳朱异的意见，给萧渊明复信说：“知道高大将军对你以礼相待，读罢来信，心里很感宽慰。我会另派使节前往，以便重建两国间的睦邻关系。”

7 僧辩还过寿阳，侯景窃访知之，摄问具服[1]，乃写答渊明之意陈启于上曰：“高氏心怀鸩毒，怨盈北土，人愿天从，欢身殒越。子澄嗣恶，计灭待时，所以昧此一胜者[2]，盖天荡澄心以盈凶毒耳。澄苟行合天心，腹心无疾，又何急急奉璧求和？岂不以秦兵扼其喉，胡骑迫其背[3]，故甘词厚币，取安大国？臣闻一日纵敌，数世之患[4]。何惜高澄一竖，以弃亿兆之心？窃以北魏安强莫过天监之始，钟离之役[5]，匹马不归。当其强也，陛下尚伐而取之，及其弱也，反虑而和之。舍已成之功，纵垂死之虏，使其假命强梁[6]，以遗后世，非直愚臣扼腕，实亦志士痛心。昔伍相奔吴[7]，楚邦卒灭；陈平去项，刘氏用兴。臣虽才劣古人，心同往事，诚知高澄忌贾在翟，恶会居秦[8]，求盟请和，冀除其患。若臣死有益，万殒无辞，唯恐千载有秽良史[9]。”景又致书于朱异，饷金三百两。异纳金而不通其启。

［1］侯景将夏侯僧辩拦截住，逼问之下，僧辩不得不将实情说出，并且将复贞阳侯的信呈出。［2］这句话指上次慕容绍宗击败侯景一事。昧此一胜是糊里糊涂得此一胜的意思。［3］秦兵指西魏的兵，胡骑指柔然的兵从北方威胁。［4］这是《左传》上的成语。［5］天监六年（五〇七）梁将曹景宗等败魏兵于钟离，钟离即今安徽凤阳。［6］强梁是强暴横恣的意思。［7］指伍子胥。［8］《左传》上说：晋国出奔的人贾季在狄，随会在秦，两人都是贤才，被敌人利用了，可能为害晋国。翟即狄字。［9］意

思是：只恐将来在历史上成为一件丑事。

夏侯僧辩回程经过寿阳，侯景私下查访获知此事，便将夏侯僧辩抓来逼问，后者不得不供述实情。于是侯景写信答复萧渊明并上书启奏皇上说："高氏心地阴险狠毒，北方民众对他充满怨恨，天从人愿，高欢终于死去。儿子高澄继承他的罪恶，灭亡指日可待，他这次之所以糊里糊涂取得一胜，是上天摇荡其心，让他恶贯满盈罢了。高澄的行为假如合乎天意，内部没有危机的话，又何必急急忙忙地要奉上玉璧求和呢？难道不是因为西魏军队扼住了他的咽喉，柔然军队在他背后威胁，所以才用甜言蜜语、丰厚钱币来换取与梁朝的和好关系？臣听说'一天纵容敌人，几代都留有祸患'。何必要怜惜高澄这小子，而背弃亿万人民的心愿？臣私下认为魏国的安定强大莫过于天监初年，而钟离一战，被打得匹马无归。当它强盛时，陛下尚且讨伐并夺取其领土；及至他们衰弱了，陛下反而顾虑重重，与之讲和。舍弃已经取得的成功，纵容垂死的敌人，使得他们能依靠强暴横恣苟延残喘，给后世留下祸患，对此不仅愚臣扼腕叹息，实在也令其他志士痛心。从前伍子胥逃奔吴国，最后攻灭楚国；陈平离开项羽，刘邦因得其助而兴起。臣虽然才能不及古人，但心愿与他们相同。深知高澄忌臣，就像晋人顾忌贾季投奔翟国、随会投奔秦国一样，求盟请和，目的是希望借此除掉后患。倘若臣死而有益于梁，一定万死不辞；怕的是这在将来历史上成为一件丑事。"侯景又写信给朱异，赠送黄金三百两。朱异收纳了黄金，而没有把他的启奏转达朝廷。

8己卯，上遣使吊澄[1]。景又启曰："臣与高氏衅隙已深，仰凭威灵，期雪仇耻。今陛下复与高氏连和，使臣何地自处？乞申后战，宣畅皇威[2]。"上报之曰："朕与公大义已定，岂有成而相纳，败而相弃乎？

今高氏有使求和,朕亦更思偃武。进退之宜,国有常制,公但清静自居,无劳虑也?”景又启曰:“臣今蓄粮聚众,秣马潜戈,指日计期,克清赵、魏。不容军出无名,故愿以陛下为主耳。今陛下弃臣遐外,南北复通,将恐微臣之身不免高氏之手。”上又报曰:“朕为万乘之主,岂可失信于一物?想公深得此心,不劳复有启也[3]。”

[1]吊高澄父亲高欢的丧。[2]仍请再战的意思。[3]这是梁武帝拒绝侯景的坚决表示。

己卯日,皇上派使节去吊唁高欢,安慰高澄。侯景又上书说:“臣与高氏的怨隙已经很深,仰赖陛下神威,希望能报仇雪耻。如今陛下重新与高氏通好,这让臣何以自处呢?乞求再次出战,宣扬陛下皇威!”皇上回信说:“我与你君臣大义已经确定,怎么会成功时就接纳,失败了就抛弃呢?现在高澄派使节来求和,我也想要停止战争。是进是退,国家有一定政策,你只管清静闲居,不用劳神忧虑啊!”侯景又上书说:“臣如今正在积蓄粮草,聚集兵力,喂养战马,整治武备,策划作战日期计划,一举攻克赵、魏。但不能师出无名,所以希望以陛下为主发布出师命令。现在陛下把臣远远抛在一边,南北重新和好,恐怕微臣性命也将难逃高澄之手。”皇上又复信说:“我作为万乘大国君主,怎会在这一事物上失信呢?想你一定能够理解我的用心,不必再劳驾启奏了。”

9景乃诈为邺中书,求以贞阳侯易景[1],上将许之。舍人傅岐曰:“侯景以穷归义,弃之不祥;且百战之余,宁肯束手就縶?”谢举、朱异曰:“景奔败之将,一使之力耳。”上从之。复书曰:“贞阳旦至,侯景夕返[2]。”景谓左右曰:“我固知吴老公薄心肠[3]。”王伟说景曰:

“今坐听亦死，举大事亦死，唯王图之。”于是始为反计：属城居民悉召募为军士，辄停市估及田租[4]，百姓子女悉以配将士。

［1］这就是傅岐所预测的高氏会要求引渡侯景，而侯景也想到这一层，所以伪造了封假信来试探，梁朝果然信以为真。［2］这是明明应许引渡侯景。真凭实据被侯景拿到手了。［3］意思是：我早料到这个南方的老头子是无情无义的。［4］取消商税及田租，因为居民都被胁迫从军了。

侯景于是伪造了一封东魏给梁朝的信，请求用贞阳侯萧渊明换取侯景，皇上准备答应。舍人傅岐说：“侯景于困穷之际前来归附，抛弃他不吉祥；而且这种身经百战的人，怎么会束手就擒？”谢举、朱异说：“侯景是前来投奔的败军之将，一个使节就可把他抓来。”皇帝听从了他们的建议，复信说：“贞阳侯早晨回到建康，侯景傍晚就可遣返。”侯景得知后对身边人说：“我早就料到南方这个老头子薄情寡义！”王伟劝侯景说：“如今坐在这里听任摆布也是死，武装举事也是死，只能由大王来决定了。”于是开始实施谋反计划；所属城镇居民全部召募为士兵，同时取消商税和田租，百姓子女都分配给将士。

10 侯景自至寿阳，征求无已，朝廷未尝拒绝。景请娶于王、谢，上曰：“王、谢门高非偶，可于朱、张以下访之[1]。”景恚曰[2]：“会将吴儿女配奴。”又启求锦万匹为军人作袍，中领军[3]朱异议以青布给之[4]。又以台所给仗多不能精[5]，启请东冶锻工，欲更营造。

［1］南朝最讲究门第，王、谢是第一等有名望的世家，绝不肯与别家通婚，朱、张是后起的新家族。［2］恚，怒甚也。［3］中领军是南朝最

亲密贵重的军职。［4］后来侯景渡江，兵士都是穿的青袍，就是因此。［5］六朝习惯，台就是中央政府的意思。

侯景自从来到寿阳，不断地提要求，朝廷未曾拒绝过。侯景请求娶王、谢家族的女子为妻，皇上说："王、谢两家门第高贵，不宜通婚，可以从朱、张以下家族中娶妻。"侯景愤怒地说："我会将吴地儿女许配给奴仆！"又上书要求朝廷拨出一万匹锦给部下将士做战袍，朱异建议只拨给青布。又借口中央部门所给武器大多不精良，上书请求调派东冶的锻工，想重新营造武器。

11 临贺王正德所至贪暴不法[1]，屡得罪于上。由是愤恨，阴养死士，储米积货，幸国家有变。景知之。正德在北与徐思玉相知，景遣思玉致笺于正德曰："今天子年尊，奸臣乱国，以景观之，计日祸败。大王属当储贰，中被废黜，四海业业，归心大王。景虽不敏，实思自效，愿王允副苍生，鉴斯诚款。"正德大喜曰："侯公之意暗与吾同，天授我也。"报之曰："朝廷之事如公所言，仆之有心，为日久矣。今仆为其内，公为其外，何有不济？机事在速，今其时矣。"

［1］临贺王正德是梁武帝的侄子，本来立他做太子，后来改立昭明太子，就把他废了。所以心怀怨愤。因此侯景要勾结利用他。

临贺王萧正德到哪里都贪暴不法，屡次获罪于皇上，由此愤恨在心，私下蓄养了一批效忠敢死的人，储备粮食，积聚财货，希望国家发生变乱。侯景知道这些情况。萧正德在北方时与徐思玉相知，侯景让徐思玉写信给萧正德说："如今皇上年老，奸臣乱国，以我侯景观察，败亡之祸已为期不远。大王本属皇位继承人,中途却被废黜,四海百姓感到危惧,都归心于大王。侯景我虽不聪敏,实在很想效劳,希望大王顺从苍生愿望,理解我这一片诚心!”萧正德非常高兴,说:“侯公心意与我不谋而合,这是上天赐予的啊!”便回信说:“朝廷情况如公所言,我有这种心思,已经很久了。如今我在朝廷内,公在京城外,何愁大事不成功!事须抓紧,现在正是好时机。”

12 鄱阳王范密启景谋反。时上以边事专委朱异,动静皆关之,异以为必无此理。上报范曰:“景孤危寄命,譬如婴儿仰人乳哺,以此事势,安能反乎?”范重陈之曰:“不早剪扑,祸及生民。”上曰:“朝廷自有处分,不须汝深忧也。”范复请以合肥之众讨之[1],上不许。朱异谓范使曰:“鄱阳王遂不许朝廷有一客[2]!”自是范启异不复为通。

[1]鄱阳王范也是梁武帝的侄子,此时正做合州刺史,镇合肥。 [2]意思是:鄱阳王难道不能容许朝廷接纳一个来客?

鄱阳王萧范秘密上书告知侯景准备谋反。当时皇上把边防事务专门委派朱异处理,有关动静都问他,朱异认为侯景不可能反叛。皇帝便复信给萧范说:“侯景在势孤命危的时候前来投靠,就像婴儿要仰仗人的乳汁哺育一样,在这样的情势下,怎么可能反叛呢?”萧范再次陈述说:“如果不尽早扑灭,会给百姓带来很大祸害。”皇上说:“朝廷自会处理,不用你过多忧虑。”萧范又请求率驻合肥军队前去讨伐,皇上不允许。朱异对萧范的使者说:“鄱阳王竟不允许朝廷容纳一个来客!”从此以后,朱异不再把萧范的启奏呈给皇上。

13 景邀羊鸦仁同反[1]，鸦仁执其使以闻。异曰："景数百叛虏，何能为？"敕以使者付建康狱，俄解遣之。景益无所惮，启上曰："若臣事是实，应罹国宪，如蒙照察，请戮鸦仁。"景又言："高澄狡猾，宁可全信？陛下纳其诡语，求与连和，臣亦窃所笑也。臣宁堪粉骨，投命仇门？乞江西一境受臣控督[2]。如其不许，即帅甲骑临江，上向闽、越[3]，非唯朝廷自耻，亦是三公旰食。"上使朱异宣语答景使曰："譬如贫家，畜十客五客，尚能得意，朕唯有一客，致有忿言，亦朕之失也。"益加赏赐锦彩钱布，信使相望。

［1］羊鸦仁是从前梁朝派去应援侯景的，因为侯景失败了，停兵不进。［2］古人说江西，就是指南京以上一直到江西、湖北交界的长江北岸地区，因为这里的长江是由西南斜向东北的，从中原看来，以江北为江西，而以江南为江东。［3］意思是：要避高氏之祸，不得不找个安身立命之处。

侯景邀约羊鸦仁一同反叛，羊鸦仁把他的使者抓起来，向朝廷汇报。朱异说："侯景几百人的叛军，能有什么作为？"吩咐把使者投入建康监狱，不久即释放遣返。侯景更加肆无忌惮，启奏皇上说："如果说我谋反的事属实，应受国法制裁；如蒙皇上明察并非如此，请处死羊鸦仁！"侯景又说："高澄狡猾，怎么可以全信？陛下听信他的欺诈之语，谋求与他和好，我私下也感到可笑。我怎么可能不惜粉身碎骨，投身仇人高澄门下？请求把江西全境给我掌控。如果不答应，我就率领铁骑兵临长江，杀向闽越。这样不仅朝廷蒙受耻辱，王公大臣也不得安宁。"皇上让朱异传话给侯景的使者说："譬如贫寒之家，养十个、五个客人，尚能满意；我只有一个客人，就引发你这些愤慨言辞，这也是我的过失啊。"此后对侯景更多地赏赐锦帛彩缎钱币，来往信使相望于途。

14（七月）戊戌，景反于寿阳，以诛中领军朱异、少府卿徐驎、太子右卫率陆验、制局监周石珍为名，异等皆以奸佞骄贪，蔽主弄权，为时人所疾，故景托以兴兵。

（七月）戊戌日，侯景在寿阳反叛，以诛杀中领军朱异、少府卿徐驎、太子右卫率陆验、制局监周石珍等人为名。朱异等人都因奸佞骄贪、蒙蔽皇上、玩弄权术，为当时人所痛恨，所以侯景以此为借口起兵。

15 景西攻马头[1]，遣其将宋子仙东攻木栅，执戍主曹璆等。上闻之笑曰："是何能为？吾折棰笞之。"敕购斩景者封三千户公，除州刺史。甲辰，诏以合州刺史、鄱阳王范为南道都督，北徐州刺史、封山侯正表为北道都督，司州刺史柳仲礼为西道都督，通直散骑常侍裴之高为东道都督，以侍中、开府仪同三司邵陵王纶持节董督众军以讨景[2]。正表，宏之子；仲礼，庆远之孙；之高，邃之兄子也。

[1] 马头是寿阳附近的地方，与上文的马头似乎不是一处。 [2] 邵陵王纶是梁武帝的儿子。

侯景向西进攻马头，派部将宋子仙向东进攻木栅，擒获了守将曹璆等人。皇上听说后笑道："这算什么本事？我折根马鞭来打他一顿。"下令悬赏，能杀死侯景的，封为三千户公，任命为州刺史。甲辰日，下诏任命合州刺史、鄱阳王萧范为南道都督，北徐州刺史、封山侯萧正表为北道都督，司州刺史柳仲礼为西道都督，通直散骑常侍裴之高为东道都督，任命侍中、开府仪同三司、邵陵王萧纶持节统帅督促各路军队以讨伐侯景。萧正表是萧宏的儿子；柳仲礼是柳庆远的孙子；裴之高是裴邃兄长的儿子。

16 侯景闻台军讨之，问策于王伟，伟曰："邵陵若至，彼众我寡，必为所困。不如弃淮南，决志东向，帅轻骑直掩建康，临贺反其内，大王攻其外，天下不足定也。兵贵拙速，宜即进路。"景乃留外弟中军大都督王显贵守寿阳[1]。癸未，诈称游猎，出寿阳，人不之觉。冬十月庚寅，景扬声趣合肥，而实袭谯州[2]，助防董绍先开城降之[3]。执刺史丰城侯泰。泰，范之弟也，先为中书舍人，倾财以事时要，超授谯州刺史。至州，遍发民丁，使担腰舆、扇、伞等物，不限士庶；耻为之者，重加杖责，多输财者，即纵免之。由是人皆思乱。及侯景至，人无战心，故败。

[1]外弟即表弟。 [2]谯州大概即今安徽省滁州市。 [3]助防是协防的官名。

侯景听说朝廷军队前来讨伐，便向王伟询问对策。王伟说："邵陵王萧纶如果到达这里，他的兵多，我们兵少，必然会被他们围困。不如放弃淮南，下决心向东进军，率轻骑兵直捣建康；临贺王萧正德在城内反叛，大王从城外进攻，天下不难平定啊。兵贵神速，应当立即出发。"侯景便留下外弟中军大都督王显贵守卫寿阳。癸未日，谎称外出打猎，率军出了寿阳城，人们都未察觉。冬，十月庚寅日，侯景扬言要去合肥，而实际上突袭谯州，协防官董绍先打开城门投降。捉住州刺史丰城侯萧泰。萧泰是萧范的弟弟，先任中书舍人，后花费大量钱财巴结权臣，被破格提拔为谯州刺史。到州上任后，到处征发民夫，让他们抬轿子，扛运扇、伞之类物品，也不分士人还是一般百姓；谁耻于做这些事，就要受到重重的杖责，如果多交钱财，则可免除劳役。由此人心思乱。侯景叛军来到时，大家都不想抵抗，所以失败。

17 庚子，诏遣宁远将军王质帅众三千巡江防遏。景攻历阳太守庄铁[1]，丁未，铁以城降。因说景曰："国家承平岁久，人不习战，闻大王举兵，内外震骇，宜乘此际速趋建康，可兵不血刃而成大功。若使朝廷徐得为备，内外小安，遣羸兵千人直据采石[2]，大王虽有精甲百万，不得济矣。"景乃留仪同三司田英、郭骆守历阳，以铁为导，引兵临江。江上镇戍相次启闻。上问讨景之策于都官尚书羊侃，侃请以二千人急据采石，令邵陵王袭取寿阳，使景进不得前，退失巢穴，乌合之众，自然瓦解。朱异曰："景必无渡江之志。"遂寝其议。侃曰："今兹败矣。"

［1］历阳即今安徽和县。［2］采石在南京上游，正与和县对岸。

庚子日，下诏派宁远将军王质率兵三千巡逻江边防备和遏制叛乱。侯景进攻历阳太守庄铁，丁未日，庄铁献城投降。遂向侯景说："国家太平岁月已经很久，人们不习惯作战，听说大王起兵，朝廷内外都震惊害怕，应当乘此时机迅速向建康进军，可以兵不血刃而成就大功。如果让朝廷有时间从容准备，内外稍得安定，只需派羸弱士兵三千径直占据采石，则大王虽有百万精兵，也无法渡江了。"侯景便留下仪同三司田英、郭骆镇守历阳，以庄铁为前导，率兵来到长江北岸。江上各镇守据点相继向朝廷禀报敌情。梁武帝向都官尚书羊侃询问讨伐侯景的对策，羊侃提出派二千士兵急速占据采石，命令邵陵王萧纶袭取寿阳，从而使侯景进军无路，后退又失去巢穴，他那些乌合之众，自然会土崩瓦解。”朱异说：“侯景必定没有渡江的志愿。”便搁置了他的建议。羊侃说：“这次要败亡了！”

18 戊申，以临贺王正德为平北将军，都督京师诸军事，屯丹杨郡。正德遣大船数十艘，诈称载荻，密以济景。景将济，虑王质为梗，使谍视之。会临川太守陈昕启称：“采石急须重镇，王质水军轻弱，恐不能济[1]。”上以昕为云旗将军，代质戍采石，征质知丹杨尹事。昕，庆之之子也。质去采石，而昕犹未下渚[2]。谍告景云，质已退。景使折江东树枝为验，谍如言而返。景大喜曰：“吾事办矣[3]。”己酉，自横江济于采石，有马数百匹，兵八千人。是夕，朝廷始命戒严。

[1] 济是成功的意思。 [2] 未下渚是指未离建康。 [3] 侯景是趁王质、陈昕二人在采石交代之际，乘虚而入的。

戊申日，任命临贺王萧正德为平北将军，都督京师诸军事，驻屯在丹杨郡。萧正德派出大船几十艘，谎称运芦荻，秘密地运载侯景军队过江。侯景将渡江时，担心王质从中作梗，便派出谍探前往侦察。适逢临川太守陈昕上书说：“采石急需重兵把守，王质所率水军人少势弱，恐怕不能胜任。”皇上即以陈昕为云旗将军，取代王质镇守采石，征调王质去主管丹杨尹的职事。陈昕，是陈庆之的儿子。王质离开了采石，而陈昕还没有到任。谍探向侯景报告说，王质已退走。侯景让谍探折一根长江南岸的树枝作为验证，谍探遵嘱折枝后返回。侯景大喜说：“我的事可以办成了。”己酉日，挥军从横江南渡到达采石，有战马几百匹，士兵八千人。当晚，朝廷才开始下令戒严。

19 太子见事急，戎服入见上，禀受方略，上曰：“此自汝事，何更问为？内外军事悉以付汝。”太子乃停中书省，指授军事[1]。物情惶骇，莫有应募者。朝廷犹不知临贺王正德之情，命正德屯朱雀门，宁国公大临屯新亭，大府卿韦黯屯六门，缮修宫城，为受敌之备。大临，大器之弟也[2]。己酉，景至慈湖[3]，建康大骇，御街人更相劫掠，不复通行。赦东、西冶，尚方钱署及建康系囚。以扬州刺史宣城王大器都督城内诸军事，以羊侃为军师将军副之，南浦侯推守东府，西丰公大春守石头，轻车长史谢禧、始兴太守元贞守白下，韦黯与右卫将军柳津等分守宫城诸门及朝堂。推，秀之子；大春，大临之弟；津，仲礼之父也。摄诸寺库公藏钱[4]，聚之德阳堂以充军实。

[1] 太子不回东宫，就在中书省指挥军事。 [2] 凡是名带大字的都是梁武帝之孙，太子之子。 [3] 慈湖即在南京郊外。 [4] 诸寺库是各机关的金库。

太子眼看形势紧急，戎装进宫见皇上，禀报事态，请示方略。皇上说：“这本来就是你的事，何必还要来请示？内外军事全都交付给你处理。”太子便进驻中书省，指挥军事。城内人心惊惶恐惧，没有人肯应募。朝廷还不知道萧正德勾结侯景的事，命他驻守朱雀门，命宁国公萧大临驻屯新亭，大府卿韦黯驻屯六门，修缮宫城，为抵御敌人作准备。萧大临，是萧大器的弟弟。己酉日，侯景到达慈湖，建康城内大为惊骇，御街行人相互劫掠，街道不能通行。朝廷下令赦免东、西冶、尚方钱署和建康监狱的所有囚犯。任命扬州刺史、宣城王萧大器都督城内诸军事，任命羊侃为军师将军担任副手，命令南浦侯萧推守卫东府，西丰公萧大春守卫石头，轻车长史谢禧、始兴太守元贞守卫白下，韦黯与右卫将军柳津等人分守宫城各门和朝堂。萧推，是萧秀的儿子；萧大春，是萧大临的弟弟；柳津，是柳仲礼的父亲。调集各个府寺库的钱财，集中到德阳堂以充实军需。

20 景绕城既帀[1]，百道俱攻，鸣鼓吹唇，喧声震地。纵火烧大司马，东、西华诸门。羊侃使凿门上为窍，下水沃火；太子自捧银鞍往赏战士；直合将军朱思帅战士数人逾城出外洒水，久之方灭。贼又以长柯斧斫东掖门[2]，门将开，羊侃凿扇为孔，以槊刺杀二人[3]，斫者乃退。景据公车府，正德据左卫府[4]，景党宋子仙据东宫，范桃棒据同泰寺，景取东宫妓数百，分给军士。东宫近城，景众登其墙射城内。至夜，景于东宫置酒奏乐，太子遣人焚之，台殿及所聚图书皆尽。景又烧乘黄厩、士林馆、太府寺。癸丑，景作木驴数百攻城，城上投石碎之。景更作尖项木驴，石不能破。羊侃使作雉尾炬[5]，灌以膏蜡，丛掷焚之，俄尽。景又作登城楼，高十余丈，欲临射城中。侃曰："车高堑虚，彼来必倒，可卧而观之。"及车动，果倒。

[1]现在侯景所围的是台城，即政府所在。[2]长柯是长柄。[3]槊是长矛。[4]这些是在台城以外的机关。[5]雉尾炬是两头着火的火把。

侯景将城包围起来后，各处一齐进攻，击鼓、吹哨，喧嚣声震天动地。放火焚烧大司马门和东华、西华等门。羊侃让士兵在门上凿出一些洞眼，灌水灭火；太子亲自捧着银制的马鞍前往奖赏战士；直合将军朱思带领几名战士翻过城墙到外面去洒水，很久火才被扑灭。叛军又用长柄斧砍东掖门，门快被砍开了，羊侃命人在门扇上凿孔，用槊刺死二人，砍门的敌兵才退却。侯景占据公车府，萧正德占据左卫府，侯景的党羽宋子仙占据东宫，范桃棒占据同泰寺。侯景把东宫几百名歌女分配给部下将士。东宫靠近皇城，侯景士兵登上东宫城墙向皇城内射箭。到了夜晚，侯景在东宫设宴奏乐，太子派人去焚烧东宫，台殿及殿内所藏图书都被烧完。侯景还派人焚烧了乘黄厩、士林馆、太府寺。癸丑日，侯景命人制作几百只木驴用来攻城，城上投下石块击碎了木驴。侯景又命人制作尖颈木驴，石块无法击破。羊侃派人制作形似雉尾的火把，将油蜡灌进去，点燃后丢下，很快就把木驴烧光了。侯景又制造登城楼车，高十几丈，想居高临下向城内射箭。羊侃说："楼车很高，而地上有堑壕，推过来必然翻倒，我们可以躺着观看。"等到楼车一动，果然翻倒。

21 景初至建康，谓朝夕可拔，号令严整，士卒不敢侵暴。乃屡攻不克，人心离沮，景恐援兵四集，一旦溃去。又食石头常平诸仓既尽，军中乏食，乃纵士卒掠夺民米及金帛子女。是后米一升至七八万钱，人相食，饿死者什五六。（十一月）乙丑，景于城东西起土山，驱迫士民，不限贵贱，乱加殴捶，疲羸者因杀以填山，号哭动地。民不敢窜匿，并出从之，旬日间，众至数万。城中亦筑土山以应之。太子、宣城王以下皆亲负土，执畚锸，于山上起芙蓉层楼，高四丈，饰以锦罽。募敢死士二千人，厚衣袍铠，谓之僧腾客，分配二山，昼夜交战不息[1]。会大雨，城内土山崩；贼乘之，垂入，苦战不能禁。羊侃令多掷火，为火城以断其路，徐于内筑城，贼不能进。景募人奴降者，悉免为良，得朱异奴，以为仪同三司，异家资产悉与之。奴乘良马，衣锦袍，于城下仰诟异曰："汝五十年仕宦，方得中领军；我始事侯王，已为仪同矣。"于是三日之中，群奴出就景者以千数，景皆厚抚以配军，人人感恩，为之致死。

[1] 这些措置大概是表示城内的物力有余。

侯景初到建康时，以为很快就能攻克，所以号令严整，士兵不敢侵扰、施暴百姓。等到多次攻打皇城不克，人心开始离散、沮丧，侯景担心援兵从四面汇集，自己会很快溃退。石头常平等粮仓的粮食又已经被吃完，军中缺乏粮食，于是纵容军队掠夺老百姓的米粮、金帛和子女。此后一升米卖到七八万钱，出现人吃人的情况，饿死的人达百分之五六十。（十一月）乙丑日，侯景在皇城东、西两侧堆筑土山，驱赶强迫士民去劳动，不分贵贱，都随意殴打、捶击，疲弱的人被就地杀死填入土山中，哭喊声惊天动地。百姓不敢逃跑藏匿，全都出来服从安排，十天左右就来了几万人。皇城内也筑土山来对抗。皇太子、宣城王以下的王公大臣都亲自挑土，手拿畚箕铁锹，在土山上筑起芙蓉花状的层楼，高四丈，用锦毡加以遮饰。招募了二千名敢死队士兵，让他们穿上厚战袍和铠甲，称之为“僧腾客”，分配在两座土山上，昼夜与敌交战不息。时逢大雨，城内土山崩塌；敌军乘机进攻，眼看就要攻入，城内士兵苦战也难以阻挡。羊侃命令士兵多扔火把，形成一道火墙阻断敌军之路，又在城内筑起新墙，敌军这才没有攻进来。侯景招募那些原为奴仆的归降者，免除他们的奴籍而成为平民。其中有朱异的奴仆，侯景就授予他仪同三司的官衔，把朱异家的资产全赏给他。这个奴仆骑着良马，穿着锦袍，来到皇城下仰面骂朱异道：“你做官五十年，才做到中领军；我刚开始侍奉侯王，便已做到仪同三司！”于是三天之内，数以千计的奴仆都逃出皇城投降侯景。侯景都厚加安抚，配给军职，奴仆们个个感恩戴德，为他拼命效力。

22 朱异遗景书，为陈祸福。景报书并告城中士民，以为：“梁自近岁以来，权幸用事，割剥齐民，以供嗜欲。如曰不然，公等试观：今日国家池苑，王公第宅，僧尼寺塔，及在位庶僚，姬妾百室，仆从数千，不耕不织，锦衣玉食，不夺百姓，从何得之？仆所以趋赴阙庭，指诛权佞，非倾社稷。今城中指望四方入援，吾观王侯诸将志在全身，谁能竭力致死与吾争胜负哉[1]？长江天险，二曹所叹[2]，吾一苇航之，日明天净，自非天人允协，何能如是？幸各三思，自求元吉！”

［1］这些话指责梁朝内部的腐败，是与事实相符的，也是群众向来不平的。末了说没有人肯来出力救援，也窥破了梁朝王侯将帅的弱点。［2］二操指曹操、曹丕，都不敢渡江而南。

朱异写信给侯景，向他陈述祸福利害关系。侯景回信并告诫城中士民，认为：“梁朝近年来，权奸当道，搜刮平民，以满足他们的贪婪和淫欲。如果不以为然，那就请你们看看：如今国家的芳池名苑，王公住宅，僧尼寺塔，以及在位的官僚，他们妻妾成群，奴仆数千，不耕不织，却享受锦衣美食，如果不掠夺老百姓，从哪里得来呢？我之所以来到皇城，只想杀掉擅权的奸佞之臣，并不是要倾覆社稷。如今城中指望各地派兵前来救援，我看那些王侯将帅，一心只顾保全自己，谁能竭力拼死与我决一胜负呢？长江天险，曹操、曹丕都因难渡而兴叹，我则轻松渡过，而且是在青天白日之下。如果不是天从人愿，怎能如此顺利呢？希望你们三思，自己求得洪福大吉！”

23 景又奉启于东魏主称：“臣进取寿春，暂欲停憩。而萧衍识此运终，自辞宝位，臣军未入其国，已投同泰舍身。去月二十九日，届此建康。江海未苏，干戈暂止，永言故乡，人马同恋。寻当整辔，以奉圣颜。臣之母弟久谓屠灭，近奉明敕，始承犹在。斯乃陛下宽仁，大将军恩念，臣之弱劣，知何仰报！今辄赍启迎臣母、弟、妻、儿，伏愿圣慈，特赐裁启[1]。”以上均太清二年

[1] 这一段话又向东魏表明并不想篡夺南朝，仍想归北，是解除高氏疑忌之心，希望能保全家属。因为侯景如果真夺了南朝，对高氏是很严重的威胁，家属就更有被牺牲的危险了。

侯景又上书启奏东魏皇帝，声称："臣进军夺取寿春，想暂停下来休息。而萧衍意识到他的皇运已终，自动辞去宝位。我军尚未进入他的国境，他已投往同泰寺出家。上月二十九日，我军来到建康。四海苦难虽未完全解脱，但战争总算暂时平息，谈起故乡，人马都会充满怀念。很快臣就要整顿队伍，回来朝拜圣上。臣的老母和弟弟，原来听说早被屠杀，最近收到皇上明敕，才知道都还在世。这全靠陛下宽仁，大将军恩念旧情，臣卑弱拙劣，但深知应该如何报答！如今奉呈书启，想迎回臣的母、弟、妻、儿，恳望圣上慈悲，特赐恩典予以裁夺。"

24 初，台城之闭也，公卿以食为念，男女贵贱并出负米，得四十万斛，收诸府藏钱帛五十万亿，并聚德阳堂，而不备薪刍鱼盐。至是坏尚书省为薪，撤荐剉以饲马[1]，荐尽，又食以饭。军士无膎[2]，或煮铠、熏鼠、捕雀而食之。御甘露厨有干苔，味酸咸，分给战士。军人屠马于殿省间，杂以人肉，食者必病。侯景众亦饥，抄掠无所获，东城有米，可支一年，援军断其路。又闻荆州兵将至[3]，景甚患之。王伟曰："今台城不可猝拔，援兵日盛，吾军乏食，若伪求和以缓其势，

东城之米足支一年，因求和之际，运米入石头，援军必不得动，然后休士息马，缮修器械，伺其懈怠击之，一举可取也。”景从之，遣其将任约、于子悦至城下，拜表求和，乞复先镇[4]。太子以城中穷困,白上请许之。上怒曰:“和不如死！”太子固请曰:“侯景围逼已久,援军相仗不战，宜且许其和，更为后图。”上迟回久之，乃曰：“汝自图之，勿令取笑千载。”遂报许之。景乞割江右四州之地[5]，并求宣城王大器出送，然后济江[6]。中领军傅岐固争曰：“岂有贼举兵围宫阙而更与之和乎？此特欲却援军耳。戎狄兽心，必不可信。且宣城嫡嗣之重，国命所系，岂可为质？”上乃以大器之弟石城公大款为侍中，出质于景，又敕诸军不得复进。下诏曰：“善兵不战，止戈为武。可以景为大丞相、都督江西四州诸军事，豫州牧、河南王如故。”己亥，设坛于西华门外，遣仆射王克、上甲侯韶、吏部郎萧瑳与于子悦、任约、王伟登坛共盟。太子詹事柳津出西华门，景出栅门，遥相对，更杀牲歃血为盟[7]。既盟而景长围不解，专修铠仗，托云无船，不得即发。又云恐南军见蹑,遣石城公还台,求宣城王出送。邀求稍广,了无去志。太子知其诈言，犹羁縻不绝。韶，懿之孙也[8]。太清三年（五四九）

［1］荐是草席。［2］腝音谐，是有肉的菜肴。［3］此时湘东王绎已经从荆州起兵入援，各处的援兵也到了不少，侯景颇为不利。［4］意思是：恢复以前在寿阳的地位。［5］江右即江西。［6］这是要求太子的长子作人质，保障他的安全。［7］侯景不肯亲身出来订盟，只叫部下的人先与政府方面作成初步的盟约，然后双方的主帅远远对面作一形式。［8］萧懿是梁武帝之兄。

起初，皇城关闭时，公卿等以粮食储备为念，男女老少不分贵贱，都出城运米，一共运进四十万斛，收集各部门所藏钱帛五十万亿，都集中堆放在德阳堂，但没有储备薪柴、饲料、鱼肉和食盐。到这时候只好拆毁尚书省房屋的木头当燃料。拆开垫席剁碎后喂马。垫席吃完，又给马喂米饭。士兵没有肉吃，煮铠甲上的皮革、熏烤老鼠、捕捉麻雀来吃。皇室厨房有干海苔，味道酸咸，拿出来分给战士。军人在宫殿和台省等官衙中杀马，掺杂进人肉，吃的人必定得病。侯景部众也很饥饿，四处抄掠一无所获；东城有米，可供部队吃一年，但援军切断了通道。又听说荆州援兵即将到来，侯景甚为忧虑。王伟说："如今皇城不可能突然攻克，而援兵日益增多，我军又缺粮食，倘若假意求和以缓解对方攻势，东城的大米足供我军支用一年，趁求和的时候，将大米运入石头城，援军必定不会采取行动，然后休整人马，修缮器械，侦得对方懈怠时发起攻击，可以一战取胜。"侯景听从这个意见，派部将任约、于子悦来到皇城下，恭敬地呈上求和奏章，乞请允许回到原来镇守的寿阳城去。太子因城内已穷困不堪，禀告皇上请答应对方要求。皇上愤怒地说："讲和不如死去！"太子坚持请求说："侯景围攻皇城已经很久，援军又相互观望不肯出战，应当暂且同意讲和，再作以后打算。"皇上迟疑很久，才说："你自己决定吧，不要让后世取笑。"太子便回报侯景同意讲和。侯景请求割江西四个州的地方给他，并要求宣城王萧大器出城护送，然后渡江撤退。中领军傅岐态度坚决地争辩说："哪有叛贼领兵围攻皇宫而我们反与他们讲和之理？叛贼求和只不过想让援军退却罢了。戎狄兽心，绝对不可信任。而且宣城王以皇上嫡亲后嗣的重要地位，国家命运维系在他身上，怎么可以去作人质？"皇上便任命萧大器的弟弟石城公萧大款为侍中，把他送出城去作为侯景的人质；又敕令各路援军不得再前进。下诏说："善用兵的人不必开战，'止''戈'才是'武'。可任侯景为大丞相、都督江西四州诸军事，仍保留原来的豫州牧、河南王官爵。"已亥日，在西华门外设坛，派仆射王克、上甲侯萧韶、吏部郎萧瑳和于子悦、任约、王伟一同登坛订立盟约。梁太子詹事柳津来到西华门外，侯景也走出栅门，遥遥相对，随后屠杀牲畜，歃血为盟。盟誓以后，侯景的包围继续存在并未解除，专心维修铠甲兵器，借口没有船只，无法立即开拔。又说担心援军跟踪追击，让石城公萧大款返回皇城，求宣城王萧大器出城护送；要求比原来多了，丝毫没有离去的意思。太子知道侯景撒谎使诈，但仍不停地加以笼络。萧韶，是萧懿的孙子。

25 湘东王绎军于郢州之武城[1]，湘州刺史、河东王誉军于青草湖[2]，信州刺史、桂阳王慥军于西峡口[3]，托云俟四方援兵，淹留不进。中记室参军萧贲，骨鲠士也，以绎不早下，心非之。尝与绎双六[4]，食子未下[5]，贲曰："殿下都无下意。"绎深衔之[6]。及得上敕，绎欲旋师。贲曰："景以人臣举兵向阙，今若放兵[7]，未及渡江，童子能斩之矣，必不为也。大王以十万之众，未见贼而退，奈何！"绎不悦，未几，因事杀之。慥，懿之孙也。

[1] 这是湖北安陆一带。 [2] 河东王誉是昭明太子的儿子。武帝之孙。 [3] 青草湖在湖南，西峡口在四川，这是说明援兵还远，迟留不进。[4] 双六是一种博戏。 [5] 这是说：行棋的时候可以吃对方的棋子，而迟迟不下。 [6] 衔是恨的意思。 [7] 放兵是放下武器。

湘东王萧绎驻军在郢州的武城，湘州刺史、河东王萧誉驻军在青草湖，信州刺史、桂阳王萧慥驻军在西峡口，都借口等待四方援兵，滞留在原地不前进。中记室参军萧贲是个耿直敢言的人，看到萧绎不尽早向下游进兵，内心不以为然。曾与萧绎玩一种叫双六的赌博游戏，萧绎可以吃对方的棋子却迟迟不下，萧贲说："殿下完全没有下的意思。"萧绎深深地怀恨在心。等接到停止进军的敕书后，萧绎想撤军回去。萧贲说："侯景身为人臣而举兵围攻皇城，现在他如果放下武器，不需等到渡江，小孩都能杀他了，他必定不会这样做。大王率十万大军而来，未与敌军遭遇就退回去，怎么会这样呢？"萧绎不高兴，不久，就找个事由把他杀了。萧馈，是萧懿的孙子。

26侯景运东府米入石头既毕，王伟闻荆州军退，援军虽多，不相统一，乃说景曰："王以人臣举兵，围守宫阙，逼辱妃主，残秽宗庙，擢王之发不足数罪。今日持此，欲安所容身乎？背盟而捷，自古多矣。愿且观其变。"临贺王正德亦谓景曰："大功垂就，岂可弃去？"景遂上启陈帝十失，且曰："臣方事睽违，所以冒陈谠直。陛下崇饰虚诞，恶闻实录，以妖怪为嘉祯，以天谴为无咎。敷演六艺，排摈前儒，王莽之法也。以铁为货，轻重无常，公孙之制也[1]。烂羊镌印，朝章鄙杂，更始，赵伦之化也[2]。豫章以所天为血仇[3]，邵陵以父存而冠布[4]，石虎之风也[5]。修建浮图，百度糜费，使士民饥馁，笮融、姚兴之代也[6]。"又言："建康宫室崇侈，陛下唯与主书参断万机，政以贿成。诸阉豪盛，众僧殷实。皇太子珠玉是好，酒色是耽，吐言止于轻薄，赋咏不出《桑中》[7]。邵陵所在残破，湘东群下贪纵，南康、定襄之属皆如沐猴而冠耳[8]。亲为孙侄，位则藩屏，臣至百日，谁肯勤王？此而灵长，未之有也。昔鬻拳兵谏[9]，王卒改善，今日之举，复奚罪乎？伏愿陛下小惩大戒，放谗纳忠，使臣无再举之忧，陛下无婴城之辱，则万姓幸甚。"

[1] 公孙述据蜀，以铁为钱币。 [2] 西汉末，更始帝滥授官爵，长安

为之语曰："烂羊胃，骑都尉；烂羊头，关内侯。"晋赵王伦篡位，貂蝉盈坐，时人为之语曰："貂不足，狗尾续。"极言官爵之滥。古时贵官冠上戴貂尾，附金蝉。［3］梁武帝篡位的时候，收了齐东昏侯的姬妾吴氏，七个月就生了一个儿子，名综，封为豫章王。然而豫章王长大了，自己认为是东昏侯的遗腹子，把梁武帝看作不共戴天之仇，后来遇有机会，逃到魏国。［4］昭陵王伦是武帝亲生的儿子，悖逆无道，夺了人家孝子的丧服自己穿起来。咒骂武帝，无父子情。［5］后赵的石虎父子相残，所以用来作比。［6］笮融是汉末的人，姚兴见前篇，都是好佛的。［7］《桑中》相传是男女相约幽会的诗。此时梁朝正盛行新体诗，专以描写宫闱生活为主题，称为宫体。所以侯景举为攻击资料。［8］南康王会理，定襄侯衹是武帝之孙与侄，沐猴而冠是衣冠禽兽的意思。［9］鬻拳以动武的姿态强谏楚王，事见《左传》。

侯景将东府大米运进石头城后，王伟听说荆州萧绎的军队已经撤退，现在援军虽多，但相互之间不能统一行动，便建议侯景："大王身为人臣举兵，围攻皇城，逼迫羞辱皇帝、皇妃，破坏污毁宗庙，所犯罪过，拔掉大王头发也数不够。今日守在这里，想把它作为安身之地吗？背弃盟约而取胜的事，自古以来多得很。望能观察事态变化而行动。"临贺王萧正德也对侯景说："大功即将告成，怎么可以放弃而退兵呢？"侯景于是上书陈述皇帝十大过失，并且说："臣刚刚背离不久，所以要冒昧陈述忠直之言。陛下崇尚虚无荒诞，厌恶真实记录，把妖异现象当成吉兆，对天帝谴责置若罔闻。附会推演六艺，排斥摈弃前儒，这是王莽的做法啊。铸造铁质钱币，币值轻重无常，这是公孙述的币制啊。滥授官爵、乱刻官印，朝廷规章鄙陋杂乱，这是更始帝刘玄、赵王司马伦的作为啊。豫章王萧综视父为血海深仇，邵陵王萧纶于父健在之时当街抢夺孝子丧服而穿，这是石虎的恶行啊。修建寺塔，百般浪费，使士民饥饿不堪，这是笮融、姚兴的遗习啊。”又说：“建康宫室华丽奢侈，陛下只与主书商议决断国家大事，政事要行贿才能办成。宦官们豪富丰盛，众僧人优裕殷实。皇太子喜好珠宝，沉湎酒色，讲话都是轻薄语言，吟咏不出淫诗范围。邵陵王所在一片残破，湘东王部下贪纵枉法；南康王、定襄侯那类人，个个都像衣冠禽兽。这些人均为陛下的孙子、侄子，地位都是镇守一方的诸侯，可是我到此已有一百天，他们谁肯尽力保卫皇室？这样的现状而梦想国祚绵长，从来不曾有过啊。昔时鬻拳带兵进宫强谏楚王，楚王终于改恶从善，今天臣的举动，又有什么罪过呢？恳切希望陛下能因这次小小的惩罚而深深地引以为戒，放逐谗佞小人，听纳忠臣诤言，使臣下没有再次举兵的忧思，陛下不再有受困城中的耻辱，则百姓就非常幸运了！”

27 上览启，且惭且怒。三月丙辰朔，立坛于太极殿前[1]，告天地，以景违盟，举烽鼓噪。初，闭城之日，男女十余万，擐甲者二万余人，被围既久，人多身肿气急，死者什八九，乘城者不满四千人，率皆羸喘。横尸满路，不可瘗埋，烂汁满沟。而众心犹望外援。柳仲礼唯聚妓妾，置酒作乐，诸将日往请战，仲礼不许。安南侯骏说邵陵王纶曰：“城危如此，而都督不救，若万一不虞，殿下何颜自立于世？今宜分军为三道，出贼不意攻之，可以得志。”纶不从。

[1] 太极殿是南朝皇宫的正殿。

皇上看了这份启奏，又惭愧又愤怒。三月丙辰朔日，在太极殿前立坛，祭告天地，声讨侯景违背盟约，大家点燃烽火，擂鼓呐喊。当初城门刚关闭时，男女十多万人，披戴盔甲的有两万多；被围时间既久，人们多数身体浮肿，气喘吁吁，死亡的十有八九，能登城守卫的不满四千人，也大都羸弱气喘。城内道路上到处横着死尸，无法掩埋，腐烂的汁液溢满沟渠。然而众人心中仍寄希望于城外援军。柳仲礼只知召聚妓妾、饮酒作乐。将领们天天前往请战，柳仲礼不答应。安南侯萧骏劝邵陵王萧纶说："皇城危急如此，而都督不去救援，倘若万一皇城失陷，殿下还有什么脸面活在世上？现在应该兵分三路，出贼不意地发动攻击，可以成功。"萧纶不听从。

28 于是景决石阙前水[1]，百道攻城，昼夜不息。邵陵世子坚屯太阳门，终日蒱饮[2]，不恤吏士，其书佐董勋、熊昙朗恨之。丁卯，夜向晓，勋、昙朗于城西北楼引景众登城，永安侯确力战不能却[3]，乃排闼入启上云："城已陷。"上安卧不动，曰："犹可一战乎？"确曰："不可。"上叹曰："自我得之，自我失之，亦复何恨？"因谓确曰："汝速去，语汝父，勿以二宫为念[4]。"因使慰劳在外诸军。俄而景遣王伟入文德殿奉谒，上命褰帘开户引伟入，伟拜呈景启，称："为奸佞所蔽，领众入朝，惊动圣躬，今诣阙待罪。"上问："景何在，可召来。"景入见于太极东堂[5]，以甲士五百人自卫。景稽颡殿下，典仪引就三公榻[6]。上神色不变，问曰："卿在军中日久，无乃为劳！"景不敢仰视，汗流被面。又曰："卿何州人而敢至此？妻子犹在北邪？"景皆不能对。任约从旁代对曰："臣景妻子皆为高氏所屠，唯以一身归陛下。"上又问："初渡江有几人？"景曰："千人。""围台城几人？"曰："十万。""今有几人？"曰："率土之内莫非己有。"上俛首不言[7]。

[1] 石阙前水即玄武湖水。 [2] 蒱是赌博。 [3] 永安侯确是昭陵王伦之子，武帝之孙。 [4] 皇帝及太子称二宫。 [5] 太极殿的制度分东西

二堂。［6］典仪是礼官。三公榻是三公的席次。［7］俛首即俯首。

于是侯景挖开玄武湖堤引水灌城，从各个方向进攻皇城，昼夜不停。邵陵王世子萧坚驻守太阳门，整天赌博饮酒，不体恤将士，他手下主办文书的佐官董勋、熊昙朗怀恨在心。丁卯日，拂晓前，董勋、熊昙朗从皇城西北角楼引侯景军队登城，永安侯萧确奋力抵抗，未能击退敌人，便推开宫门径直启奏皇上说："皇城已被攻陷。"皇上安卧床上不动，说："还可以一战吗？"萧确说："不行了。"皇上叹道："天下自我手中取得，从我手中失去，又有什么可遗憾的呢？"便对萧确说："你快离开这里，去告诉你父亲，不要以我和东宫太子为念。"并让萧确代为慰劳在外的各路援军。不一会儿，侯景派王伟进文德殿拜见，皇上命揭起帘幕，开门带王伟进来，王伟跪拜之后呈上侯景书启，称："因皇上被奸佞之臣所蒙蔽，只得率兵进入皇城，惊动了皇上，今特来宫中谒见等候定罪。"皇上问："侯景在哪里？可召他前来。"侯景来到太极殿东堂朝见，带着五百名甲士自卫。侯景在大殿下面叩头跪拜，典仪官领他到三公席次就坐。皇上神色不变，问道："卿在军中时日这么久，岂不是很辛劳吗？"侯景不敢抬头仰视，汗流满面。又问道："卿是哪个州的人，竟敢到这里来？妻子儿女还在北方吧？"侯景都不知道怎么回答。任约在旁边代他答道："臣侯景的妻儿都被高澄杀害，唯有独自一身归附陛下。"皇上又问："最初渡江过来有多少人？"侯景说："一千人。""包围皇城有多少人？"答道："十万。""现在有多少人？"答道："普天之下，莫不归我所有。"皇上低头不再说话。

29 景退，谓其厢公王僧贵曰[1]："吾常跨鞍对阵，矢刃交下，而意气安缓，了无怖心。今见萧公，使人自慑，岂非天威难犯？吾不可以再见之。"于是悉撤两宫侍卫，纵兵掠乘舆服御、宫人皆尽。收朝士王侯送永福省[2],使王伟守武德殿,于子悦屯太极东堂。矫诏大赦,自加大都督中外诸军，录尚书事。

[1] 厢公是左右亲信官称。 [2] 永福省是太子在宫中所居之地。

侯景退下来后，对他的亲信王僧贵说:“我经常骑马与敌人对阵作战，刀刃箭矢交下，而意气安稳平缓，毫无惧怕之心。今日拜见萧公，令人自行慑服，岂非天威不可侵犯？我不能再去见他了。”于是把皇帝和太子的侍卫全都撤除，放纵士兵将皇室的车辆器用、宫女等抢劫一空。把朝中大臣、王侯们收押到永福省，派王伟守武德殿，于子悦驻屯太极殿东堂。假传诏令，大赦天下，自己加封为大都督中外诸军，录尚书事。

30 上虽外为侯景所制,而内甚不平。景欲以宋子仙为司空,上曰:“调和阴阳，安用此物[1]？”景又请以其党二人为便殿主帅，上不许。景不能强，心甚惮之。太子入，泣谏，上曰:“谁令汝来？若社稷有灵，犹当克复;如其不然,何事流涕？”景使其军士入直省中[2],或驱驴马,带弓刀,出入宫庭。上怪而问之,直阁将军周石珍对曰:“侯丞相甲士。”上大怒，叱石珍曰:“是侯景，何谓丞相？”左右皆惧。是后上所求多不遂志,饮膳亦为所裁节,忧愤成疾。太子以幼子大圜属湘东王绎,并剪爪发以寄之。五月丙辰,上卧净居殿,口苦索蜜不得,再曰:“荷!荷[3]！”遂殂，年八十六。以上均太清三年

[1] 调和阴阳是三公的职任，司空为三公之一。 [2] 省中即宫禁。[3] 古音读荷为 hɑ。

皇上虽然表面上被侯景控制，而内心颇为不平。侯景想任命宋子仙为司空，皇上说："调和阴阳的官，哪能任用这种东西？"侯景又请求任命他的党羽二人为便殿主帅，皇上也不答应。侯景不能强迫，心里很怕他。太子进宫，哭着劝谏，皇上说："谁让你来？倘若社稷有灵，国家仍会恢复；如果不是这样，又何必流泪？"侯景派他的部队进入宫禁值班，有人赶着驴马，带着弓刀，出入宫廷。皇上感到奇怪而发问，直阁将军周石珍答道："这都是侯丞相的甲士。"皇上大怒，骂周石珍说："是侯景，怎么叫丞相？"手下人听他说这话都吓一跳。此后皇上所要求的大多得不到满足，饮食也被裁减，因而忧愤成疾。太子把幼子大圜托付给湘东王萧绎，并剪下指甲、头发寄给他。五月丙辰日，皇上躺在净居殿，口中发苦，要喝蜜水而不得，连喊两声："荷！荷！"便死了，终年八十六。

31 辛巳，发高祖丧[1]，升梓宫于太极殿[2]。是日，太子即皇帝位，大赦，侯景出屯朝堂，分兵守卫。

[1] 萧衍死后称高祖武皇帝。 [2] 皇帝棺柩称梓宫。

辛巳日，为梁高祖武帝萧衍发讣告，把灵柩安置在太极殿。当天，太子萧纲继承皇位，大赦天下，侯景驻屯朝堂，分派士兵守卫各处。

32 侯景纳上女溧阳公主，甚爱之[1]。三月甲申，景请上禊宴于乐游苑[2]，帐饮三日[3]。上还宫，景与公主共据御床，南面并坐。群臣文武列坐侍宴。简文帝大宝元年（五五〇）

[1] 此时太子纲即位，后来称太宗简文皇帝。 [2] 禊宴是三月间上巳

日的饮宴。［3］帐饮是支搭帐幕的饮宴。

侯景娶皇上女儿溧阳公主为妻，很宠爱她。三月甲申日，侯景请皇上在乐游苑出席宴会，设帐饮宴三天。皇上回宫时，侯景和溧阳公主正一同占据着御床，向南并排而坐，文武群臣列坐两旁，陪侍宴饮。

33 景性残酷，于石头立大碓，有犯法者捣杀之。常戒诸将曰："破栅平城，当净杀之，使天下知吾威名。"故诸将每战胜，专以焚掠为事，斩刈人如草芥，以资戏笑。由是百姓虽死终不附之。又禁人偶语，犯者刑及外族。为其将帅者悉称行台，来降附者悉称开府。其亲寄隆重者曰左右厢公，勇力兼人者曰库直都督[1]。

［1］库直是胡语，亲卫的意思，或作库真，直到唐初还有这种名称。

侯景性情残酷，在石头城设置大石碓，有犯法的人就用石碓捣杀。常告诫众将说："攻破营栅削平城池，应当把人杀光，让天下人知道我的威名。"所以各将领每次打了胜仗，就专门以烧杀抢掠为能事，杀人如同割草，以此作为游戏笑乐。因此老百姓虽死也不归附他。侯景又禁止人们交谈，违犯的人受刑罚要连累到外系亲族。他的将领都称为行台，来投降归附他的都称为开府。他特别亲近敬重的称为左右厢公，勇猛过人的称为库直都督。

34 初，景既克建康，常言吴儿怯弱，易以掩取。当须拓定中原，然后为帝。景尚帝女溧阳公主，嬖之，妨于政事，王伟屡谏景，景以告主，主有恶言。伟恐为所谗，因说景除帝。及景自巴陵败归，猛将多死，自恐不能久存，欲早登大位。王伟曰：“自古移鼎，必须废立，既示我威权，且绝彼民望。”景从之。使前寿光殿学士谢昊为诏书，以为弟侄争立，星辰失次，皆由朕非正绪[1]，召乱致灾，宜禅位于豫章王栋[2]。使吕孚略赍入，逼帝书之。**大宝二年（五五一）**

［1］简文帝是从前昭明太子的同母弟。昭明太子死后，立为太子，大家都认为这是错的，太子虽死，还有太孙当立。简文帝不让侄而争立，是不合古义的。所以现在侯景以此为理由，认为简文帝当废。［2］豫章王栋是昭明太子的长孙。

当初，侯景攻克建康后，常说南方人胆怯懦弱，很容易袭取。应须开拓平定中原，然后可以称帝。侯景娶简文帝女儿溧阳公主，很宠爱她，以致妨碍了政事处理，王伟多次劝谏侯景，侯景转告公主，公主骂了几句。王伟担心被公主谗害，便劝说侯景废除简文帝。后来侯景从巴陵战败而回，猛将大多战死，自己担忧不能长存下去，想早点登上帝位。王伟说：“自古篡夺皇位，必须废旧主立新主，既显示自我威权，又断绝对方民众希望。”侯景听从了这个意见。让前寿光殿学士谢昊起草诏书，认为弟弟与侄儿争夺帝位，星辰失去正常次序，都由于“朕”不是正统继承人，以致招来祸乱灾害，应该禅位给豫章王萧栋。让吕孚略把诏书拿进宫中，逼简文帝签署。

35 壬戌栋即帝位。……（十一月）己卯，加侯景九锡，汉国置丞相以下官[1]。己丑，豫章王栋禅位于景，景即皇帝位于南郊。还，登太极殿，其党数万，皆吹唇呼噪而上。大赦，改元太始。

[1] 侯景已经封了汉王。这些过节都是魏、晋以来篡位的老一套。

壬戌日萧栋即帝位。……（十一月）己卯日，梁朝加封侯景九锡，侯景的封国汉国设置丞相以下各官。己丑日，豫章王萧栋禅位给侯景，侯景在南郊即皇帝位。返回，登上太极殿，他部下党羽几万人，都吹着口哨，一片欢呼地拥上去。大赦天下，改年号为太始。

36 景之作相也，以西州为府[1]，文武无尊卑皆引接。及居禁中，非故旧不得见，由是诸将多怨望。景好独乘小马，弹射飞鸟，王伟每禁止之，不许轻出。景郁郁不乐，更成失志，曰："吾无事为帝，与受摈不殊。"

[1] 西州是各官署所在地。

侯景做丞相时，官署在西州，文武百官无论尊卑他都接见。等到住进皇宫，不是故旧就不能获得接见，由此各将领多有怨言。侯景喜欢独自骑上小马，外出弹射飞鸟，王伟常常禁止他，不让他轻易出宫。侯景闷闷不乐，更加失意，说："我无事找事地当了个皇帝，与被人摈弃没什么两样。"

37（三月）丁亥，王僧辩进军招提寺北，侯景帅众万余人，铁骑八百余匹陈于西州之西[1]。陈霸先曰："我众贼寡，应分其兵势，以强制弱，何故聚其锋锐，令致死于我？"乃命诸将分处置兵。景冲将军王僧志陈，僧志小缩，霸先遣将军安陆徐度将弩手二千横截其后，景兵乃却。霸先与王琳、杜龛等以铁骑乘之，僧辩以大军继进，景兵败退，据其栅。龛，岸之兄子也。景仪同三司卢晖略守石头城，开北门降，僧辩入据之。景与霸先殊死战，景帅百余骑弃槊执刀，左右冲陈，陈不动，众遂大溃。诸军逐北至西明门。景至阙下，不敢入台，召王伟责之曰："尔令我为帝，今日误我！"伟不能对，绕阙而藏。景欲走，伟执鞚谏曰："自古岂有叛天子邪？宫中卫士犹足一战，弃此，将欲安之？"景曰："我昔败贺拔胜[2]，破葛荣[3]，扬名河朔，渡江平台城，降柳仲礼如反掌，今日天亡我也。"因仰观石阙，太息久之。以皮囊盛其江东所生二子挂之鞍后，与房世贵等百余骑东走，欲就谢答仁于吴。[4]梁元帝承圣元年（五五二）

[1] 此时起兵讨侯景的南方军人以王僧辩及陈霸先为最有声势，奉湘东王绎即了帝位（后称元帝）。侯景也出兵向长江上游镇压，结果大败而回，这就是前一年的事。[2] 败贺拔胜是侯景从前随高欢讨伐敌党的事，在五三四年。[3] 破葛荣是侯景从前随尔朱荣讨伐敌党的事，在五二八年。[4] 谢答仁是侯景派往苏、浙一带的将帅。

（三月）丁亥日，王僧辩进军到招提寺北面，侯景率军一万多人、铁骑八百多在西州西面列阵。陈霸先说："我军人多敌军人少，应该分散敌军兵力，以强制弱；为什么要让敌方聚集精锐兵力，让他们与我军死战呢？"便命令众将分几处部署兵力。侯景冲击将军王僧志的阵营，僧志部队稍稍后退，陈霸先派将军安陆人徐度带弓弩手二千人从背后横截侯景，侯景部队这才退却。陈霸先与王琳、杜龛等人率铁骑乘机冲击，王僧辩指挥大军随后跟进，侯景部队战败，退到营栅内据守。杜龛，是杜岸哥哥的儿子。侯景的仪同三司卢晖略守石头城，打开北门投降，王僧辩进据该城。侯景与陈霸先进行生死决战，侯景率领一百多名骑兵，丢弃长矛手执短刀，左冲右突地冲击陈霸先军阵，陈军岿然不动，侯景部队便完全崩溃了。各路部队追击到西明门。侯景退到皇城下，不敢进去，把王伟叫出来责骂道：“你劝我称帝，今天可被你害苦了！”王伟无言以对，绕着宫阙躲藏。侯景想逃走，王伟拉住他的马笼头说：“自古以来哪有叛逃的天子呀？皇宫里卫士还足以决一死战，离开皇城，你将去哪里安身呢？”侯景说：“我从前击败贺拔胜，战胜葛荣，扬名河朔大地，渡江攻克皇城，降服柳仲礼易如反掌；今日是天亡我啊！”于是仰头观看石阙，叹息了好久。随即用皮袋子盛装他到江东后生的两个儿子，挂在马鞍后，与房世贵等一百多骑兵向东逃走，想去吴郡投靠谢答仁。

38 谢答仁讨刘神茂还，至富阳，闻侯景败走，帅万人欲北出候之，赵伯超据钱塘拒之。侯景进至嘉兴，闻伯超叛之，乃退据吴。己酉，侯瑱追及景于松江，景犹有船二百艘，众数千人，瑱进击，败之，擒彭雋、田迁、房世贵、蔡寿乐、王伯丑。瑱生剖雋腹，抽其肠，雋犹不死，手自收之，乃斩之。景与心腹数十人单舸走，推堕二子于水，将入海，瑱遣副将焦僧度追之。景纳羊侃之女为小妻，以其兄鹍为库直都督，待之甚厚；鹍随景东走，与景所亲王元礼、谢葳蕤密图之[1]。葳蕤，答仁之弟也。景下海，欲向蒙山[2]。己卯，景昼寝；鹍语海师：“此中何处有蒙山，汝但听我处分。”遂直向京口。至胡豆洲，景觉，大惊，问岸上人，云“郭元建犹在广陵”。景大喜，将依之。鹍拔刀，叱海师向京口，因谓景曰：“吾等为王效力多矣，今至于此，终无所成，欲就乞头以取富贵。”景未及答，白刃交下。景欲投水，鹍以刀斫之。景走入船中，以佩刀抉船底，鹍以槊刺杀之。尚书右仆射索超世在别船，葳蕤以景命召而执之。南徐州刺史徐嗣徽斩超世，以盐纳景腹中，送其尸于建康。僧辩传首江陵，截其手，使谢葳蕤送于齐；暴景尸于市，士民争取食之，并骨皆尽；溧阳公主亦预食焉。

［1］蕤音蕊。［2］意思是：想由海道入山东。

谢答仁讨伐刘神茂回来，到富阳时，听说侯景战败逃走，便率上万名士兵想北上前往迎候，而赵伯超据守钱塘予以阻击。侯景逃到嘉兴，听说赵伯超叛变，只好退守吴郡。己酉日，侯瑱在松江追上侯景，侯景尚有战船二百艘，士兵几千人，侯瑱发起攻击，打败敌军，擒获彭雋、田迁、房世贵、蔡寿乐、王伯丑。侯瑱剖开彭雋肚腹，抽出他的肠子，彭雋还没死，自己用手把肠子收进去，侯瑱杀了他。侯景和心腹几十人乘单只船逃走，把两个儿子推落水中，准备逃到海上去，侯瑱派副将焦僧度追击他。侯景纳羊侃的女儿为妾，任命她哥哥羊鹍为库直都督，待他很优厚。羊鹍随侯景向东逃跑时，与侯景的亲信王元礼、谢葳蕤密谋除掉侯景。谢葳蕤是谢答仁的弟弟。侯景下海后，想逃往蒙山一带。己卯日，侯景白天睡觉时，羊鹍对领航员说："这里哪有蒙山，你只管听我吩咐。"便让船只直向京口驶去。到胡豆洲时，侯景察觉，大吃一惊，问岸上人，说是"郭元建还在广陵"。侯景大喜，准备去依靠他。这时，羊鹍拔出战刀，喝令领航员将船驶往京口，接着对侯景说："我们为大王已经出过很多力，现在到了这个地步，终究不会成功，想借你的头去换取富贵。"侯景来不及答话，白晃晃的刀已乱砍下来。侯景想跳水，羊鹍举刀砍向他。侯景跑入舱中，用佩刀去撬船的底板，羊鹍用长矛刺杀了他。尚书右仆射索超世在另一条船上，谢葳蕤谎称侯景叫他过来议事，把他抓了起来。南徐州刺史徐嗣徽杀死索超世，将盐填入侯景腹中，将尸体送到建康。王僧辩把侯景的头砍下来送往江陵，把他的手砍下来，派谢葳蕤送给北齐；将侯景的尸体扔在街市上，士民争相割取他的肉吃，连骨头都被抢光；溧阳公主也吃了他的肉。

隋文帝平陈

隋文帝平陈

从汉末中央政权失去统治能力，形成地方割据开始，中间只有西晋太康以后，永嘉以前，三十年间，暂时得到统一。然而由于西、北各族的势力扩展，纷纷夺取政权，西晋的统治很快就瓦解，而演变成北方混乱，南方偏安的局面。此后南北对峙，桓温、苻坚、刘裕、拓跋焘都曾企图再度实现统一，都没有达到目的。直到隋文帝，才攻灭南方的陈而统一全国。

古来以北方攻南方的都把长江看作难于克服的天然障碍，除了晋武帝平吴得以成功之外，曹操、苻坚、拓跋焘都有过惨痛的经验，前车之鉴，是后人所不敢轻视的。即以晋武帝平吴之役而论，也是先从长江上游顺流而下，并不是直接渡江，攻取金陵。所以隋文帝的平陈，能不能一战而胜，事先也必有一番周密的考虑。因此，这一战役的记载值得详细一读。

我们看选文的第一节，就知道伐陈之谋是在几年前布置定的，先用狡诈的方法，陷陈人于疲弊，减弱其抵抗力。第二节特别指出崔仲方的献计，是准备上游下游两支大军，随机应变，还不敢断定陈国的应付方针怎样。第三节决定用兵了，先用大规模的宣传动摇江南的人心。第四节是详细的军事布置：杨素担任上游，杨俊担任中路，杨广担任下游。下游的军锋是直指金陵的，全军的重心在此。第五节载薛道衡的观察，预测必胜。第六节记杨素的进军，以水师为主力，而南北两岸都有步骑兵掩护齐进，所以进展顺利。第七节记陈国江防之空虚。第八、九、十、十一、十二各节记施文庆等人之蒙蔽，及陈后主之荒嬉。第十三至十七节记贺若弼乘元旦陈人无备，轻兵渡江，陈军不战而降。第十八至十九节记南北各路大军纷纷进逼。第二十至二十三节记诸将离心，萧摩诃被执，任忠投降。第二十四至二十六节记陈后主与张丽华投井不成，贺若弼与韩擒虎争功，及高颎斩张丽华各事。以下即记隋军凯旋的情况及陈后主投降后的生活。最后一节则说明平陈以后，隋的政治失修，江南人心仍不服帖，这就是二十年后东南再度陷于混乱的张本。

1 隋主问取陈之策于高颎[1]，对曰："江北地寒，田收差晚；江南水田早熟。量彼收获之际，微征车马，声言掩袭，彼必屯兵守御，足得废其农时。彼既聚兵，我便解甲。再三若此，彼以为常；后更集兵，彼必不信。犹豫之顷，我乃济师；登陆而战，兵气益倍。又，江南土薄，舍多茅竹，所有储积，皆非地窖，若密遣行人因风纵火，待彼修立，复更烧之。不出数年，自可财力俱尽[2]。"隋主用其策，陈人始困。

[1] 高颎是隋文帝的亲信，久任隋廷的宰相。颎音炯。 [2] 高颎的计策，是以虚声诱敌，使之疲于奔命，这是袭用伍子胥为吴败楚的故智。

隋主向高颎询问平陈的策略，高颎答道："江北地方寒冷，田里收成较晚；江南水田成熟较早。预估他们将要收获时，我们稍微征集兵马，扬言要去偷袭，他们必定屯兵守卫，这样足以使他们荒废农时。等他们聚集兵马后，我们便解甲散兵。如此一而再，再而三，他们会习以为常；以后我们再集兵备战，他们必定不信。趁他们犹豫之际，我们就挥师渡江；到时登陆而战，我军士气将会倍增。此外，江南土质单薄潮湿，房舍多为茅屋竹棚，所有的储积都不收藏在地窖里。可以暗中派人去他们的粮仓因风纵火，等他们修复，再去焚烧。这样不出数年，自可让他们财力俱尽。"隋主采用高颎的策略，陈人开始感到受不了。

2 于是杨素[1]、贺若弼[2]及光州[3]刺史高劢[4]、虢州[5]刺史崔仲方等争献平江南之策。仲方上书曰："今唯须武昌以下，蕲、和、滁、方、吴、海等州[6]，更帖精兵[7]，密营度计；益、信、襄、荆、基、郢等州速造舟楫[8]，多张形势，为水战之具。蜀、汉二江是其上流，水路冲要，必争之所。贼虽流头、荆门、延洲、公安、巴陵、隐矶、夏首、蕲口、湓城置船[9]，然终聚汉口、峡口[10]，以水战大决。若贼必以上流有军，令精兵赴援者，下流诸将即须择便横渡；如拥众自卫，上江诸军鼓行以前[11]。彼虽恃九江、五湖之险，非德无以为固；徒有三吴、百越之兵，非恩不能自立矣。"以上陈长城公祯明元年（五八七）

［1］杨素首先献取陈之策，平陈以后，大被宠任，屡掌征伐，贵盛无比。［2］贺若是胡姓。［3］光州在今河南省潢川县。［4］劢音迈。［5］虢州在今河南省灵宝市。［6］蕲、和、滁、海等州都与今地相当，方州是今六合，吴州是今扬州。［7］帖是增添的意思。［8］信州是后来的夔州，襄、荆、基、郢四州都在今湖北省的长江北岸。［9］流头以下都是今洞庭湖、鄱阳湖与长江沿岸。［10］峡口即西陵峡口，在今宜昌附近。［11］这一段话的意思是：一面在下游增兵，作渡江的准备，一面在上游造船作东下的形势。陈国若移精兵向上游，隋军即在下游乘虚渡江，若拥兵不动，隋军即从上游直冲而下。

于是杨素、贺若弼以及光州刺史高劢、虢州刺史崔仲方等都争着呈献平定江南的计策。崔仲方上书说："现在只需自武昌以下，在蕲州、和州、滁州、方州、吴州、海州等地增添精兵，秘密制订渡江计划；在益州、信州、襄州、荆州、基州、郢州等地加速制造舟船，多方张扬形势，做好水战准备。蜀、汉二江处于长江上流，是水路要冲，为兵家必争之地。贼虽在流头、荆门、延洲、公安、巴陵、隐矶、夏首、蕲口、湓城等地置备了船只，但最终还是要聚集在汉口、西陵峡口，以水战与我们一决胜负。如果贼断定我们在上游有重兵，命令精锐部队赶赴增援的话，我方下游众将即可乘机横渡长江；如果贼在下游拥兵固守，我方上游诸军即可顺流直冲而下。他们虽然依仗九江、五湖之险，但失去德政则不成为险固；徒有三吴、百越之兵，没有恩泽则不能自立。”

3（三月）戊寅，隋主下诏曰：“陈叔宝据手掌之地[1]，恣溪壑之欲[2]，劫夺阎闾，资产俱竭，驱逼内外，劳役弗已；穷奢极侈，俾昼作夜；斩直言之客[3]，灭无罪之家；欺天造恶，祭鬼求恩；盛粉黛而执干戈，曳罗绮而呼警跸[4]；自古昏乱，罕或能比。君子潜逃，小人得志。天灾地孽，物怪人妖。衣冠钳口，道路以目[5]。重以背德违言，摇荡疆埸[6]；昼伏夜游，鼠窃狗盗[7]。天之所覆，无非朕臣，每关听览，有怀伤恻。可出师授律[8]，应机诛殄；在斯一举，永清吴、越。”又送玺书暴帝二十恶；仍散写诏书三十万纸，遍谕江外[9]。祯明二年（五八八）

[1] 陈叔宝是陈后主之名。 [2] 意思是：地方虽小而贪欲无穷。 [3] 斩直言之客是指陈叔宝杀傅縡事。事在此前三年。 [4] 这两句是指：陈叔宝宠幸张丽华等，与狎客饮宴之事。 [5] 这两句是说众心愤怨，敢怒而不敢言。 [6] 埸音亦。 [7] 这四句是说侵犯隋的边境。 [8] 出师授律语出《周易·师卦》。 [9] 此时还没有印刷术，所以宣传品须用手写。

（三月）戊寅日，隋主下诏说：“陈叔宝占据巴掌大一块地，却贪欲无穷，劫夺平民，使他们家产荡尽；驱使逼迫城内外百姓，劳役不休；

穷奢极侈，昼夜不分；枉杀直言之士，族灭无罪之家；欺瞒苍天，造恶多端，祭祀鬼神，妄求恩赐；后宫盛妆出游，卫士手执干戈，妃嫔罗绮上街，吆喝清道戒严；自古昏乱之君，很少能与他相比。正人君子潜逃，奸佞小人得志。天灾地孽连续发生，物怪人妖层出不穷。衣冠士族，敢怒而不敢言；道路行人，以目光表达感情。加上他背德违约，侵扰我朝边疆；昼伏夜袭，如同鼠窃狗盗。普天之下，无不是朕的臣民，每当听到或看到有关呈报，朕心中都满怀悲伤和同情。今可出动军队，授以戒律，随应事机，除恶务尽；在此一举，永远扫清吴、越。”又派使者致送国书，历数陈后主二十条罪状；随即命人抄写诏书三十万份，向江南广为散发。

4（十月）甲子，隋以出师，有事于太庙[1]，命晋王广、秦王俊[2]、清河公杨素皆为行军元帅。广出六合，俊出襄阳，素出永安[3]，荆州刺史刘仁恩出江陵，蕲州刺史王世积出蕲春，庐州总管韩擒虎出庐江，吴州总管贺若弼出广陵，青州总管弘农燕荣出东海[4]，凡总管九十[5]，兵五十一万八千，皆受晋王节度。东接沧海，西拒巴、蜀，旌旗舟楫，横亘数千里。以左仆射高颎为晋王元帅长史，右仆射王韶为司马[6]，军中事皆取决焉；区处支度，无所凝滞。

［1］依古礼，出兵先告庙。［2］二王都是隋文帝的儿子。［3］永安在今重庆市奉节县。［4］蕲春、庐江、东海都还是现在的地名。［5］周、隋的制度，行车将帅称总管，即以前之都督。［6］元帅府例有长史及司马，分掌军事，长史相当于副元帅，现在以宰相两人分任晋王的长史、司马，意思即以晋王为最高统帅，也就是三军中之中军。

（十月）甲子日，隋主因出师伐陈，先在太庙祭告祖先，随即任命晋王杨广、秦王杨俊、清河公杨素都为行军元帅。杨广从六合出兵，杨俊从襄阳出兵，杨素从永安出兵，荆州刺史刘仁恩从江陵出兵，蕲州刺史王世积从蕲春出兵，庐州总管韩擒虎从庐江出兵，吴州总管贺若弼从广陵出兵，青州总管弘农人燕荣从东海出兵，共有行军总管九十名，兵力五十一万八千人，都受晋王杨广调度指挥。东接沧海，西拒巴、蜀，旌旗舟楫，横亘连绵数千里。任命左仆射高颎为晋王元帅府长史，右仆射王韶为司马，军中事务全取决于他们；而二人区分处理军务，支配调度军需，没有丝毫耽搁迟误。

5 隋军临江，高颎谓行台郎中薛道衡曰[1]："今兹大举，江东必可克乎？"道衡曰："克之。尝闻郭璞有言[2]：'江东分王三百年，复与中国合。'今此数将周，一也[3]。主上恭俭勤劳，叔宝荒淫骄侈，二也。国之安危在所委任，彼以江总为相，唯事诗酒；拔小人施文庆[4]，委以政事；萧摩诃、任蛮奴为大将，皆一夫之用耳，三也。我有道而大，彼无德而小，量其甲士不过十万，西自巫峡，东至沧海，分之则势悬而力弱，聚之则守此而失彼，四也。席卷之势，事在不疑。"颎欣然曰："得君言成败之理，令人豁然。本以才学相期，不意筹略乃尔！"

[1]行台是魏、晋以来的名称，相当于大行政区的政务机关。[2]晋代的郭璞以善占卜有名。[3]按晋元帝南渡，即位于建康，至此共二百七十二年。郭璞这句预言，已经传遍人口。[4]江总是名义上的宰相，专会作艳体诗，施文庆出身微贱，却握有用人理财之权，得后主亲信。

隋军进抵江边，高颎向行台吏部郎中薛道衡问道："这次大举出兵，江东一定能攻克吗？"薛道衡答道："能攻克。听说郭璞曾经预言：'江东地区分王立国三百年后，重新与中原统一。’现在日期将满，这是一。皇上恭俭勤劳，陈叔宝荒淫骄侈，这是二。国家的安危在于用人，陈叔宝任江总为宰相，而其人专会赋诗饮酒；提拔小人施文庆，将重大政事都委托给他；任用萧摩诃、任蛮奴等人为大将，此皆为有勇无谋的匹夫；这是三。我们国君有道，疆土广大，陈朝国君无德，地域狭小，估量他们的军队不过十万，西自巫峡，东至沧海，分兵四处守卫则势单而力薄，集中兵力防卫则顾此而失彼，这是四。席卷陈朝定势已成，此事毋庸置疑。”高颎高兴地说：“听你谈论成败的道理，令人豁然开朗。本来我对你就以才学相期许，没想到你运筹韬略竟如此不凡！”

6 杨素引舟师下三峡，军至流头滩[1]。将军戚昕以青龙[2]百余艘守狼尾滩[3]，地势险峭，隋人患之。素曰：“胜负大计在此一举。若昼日下船，彼见我虚实，滩流迅激，制不由人，则吾失其便；不如以夜掩之。”素亲帅黄龙数千艘[4]，衔枚而下，遣开府仪同三司[5]王长袭引步卒自南岸击昕别栅[6]，大将军刘仁恩帅甲骑自北岸趣白沙，迟明而至，击之；昕败走，悉俘其众，劳而遣之，秋毫不犯。素帅水军东下，舟舻被江，旌甲曜日。素坐平乘大船[7]，容貌雄伟，陈人望之皆惧，曰：“清河公即江神也[8]！”

[1]《水经注》云：“江水过夷陵而东，至流头滩，其水峻急奔暴。”夷陵即今宜昌。 [2]青龙是一种战舰之名。 [3]狼尾滩在今湖北省宜都市。 [4]黄龙是杨素所造的大战舰，载兵百人。数千恐当作数十。 [5]开府仪同三司为魏、晋以来次于三公的官号。 [6]栅即营垒。 [7]平乘是一种大船之名。 [8]清河公是杨素的封爵。

杨素率水军由三峡而下，抵达流头滩。陈朝将军戚昕率青龙战舰一百余艘扼守狼尾滩，这里地势险峻峭拔，隋朝将士担心通不过。杨素说："胜负大计在此一举。如果白天顺流而下，敌方会看清我军虚实，滩流迅激，不由我们控制，对我们很不利；不如在夜幕掩护下发动袭击。"杨素亲率黄龙战舰数千艘，将士衔枚而下，又派开府仪同三司王长袭率步兵由南岸进击戚昕别营，大将军刘仁恩率骑兵由北岸赶往白沙，都在黎明时到达，夹击陈军；戚昕败逃，隋军俘获了他的部众，慰劳后予以遣返，秋毫不犯。杨素率水军继续顺流东下，舰船满江，旌旗甲胄与日辉映。杨素坐在平乘大船上，容貌雄伟，陈军望见都很害怕，说："清河公就是江神啊！"

7 江滨镇戍闻隋军将至，相继奏闻，施文庆、沈客卿并抑而不言。初，上[1]以萧岩、萧瓛，梁之宗室，拥众来奔，心忌之。故远散其众，以岩为东扬州刺史[2]，瓛为吴州刺史；使领军[3]任忠出守吴兴郡[4]，以襟带二州。使南平王嶷镇江州[5]，永嘉王彦镇南徐州[6]。寻召二王赴明年元会[7]，命缘江诸防船舰悉从二王还都，为威势以示梁人之来者[8]。由是江中无一斗船。上流诸州兵皆阻杨素军，不得至。

[1]《通鉴》在南北朝时期的纪事，都以南朝为主，分为《宋纪》《齐纪》《梁纪》《陈纪》。此时还在《陈纪》中，所以称陈后主为"上"，陈亡，即入隋，称隋文帝为"上"矣。又《通鉴》称当时的君主为"上"为"帝"，亦不一律。[2]东扬州是陈所置，即会稽郡，统浙东地区。[3]六朝时代的领军是有实权的高级军职。[4]即今浙江省吴兴一带。[5]江州管今九江一带。[6]南徐州管今镇江一带。[7]元会是元旦的朝贺典礼。[8]这段话的意思是：后梁为隋所灭，萧岩、萧瓛率众来奔，陈后主既不能

不接纳，又不敢放心。于是将他们分别安插在今浙东及苏北区域，派任忠驻守吴兴，两面监视，再用自己亲族南平、永嘉二王分镇要地，又把沿江水师调回金陵，示威给梁人看，预防他们的野心。种种布置，对内周密之极，可是对外全然疏忽了。

沿江镇戍听说隋军将到，相继上书告急；施文庆、沈客卿却全部压下不予奏报。起初，皇上因为萧岩、萧瓛是后梁宗室，率领众多人马前来归附，不免心生忌惮，所以把他们远远地分散到各处，任命萧岩为东扬州刺史，萧瓛为吴州刺史；让领军任忠出守吴兴郡，以控制二州。又派南平王陈嶷镇守江州，永嘉王陈彦镇守南徐州。不久又征召陈嶷、陈彦二王回京城参加明年元旦朝贺典礼，并命令沿江诸防地的船舰全部随二王回京，以此向归附的梁人炫耀威势，以致现在江面上没有一只战船。上流各州陈军都受到杨素军队阻截，无法赶来增援。

8 湘州刺史晋熙王叔文在职既久[1]，大得人和，上以其据有上流，阴忌之；自度素与群臣少恩，恐不为用，无可任者，乃擢施文庆为都督、湘州刺史，配以精兵二千，欲令西上，仍征叔文还朝。文庆深喜其事，然惧出外之后，执事者持己短长[2]，因进其党沈客卿以自代。

[1] 湘州即今湖南省中部。 [2] 持己短长是说被人抓住自己的错处。

湘州刺史晋熙王陈叔文在职时间已久，很受人们爱戴，陈后主因为他据有长江上流，暗地里很猜忌他。又觉得自己平素对待群臣刻薄寡恩，担心他们不肯为自己效力，一时又难找可以替换陈叔文的人，便提拔施文庆为都督、湘州刺史，拨给他精兵两千，要他西上就职；同时征召陈叔文还朝。施文庆对这一任命深感高兴，但又害怕出朝之后被别人抓住自己的错处，于是推荐其党羽沈客卿接替自己的职务。

9 未发间，二人共掌机密。护军将军樊毅言于仆射袁宪曰："京口[1]、采石[2]俱是要地，各须锐兵五千，并出金翅二百[3]，缘江上下以为防备。"宪及骠骑将军萧摩诃皆以为然。乃与文武群臣共议，请如毅策。施文庆恐无兵从己，废其述职[4]，而客卿又利文庆之任，己得专权，俱言于朝："必有论议，不假面陈；但作文启，即为通奏[5]。"宪等以为然，二人赍启入，白帝曰："此是常事，边城将帅足以当之。若出人船，必恐惊扰。"

[1] 京口即镇江。 [2] 采石即采石矶。 [3] 金翅是一种船名。 [4] 述职古时是诸侯朝于天子的意思。此处都指出守藩方而言。 [5] 意思是说：朝臣若要有所陈说，不必面见主上，只需书面陈奏，一定代为转达。这是两人预为蒙蔽地步。

尚未出发时，施文庆与沈客卿两人共掌朝政。护军将军樊毅对尚书仆射袁宪说："京口、采石都是江防要地，各须精兵五千人，并应出动金翅船两百艘，沿江上下做好防备。"袁宪和骠骑将军萧摩诃都认为这意见很对，便与文武群臣共同商议，请求按照樊毅计谋行事。施文庆担心这样会没有兵员相随，从而影响自己出任藩职，而沈客卿又认为施文庆出朝对自己有利，可得以专擅朝政大权，便一起对群臣说："若有什么谋议，不必当面陈奏；只需写好文启，即当代为转呈。"袁宪等人信以为真。施、沈两人便拿着文启入宫，对陈后主说："这是常事，边城将帅足以抵挡。如果派军队和战船出巡，必定会引起惊扰。"

10 及隋军临江，间谍骤至，宪等殷勤奏请，至于再三。文庆曰：“元会将逼，南郊之日[1]，太子多从[2]；今若出兵，事便废阙。”帝曰：“今且出兵。若北边无事，因以水军从郊，何为不可？”又曰：“如此，则声闻邻境，便谓国弱。”后以货动江总[3]，总内为之游说，帝重违其意，而迫群官之请，乃令付外详议。总又抑宪等，由是议久不决。

[1] 陈承梁制，以正月上辛之日祀天地于南北二郊。 [2] 太子多从四字与上下文义不相应，恐有脱误。 [3] 用财物贿赂江总。

待到隋军临江，间谍突然潜至，袁宪等人又多次尽心上奏请求。施文庆说：“元旦朝会即将来到，南郊祭天之日，太子都要随从；现在如果出兵，郊天之事就办不成了。”陈后主说：“现在暂且出兵，如果北边无战事，就用水军护从郊祀，有何不可？”施文庆又说：“这样做的话，消息传到邻国，他们便会认为我国太弱。”后来施文庆以财物贿赂江总，江总入宫为他游说，陈后主难以拒绝江总意见，但又迫于群臣请求，于是下令交付外廷详议。议论时江总又压制袁宪等人，因此很长时间都议而不决。

11 帝从容谓侍臣曰：“王气在此。齐兵三来[1]，周师再来[2]，无不摧败，彼何为者邪！”都官尚书孔范曰[3]：“长江天堑，古以为限隔南北，今日虏军岂能飞渡邪？边将欲作功劳，妄言事急。臣每患官卑，虏若渡江，臣定作太尉公矣[4]。”或妄言北军马死，范曰：“此是我马，何为而死？”帝笑以为然，故不为深备，奏伎、纵酒、赋诗不辍。同上

[1] 齐兵三来，指梁绍泰元年（五五五）徐嗣徽、任约以齐师袭建康，据石头。太平元年（五五六），复袭破采石，与齐萧轨同逼建康。天嘉元年（五六〇），齐将刘伯球下芜湖，皆败。 [2] 周师再来，指天嘉元年独孤盛、贺若敦入湘川，临海王光大元年（五六七），宇文直、元定助华皎，皆败。[3] 都官尚书是管刑狱的尚书。 [4] 自晋、宋以来，习惯上称三公为太尉公、司徒公、司空公。

陈后主从容地对侍臣说："王气聚在此地。齐军三次来犯，周军两次入侵，无不遭受挫败。他隋军又能怎么样！"都官尚书孔范说："长江天堑，自古以来限隔南北，今天虏军难道能飞渡么？边将想立功劳，谎报军情紧急。我常嫌自己官职卑微，如果虏军能渡江，我定能杀敌立功升太尉了。"有人误报隋军马匹死亡，孔范又说："这些马原本将夺来归我所有，怎么没渡江就先死了呢？"陈后主大笑，认为他说得很对，所以并不加强防备，仍然无休止地沉酣于官伎表演、纵酒宴饮、赋诗作乐中。

12 开皇九年，春正月乙丑朔，陈主朝会群臣，大雾四塞，入人鼻，皆辛酸。陈主昏睡，至晡时乃寤。是日，贺若弼自广陵引兵济江。
隋文帝开皇九年（五八九）

开皇九年，春，正月，乙丑朔日，陈后主朝会群臣，大雾四处弥漫，吸入鼻孔，气味辛酸。陈后主昏昏睡去，直到下午申时才醒过来。这天，贺若弼从广陵率隋军南下渡过长江。

13 先是，弼以老马多买陈船而匿之，买弊船五六十艘置于渎内。陈人觇之，以为内国无船[1]。弼又请缘江防人每交代之际，必集广陵，于是大列旗帜，营幕蔽野。陈人以为隋兵大至，急发兵为备，既知防人交代，其众复散；后以为常，不复设备。又使兵沿江时猎，人马喧噪。故弼之济江，陈人不觉。韩擒虎将五百人自横江宵济采石[2]，守者皆醉，遂克之。晋王广帅大军屯六合镇桃叶山。

[1] 内国即中国，中国即中原，隋避杨忠的嫌名，不用中字，都改为内。
[2] 横江即横江浦，在今安徽省含山县境。

起先，贺若弼因老马多而购买陈朝船只加以隐藏，还买了破船五六十艘停泊在小渠内。陈朝人侦得后，误以为中原没有船舰。贺若弼又要求江防部队每次换防时，必须先到广陵集中，于是四处旌旗招展，营帐遍布原野。陈朝人以为隋军将大举入侵，急调军队加以防备，后来知道是换防交接，调来的队伍便又解散；后来习以为常，陈朝人不再设防。贺若弼又派士兵经常沿江打猎，人马喧腾噪杂。所以当贺若弼率军真渡江时，陈朝人竟未察觉。韩擒虎带领五百人从横江浦夜渡采石时，陈朝守军全在醉梦中，于是轻易攻克。晋王杨广率大军驻屯六合镇桃叶山。

14丙寅，采石戍主徐子建驰启告变；丁卯，召公卿入议军旅。戊辰，陈主下诏曰："犬羊陵纵，侵窃郊畿，蜂虿有毒，宜时扫定。朕当亲御六师，廓清八表，内外并可戒严[1]。"以骠骑将军萧摩诃、护军将军樊毅、中领军鲁广达并为都督；司空司马消难、湘州刺史施文庆并为大监军；遣南豫州刺史樊猛帅舟师出白下[2]，散骑常侍皋文奏将兵镇南豫州[3]。重立赏格，僧、尼、道士，尽令执役。

[1]《通鉴》载这句诏文，证明陈之君臣到此地步并不知危险，还说大话。

[2] 白下在今南京。 [3] 南豫州管今安徽省宣城市一带。

丙寅日，戍守采石的主将徐子建派飞骑携文启回都城告急；丁卯日，陈后主召集公卿大臣进宫商议军事。戊辰日，陈后主下诏说："敌人放肆欺凌，侵占都城郊区，蜂虿有毒，应及时扫灭。我要亲率六军，澄清八方，京城内外可一律戒严。"随即任命骠骑将军萧摩诃、护军将军樊毅、中领军鲁广达等为都督；任命司空司马消难、湘州刺史施文庆为大监军；派遣南豫州刺史樊猛率水军从白下出发，散骑常侍皋文奏率兵镇守南豫州。又订下重赏标准，并下令僧侣、尼姑、道士等都须服役。

15 庚午，贺若弼攻拔京口，执南徐州刺史黄恪。弼军令严肃，秋毫不犯；有军士于民间酤酒者，弼立斩之。所俘获六千余人，弼皆释之，给粮劳遣，付以敕书，令分道宣谕。于是所至风靡。

庚午日，贺若弼攻克京口，擒获南徐州刺史黄恪。贺若弼军纪严明，对百姓秋毫无犯；有士兵到居民家中买酒，贺若弼立即将他抓来斩首。被俘获的陈军六千余人，贺若弼全部予以释放，发给粮食慰劳，遣返回家，并交给他们敕书，让他们带往各地宣达。于是隋军所到之处望风披靡。

16 樊猛在建康，其子巡摄行南豫州事。辛未，韩擒虎进攻姑孰[1]，半日拔之，执巡及其家口。皋文奏败还。江南父老素闻擒虎威信，来谒军门者昼夜不绝。

[1] 姑孰在今安徽省当涂县境。

樊猛当时在建康，由他儿子樊巡代理南豫州事。辛未日，韩擒虎进攻姑孰，半天时间就攻克，抓获樊巡及其家属。皋文奏战败而回。江南父老久闻韩擒虎威名，前来军营拜谒的日夜不绝。

17 鲁广达之子世真在新蔡[1]，与其弟世雄及所部降于擒虎，遣使致书招广达。广达时屯建康，自劾诣廷尉请罪，陈主慰劳之，加赐黄金，遣还营。樊猛与左卫将军蒋元逊将青龙八十艘于白下游奕，以御六合兵；陈主以猛妻子在隋军，惧有异志，欲使镇东大将军任忠代之；令萧摩诃徐谕猛，猛不悦，陈主重伤其意而止。

[1] 新蔡在今湖北省黄梅县境，鲁广达世代在此，为一方之主。

鲁广达儿子鲁世真在新蔡，与其弟鲁世雄及所率部队一起投降了韩擒虎，并派使者送信招降鲁广达。鲁广达当时驻屯建康，上表弹劾自己，面见廷尉请罪；陈后主安慰他，还加赐黄金，让他返回军营。樊猛与左卫将军蒋元逊率领八十艘青龙战船在白下巡逻，防御从六合前来进攻的隋军；陈后主因为樊猛的妻儿都在隋军手中，怕他有二心，想派镇东大将军任忠代替他，并让萧摩诃慢慢劝导樊猛，樊猛很不高兴，陈后主因为伤害了他的感情而作罢。

18 于是贺若弼自北道，韩擒虎自南道并进，缘江诸戍，望风尽走；弼分兵断曲阿之冲而入[1]。陈主命司徒豫章王叔英屯朝堂，萧摩诃屯乐游苑，樊毅屯耆阇寺，鲁广达屯白土冈，忠武将军孔范屯宝田寺。己卯，任忠自吴兴入赴，仍屯朱雀门。[2]

[1] 曲阿在今江苏省武进、丹阳二县之间。 [2] 乐游苑、耆阇寺、白土冈、宝田寺、朱雀门，都是建康城内外地名。

于是贺若弼从北路，韩擒虎从南路，同时进兵，沿江各据点戍守将士都闻风逃跑。贺若弼分派军队阻断曲阿的重要通道，进攻建康。陈后主命令司徒豫章王叔英驻守朝堂，萧摩诃驻守乐游苑，樊毅驻守耆阇寺，鲁广达驻守白土冈，忠武将军孔范驻守宝田寺。己卯日，任忠从吴兴赶来，仍然驻守朱雀门。

19 辛未，贺若弼进驻钟山，顿白土冈之东。晋王广遣总管杜彦与韩擒虎合军，步骑二万屯于新林[1]。蕲州总管王世积以舟师出九江，破陈将纪瑱于蕲口[2]，陈人大骇，降者相继。晋王广上状，帝大悦，宴赐群臣。

[1] 新林即新林浦，西通白鹭洲，在南京。 [2] 蕲口是蕲水入江之口。

辛未日，贺若弼进兵占领钟山，驻扎在白土冈东面。晋王杨广派总管杜彦与韩擒虎会师，共有步骑兵二万人驻扎在新林。隋蕲州总管王世积率水军从九江出发，在蕲口打败陈将纪瑱，陈朝将士大为惊骇，陆续投降。晋王杨广上表奏报战绩，文帝大喜，赐宴群臣。

20 时建康甲士尚十余万人，陈主素怯懦，不达军事，唯日夜啼泣；台内处分一以委施文庆[1]。文庆既知诸将疾己，恐其有功，乃奏曰："此辈怏怏，素不伏官[2]，迫此事机，那可专信？"由是，诸将凡有启请，率皆不行。

[1] 台内处分指政府一切命令。 [2] 南朝习惯称皇帝为官。

当时建康披甲之士尚有十多万人，但陈后主向来怯懦，不懂军事，只是日夜哭泣；政府的各种事务，全交给施文庆处理。施文庆知道众将领都恨自己，担心他们建立战功，便上奏说："这些人心怀不满，从不真心服从陛下，值此危急关头，怎么可以专信他们？"因此，众将领凡有启奏请求，都得不到批准。

21 贺若弼之攻京口也，萧摩诃请将兵逆战，陈主不许。及弼至钟山，摩诃又曰："弼悬军深入，垒堑未坚，出兵掩袭，可以必克。"又不许。陈主召摩诃、任忠于内殿议军事，忠曰："兵法，客贵速战，主贵持重。今国家足兵足食，宜固守台城[1]，缘淮立栅，北军虽来，勿与交战；分兵断江路，无令彼信得通。给臣精兵一万，金翅三百艘，下江径掩六合；彼大军必谓其渡江将士已被俘获，自然挫气。淮南土人与臣旧相知悉，今闻臣往，必皆景从。臣复扬声欲往徐州断彼归路，则诸军不击自去。待春水既涨，上江周罗睺等众军必沿流赴援。此良策也。"陈主不能从。明日，欻然曰[2]："兵久不决，令人腹烦，可呼萧郎一出击之[3]。"任忠叩头苦请勿战。孔范又奏："请作一决，当为官勒石燕然[4]。"陈主从之，谓摩诃曰："公可为我一决！"摩诃曰："从来行陈，为国为身；今日之事，兼为妻子。"陈主多出金帛赋诸军以充赏。甲申，使鲁广达陈于白土冈，居诸军之南，任忠次之，樊毅、孔范又次之，萧摩诃最在北。诸军南北亘二十里，首尾进退不相知。

[1] 南朝人称中央政府为台，台城即中央政府所在之内城，以别于石头城。 [2] 欻然即忽然之意，欻音需。 [3] 萧摩诃与后主为亲戚，故呼为

萧郎。［4］勒石燕然是班固的故事，意思是：北伐得胜，刻石纪功。

贺若弼攻打京口时，萧摩诃请求率军迎战，陈后主不允许。等贺若弼兵抵钟山，萧摩诃又上奏说："贺若弼孤军深入，营垒战壕尚未修筑坚固，我们出兵突袭，必定大胜。"还是不允许。陈后主招集萧摩诃、任忠在内殿商议军事，任忠说："按照兵法，攻击的一方贵在速战速决，守卫的一方贵在稳扎稳打。现在国家兵力、粮食充足，应该固守内城，并沿秦淮河建立栅栏，即使敌人前来挑战，也不要与他们交战；还应派兵截断长江水路，不让敌人音信相通。给臣精兵一万，金翅舰三百艘，顺江而下直取六合镇；敌方大军一定以为他们的渡江将士已被俘获，士气自然受挫。淮南当地百姓与臣从前就熟悉，现在听说臣率军前往，必定如影随形般跟从。臣再扬言要往徐州截断敌方归路，则各路敌军不战而退。待到春天江河水涨，上游周罗睺等各军必定顺流而下赶来支援。这是上策啊。"陈后主不肯听从。第二天，忽然说："两军相持久不决战，令人心烦，可叫萧郎出去打一仗。"任忠叩头苦苦请求不要出战。孔范又上奏说："请与隋军一决胜负，我当为陛下刻石纪功。"陈后主听从了他的意见，对萧摩诃说："你可为我决一死战！"萧摩诃说："从前打仗是为国家为自身；今日决战，同时还为妻子儿女。"陈后主拿出许多金银丝帛发给各军作为奖赏。甲申日，派鲁广达在白土冈布阵，位于各军南边，在他北边是任忠，再往北是樊毅、孔范，萧摩诃在最北边。各军南北列阵长达二十里，首尾进退互不相知。

22 贺若弼将轻骑登山，望见众军，因驰下，与所部七总管杨牙、员明等甲士凡八千，勒陈以待之。陈主通于萧摩诃之妻，故摩诃初无战意；唯鲁广达以其徒力战，与弼相当。隋师退走者数四，弼麾下死者二百七十三人，弼纵烟以自隐，窘而复振。陈兵得人头，皆走献陈主求赏，弼知其骄惰，更引兵趣孔范，范兵暂交即走；陈诸军顾之，骑卒乱溃，不可复止，死者五千人。员明擒萧摩诃送于弼，弼命牵斩之；摩诃颜色自若，弼乃礼而释之。

贺若弼率轻骑兵登上山头，望见陈朝各军，随即飞驰下山，与所部七总管杨牙、员明等率甲兵八千人，排列阵势准备迎战。因陈后主与萧摩诃的妻子私通，所以萧摩诃起初无心作战；唯有鲁广达率部下拼力死战，与贺若弼势均力敌。隋军多次后退，贺若弼部下有二百七十三人战死，贺若弼燃起浓烟来隐蔽自己，才脱离窘境重新振作士气。陈朝士兵斩得隋军人头，都跑去献给陈后主求赏，贺若弼知道他们骄傲懒惰，便又率军进攻孔范，孔范的士兵稍一接战就败逃，陈朝各军见状，骑兵步卒也都慌乱溃逃，无法制止，死了五千人。员明擒获萧摩诃，送交贺若弼，贺若弼命令拉出去斩首；萧摩诃面不改色，泰然自若，贺若弼于是给他松绑，以礼相待。

23 任忠驰入台，见陈主言败状，曰："官好住[1]，臣无所用力矣！"陈主与之金两縢[2]，使募人出战。忠曰："陛下唯当具舟楫，就上流众军，臣以死奉卫。"陈主信之，敕忠出部分，令宫人装束以待之，怪其久不至；时韩擒虎自新林进军，忠已帅数骑迎降于石子冈。领军蔡征守朱雀航，闻擒虎将至，众惧而溃。忠引擒虎军直入朱雀门，陈人欲战，忠挥之曰："老夫尚降，诸军何事！"众皆散走。于是城内文武百司皆遁，唯尚书仆射袁宪在殿中，尚书令江总等数人居省中。陈主谓袁宪曰："我从来接遇卿不胜余人，今日但以追愧[3]。非唯朕无德，亦是江东衣冠道尽。"

［1］好住是当时俗语，意即好自珍重。［2］两縢是两捆。［3］意思是：一向没有重视你，今天回想，不胜惭愧。

任忠驰马奔回内城，晋见陈后主报告战败情况，说："陛下好自珍重，臣无能为力了！"陈后主给他两捆金子，要他招募人马出战。任忠说："陛下只宜备好舟船，往上游会合众军，臣当以死护卫。"陈后主信以为真，命任忠出外安排，又命宫女收拾行装等待，奇怪的是任忠很久都没有回来。那时韩擒虎从新林进军，任忠已经率领数名骑兵到石子冈迎降。领军将军蔡征防守朱雀航，听说韩擒虎将到，众心恐惧，顿时溃散。任忠引导韩擒虎军队直接进入朱雀门，陈朝守军想抵抗，任忠对他们挥手说："老夫尚且投降了，你们还抵抗什么！"守军听了全都逃散。于是台城内文武群臣都逃遁一空，只有尚书仆射袁宪留在殿内，尚书令江总等数人还在尚书省中。陈后主对袁宪说："我从来对你不如对别人重视，今日不胜追悔惭愧。这不只表明朕无德，也表明江东士大夫的道义气节扫地以尽。"

24 陈主遑遽，将避匿，宪正色曰："北兵之入，必无所犯。大事如此，陛下去将安之！臣愿陛下正衣冠，御正殿，依梁武帝见侯景故事[1]。"陈主不从，下榻驰去，曰："锋刃之下，未可交当，吾自有计。"从宫人十余出后堂景阳殿，将自投于井，宪苦谏不从；后阁舍人夏侯公韵以身蔽井[2]，陈主与争，久之，乃得入。既而军人窥井，呼之，不应，欲下石，乃闻叫声；以绳引之，惊其太重，及出，乃与张贵妃、孔贵嫔同束而上。沈后居处如常。太子深年十五，闭阁而坐，舍人孔伯鱼侍侧，军士叩阁而入，深安坐，劳之曰："戎旅在途，不至劳也！"军士咸致敬焉。时陈人宗室王侯在建康者百余人，陈主恐其为变，皆召入，令屯朝堂，使豫章王叔英总督之，又阴为之备；及台城失守，相帅出降。

[1] 梁武帝太清三年（五四九），侯景叛，陷建康，入宫，武帝犹御殿见之，侯景畏惧流汗而出。 [2] 后阁舍人是宫内的事务官。

陈后主惊慌失措，想躲起来，袁宪面容严肃地说：“北兵进来后，一定不会侵犯陛下。大事已经如此，陛下还能躲到哪里去？臣希望陛下整洁衣冠，端坐正殿，如同以前梁武帝见侯景一样。”陈后主不听，下了坐榻奔逃而去，说：“刀锋之下，不可对抗，我自有计策！”由十几个宫人跟随着逃出后堂景阳殿，想跳到井里去，袁宪苦苦劝阻，后主不听；后阁舍人夏侯公韵用身体遮住井口，陈后主与他争了很久，才跳进井里。后来士兵前来向井里窥探，大声呼叫，没有人答应，准备投下石头，才听到井下传来喊叫声；用绳子往上拉，惊讶其分量太重，出来后，才看见陈后主是与张贵妃、孔贵嫔系在一起拉上来的。沈皇后仍像平时一样住在宫中。皇太子陈深十五岁，闭门而坐，舍人孔伯鱼在一旁侍候，隋军士兵扣门进去后，陈深端坐不动，慰劳他们说：“军旅途中，不太辛苦吧！”隋兵都向他表示敬意。当时陈朝宗室王侯在建康的有一百多人，陈后主担心他们发动事变，就都召进宫中，命他们待在朝堂，由豫章王陈叔英统领，又暗中加以防备；等到内城失守，他们便争相带头出降。

25 贺若弼乘胜至乐游苑，鲁广达犹督余兵苦战不息，所杀获数百人；会日暮，乃解甲，面台再拜恸哭，谓众曰：“我身不能救国，负罪深矣！”士卒皆流涕歔欷，遂就擒。诸门卫皆走。弼夜烧北掖门入，闻韩擒虎已得陈叔宝，呼视之；叔宝惶惧，流汗股栗，向弼再拜。弼谓之曰："小国之君当大国之卿[1]，拜乃礼也。入朝不失作归命侯[2]，无劳恐惧。"既而耻功在韩擒虎后，与擒虎相诟[3]，挺刃而出，欲令蔡征为叔宝作降笺，命乘骡车归己，事不果。弼置叔宝于德教殿，以兵卫守。

[1] 这是《左传》上的话，贺若弼自以为是大国之卿，应当与小国之君地位相等，可以受他一拜。 [2] 吴后主孙皓降晋，封归命侯，正是陈后主的前例。 [3] 诟音购，骂也。

贺若弼乘胜抵达乐游苑，鲁广达仍督率残兵苦战不息，杀死、俘获敌军数百人；时当日暮，鲁广达才解下盔甲，面向内城叩头恸哭，对部下说："我没有能够救国，深深负罪啊！"士卒也都流泪抽泣，随即被俘。各宫门卫队都已逃离，贺若弼夜晚烧毁北掖门进入皇宫，听说韩擒虎已经捉到陈叔宝，便叫带来看看；陈叔宝惊惶恐惧，流汗发抖，向贺若弼拜了又拜。贺若弼对他说："小国之君相当于大国之卿，向我拜揖是合乎礼仪的。你投降我朝后少不了封一个归命侯，不必害怕。"后来贺若弼因耻于自己功劳排在韩擒虎之后，便与韩擒虎相骂，拔刀出来后，想让蔡征替陈叔宝撰写投降书，命陈叔宝乘骡车前来归降自己，但事情没有办成。贺若弼把陈叔宝安置在德教殿，并派兵守卫。

26 高颎先入建康，颎子德弘为晋王广记室，广使德弘驰诣颎所，令留张丽华。颎曰："昔太公蒙面以斩妲己[1]，今岂可留丽华？"乃斩之于青溪。德弘还报，广变色曰："昔人云：'无德不报'[2]，我必有以报高公矣[3]。"由是恨颎。

[1] 这是古代的传说，周师伐纣，捕到妲己，太公因为她太美貌动人，于是蒙面而斩之。 [2] 无德不报是《诗经》上的话。 [3] 后来高颎毕竟为隋炀帝（即晋王）所杀。

高颎比晋王杨广先进入建康，高颎儿子高德弘为晋王杨广的记室参军，杨广派高德弘驰马奔往高颎处，传令留下陈叔宝宠妃张丽华。高颎说："古时姜太公蒙面而斩妲己，今日怎可留下张丽华？"便把张丽华押到青溪斩首。高德弘回去报告，杨广变了脸色，说："古人说：'无德不报。'我一定会回报高公的。"从此痛恨高颎。

27 于是陈国皆平，得州三十，郡一百，县四百，诏建康城邑宫室并平荡耕垦，更于石头置蒋州[1]。

[1] 钟山有蒋子文庙，所以一名蒋山，现在取此为州名。

于是陈国全部平定，隋朝得到三十个州，一百个郡，四百个县，诏令将建康城邑宫殿房屋全部拆除荡平，开垦为耕地，又在石头城设置蒋州。

28 晋王广班师，留王韶镇石头城[1]，委以后事。三月己巳，陈叔宝与其王公百司发建康，诣长安；大小在路，五百里累累不绝。帝命权分长安士民宅以俟之；内外修整，遣使迎劳，陈人至者如归。夏四月辛亥，帝幸骊山[2]，亲劳旋师。乙巳，诸军凯入，献俘于太庙，陈叔宝及诸王侯将相并乘舆服御、天文图籍等以次行列，仍以铁骑围之，从晋王广、秦王俊入，列于殿庭。拜广为太尉，赐辂车、乘马、衮冕之服、玄圭、白璧。丙辰，帝坐广阳门观，引陈叔宝于前，及太子、诸王二十八人，司空司马消难以下至尚书郎凡二百余人，帝使纳言宣诏劳之[3];次使内史令宣诏[4],责以君臣不能相辅,乃至灭亡。叔宝及其群臣并愧惧伏地，屏息不能对。既而宥之[5]。

［1］石头城在石头山后，建康城邑毁后，以此为蒋州治所。［2］骊山在今陕西省临潼县。［3］纳言即侍中。［4］内史令即中书令。［5］陈后主入隋后，至仁寿四年（六〇四）死，年五十二。

晋王杨广班师回朝，留下王韶镇守石头城，委任他处理善后事宜。三月己巳日，陈叔宝和他的王公百官从建康出发，前往长安，大大小小都在路途，前后五百里连绵不绝。文帝下令权且征用长安士民住宅以等待，内外装修一新，派使者迎接慰劳，陈朝降人来到后就像回到家里一样。夏四月辛亥日，文帝驾临骊山，亲自慰劳凯旋部队。乙巳日，各路大军高奏凯歌入城，到太庙献俘，陈叔宝以及各王侯将相连同他们的车轿服饰、天文图籍等依次排列，仍由铁甲骑兵围住，随着晋王杨广、秦王杨俊进入，站在殿庭上。文帝授杨广为太尉，赏赐他辂车、乘马、衮服冠冕、玄圭、白璧。丙辰日，文帝坐在广阳门观，命将陈叔宝带到面前，还有太子、诸王二十八人，司空司马消难以下至尚书郎共二百多人，文帝让侍中宣读诏书加以慰劳；接着让中书令宣读诏书，责备他们君臣不能互相辅助，以至于国家灭亡。陈叔宝及其群臣都羞愧畏惧地拜伏在地，屏声息气不敢答对。随后宽宥了他们。

29 帝给赐陈叔宝甚厚，数得引见，班同三品；每预宴，恐致伤心，为不奏吴音。后监守者奏言：“叔宝云，‘既无秩位，每预朝集，愿得一官号。'”帝曰:“叔宝全无心肝!”监者又言:“叔宝常醉,罕有醒时。”帝问:“饮酒几何?”对曰:“与其子弟日饮一石。”帝大惊,使节其酒,既而曰:“任其性;不尔,何以过日!”帝以陈氏子弟既多,恐其在京城为非,乃分置边州,给田业使为生,岁时赐衣服以安全之。以上均开皇九年

文帝对陈叔宝的赏赐甚为丰厚,又多次召见,班位与三品官相同;每当陈叔宝参加宴会,怕引起他伤心,都不演奏吴地音乐。后来监守的人上奏说:“陈叔宝表示:‘既没有官阶爵位,又每每参加朝会宴集,希望能有一个官号。'”文帝说:“陈叔宝全无心肝!”监守的人又说:“陈叔宝常常喝醉,很少有清醒时候。”文帝问:“喝多少酒?”答道:“与他的子弟每天喝一石酒。”文帝大惊,命人节制他饮酒,不久又说:“任由他去喝吧;不然,他怎么度日!”文帝因为陈氏子弟很多,担心他们在京城为非作歹,便把他们分散安置到边远州郡,分给农田作为生计,四时年节都赏赐衣服以安定他们的生活。

30 江表自东晋以来,刑法疏缓,世族陵驾寒门;平陈之后,牧民者尽更变之[1]。苏威复作《五教》[2],使民无长幼悉诵之,士民嗟怨。民间复讹言隋欲徙之入关,远近惊骇。于是婺州汪文进、越州高智慧、苏州沈玄懀皆举兵反,自称天子,署置百官。乐安蔡道人[3]、蒋山李棱、饶州吴世华、温州沈孝彻、泉州王国庆、杭州杨宝英、交州李春等皆自称大都督,攻陷州县。陈之故境,大抵皆反。大者有众数万,小者数千,共相影响。执县令,或抽其肠,或脔其肉食之,曰:“更能使侬诵《五教》邪!”诏以杨素为行军总管以讨之。开皇十年(五九〇)

［1］这是说：江南重视门第的观念还未改变。［2］苏威是后周度支尚书苏绰之子，平陈后为尚书右仆射。隋亡，到唐初方死。［3］婺州是今浙江金华，越州是绍兴，乐安在浙江临海县境。

江南自东晋以来，刑法疏缓松弛，世家大族欺凌寒微之家；平定陈朝以后，地方官吏全部更换了。苏威又制定《五教》，要民众不分长幼都背诵，为此士民嗟叹怨恨。民间又谣传隋朝要把他们迁徙入关，远近的人都惊恐骇怕。于是婺州的汪文进、越州的高智慧、苏州的沈玄懀都举兵造反，自称天子，设置百官。乐安的蔡道人、蒋山的李棱、饶州的吴世华、温州的沈孝彻、泉州的王国庆、杭州的杨宝英、交州的李春等人都自称大都督，攻陷州县。陈朝旧境之内，大抵都造反了，力量大的达几万人，小的也有几千人，互相影响。抓住县令，或抽出他们的肠子，或把他们切成肉块来吃，说："还能让我们背诵《五教》吗？"诏命杨素为行军总管去征讨他们。

天宝长安之乱

天宝长安之乱

唐代天宝之乱是阶级矛盾、种族矛盾与统治者内部的矛盾必然的结果。当时统治者生活腐化，无度榨取农民，以供其享受，在有名的陈鸿《长恨传》中已经扼要地说明，可以见一斑了。加以军备弛懈，军权落在蕃将手中，贪庸的官僚又从中各为私人利益打算。从安禄山开始变乱，一直演进到唐王朝的崩溃，引起沙陀、契丹的内侵，形成极度的混乱。天宝十四年（七五五）的变乱是一个重要关键。

《通鉴》融合了丰富的史料写成这一段文章，以杨国忠一人为中心，最得叙事之法。现在所选的第一节记安禄山的野心为杨国忠窥破，而玄宗被左右蒙蔽。第二节记杨国忠激成安禄山的起兵决心。第三节记安禄山大举出兵。第四节记唐廷仓皇失措。第五节记封常清大言轻敌。第六节记河北各郡不能抵抗。第七节再派高仙芝出征。第八节记安军渡河。第九节记颜真卿密谋抗安。第十节记洛阳之陷落。第十一节记陕郡之陷落。第十二节记封常清、高仙芝被宦官陷害，改派哥舒翰为统帅。第十三节记安禄山在洛阳称帝。第十四节记哥舒翰被杨国忠逼迫出战，以致潼关不守，全军覆没。第十五、十六节记长安震动，杨国忠倡迁蜀之谋，玄宗仓猝出奔，官吏溃散，道途困顿。第十七节记随行兵士激于义愤，杀死杨国忠、杨贵妃等杨氏一家。

1 二月辛亥，安禄山使副将何千年入奏，请以蕃将三十二人代汉将[1]。上命立进画[2]，给告身[3]。韦见素谓杨国忠曰[4]："禄山久有异志，今又有此请，其反明矣。明日见素当极言；上未允，公其继之。”国忠许诺。壬子，国忠、见素入见，上迎谓曰：“卿等有疑禄山之意邪？”见素因极言禄山反已有迹，所请不可许。上不悦；国忠逡巡不敢言，上竟从禄山之请。他日，国忠、见素言于上曰：“臣有策可坐消禄山之谋：今若除禄山平章事[5]，召诣阙，以贾循为范阳节度使，吕知诲为平卢节度使，杨光翙为河东节度使[6]，则势自分矣。”上从之。已草制，上留不发。更遣中使辅璆琳[7]以珍果赐禄山，潜察其变。璆琳受禄山厚赂，还，盛言禄山竭忠奉国，无有二心。上谓国忠等曰：“禄山朕推心待之，必无异志：东北二虏藉其镇遏[8]。朕自保之，卿等勿忧也。”事遂寝。循，华原人也，时为节度副使。唐玄宗天宝十四载（七五五）

［1］外族领兵的称为蕃将，自唐初以来，自宫禁卫戍以至边疆镇守都有蕃将在内。［2］进画是由中书拟旨，请皇帝画行。［3］告身是任命状。［4］韦见素与杨国忠此时分任左右相。［5］平章事是唐代宰相之称。［6］范阳为今北京附近的军区，平卢为东北军区，河东为今山西省的军区，本是安禄山一人兼领的，现在打算分配给三人。其实这三人都是三镇的节度副使。［7］璆音求。［8］东北二虏指契丹及奚，范阳节度使正是控制这两族的。

二月辛亥日，安禄山派副将何千年入朝上奏，请求用蕃将三十二人取代汉人将领，皇上命令中书省立刻拟旨，由自己签画后给予委任状。韦见素对杨国忠说：“安禄山久有异心，现在又提出这个请求，他谋反的意图很明显了。明天我要极力进谏；皇上如不听从，你要接着进谏。”杨国忠答应了。壬子日，杨国忠、韦见素入朝晋见，皇上迎着他们说：“卿等有怀疑安禄山的想法吗？”韦见素极力说明安禄山谋反已有形迹，所提请求不能准许。皇上听了不高兴。杨国忠迟疑不敢进言，皇上竟然准许了安禄山的请求。几天后，杨国忠、韦见素对皇上说："臣有计策可以安心坐着消除安禄山的阴谋。现在如果任命安禄山为平章事，召他回朝，任贾循为范阳节度使，吕知诲为平卢节度使，杨光翙为河东节度使，那么他的势力就自然分解了。"皇上听从了这个意见。已经草成制书，皇上留下没有发出，又派宫中使者辅璆琳带珍奇果品去赏赐安禄山，暗中观察他有无变乱图谋。辅璆琳受安禄山厚重贿赂，回来后，极口称赞安禄山竭忠报国，没有二心。皇上对杨国忠等人说："安禄山，朕推心置腹地对待他，一定不会有异心。东北两处敌虏，要靠他来镇压遏制。朕保证他不反，卿等不必忧虑了。"事情于是搁下来。贾循，华原人，当时任节度副使。

2……杨国忠日夜求安禄山反状，使京兆尹围其第[1]，捕禄山客李超等送御史台狱[2]，潜杀之。禄山子庆宗尚宗女荣义郡主，供奉在京师，密报禄山，禄山愈惧。六月，上以其子成婚，手诏禄山观礼，禄山辞疾不至。秋七月，禄山表献马三千匹，每匹执鞚夫二人，遣蕃将二十二人部送。河南尹达奚珣疑有变[3]，奏请谕禄山以进车马宜俟至冬，官自给夫，无烦本军。于是上稍寤，始有疑禄山之意。会辅璆琳受赂事亦泄，上托以他事扑杀之。上遣中使冯神威赍手诏谕禄山，如珣策。且曰："朕为卿新作一汤[4]，十月于华清宫待卿。"神威至范阳宣旨，禄山踞床微起[5]，亦不拜，曰："圣人安隐[6]？"又曰："马不献亦可。十月灼然诣京师[7]。"即令左右引神威置馆舍，不复见；数日遣还，亦无表。神威还见上，泣曰："臣几不得见大家[8]。"

[1] 安禄山曾经入朝，玄宗为之筑第。所以京城里有他的私邸，等于他

的驻京办事处。［2］唐代御史有审判权，所以御史台也有监狱。［3］达奚是胡姓。［4］汤是骊山的温泉，自皇帝以至各贵家都各有专用的浴池，就名为汤。［5］古时的床就是坐榻。［6］圣人是唐代对皇帝的尊称，安隐即安稳。［7］灼然是一定的意思。［8］大家是唐代宦官宫妾对皇帝之称。

……杨国忠日夜搜集安禄山造反罪状，派京兆尹包围他的宅第，逮捕安禄山的门客李超等人，送进御史台监狱，秘密地处死。安禄山儿子安庆宗娶宗室女荣义郡主，在京师供职，将情况密报安禄山，安禄山愈加害怕。六月，皇上因其子成婚，手写诏书命安禄山回朝观礼，安禄山托病不来。秋，七月，安禄山上表说要献马三千匹，每匹配马夫二人，派蕃将二十二人分部送来。河南尹达奚珣怀疑其中有诈，奏请皇上晓谕安禄山，进献车马以冬天为宜，由朝廷自己配给马夫，不用麻烦他的军队。于是皇上稍有醒悟，开始有怀疑安禄山的想法。适逢辅璆琳受贿的事也泄露出来，皇上便以其他罪行将他杀死。采用达奚珣的计策，皇上派宫中使者冯神威带着他的手诏去晓谕安禄山，并说："朕为卿新做了一个温泉池，十月在华清宫等待卿。"冯神威到范阳宣读圣旨，安禄山坐在榻上微微起一下身，也不跪拜，说："圣上安好吧？"又说："马不进献也可以，十月一定去京师。"随即命左右的人带冯神威去馆舍安置，不再见他；几天后遣他回朝，也没有谢恩表文。冯神威回来见了皇上，小声哭道："臣几乎再也见不到皇上了！"

3 安禄山专制三道，阴蓄异志，殆将十年，以上待之厚，欲俟上晏驾[1]，然后作乱。会杨国忠与禄山不相悦，屡言禄山且反，上不听；国忠数以事激之，欲其速反，以取信于上。禄山由是决意遽反。独与孔目官太仆丞严庄、掌书记屯田员外郎高尚[2]、将军阿史那承庆密谋[3]；自余将佐皆莫之知，但怪其自八月以来屡飨士卒、秣马厉兵而已[4]。会有奏事官自京师还，禄山诈为敕书，悉召诸将示之，曰：“有密旨，令禄山将兵入朝，讨杨国忠，诸君宜即从军。”众愕然相顾，莫敢异言。十一月甲子，禄山发所部兵及同罗、奚、契丹、室韦[5]凡十五万众，号二十万，反于范阳。命范阳节度副使贾循守范阳，平卢节度副使吕知诲守平卢，别将高秀岩守大同[6]。诸将皆引兵夜发。诘朝，禄山出蓟城南[7]，大阅誓众，以讨杨国忠为名，榜军中曰[8]：“有异议扇动军人者，斩及三族！”于是引兵而南。禄山乘铁舆，步骑精锐，烟尘千里，鼓噪震地。时海内久承平，百姓累世不识兵革，猝闻范阳兵起，远近震骇。河北皆禄山统内，所过州县望风瓦解；守令或开门出迎，或弃城窜匿，或为所擒戮，无敢拒之者。

[1] 皇帝身故，称为晏驾。 [2] 孔目官相当于总务长，掌书记相当于秘书长，都是唐代藩镇幕府的要职，至于太仆丞及屯田员外郎则是此二人所带之京衔，并不是实官。 [3] 阿史那是突厥姓。 [4] 秣马厉兵语出《左传》，意思是：喂饱马匹，磨快兵器。 [5] 同罗以下都是东胡种族之名。 [6] 大同即今山西大同。 [7] 蓟是幽州治所。 [8] 榜是布告。

安禄山一人控制范阳、平卢、河东三道，暗藏反叛之心，将近十年。因皇上待他优厚，想等皇上去世后再叛乱。碰上杨国忠与安禄山关系不睦，多次说安禄山将要反叛，皇上不听；杨国忠便几次寻找事端来刺激，想促使他尽快叛乱，以获取皇上对自己的信任。安禄山因此下决心突然反叛。他单独与孔目官太仆丞严庄、掌书记屯田员外郎高尚、将军阿史那承庆秘密谋划；其他将领和僚佐都不知道，只是对自八月以来，经常宴飨士卒、秣马厉兵觉得奇怪而已。适逢有向皇上奏事的官员从京师回来，安禄山就伪造敕书，召集全体将领，出示给他们看，说："皇上有密旨，命令我们带兵入朝，讨伐杨国忠，诸位应当即刻从军出征。"众人惊愕地互视，没有一人敢表示不同意见。十一月甲子日，安禄山发动他所统率的部队以及同罗、奚、契丹、室韦等族共十五万人，号称二十万人，在范阳反叛。命令范阳节度副使贾循留守范阳，平卢节度副使吕知诲留守平卢，别将高秀岩留守大同。各将都带兵连夜出发。次日早晨，安禄山从蓟城南门出来，隆重地阅兵誓师，以征讨杨国忠为名，出榜布告军中说："有异议煽动军心的，诛灭三族！"于是带兵南进。安禄山乘坐铁车，步骑兵都很精锐，一路烟尘飞扬，鼓噪声震天动地。那时天下太平日久，百姓好几代没有经历战争，突然听说范阳起兵叛乱，远近都大为震惊恐惧。河北是安禄山管辖地区，他所经过的州、县望风瓦解；太守、县令或打开城门出来迎接，或放弃城池逃窜藏匿，或被擒获杀戮，没有敢抵抗的。

4 禄山先遣将军何千年、高邈将奚骑二十，声言献射生手[1]，乘驿诣太原。乙丑，北京副留守杨光翙出迎[2]，因劫之以去。太原具言其状，东受降城亦奏禄山反[3]。上犹以为恶禄山者诈为之，未之信也。庚午，上闻禄山定反[4]，乃召宰相谋之。杨国忠扬扬有得色，曰："今反者独禄山耳，将士皆不欲也。不过旬日，必传首诣行在。"上以为然，大臣相顾失色。上遣特进[5]毕思琛诣东京[6]，金吾将军[7]程千里诣河东[8]，各简募数万人，随便团结以拒之[9]。

［1］射生手是善射的武士。［2］唐代的北京即今太原。唐高祖起兵于此，所以建为北京。［3］唐代沿河套有中、东、西三受降城。［4］定是确实的意思。［5］特进是二品散官。［6］唐以洛阳为东京。［7］金

吾将军是禁卫军官。［8］河东是现在的山西地区。［9］随便是随其所宜的意思。

安禄山先派将军何千年、高邈带领奚族骑兵二十人，声称进献善射的武士，乘驿车到太原。乙丑日，北京副留守杨光翙出城迎接，就此把他劫持而去。太原方面向朝廷报告实情，东受降城也上奏说安禄山反叛。皇上还以为是厌恶安禄山的人故意造谣，不愿相信。庚午日，皇上听说安禄山确实反叛，才召见宰相商议对策。杨国忠意气扬扬面有得色，说："现在造反的独安禄山一人而已，将领和士兵都不愿意。不过十天，必定把安禄山的首级送到皇上面前来。"皇上信以为真，大臣相顾失色。皇上派特进毕思琛赴东京，金吾将军程千里赴河东，各自招募几万人，随其方便地武装组织起来以抵抗叛军。

5辛未，安西节度使封常清入朝[1]，上问以讨贼方略，常清大言曰："今太平积久，故人望风惮贼。然事有逆顺，势有奇变[2]。臣请走马诣东京，开府库，募骁勇，挑马棰渡河[3]，计日取逆胡之首献阙下！"上悦。壬申，以常清为范阳、平卢节度使。常清即日乘驿诣东京募兵，旬日得六万人，乃断河阳桥为守御之备[4]。

［1］安西节度使节制西域诸国。［2］势有奇变当作势有奇正，或势有正变，方与逆顺相对。［3］马棰是马鞭。［4］河阳桥在今河南省孟县。

辛未日，安西节度使封常清入朝，皇上问他讨伐叛贼的方略，封常清夸口说："如今太平时期很久，所以人们望见叛贼风尘就害怕。然而凡事有逆有顺，形势有奇有正。臣请求快马奔赴东京，打开府库，招募骁勇战士，挥舞马鞭直渡黄河，不出几天就取胡人逆贼的首级进献朝廷！”皇上很高兴。壬申日，任命封常清为范阳、平卢节度使。封常清当天就乘驿马赴东京招募士兵，十天募得六万人，于是拆毁河阳桥，作为防守的准备。

6 甲戌，禄山至博陵南[1]，何千年等执杨光翙见禄山，责光翙以附杨国忠，斩之以徇。禄山使其将安忠志将精兵军土门[2]，忠志奚人，禄山养为假子。又以张献诚摄博陵太守，献诚，守珪之子也。禄山至藁城[3]，常山太守颜杲卿力不能拒[4]，与长史袁履谦往迎之。禄山辄赐杲卿金紫[5]，质其子弟，使仍守常山；又使其将李钦凑将兵数千人守井陉口[6]，以备西来诸军。杲卿归，途中指其衣谓履谦曰："何为著此？”履谦悟其意，乃阴与杲卿谋起兵讨禄山。杲卿，思鲁之玄孙也[7]。

[1] 博陵是郡名，今河北省保定附近。 [2] 土门在今河北、山西交界处。驻军土门，是扼燕、晋的门户。 [3] 藁城是今河北省属县。 [4] 常山郡是今河北省正定一带。 [5] 唐制三品以上官服紫衣，佩金鱼袋，太守官不到三品，则绯衣、银鱼袋。 [6] 井陉口今为娘子关。 [7] 颜思鲁是著《颜氏家训》的颜之推之子，著《汉书注》的颜师古之父。

甲戌日，安禄山到达博陵南，何千年等人押着杨光翙来见安禄山，安禄山谴责杨光翙依附杨国忠，将他斩首。安禄山派他的部将安忠志率精兵驻扎在土门。安忠志，是奚族人，安禄山收养为义子。又让张献诚代理博陵太守，献诚，是张守珪的儿子。安禄山到达藁城，常山太守颜杲卿无力抵抗，与长史袁履谦前往迎接叛军。安禄山就赏赐颜杲卿金鱼袋和紫衣，将他的子弟作为人质，让他仍做常山太守；又派他的部将李钦凑率几千兵士守卫井陉口，以防备从西边来的各路兵马。颜杲卿回来，在途中指着身上穿的衣服对袁履谦说："穿这些干什么？"袁履谦明白他的心思，就暗中与颜杲卿一起谋划起兵讨伐安禄山。颜杲卿，是颜思鲁的玄孙。

7 丙子，上还宫。斩太仆卿安庆宗，赐荣义郡主自尽。以朔方节度使安思顺为户部尚书[1]，思顺弟元贞为太仆卿[2]，以朔方右厢兵马使[3]九原太守郭子仪为朔方节度使[4]，右羽林大将军[5]王承业为太原尹。置河南节度使[6]，领陈留等十三郡，以卫尉卿猗氏张介然为之[7]。以程千里为潞州长史[8]。诸郡当贼冲者，始置防御使[9]。丁丑，以荣王琬为元帅，右金吾大将军高仙芝副之[10]，统诸军东征。出内府钱帛，于京师募兵十一万，号曰天武军。旬日而集，皆市井子弟也。十二月丙戌，高仙芝将飞骑、彍骑及新募兵[11]、边兵在京师者，合五万人发长安，上遣宦者监门将军边令诚监其军[12]，屯于陕。

[1] 朔方节度使管辖河套地区。 [2] 安思顺等是安禄山的义兄弟，不同谋，但也不放心，所以把他们安置在京官之中。 [3] 右厢即右翼，左右厢是唐、宋军队中之名称。 [4] 九原在今内蒙古自治区。 [5] 右羽林卫为唐十六卫之一。 [6] 唐代的节度使本都设在沿边，现在因为用兵，所以河南虽是内地，也设置起来了。 [7] 猗氏在今山西省临晋县境。 [8] 潞州治所在今山西省长治县。 [9] 防御使只领本郡，不兼辖别郡，因此在节度使以下。 [10] 唐制亲王作元帅仅居其名，副元帅是实际上的统帅。 [11] 飞骑、彍骑都是在首都的宿卫兵。 [12] 唐宦官多带将军官号。

丙子日，皇上回宫。斩太仆卿安庆宗，赐荣义郡主自尽。任命朔方节度使安思顺为户部尚书，安思顺的弟弟安元贞为太仆卿。任命朔方右厢兵马使、九原太守郭子仪为朔方节度使，右羽林大将军王承业为太原尹。设置河南节度使，管辖陈留等十三郡，让卫尉卿猗氏人张介然担任该职。任命程千里为潞州长史。首当贼军冲击的各郡，开始设置防御使。丁丑日，任命荣王李琬为元帅，右金吾大将军高仙芝为副元帅，统率各军东征。拿出内府的钱财布帛，在京师招募士兵十一万，号称天武军。十来天就集中起来，都是市井子弟啊。十二月丙戌日，高仙芝率领飞骑、彍骑以及新募兵、边兵留在京师的共五万人，从长安出发。皇上派宦官监门将军边令诚监察他的军队，驻屯在陕郡。

8 丁亥，安禄山自灵昌渡河[1]，以絙约败船及草木[2]，横绝河流，一夕，冰合如浮梁，遂陷灵昌郡。禄山步骑散漫，人莫知其数，所过残灭。张介然至陈留才数日，禄山至，授兵乘城，众恼惧不能守。庚寅，太守郭纳以城降，禄山入北郭，闻安庆宗死，恸哭曰：“我何罪而杀我子！”时陈留将士降者夹道，近万人，禄山皆杀之以快其忿。斩张介然于军门，以其将李庭望为节度使，守陈留。

[1] 灵昌郡即滑州，今河南省滑县，旧黄河所经。 [2] 絙音耕，是粗大的绳索。

丁亥日，安禄山从灵昌渡河，用粗大的绳索把破旧船只和草木绑在一起，横断河流，一个晚上，船只草木就被冰冻住像浮桥一样，就此攻陷了灵昌郡。安禄山的步兵骑兵都很散漫，人们不知道他有多少兵马，他军队所过之处都遭到残杀毁灭。张介然到陈留才几天，安禄山就到了，他派兵登城，众人恐惧，不能防守。庚寅日，太守郭纳献城投降。安禄山进入城北，听说安庆宗死讯，痛哭说：“我有什么罪，竟杀我的儿子！”当时陈留将士投降的站在道路两旁，将近一万人，安禄山把他们全都杀死以泄其愤恨。在军门前把张介然斩首。任命他的部将李庭望为节度使，守卫陈留。

9 初，平原太守颜真卿知禄山且反[1]，因霖雨，完城浚濠，料丁壮，实仓廪。禄山以其书生，易之。及禄山反，牒真卿以平原、博平兵七千人防河津[2]，真卿遣平原司兵李平间道奏之[3]。上始闻禄山反，河北郡县皆风靡，叹曰：“二十四郡曾无一人义士邪？”及平至，大喜曰：“朕不识颜真卿作何状，乃能如是！”真卿遣亲客密怀购贼牒诣诸郡[4]，由是诸郡多应者。真卿，杲卿之从弟也。

［1］平原郡即今山东省德县一带。［2］博平郡即博州，今山东省聊城一带。［3］司兵参军是州郡的幕僚官。［4］购贼牒是悬赏的榜文。

当初，平原太守颜真卿知道安禄山将要反叛，趁连日阴雨，修缮城墙深挖壕沟，统计丁壮数目，充实粮仓。安禄山因他是一介书生，不予重视。及至安禄山反叛，行文颜真卿，让他用平原、博平士兵七千人防守黄河渡口，颜真卿派平原司兵李平抄小路奏报皇上。皇上开始听说安禄山反叛，河北郡县都望风披靡时，叹道：“二十四个郡，竟无一人是义士吗？”等李平到来，皇上大喜说：“朕不知道颜真卿是何长相，竟能如此！”颜真卿派亲信门客暗中怀着悬赏捉拿叛贼的榜文前往各郡，从此各郡多有响应的人。颜真卿，是颜杲卿的堂弟。

10 安禄山引兵向荥阳，太守崔无诐拒之；士卒乘城者，闻鼓角声，自坠如雨。癸巳，禄山陷荥阳，杀无诐，以其将武令珣守之。禄山声势益张，以其将田承嗣、安忠志、张孝忠为前锋[1]。封常清所募兵皆白徒，未更训练，屯武牢以拒贼[2]，贼以铁骑蹂之，官军大败。常清收余众战于葵园[3]，又败；战上东门内[4]，又败。丁酉，禄山陷东京。贼鼓噪自四门入，纵兵杀掠。常清战于都亭驿，又败；退守宣仁门[5]，又败；乃自苑西坏墙西走。河南尹达奚珣降于禄山。留守李憕谓御史中丞卢奕曰："吾曹荷国重任，虽知力不敌，必死之。"奕许诺。憕收残兵数百欲战，皆弃憕溃去，憕独坐府中。奕先遣妻子怀印间道走长安，朝服坐台中，左右皆散。禄山屯于闲厩[6]，使人执憕、奕及采访判官蒋清皆杀之[7]。奕骂禄山，数其罪，顾贼党曰："凡为人当知逆顺，我死不失节，夫复何恨！"憕，文水人[8]，奕，怀慎之子，清，钦绪之子也。禄山以其党张万顷为河南尹。

[1] 这几个人后来降了唐室，做了节度使。造成藩镇势力的就是他们。[2] 武牢即虎牢关，在河南省荥阳、汜水之间，唐人避李虎讳，改虎为武。[3] 葵园在洛阳郊外。[4] 上东门是洛阳东面最北一门。[5] 宣仁门是洛阳宫城门之一。[6] 闲厩是御马圈。[7] 采访判官是采访使的判官，判官相当于秘书长。[8] 文水是太原附近的一县。

安禄山带兵向荥阳进攻，太守崔无诐进行抵抗；士兵登上城墙的，听到战鼓号角声，如下雨般自己掉下来。癸巳日，安禄山攻陷荥阳，杀死崔无诐，让他的部将武令珣守卫城池。安禄山声势更加嚣张，派他的部将田承嗣、安忠志、张孝忠为前锋。封常清所招募的士兵都是普通百姓，没有经过军事训练，驻扎在武牢以抵抗叛贼，叛贼用铁骑践踏，官军大败。封常清收拾余众在葵园交战，又失败；在洛阳上东门内交战，又失败。丁酉日，安禄山攻陷东京洛阳，叛贼鼓噪着从四面城门进入，放纵士兵杀人抢劫。封常清在都亭驿作战，又失败；退守宣仁门，又失败；只得从宫苑西边的坏墙出来向西逃跑。河南尹达奚珣向安禄山投降。留守李憕对御史中丞卢奕说："我辈担负国家重任，虽然明知力量不敌，一定要以死报国。"卢奕许诺。李憕收拾残兵几百人，想要再战，残兵都抛弃李憕溃逃而去；李憕独自一人坐在留守府中。卢奕先遣妻子怀揣官印抄小道跑回长安，自己穿朝服坐在御史台中，左右的人都已散去。安禄山在闲厩驻扎，派人捉住李憕、卢奕以及采访判官蒋清都杀了。卢奕大骂安禄山，数落他的罪状，环顾贼党说："凡做人应当知道叛逆和良顺，我死而不失节操，又有什么遗憾呢！"李憕是文水县人；卢奕是卢怀慎的儿子；蒋清是蒋钦绪的儿子。安禄山派他的党羽张万顷做河南尹。

11 封常清帅余众至陕[1]，陕郡太守窦廷芝已奔河东，吏民皆散。常清谓高仙芝曰："常清连日血战，贼锋不可当。且潼关无兵，若贼豕突入关，则长安危矣。陕不可守，不如引兵先据潼关以拒之。"仙芝乃帅见兵西趣潼关[2]。贼寻至，官军狼狈走，无复部伍，士马相腾践，死者甚众。至潼关，修完守备，贼至，不得入而去。禄山使其将崔乾祐屯陕，临汝、弘农、济阴、濮阳、云中郡[3]皆降于禄山。是时，朝廷征兵诸道皆未至，关中恟惧。会禄山方谋称帝，留东京不进，故朝廷得为之备，兵亦稍集。

[1] 陕郡在今河南省陕县一带。 [2] 见即现字，指现有的兵。[3] 临汝郡在今河南省临汝县一带。弘农郡在今河南省灵宝县一带。济阴郡在今山东省曹县一带。濮阳郡在今山东鄄城县一带。云中郡在今山西省大同

市一带。唐天宝中改州为郡，天宝以后又都废去，仍改为州。

封常清率残兵到达陕郡，陕郡太守窦廷芝已逃奔河东，官吏百姓都已散去。封常清对高仙芝说：“我连日血战，叛贼锋芒不可抵挡。而且潼关没有军队防守，如果叛贼像野猪一样破关而入，那么长安就危险了。陕郡不可守，不如带兵先占据潼关以抵抗叛贼。”高仙芝就率领现有人马向西赶往潼关。贼军很快来到，官军狼狈逃跑，已经不成队形，士兵战马互相践踏，死了很多人。抵达潼关后，修筑好了防御工事，贼军到后，不能入关而退去。安禄山派他的部将崔乾祐驻屯陕郡，临汝、弘农、济阴、濮阳、云中郡都投降了安禄山。这时，朝廷向各道所征兵马都还未到，关中很恐惧。适逢安禄山正谋划称帝，留在东京没有进军，所以朝廷得以有时间做准备，部队也稍稍集结起来。

12 高仙芝之东征也，监军边令诚数以事干之，仙芝多不从。令诚入奏事，具言仙芝、常清桡败之状；且云：“常清以贼摇众，而仙芝弃陕地数百里，又盗减军士粮赐。”上大怒。癸卯，遣令诚赍敕即军中斩仙芝及常清。初，常清既败，三遣使奉表陈贼形势，上皆不之见。常清乃自驰诣阙。至渭南[1]，敕削其官爵，令还仙芝军，白衣自效[2]。常清草遗表曰：“臣死之后，望陛下不轻此贼，无忘臣言。”时朝议皆以为禄山狂悖，不日授首，故常清云然。令诚至潼关，先引常清，宣敕示之。常清以表附令诚上之。常清既死，陈尸蘧蒢[3]，仙芝还至听事[4]，令诚索陌刀手百余人自随[5]，乃谓仙芝曰：“大夫亦有恩命。”仙芝遽下，令诚宣敕。仙芝曰：“我遇敌而退，死则宜矣，今上戴天，下履地，谓我盗减粮赐，则诬也。”时士卒在前，皆大呼称枉，其声振地，遂斩之，以将军李承光摄领其众。河西、陇右节度使哥舒翰[6]病废在家[7]。上借其威名，且素与禄山不协，召见，拜兵马副元帅，将兵八万以讨禄山；仍敕天下四面进兵，会攻洛阳。翰以病固辞，上不许。以田良丘为御史中丞，充行军司马，起居郎萧昕为判官，蕃将火拔归仁等各将部落以从。并仙芝旧卒号二十万，屯军于潼关。翰病不能治事，悉以军政委田良丘，良丘复不敢专决，使王思礼主骑[8]，李承光主步，二人争长，无所统一。翰用法严而不恤士卒，皆懈弛无斗志。以上均天宝十四载

[1] 渭南即今陕西县名。 [2] 白衣是削尽官职的人。 [3] 蘧蒢是芦席。 [4] 听事即大厅，唐人称官署的大堂为厅。 [5] 陌刀是一种砍伐用的长刀。 [6] 哥舒也是胡姓。高仙芝和哥舒翰都是蕃将，只有封常清是汉人。 [7] 哥舒翰此时已经得有中风麻痹的病。 [8] 王思礼是高丽人。

高仙芝东征时，监军边令诚多次干涉一些事，高仙芝大都不接受。边令诚入朝奏报军事，详细叙述高仙芝、封常清战败情形；并说："封常清用乱贼来动摇军心，而高仙芝则放弃陕郡几百里地方，又盗窃扣减军士的粮食赏赐。"皇上大怒。癸卯日，派边令诚带着敕书到军中就地斩杀高仙芝和封常清。当初，封常清战败，三次派使者奉表陈述叛贼形势，皇上都不接见。封常清就亲自飞马驰往京城。刚到渭南，皇上下敕削去他的官职爵位，命他返回高仙芝军中，以平民身份效力。封常清写遗表说："臣死以后，希望陛下不要轻视这个叛贼，不要忘记臣所说的话。"当时朝廷议论都认为安禄山狂妄悖逆，不几天就会被斩首，所以封常清才这样说。边令诚抵达潼关，先叫来封常清，向他宣读敕书。封常清把遗表交由边令诚转呈皇上。封常清死后，尸体陈放在芦席上。高仙芝回到官署大厅，边令诚找来一百多个陌刀手跟随自己，才对高仙芝说："大夫也

有恩命。”高仙芝立刻下来，边令诚宣读敕书。高仙芝说：“我遇敌军而后退，死是应该的。今日上戴苍天，下踩大地，说我盗窃扣减军士的粮食赏赐，那是诬陷啊。”当时士兵也在面前，都大声呼喊冤枉，声音震天动地，但还是把高仙芝杀了，由将军李承光带领他的部众。河西、陇右节度使哥舒翰正患病在家。皇上想借重他的威名，而且他平素就与安禄山不和，便召见他，拜授他为兵马副元帅，率领八万人马去讨伐安禄山；同时下敕书命天下四面进兵，会同攻取洛阳。哥舒翰因为有病，一再辞谢，皇上不允许。任命田良丘为御史中丞，充任行军司马，起居郎萧昕为判官，蕃将火拔归仁等各自带领本部落随从出征，加上高仙芝旧部士兵，号称二十万，驻屯在潼关。哥舒翰因病不能治理事务，把军政事务全部委托给田良丘，田良丘又不敢独自决断，让王思礼主管骑兵，李承光主管步兵，二人争权，指挥无法统一。哥舒翰用法严厉而不体恤士卒，部众都懈怠松弛没有斗志。

13 至德元载[1]，春正月乙卯朔，禄山自称大燕皇帝，改元圣武。以达奚珣为侍中，张通儒为中书令。高尚、严庄为中书侍郎[2]。肃宗至德元载（七五六）

［1］自天宝三年为始，不称年而称载，一直到肃宗至德二载为止，以后又仍称年。史家记事，仍用当时制度。［2］达奚珣是唐朝大臣降附安禄山的，其余都是安禄山的幕府中的文官。

至德元载，春，正月乙卯朔日，安禄山自称大燕皇帝，改年号为圣武。任命达奚珣为侍中，张通儒为中书令。高尚、严庄为中书侍郎。

14 是时，天下以杨国忠骄纵召乱，莫不切齿。又禄山起兵，以诛国忠为名。王思礼密说哥舒翰，使抗表请诛国忠，翰不应。思礼又请以三十骑劫取以来，至潼关杀之。翰曰："如此乃翰反，非禄山也。"或说国忠："今朝廷重兵尽在翰手，翰若援旗西指，于公岂不危哉？"国忠大惧，乃奏："潼关大军虽盛，而后无继；万一失利，京师可忧。请选监牧小儿三千[1]，于苑中训练。"上许之，使剑南军将李福德等领之[2]。又募万人屯灞上[3]，令所亲杜乾运将之，名为御贼，实备翰也。翰闻之，亦恐为国忠所图，乃表请灞上军隶潼关。六月癸未，召杜乾运诣关，因事斩之；国忠益惧。会有告崔乾祐在陕兵不满四千，皆羸弱无备。上遣使趣哥舒翰进兵复陕洛。翰奏曰："禄山久习用兵，今始为逆，岂肯无备？是必羸师以诱我；若往，正堕其计中。且贼远来，利在速战；官军据险以扼之，利在坚守。况贼残虐失众，兵势日蹙，将有内变；因而乘之，可不战擒也。要在成功，何必务速！今诸道征兵，尚多未集，请且待之。"郭子仪、李光弼亦上言[4]："请引兵北取范阳，覆其巢穴，质贼党妻子以招之，贼必内溃。潼关大军唯应固守以弊之，不可轻出。"国忠疑翰谋己，言于上，以贼方无备而翰逗留，将失机会。上以为然，续遣中使趣之，项背相望。翰不得已，抚膺恸哭。丙戌，引兵出关。己丑，遇崔乾祐之军于灵宝西原[5]，乾祐据险以待之，南薄山，北阻河，隘道七十里。庚寅，官军与乾祐会战。乾祐伏兵于险，翰与田良丘浮舟中流以观军势。见乾祐兵少，趣诸军使进。王思礼等将精兵五万居前，庞忠等将余兵十万继之，翰以兵三万登河北阜望之，鸣鼓以助其势。乾祐所出兵不过万人，什什伍伍，散如列星，或疏或密，或前或却，官军望而笑之。乾祐严精兵陈于其后。兵既交，贼偃旗如欲遁者，官军懈不为备。须臾伏兵发，贼乘高下木石，击杀士卒甚众。道隘，士卒如束，枪槊不得用。翰以毡车驾马为前驱，欲以冲贼。日过中，东风暴急，乾祐以草车数十乘塞毡车之前，纵火焚之，烟焰所被，官军不能开目，妄自相杀，谓贼在烟中，聚弓弩而射之。日暮矢尽，乃知无贼。乾祐遣同罗精骑自南山过，出官军之后击之，官军首尾骇乱，不知所备，于是大败。或弃甲窜匿山谷，或相挤排入河溺死，嚣声振天地，贼乘胜蹙之。后军见前军败，皆自溃，河北军望之亦溃。翰独与麾下百余骑走，自首阳山西渡河入关[6]。关外先为三堑，皆广二丈，深丈，人马坠其中，须臾而满；余众践之以度，士卒得入关者才八千余人。辛卯，乾祐进攻潼关，克之。翰至关西驿，揭榜收散卒[7]，欲复守潼关。蕃将火拔归仁等以百余骑围驿，入谓翰曰:“贼至矣，请公上马。”翰上马出驿，归仁帅众叩头曰：“公以二十万众一战弃之，何面目复见天子？且公不见高仙芝、封常清乎？请公东行。”翰不可，欲下马。归仁以毛縶其足于马腹，及诸将不从者，皆执之以东。会贼将田乾真已至，遂降之，俱送洛阳。安禄山问翰曰:“汝常轻我，今定何如？”翰伏地对曰：“臣肉眼不识圣人[8]，今天下未平，李光弼在常山，李祗在东平，鲁炅[9]在南阳[10]，陛下留臣，使以尺书招之，不日皆下矣。”禄山大喜，以翰为司空同平章事。谓火拔归仁曰：“汝叛主，不忠不义！”执而斩之。翰以书招诸将，皆复书责之。禄山知不效，乃囚诸苑中。

[1] 监牧是养马场，这班青年兵士通称为小儿。[2] 杨国忠遥领剑南节度使，所以剑南军将是他的亲信。[3] 灞上在长安东四十里。[4] 李光弼是契丹人，也是蕃将。[5] 灵宝本桃林县，天宝元年在这里得到“灵符”，因而改名，至今因之。[6] 胡三省说:首阳山当是首山，衍“阳”字，首山在蒲州河东县界，与湖城县之荆山隔河相对。[7] 揭榜是出布告。[8] 哥舒翰曾经和安禄山个人起过冲突。[9] 炅音炯。[10] 以上各人

都是唐廷所派将帅。

这时，天下人因杨国忠骄奢放纵召来祸乱，无不切齿痛恨，而安禄山起兵又是以诛讨杨国忠为名，因此王思礼秘密劝说哥舒翰，让他上表请杀杨国忠，哥舒翰不答应。王思礼又请求带三十个骑兵去把杨国忠劫持出来，到潼关后杀掉他。哥舒翰说："这样一来，那就是哥舒翰谋反，不是安禄山了。"有人劝说杨国忠："如今朝廷重兵都在哥舒翰手中，哥舒翰如果挥师向西而来，对你来说岂不很危险吗？"杨国忠大为恐惧，就上奏说："潼关大军虽然众多，但没有后续部队；万一失守，京师就令人担忧了。请挑选养马场士卒三千人，在禁苑中进行军事训练。"皇上同意，派剑南军将李德福等统领这支队伍。又招募一万人驻屯灞上，命亲信杜乾运率领，名义上是防御叛军，实际上是防备哥舒翰。哥舒翰听说后，也担心遭杨国忠谋算，就上表请求将灞上军队隶属潼关。六月癸未日，哥舒翰把杜乾运叫到潼关，借故斩杀。杨国忠更加害怕。适逢有人报告崔乾祐在陕郡的兵力不足四千，都是些体弱士卒且无防备，皇上便派使者催促哥舒翰进兵收复陕郡和洛阳。哥舒翰上奏说："安禄山久经沙场善于用兵，现在刚开始反叛，怎会没有防备呢？这一定是故意用体弱士兵来引诱我们；如果前往，正落入他们的圈套。而且叛贼远道而来，利在速战速决；官军占据险要之地阻扼，利在长期坚守。何况叛贼残酷暴虐失去民心，兵势日益穷迫，将有内乱发生；那时乘机进攻，可以不战而擒获敌人。我们的主要目的是取胜，何必务求速决呢！现在各道所征兵马大都还没有集结，请暂且等待一下。"郭子仪、李光弼也上书说："请调兵向北攻取范阳，捣毁敌巢，抓住叛贼的妻子儿女作为人质，用来招降他们，叛贼内部定会崩溃。潼关大军只应当固守以待贼兵疲惫，不可轻易出关。"杨国忠怀疑哥舒翰要谋害自己，对皇上说，叛军无防备而哥舒翰逗留不出击，将要错失机会。皇上认为很对，连续派宦官去催促出兵，使者在路上前后相望。哥舒翰不得已，抚胸痛哭。丙戌日，带兵出关。己丑日，在灵宝西原遭遇崔乾祐的军队。崔乾祐占据险要以等待官军，南面迫近大山，北面有黄河阻隔，其间是七十里长的狭隘小道。庚寅日，官军与崔乾祐交战。崔乾祐在险要地方埋伏士兵，哥舒翰与田良丘乘船在河中观察军事形势，看见崔乾祐兵力很少，就下令各军前进。王思礼等率精兵五万走在前面，庞忠等率其余士兵十万跟随其后，哥舒翰率兵三万登上黄河北坡观察，鸣鼓以助其攻势。崔乾祐所出动的士兵不过一万人，三五成群，像天上的星星一样分散，或疏松或密集，或向前或后退，官军看见后都觉得好笑。崔乾祐整备精兵，在后面布阵。两军交战后，贼兵偃旗息鼓好像要败逃，官军松懈，没有防备。不一会儿，叛军伏兵出动，凭借高地推下滚木石块，砸死很多官军。道路狭隘，官兵犹如被捆缚一般，枪和长矛施展不开。哥舒翰下令用马拉毡车做前驱，想要冲击敌人。过了中午，东风骤起，崔乾祐用几十辆草车堵在毡车前面，放火焚烧。浓烟袭来，官军被熏得睁不开眼睛，盲目地自相残杀，以为贼兵在烟雾中，聚集弓弩手射击。傍晚，弓箭射完了，才发现没有贼兵。崔乾祐派同罗精锐骑兵绕过南山，从官军背后出击，官军首尾受敌惊骇大乱，不知如何防备，于是大败。有的丢盔弃甲逃进山谷躲藏，有的互相排挤掉落黄河淹死，号叫声震天动地，贼军乘胜追击。后面的官军看见前军失败，都自行溃散。河北的军队见状后也溃退。哥舒翰仅与部下一百多骑兵逃脱，从首山向西渡过黄河进入潼关。潼关外面先前挖了三条壕堑，都有二丈宽，一丈深，人马掉进去，很快就填满了；其余人马踏着他们的身体而过，士兵能够进入潼关的才八千多人。辛卯日，崔乾祐进攻潼关，攻克下来。哥舒翰逃到关西驿，出布告收罗逃散士卒，想要重新守卫潼关。蕃将火拔归仁等带领一百多名骑兵包围驿站，进去对哥舒翰说："贼兵到了，请您上马。"哥舒翰上马出了驿站，归仁率部众叩头说："您率领二十万大军一战而覆没，还有什么脸再去见天子？而且您没见到高仙芝、封常清的下场吗？请您向东走。"哥舒翰不愿意，想要下马。火拔归仁用毛绳把他的脚绑在马肚上，连同诸将中不服从的，都绑起来向东走。适逢贼将田乾真已到，就投降了他，全部送到洛阳。安禄山问哥舒翰说："你常常轻视我，今天怎么样？"哥舒翰伏在地上答道："臣肉眼不识圣人。如今天下尚未平定，李光弼在常山，李祗在东平，鲁炅在南阳，陛下留臣性命，让臣写信去招降他们，用不了几天就都平定了。"安禄山大喜，任命哥舒翰为司空同平章事。对火拔归仁说："你背叛自己的主子，不忠不义！"把他捆起来杀了。哥舒翰写信招降诸位将领，他们都回信责骂他。安禄山知道没有效果，就把他囚禁在宫苑中。

15 潼关既败，于是河东、华阴、冯翊、上洛防御使皆弃郡走[1]，所在守兵皆散。是日翰麾下来告急，上不时召见，但遣李福德等将监牧兵赴潼关。及暮，平安火不至[2]，上始惧。壬辰，召宰相谋之。杨国忠自以身领剑南，闻安禄山反，即令副使崔圆阴具储偫，以备有急投之。至是首唱幸蜀之策，上然之。癸巳，国忠集百官于朝堂，惶懅流涕，问以策略，皆唯唯不对。国忠曰："人告禄山反状已十年，上不之信。今日之事，非宰相之过。"仗下[3]，士民惊扰，奔走不知所之，市里萧条。国忠使韩、虢入宫[4]，劝上入蜀。甲午，百官朝者什无一二。上御勤政楼[5]，下制云欲亲征，闻者皆莫之信。以京兆尹魏方进为御史大夫兼置顿使[6]，京兆少尹灵昌崔光远为京兆尹，充西京留守；将军边令诚掌宫闱管钥。托以剑南节度大使颍王璬将赴镇，令本道设储偫。是日，上移仗北内[7]。既夕，命龙武大将军陈玄礼整比六军[8]，厚赐钱帛，选闲厩马九百余匹，外人皆莫之知。

乙未，黎明，上独与贵妃姊妹、皇子、妃、主、皇孙、杨国忠、韦见素、魏方进、陈玄礼及亲近宦官宫人出延秋门[9]，妃主皇孙之在外者，皆委之而去。上过左藏[10]，杨国忠请焚之，曰："无为贼守。"上愀然曰："贼来不得，必更敛于百姓，不如与之，无重困吾赤子。"是日百官犹有入朝者，至宫门犹闻漏声[11]，三卫立仗俨然[12]。门既启，则宫人乱出，中外扰攘，不知上所之。于是王公、士民四出逃窜，山谷细民争入宫禁及王公第舍，盗取金宝，或乘驴上殿，又焚左藏大盈库[13]。崔光远、边令诚帅人救火，又募人摄府县官分守之，杀十余人，乃稍定。光远遣其子东见禄山，令诚亦以钥献之。

[1] 华阴、冯翊、上洛都是陕西东部几个郡名。 [2] 唐制，各镇戍每日初夜放烟一炬，谓之平安火。 [3] 仗是殿前所设警卫仪仗，每临朝则"唤仗"，不临朝则"放仗"，改在别处临朝则"移仗"，朝罢则"仗下"。[4] 杨贵妃姊适崔氏的封韩国夫人，适裴氏的封虢国夫人。 [5] 勤政楼是南内的楼名。 [6] 置顿使等于预备前站的钦差。 [7] 唐都长安，以太极宫为西内，大明宫为东内，兴庆宫为南内，玄宗时，常居南内及东内。南内最在南，现在移仗北内，可能是迁居大明宫。因为南内离民居太近的缘故。[8] 龙武军是新设六军之一。 [9] 延秋门是禁苑之西门。 [10] 左藏是政府的金库。 [11] 漏声是报时刻的钟鼓声。 [12] 三卫是亲卫、勋卫、翊卫，都是唐开国时随从立功的人，相沿为临朝时的仪卫，布列殿廷左右。[13] 大盈库是金库中专为皇室私用的。

潼关失败，于是河东、华阴、冯翊、上洛等地的防御使都弃郡逃跑，所在地方的守兵也都溃散。这天，哥舒翰部下前来告急，皇上没有及时召见，只是派李福德等带领监牧兵奔赴潼关。到了晚上，报告平安的烽火没有传到京城，皇上才开始惧怕。壬辰日，皇上召见宰相商议。杨国忠因自身兼任剑南节度使，听说安禄山反叛，随即命副使崔圆暗中储备物资，以备危急时投入。这时他首先提出皇上去蜀中避难的策略。皇上同意。癸巳日，杨国忠将百官召集到朝堂上，大家惊恐流泪；杨国忠问他们有何策略，都唯唯诺诺不知如何对答。杨国忠说："有人告发安禄山谋反状况已有十年，但皇上不相信。今日发生的事，并非宰相的过错。"朝罢，士人百姓都惊慌失措，东奔西跑不知应往哪里去，市面上一片萧条。杨国忠让韩国夫人、虢国夫人入宫，劝皇上前往蜀中。甲午日，百官上朝的不到十分之一二。皇上登临勤政楼，下制书说要率兵亲征，听到的人都不相信。任命京兆尹魏方进为御史大夫兼置顿使；京兆少尹灵昌人崔光远为京兆尹，兼任西京留守；将军边令诚掌管宫殿钥匙。托词说剑南节度大使颍王李璬将要前往镇守之地，命令剑南道准备所需物资。这天，皇上移居大明宫。天黑以后，命龙武大将军陈玄礼整合六军，厚加赏赐钱财布帛，挑选闲厩中骏马九百多匹，外面的人都不让知道。乙未日，黎明，皇上仅仅与杨贵妃姐妹、皇子、妃子、公主、皇孙、杨国忠、韦见素、魏方进、陈玄礼以及亲近的宦官、宫人等从延秋门出发，妃子、公主、皇孙等在宫外的，都抛下不顾。经过国库左藏时，杨国忠建议把它烧毁，说："不要留给叛贼。"皇上忧伤地说："叛贼来了得不到财物，必定更加厉害地向百姓索取；不如留给他们，不要加重我百姓困苦。"这天，百官中还有上朝的，到了宫门口，还听到更漏声，殿廷左右的仪仗队仍然整齐地肃立在那里。宫门开启后，宫里的人混乱地拥出，内外一片扰攘，不知皇上去哪里了。于是王公、士民都四出逃跑，山野百姓争相进入宫禁及王公宅第中，盗取金银财宝，还有人骑驴走上大殿。又放火焚烧左藏大盈库。崔光远、边令诚带人救火，又招募人员带领府、县官吏分别把守，杀了十几个人，才稍稍稳定下来。崔光远派他儿子向东去见安禄山，边令诚也把钥匙献给他。

16上过便桥，杨国忠使人焚桥。上曰："士庶各避贼求生，奈何绝其路？"留内侍监高力士使扑灭乃来。上遣宦者王洛卿前行，告谕郡县置顿[1]。食时，至咸阳望贤宫，洛卿与县令俱逃。中使征召吏民，莫有应者。日向中，上犹未食。杨国忠自市胡饼以献[2]。于是民争献粝饭，杂以麦豆，皇孙辈以手掬食之，须臾而尽，犹未能饱。上皆酬其直，慰劳之。众皆哭，上亦掩泣。有老父郭从谨进言曰："禄山包藏祸心，固非一日，亦有诣阙告其谋者，陛下往往诛之，使得逞其奸逆，致陛下播越。是以先王务延访忠良，以广聪明，盖为此也。臣犹记宋璟为相[3]，数进直言，天下赖以安平。自顷以来，在廷之臣以言为讳，唯阿谀取容，是以阙门之外，陛下皆不得而知。草野之臣必知有今日久矣。但九重严邃，区区之心无路上达。事不至此，臣何由得睹陛下之面而诉之乎？"上曰："此朕之不明，悔无所及。"慰谕而遣之。俄而尚食举御膳而至[4]，上命先赐从官，然后食之。命军士散诣村落求食，期未时皆集而行。夜将半，乃至金城[5]。县令亦逃，县民皆脱身走，饮食器皿具在，士卒得以自给。时从者多逃，内侍监袁思艺亦亡去。驿中无灯，人相枕藉而寝，贵贱无以复辨。

[1]顿即后世的腰站。[2]胡饼即今之烧饼，由西域传来。[3]宋璟是玄宗初年的贤宰相。[4]尚食是掌御膳的官。[5]金城本始平县，在长安西八十五里。

皇上通过便桥后，杨国忠派人烧桥。皇上说："士人百姓各自避难求生，怎能断绝他们的出逃之路呢？"留下内侍监高力士，让他灭火以后再赶来。皇上派宦官王洛卿先行，告诉各郡县安排好中途歇息之处。吃饭时候，到达咸阳望贤宫，王洛卿与县令都逃跑了。宦官去征召官吏百姓，没有响应的。到了中午，皇上还没有吃饭，杨国忠亲自去买烧饼进献。于是老百姓争着进献糙米饭，掺杂一些麦豆，皇孙们用手抓来吃，一会儿就吃完了，还没有吃饱。皇上都按价付钱，并慰劳进献者。众人都哭了，皇上也掩面哭泣。有位老人名郭从谨的进言说："安禄山包藏祸心，不是一天的事了；也有人到朝廷告发他的阴谋，陛下往往将他们诛杀，使安禄山的叛逆奸计能够得逞，导致陛下流亡。所以先王一定要延访忠良之士，以增广自己的聪明才识，就为了这个缘故啊。臣还记得宋璟任宰相，多次直言进谏，天下得以安定太平。自近时以来，在朝之臣都忌讳直言，只知阿谀奉承以获得见容，因此宫门以外的事，陛下都不得而知。作为草野臣民，知道必定会有今天的后果已经很久了，但宫禁森严邃密，区区效忠之心没有路径上达。事情不弄到这个地步，臣怎能得见陛下而当面诉说呢？"皇上说："这都是朕糊涂，后悔也来不及了。"安慰一番，让老人走了。过一会儿掌管御膳的官员捧着膳食前来，皇上命令先赏赐随从官员，然后自己才吃。命令军士分散到村落中去求取食物，约定未时都回来集结而行。将近半夜时分，才抵达金城县。县令也逃跑了，县里老百姓都脱身外逃，饮食器皿都在，士卒得以自己做饭吃。当时随从的很多人都逃走，内侍监袁思艺也逃走了。驿站中没有灯，人们互相枕着身体而睡，不再区分尊卑贵贱。

17 王思礼自潼关至，始知哥舒翰被擒，以思礼为河西陇右节度使，即令赴镇，收合散卒，以俟东讨。丙申，至马嵬驿[1]，将士饥疲，皆愤怒。陈玄礼以祸由杨国忠，欲诛之。因东宫宦者李辅国以告太子，太子未决。会吐蕃使者二十余人遮国忠马，诉以无食。国忠未及对，军士呼曰："国忠与胡虏谋反！"或射之中鞍。国忠走至西门内，军士追杀之，屠割支体，以枪揭其首于驿门外。并杀其子户部侍郎暄及韩国、秦国夫人。御史大夫魏方进曰："汝曹何敢害宰相！"众又杀之。韦见素闻乱而出，为乱兵所挝，脑血被地，众曰："勿伤韦相公！"救之得免。军士围驿，上闻喧哗，问外何事，左右以国忠反对。上杖屦出驿门，慰劳军士令收队，军士不应。上使高力士问之，玄礼对曰："国忠谋反，贵妃不宜供奉，愿陛下割恩正法！"上曰："朕自当处之。"入门倚杖倾首而立，久之。京兆司录韦谔前言曰[2]："今众怒难犯，安危在晷刻，愿陛下速决[3]。"因叩头流血。上曰："贵妃常居深宫，安知国忠反谋？"高力士曰："贵妃诚无罪，然将士已杀国忠，而贵妃在陛下左右，岂敢自安？愿陛下审思之！将士安则陛下安矣。"上乃命力士引贵妃于佛堂缢杀之。舆尸置驿庭，召玄礼等入视之，玄礼等乃免胄释甲，顿首请罪，上慰劳之，令晓谕军士。玄礼等皆呼万岁，再拜而出。以上均至德元载

[1] 马嵬驿在长安西北之兴平县境。 [2] 司录参军是州郡幕僚官名。 [3] 这几句话的意思是："若不赶快下决心，兵士就要再进一步，连你也性命难保了。"

王思礼从潼关来到，才知道哥舒翰被俘；于是任王思礼为河西、陇右节度使，命他即刻赴任，收拾集结溃散士兵，以等待东征。丙申日，到达马嵬驿，将士们饥饿疲劳，都很愤怒。陈玄礼认为这次祸乱是由杨国忠所引起，想杀掉他，让东宫宦官李辅国转告太子，太子未能决断。适逢吐蕃使者二十多人拦住杨国忠的马，向他诉说没有食物吃，杨国忠还未来得及回答，军士们就喊道："杨国忠与胡虏一起谋反！"有人向他

射箭，射中马鞍。杨国忠跑到西门内，军士们追上去杀了他，肢解他的尸体，用枪挑着他的头颅悬在驿门外。并把他的儿子户部侍郎杨暄以及韩国夫人、秦国夫人都杀了。御史大夫魏方进说:“你们怎敢杀害宰相!”众人又杀了他。韦见素听见骚乱之声,出来察看,被乱兵殴打,脑血溅地。众人说:“不要伤害韦相公!”救了他一命。军士们包围驿站，皇上听到喧哗声，问外面发生什么事，左右的人回答说杨国忠谋反。皇上拄着拐杖穿着麻鞋走出驿站大门，慰劳军士，命令他们收队回营，军士们不听从。皇上让高力士去问缘故，陈玄礼回答:“杨国忠谋反，杨贵妃不宜再侍奉皇上，希望陛下割舍恩爱予以正法。”皇上说:“朕会自行处置。”进入驿站大门，倚着拐杖侧首而立，这样过了很久。京兆司录韦谔上前说道:“现在众怒难犯，安危就在片刻之间，请陛下赶快决断!”说着叩头出血。皇上说:“贵妃一直住在深宫，怎会知道杨国忠谋反的事?”高力士说:“贵妃的确无罪，然而将士们已经杀了杨国忠，而贵妃还在陛下身边，他们怎能感到心安呢？希望陛下仔细想想！将士们安稳了，则陛下也安稳了。”皇上于是命令高力士将杨贵妃带到佛堂用绳子勒死。将尸体抬放在驿站庭院中，叫陈玄礼等人进来查看，陈玄礼等人这才脱去头盔铠甲，叩头谢罪。皇上慰劳他们，命令他们向军士们说明情况。陈玄礼等人都高呼万岁，再次叩拜而去。

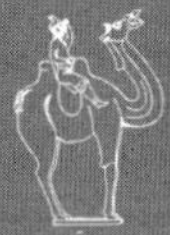

杨炎与刘晏

杨炎与刘晏

随着府兵制的破坏，藩镇私有的军队就兴起来了；随着均田制的破坏，租、庸、调的税役法也不适用，财政收入也减少了。藩镇强横，用兵不息，财政竭蹶，统治力因而动摇，这就是中唐时代的一般现象。

内战和财政问题自然是相因而至的，但是重要关键还在财政。财政有了补救办法，虽然处在长期混乱之中，唐政府还能维持相当长久的统治。

现在选取下列几段，来说明当时两个理财家——杨炎与刘晏——的才干。第一节记杨炎做宰相，首先从宦官手里把财政权收回，恢复正常行政系统。同时划分公私界限，把宫廷用费定出范围，免除君主私人的干涉。第二节便是税制的改革。当时税收的科目繁多，办法不一律，适足以供不肖官吏的侵渔。加以农民流亡，户口已经变更，田亩也已易主，还按从前的税制征收，就不得不将重负压在少数贫困的农民身上，而取巧逃税的人越来越多。农民的困苦愈深，政府的收入愈少。杨炎用快刀斩乱麻的办法，把旧的租、庸、调名目以及其他地方杂税一概取消，约计地方及中央政府必需的数目，按贫富等级分摊；不问是主户是客户，只凭现在居住的地点，不问是什么样的人，只按贫富分别负担。至于随处转移的商人，也要向所在的州县纳税，不使某种人得以逃避。地方田税每年分夏秋两次征收，于是这种新法名为两税法。以下第三、四、五节，因杨炎执政追溯从前他和刘晏的私仇，始而免去刘晏的重要财政职务，继而又将他贬官赐死。

为了刘晏被杀这件事，再分四节来追述刘晏的功绩。第四节记刘晏办事的才能，他利用特置的驿递方法，掌握各处物价涨落的情报，因而能保持供求的平衡，使利润归于国家。他又精选知识分子来担任财务管理，不使不肖官吏乘机舞弊。他也不拒绝人情请托，但是不以私害公，人也不怨恨，事也能办得好。第七节记刘晏爱护农民的热诚，他在各道都设有专官，按期报告天时的变化，收成的好坏。收成好就高价收买，收成坏就低价卖出。如果发现歉收的预兆，立即预计某月需要免税若干，某月需要赈济若干，不等州县呈报，早已布置好了补救的办法，恰当其时。所以百姓还能安居乐业，户口日增。当他初任转运使时，全国只有二百万户，最后加到了三百多万，但是只有他所管的地区才增加，他所管的地区以外，依然并不增加。初期年度收入不过四五百万缗（千钱），末年达到一千多万缗。第八节记他的整理财政不专在田赋上着眼，而在盐税上尤为注意。他所管的范围，正是今日食淮盐的区域，远至长江上游以及岭南，都是销售的对象。他的办法，是减轻成本，免除苛税，使运销畅通。并且在辽远的地区存贮官盐，以防涨价，所以民间供应不缺而政府收获余利。初期盐利不过四十万缗，末年增加到十几倍。同样，在他的管辖区以外，就形成盐价贵而余利少。第九节记他对于漕运的办法，他认为各处的船只能适用于本处，运到一处，就算任务终了，另由下一处接运。这样就免除了运输的劳苦和沉没的损失。他所造的运输船，都不惜工本，务求坚牢经久，后来的人不能体会他的用意，所造的船就不及他所造的耐用，因而妨害了漕运。这些都是他见解宏远的地方。《通鉴》将这些前后经过总叙在一篇之中，条理清晰，简要明净，是关于典章制度的绝好文字。

1 旧制，天下金帛皆贮于左藏，太府四时上其数，比部覆其出入[1]。及第五琦为度支盐铁使[2]，时京师多豪将，求取无节，琦不能制，乃奏尽贮于大盈内库，使宦官掌之。天子亦以取给为便，故久不出。由是以天下公赋为人君私藏，有司不复得窥其多少，校其赢缩，殆二十年。宦官领其事者三百余员，皆蚕食其中，蟠结根据，牢不可动。杨炎顿首于上前曰[3]："财赋者，国之大本，生民之命，重轻安危，靡不由之。是以前世皆使重臣掌其事，犹或耗乱不集。今独使中人出入盈虚，大臣皆不得知，政之蠹敝莫甚于此。请出之以归有司。度宫中岁用几何，量数奉入，不敢有乏。如此，然后可以为政。"上即日下诏："凡财赋皆归左藏，一用旧式。岁于数中择精好者三五千匹进入大盈。"炎以片言移人主意，议者称之。唐代宗大历十四年（七七九）

[1] 唐制，左藏所储的金帛，由太府掌其出纳，由比部核其数目。[2] 唐中叶以后，由于用兵的关系，盐铁为重要收入来源，特设度支盐铁使以筹军饷。第五琦为度支使在肃宗时。 [3] 此时德宗新即位，杨炎自道州司马擢为宰相。

以往制度规定，天下金银绢帛都贮藏在国库，由太府每年按四季上报出纳之数，由比部加以审核。等到第五琦出任度支盐铁使，由于当时京师有很多权势烜赫的将领，毫无节制地索要钱物，第五琦掌控不住，便奏请将金帛全部贮藏在皇家内库，指派宦官掌管。皇帝也认为这样取用较为方便，于是财帛就长期贮藏在内库，使征敛而来的天下公赋成了皇帝的私有财产，主管官署不能探知财帛究竟有多少，无法核实收支明细，这样持续了差不多二十年。宦官在内库办事的有三百多人，都不断从中贪污窃取，并盘根错节地勾结在一起，牢不可动。杨炎在皇帝面前叩头进言说："财赋，是立国的根本，黎民百姓的生计所在，社稷的轻重安危，莫不由财赋所决定，因此前朝都是指派重臣掌管其事，而仍然难免有损耗和混乱不清的情形。如今全由宦官掌管收支，核实盈亏，而大臣们对此都不得而知，朝政的腐蚀败坏没有比这更严重的了。请将财赋大权移交出来，重归官署主管。计算一下宫中每年需要多少费用，让官署如数奉上纳入内库，一定不使宫中用度有所匮乏。这样，然后才能好好地治国理政。”皇帝当天下诏：“所有财赋，都归国库贮藏，一切都按旧有规定办，每年从中选择精美绢帛三五千匹，送进大盈内库。”杨炎用简短几句话便改变了皇帝想法，议论此事的人都称赞他。

2 建中元年，春正月丁卯朔，改元。……始用杨炎议，命黜陟使与观察、刺史约百姓丁产[1]，定等级，改作两税法。比来新旧征科色目一切罢之[2]。二税外辄率一钱者[3]，以枉法论。唐初赋敛之法，曰租、庸、调。有田则有租，有身则有庸，有户则有调。玄宗之末，版籍浸坏[4]，多非其实。及至德兵起，所在赋敛，迫促取办，无复常准。赋敛之司增数而莫相统摄，各随意增科，自立色目，新故相仍，不知纪极[5]。民富者丁多，率为官为僧，以免课役；而贫者丁多，无所伏匿，故上户优而下户劳。吏因缘蠹食，旬输月送[6]，不胜困弊；率皆逃徙为浮户，其土著百无四五。至是，炎建议作两税法。先计州县每岁所应费用及上供之数而赋于人[7]，量出以制入。户无主、客，以见居为簿；人无丁、中[8]，以贫富为差；为行商者，在所州县税三十之一，使与居者均，无侥利。居人之税，秋、夏两征之。其租庸调杂徭悉省，皆总统于度支。上用其言，因赦令行之[9]。德宗建中元年（七八〇）

［1］黜陟使是监察官吏的官，观察使是一道的行政长官，刺史是一州的行政长官。［2］色目就是种类名目。［3］率就是科派。［4］版籍就是田亩户口的清册。［5］意思是：旧的未经除去，新的又加上，算也算不清楚。［6］意思是：每旬每月都有应缴的捐税。［7］唐制，地方财政收入分为三部分。一是留州，归本州自己支用；一是送使，呈交节度或观察使；

一是上供，缴纳中央。［8］唐制，十八岁以上为中男，二十三岁以上为成男。［9］唐制，新君即位改元，必颁大赦令，往往乘此有所兴革。

建中元年，春正月初一丁卯日，改了年号。……开始采用杨炎的建议，命令黜陟使与观察使、刺史统计各地百姓人口和田产，划定民户等级，改行两税法。近来出现的新旧各种税收名目一律取消。二税以外，如再科派百姓一文钱的，以枉法论处。唐朝初期，征收赋税的方法，分为租、庸、调三种。有田产就要缴纳田租，有人口就要按人缴纳服役费用（庸），有家庭就要按户缴纳丝麻制品费（调）。玄宗末年，田亩户口逐渐毁损，清册所载多与实际情况不符。到至德年间战乱发生，各地征收赋税，都是紧迫地催促办理，不再有固定标准。征税机构人员增加，朝廷却无法统一管理，以至于各机构任意增加赋税数额，自行设立各种名目，新旧重合，不知何时可以弄清。百姓中富裕而人丁众多的家庭，大都有人在做官或为僧，从而免除赋税徭役；而贫穷又人丁众多的家庭，则无法瞒报和逃税，因此富裕之家优哉游哉而贫穷之家苦不堪言。税吏乘机从中贪赃自肥，每旬每月都有捐税名目，百姓不胜困顿，于是大都逃亡迁徙而成为居无定所的流动户口，定居在本乡本土的，不到总数的百分之四五。事已至此，所以杨炎建议制定两税法。先计算州县每年所需费用和应上缴给朝廷的数额，根据支出总数制定向百姓征收赋税的标准。纳税户不分定居的，还是迁徙的，都按现居住地登记造册；纳税人不分丁男、中男，都按贫富状况区分等级；外出经商的，于所在州县内缴纳三十分之一的盈利税，使他们与定居户均摊赋税，而不能侥幸获利。定居户的赋税，分夏、秋两季征缴。以前的租、庸、调及各种杂役一概免除，赋税征收全由度支统一管理。皇帝采纳了他的建议，就此赦免百姓以前尚未缴清的赋税，下令实施两税法。

3 初，左仆射刘晏为吏部尚书，杨炎为侍郎，不相悦。元载之死，晏有力焉[1]。及上即位，晏久典利权，众颇疾之，多上言转运使可罢。又有风言晏尝密表劝代宗立独孤妃为皇后者[2]。杨炎为宰相，欲为元载报仇，因为上流涕言："晏与黎干、刘忠翼同谋，臣为宰相，不能讨，罪当万死。"崔祐甫言："兹事暧昧，陛下已旷然大赦，不当复寻究虚语。"炎乃建言："尚书省，国政之本。比置诸使，分夺其权，今宜复旧。"上从之。甲子，诏天下钱谷皆归金部仓部[3]，罢晏转运、租庸、青苗、盐铁等使。

[1] 杨炎是元载私党，元载因擅权纳贿，为人诬告谋反，被诛。事在代宗时。 [2] 独孤妃是代宗宠妃，如果独孤妃立为皇后，德宗即不得为太子，所以杨炎用这话激怒德宗。 [3] 金部、仓部都是户部所属。六部都属于尚书省。这就是用杨炎的话，将财政权重新收归中央正式行政机关。

当初，左仆射刘晏任吏部尚书，杨炎任吏部侍郎，相处很不融洽。元载被处死的事，刘晏曾出过力。等到本朝皇帝即位，刘晏已长期掌握财政权，群臣都嫉恨他，多人上奏建议撤销转运使。又有流言说刘晏曾密本上奏劝代宗册立独孤妃为皇后。杨炎当上宰相后，想替元载报仇，便流着眼泪对皇帝说："刘晏与黎干、刘忠翼同谋叛逆，臣身为宰相，而不能查究，罪该万死！"崔祐甫说："这件事真相暧昧不明，陛下已宽宏地施行大赦，就不应当再去追究那些流言。"杨炎便又建议："尚书省，是治国理政的中枢机构。近来设置诸使，分夺了尚书省的权力，现在应该恢复旧制。"皇帝听从了他的意见。甲子日，下诏命令将天下钱粮事务都收归金部、仓部掌管，免去了刘晏转运、租庸、青苗、盐铁使等职务。

4 上用杨炎之言，托以奏事不实，己酉，贬刘晏为忠州刺史[1]。

[1] 忠州，今四川省忠县。

皇帝听信杨炎的说辞，以奏事不实为借口，己酉日，将刘晏贬为忠州刺史。

5 荆南节度使庾准希杨炎指[1]，奏忠州刺史刘晏与朱泚书求营救，辞多怨望。又奏召补州兵，欲拒朝命，炎证成之；上密遣中使就忠州缢杀之。己丑，乃下诏赐死。天下冤之。

[1] 荆南节度使治所在江陵，统辖今湖北及四川的东部。

荆南节度使庾准迎合杨炎的意图，上奏诬告忠州刺史刘晏写信给朱泚请求营救，信中有许多怨恨朝廷的话。又奏称刘晏征召、补充州兵，企图抗拒朝廷命令，杨炎从旁证明而使冤案成立；于是皇帝密派宦官前往忠州绞杀刘晏。己丑日，才下诏赐死。天下人都认为刘晏死得冤枉。

6 初，安、史之乱，数年间天下户口十亡八九，州县多为藩镇所据，贡赋不入朝廷，府库耗竭；中国多故，戎狄每岁犯边，所在宿重兵，仰给县官，所费不赀，皆倚办于晏。晏初为转运使，独领陕东诸道，陕西皆度支领之[1]，末年兼领，未几而罢。晏有精力，多机智，变通有无，曲尽其妙。常以厚直募善走者，置递相望[2]，觇报四方物价；虽远方，不数日皆达使司[3]。食货轻重之权，悉制在掌握；国家获利，而天下无甚贵甚贱之忧。常以为办集众务，在于得人，故必择通敏、精悍、廉勤之士而用之；至于勾检簿书、出纳钱谷，必委之士类，吏惟书符牒[4]，不得轻出一言。常言："士陷赃贿则沦弃于时，名重于利，故士多清修；吏虽洁廉，终无显荣，利重于名，故吏多贪污。"然惟晏能行之，他人效者终莫能逮。其属官虽居数千里外，奉教令如在目前，起居语言，无敢欺绐。当时权贵或以亲故属之者，晏亦应之，使俸给多少，迁次缓速，皆如其志，然无得亲职事。其场院要剧之官必尽一时之选[5]，故晏没之后，掌财赋有声者，多晏之故吏也。

［1］唐代习惯，以陕州为东西分界处，陕州以西有关内各道及剑南各道。［2］厚直就是重价；递就是驿站。［3］使司就是盐铁转运使的本署。［4］符牒是所行的公文，符是下行的，牒是平行的。［5］场是盐场，院是巡院。

当初，安、史之乱爆发，几年之内天下户口减少十分之八九，州县多半被藩镇占据，贡品、赋税不上缴朝廷，国库财物耗费殆尽；国内事故多发，戎狄等部连年进犯边境，驻防在那里的重兵，后勤给养仰赖朝廷，所耗费的钱物无法计算，都倚仗刘晏筹办。刘晏起初担任转运使，负责管理陕州东部各道财政，陕州西部各道都归度支掌管，任职后期才兼管陕西，不久便被罢免。刘晏精力充沛，机智多谋，善于变通财货的有无，做得恰到好处。他常用高薪招募善于奔走的人，通过前后相望的驿站，查访汇报各地物价；虽相距遥远，但不用几天就可送达转运使司。粮食货物价格涨跌的大权，全都在他掌握中；国家获得利益，天下百姓也没有物价暴涨暴跌的担忧。他常认为要办好众多事务，关键在于物色人才，所以必须选用通达灵敏、精明干练、廉洁勤勉的人，让他们发挥才干；至于整理审核账簿，出纳钱财谷物，必须委任士人；胥吏只能做些缮写文书的事，不可随便发表意见。他常说："士人落到贪赃受贿的地步，会断送仕宦前程，对他们来说，声誉重于财利，所以士人多数能够清廉自守；胥吏即使廉洁奉公，最终也不会有显赫荣耀的前程，对他们来说，财利重于声誉，所以胥吏贪污的较多。"然而只有刘晏能够如他所说的用人行事，别人要效仿则终究难以做到。他的属官虽然身在数千里之外，遵奉教令如同在他眼前一样，生活起居，言谈交流，没有人敢欺骗他。当时有些权贵，将自己的亲戚故旧托付给刘晏以求一官半职的，他也应承下来，给这些人多少薪俸，升官的等级和快慢，都能满足对方意愿，然而不让他们亲任职事。那些盐场巡院的要职，一定遴选最合适的人担任。因此刘晏死后，掌管财赋而有声望的人，大多是他以前的部属。

7 晏又以为户口滋多，则赋税自广，故其理财常以爱民为先。诸道各置知院官[1]，每旬月具州县雨雪丰歉之状白使司。丰则贵籴，歉则贱粜；或以谷易杂货供官用，及于丰处卖之。知院官始见不稔之端，先申[2]：至某月须如干蠲免，某月须如干救助。及期，晏不俟州县申请，即奏行之；应民之急，未尝失时，不待其困弊流亡饿殍然后赈之也[3]。由是民得安其居业，户口蕃息。晏始为转运使时，天下见户不过二百万，其季年乃三百余万；在晏所统则增，非晏所统则不增也。其初财赋岁入不过四百万缗[4]，季年乃千余万缗。

[1]知院官是各巡院的经理官。 [2]申是向上级报告。 [3]殍音瞟。[4]缗是一串钱，即一千文。

刘晏又认为国家户口增多，则赋税收入自会递增，因此他掌管财经总是把爱民放在首位。在各道设置负责巡视的知院官，每十天一月，都要将各州县下雨降雪和丰收歉收的情况上报转运使司。丰年就高价买粮食入库，歉收之年就将库存粮食低价卖出；或者用粮食向民众换取各种杂货供官府使用，或把这些杂货运往丰收的地方出卖。知院官一发现辖地有庄稼歉收的迹象，就先要向转运使司报告：某月需要免除多少赋税，某月需要提供多少救助。到时刘晏不等州县申请，就上奏核准实施；解决百姓急需，未曾耽搁时日，不会等到百姓陷入贫困流亡饿死的境地，然后才去救济。因此百姓得以安居乐业，户口大量增长。刘晏开始担任转运使时，天下户口统计不过二百万户，到他任职后期，户口统计竟达三百余万户；在刘晏统辖的区域内户口就增长，不是刘晏统辖的区域内户口就不增长。他刚任转运使时，国家每年财税收入不过四百万缗，到他任职后期，每年收入竟达一千多万缗。

8 晏专用榷盐法充军国之用。时自许、汝、郑、邓之西，皆食河东池盐[1]，度支主之；汴、滑、唐、蔡之东，皆食海盐[2]，晏主之。晏以为官多则民扰，故但于出盐之乡置盐官，收盐户所煮之盐转鬻于商人，任其所之。自余州县不复置官。其江岭间去盐乡远者[3]，转官盐于彼贮之，或商绝盐贵，则减价鬻之，谓之常平盐。官获其利，而民不乏盐。其始江淮盐利不过四十万缗，季年乃六百余万缗。由是国用充足，而民不困弊，其河东盐利不过八十万缗，而价复贵于海盐。

[1] 河东池盐即今山西运城盐池之盐。 [2] 海盐即今淮北、淮南之盐。[3] 江岭间指江南西道及岭南道。

刘晏用政府掌管食盐专卖的方法，提供军队和朝廷开支费用。当时，自许州、汝州、郑州、邓州以西地区，居民吃的都是河东池盐，由度支掌管；而汴州、滑州、唐州、蔡州以东地区，吃的都是海盐，由刘晏掌管。刘晏认为官员越多，百姓受到的滋扰就越多，因此只在产盐之乡设置盐官，收购盐户煮制的食盐转售给盐商，听任他们去各地贩卖。其余州县不再设置盐官。江岭一带远离产盐区的地方，就将官盐转运到那里贮藏，一旦盐商断绝贩运而导致盐价暴涨，就将官盐削价出售，这称为常平盐。官府获得了卖盐利润，而百姓不会缺盐。起初江淮一带每年的食盐利润不过四十万缗，到刘晏任职后期，每年竟达六百多万缗。因此国家用度充足而百姓没有贫困受苦。那河东池盐的年利润不过八十万缗，价格却比海盐昂贵。

9 先是，运关东谷入长安者，以河流湍悍，率一斛得八斗至者，则为成劳[1]，受优赏。晏以为江、汴、河、渭，水力不同，各随便宜造运船，教漕卒。江船达扬州，汴船达河阴[2]，河船达渭口[3]，渭口达太仓[4]，其间缘水置仓，转相受给。自是每岁运谷，或至百余万斛，无斗升沉覆者。船十艘为一纲[5]，使军将领之。十运无失，授优劳，官其人。数运之后，无不斑白者。晏于扬子置十场造船[6]，每艘给钱千缗，或言所用实不及半，虚费太多。晏曰："不然，论大计者固不可惜小费，凡事必为永久之虑。今始置船场，执事者至多，当先使之私用无窘，则官物坚牢矣。若遽与之屑屑校计锱铢，安能久行乎？异日必有患吾所给多而减之者，减半以下犹可也，过此则不能运矣。"其后五十年，有司果减其半；及咸通中[7]，有司计费而给之，无复羡余，船益脆薄易坏，漕运遂废矣。晏为人勤力，事无闲剧，必于一日中决之，不使留宿。后来言财利者，皆莫能及之。以上均建中元年

[1] 意思是：所运之粮达到长安的，只需够八成，就算成绩优良。[2] 唐代的河阴仓在今河南成皋县境。[3] 渭口是渭水入黄河处。[4] 太仓是京城的总仓库。[5] 一纲是一批的意思。[6] 扬子在今江苏省仪征市。[7] 咸通是懿宗年号（八六〇至八七三）。

先前，运关东谷物往长安，因河流汹涌湍急，大约一斛有八斗能运抵目的地，就算很有劳绩了，要受优等奖赏。刘晏认为长江、汴河、黄河、渭水，水流情况不同，要根据各自特点来建造运船，培训驾船士卒。长江来的船通往扬州，汴河来的船通往河阴，黄河来的船通往渭口，渭河来的船通往太仓。途中沿河岸设置粮仓，各粮仓之间转运存放。从此每年运送粮食，有时可达一百多万斛，而没有一斗一升翻沉的。船每十艘为一批，派军中将领带队。运粮十次没有损失的，因绩优而予以奖励，提升官职。几次运送后，押运者因操劳而无不头发花白。刘晏在扬子县设十个造船场建造运输船只，每艘船付给造价一千缗。有人认为造船所用钱额实际上不到所付的一半，白花的钱太多了。刘晏说："不对，筹划大事的人本来就不可吝惜小的花费，凡事一定要有长远计虑。现在刚开始设造船场，操办事务的人很多，应先让他们私人用钱不窘迫，则造出的官船才会坚固耐用。如果一开始就急于斤斤计较费用，怎能指望造出的船能长久运行呢？以后一定会有不满我多付钱而要减少的人，钱数减少不超过一半的话还行，超过一半，造出的船只就不堪运行了。"过了五十年，主管官署果然将造船费用减少一半。到咸通年中，主管官署按核算过的造价支付，使造船者没有一点赚头，船只更加脆薄易损，水运粮食的事就废弛了。刘晏为人勤勉努力，凡事不论缓急，必定当日处理完毕，绝不拖到第二天。后来掌管财政的人，都赶不上他。

陆贽论政

陆贽论政

唐代自安史乱后，用降将为节度使，分领河北三镇（一幽州，即今北京，一镇州，即今正定，一魏博，即今大名及山东北部），地方的行政、军事、财政都落在他们手里，并且传之子孙，互相勾结把持，不听朝命。代宗采取姑息政策，已经养成习惯。德宗初立，很想整顿一番，于是实行讨伐，不料河北不能削平，反而牵惹到淮西（今河南西南部）的李希烈也反叛了。淮西在唐朝看来是内地，更不能容许藩臣跋扈，不能不积极对付。可是由于派兵攻打淮西，引起兵士不满的情绪，发生了大暴动，德宗被迫，出奔奉天（今陕西乾县），长安为朱泚所据，唐政权几于瓦解。这就是历史上所谓泾原之变。

当时统治者不了解各地实际情况，不体察人民生活的困苦，但知聚敛，以致危机四伏。陆贽抱着深远的忧虑，想乘德宗在忧患之中，尽力劝导他开诚布公，改过行善。于是以婉转的词意，精切的譬喻，痛陈利弊，随事进言。这些文字都收在《陆宣公奏议》中，后人传诵不衰。但这个对唐朝统治集团如此忠心耿耿的人，后来竟反而得罪，贬死于忠州。虽然一度做过宰相，也并未能施展他的抱负。

《通鉴》记这一次的事变，采录了许多陆贽的文章，这是因为他的文章反映实际情况，用当时人的话来说明，比史家自己编的话更好。欧阳修、宋祁修《新唐书》，把这些文章删去很多，这是见解不及司马光的地方。

现在所选的第一节记兵士因待遇不公而引起公愤。第二节记德宗仓皇避难。第三节记随行诸人。第四节记朱泚被推作临时执政。第五节记德宗到奉天的情形。以上为致乱之源，是第一大段。以下第二大段为陆贽与德宗论政之语。第六节论不应忽视人事而归咎运命。第七节论人情不可有隔阂。第八节论诚信二字绝不可无，在上面的人应当用种种方法鼓励下面的人说话，而且应当尽量采纳他们的话，不应当预先封住他们的口。这都是他所要反复说明的主旨。以下第三大段为陆贽启发德宗向臣下表示谢过的文章。第九节论谢过已经是表面的末节，若是连这一点表面的谢过都不切实，就更不能博得人的同情。于是第十节代草一篇兴元大赦诏，沉痛地指出了内争的痛苦，明为诏书，实在也就是对德宗写的一篇座右铭。

一

1 上发泾原[1]诸道兵救襄城[2]。冬十月丙午，泾原节度使姚令言将兵五千至京师。军士冒雨，寒甚，多携子弟而来，冀得厚赐遗其家。既至，一无所赐。丁未，发至浐水[3]。诏京兆尹王翃犒师[4]，惟粝食菜馅[5]，众怒，蹴而覆之。因扬言曰："吾辈将死于敌，而食且不饱，安能以微命拒白刃邪？闻琼林、大盈二库[6]，金帛盈溢，不如相与取之。"乃擐甲张旗鼓噪，还趣京城。令言入辞，尚在禁中，闻之，驰至长乐阪[7]，遇之，军士射令言，令言抱马鬣突入乱兵，呼曰："诸君失计！东征立功，何患不富贵，乃为族灭之计乎？"军士不听，以兵拥令言而西。上遽命赐帛，人二匹；众益怒，射中使。又命中使宣慰，贼已至通化门外[8]，中使出门，贼杀之。又命出金帛二十车赐之；贼已入城，喧声浩浩，不可复遏，百姓狼狈骇走。贼大呼告之曰："汝曹勿恐，不夺汝商货僦质矣！不税汝间架陌钱矣[9]！"上遣普王谊、翰林学士姜公辅出慰谕之[10]，贼已陈于丹凤门外[11]，小民聚观者以万计。唐德宗建中四年（七八三）

［1］泾州、原州合为一道，在今甘肃省泾川、固原一带。［2］襄城在今河南省许昌附近。此时襄城被李希烈的军队围困。［3］浐水源出蓝田县境，入于渭水。［4］京兆尹是首都附近各县行政长官。［5］馂音谈，食物也。［6］琼林、大盈二库都是君主私财所聚。［7］长乐阪在浐水西。［8］通化门是长安东面最北的一道城门。［9］德宗为筹军饷，举办几种新的捐税。商货是指按照商人本钱的多少，由政府向他们借贷。僦质指典当及有仓库之家亦勒令出借。间架税是指每间房屋出税若干。除陌钱是指薪俸及交易受付各扣千分之五十。这些都是人心所不乐的。［10］翰林学士相当于君主的私人秘书，不在行政系统以内。德宗以后其权渐重，往往由此擢为宰相。［11］丹凤门是大明宫的正门。

皇上调发泾原各道兵马援救襄城。冬季十月丙午日，泾原节度使姚令言率兵五千来到长安。兵士们冒雨行军，十分寒冷，他们多数带着子弟一同前来，希望得到朝廷重赏让子弟们带回家。但是抵达之后，没有得到任何赏赐。丁未日，他们出发到达浐水，皇上诏令京兆尹王翃犒劳军队，而端上来的只是些粗饭淡菜，兵士们大怒，抬腿就踢翻了饭菜。因而扬言："我们即将赴死战场，却连口饱饭都吃不上，怎能拿小命去抗拒刀山剑树呢？听说琼林、大盈两个皇家府库，堆满了金银布帛，我们不如一同去夺来再说。"于是穿戴铠甲，高举旗帜，喧嚷着返回长安。当时姚令言入宫辞行，还在宫禁之中，获闻消息，急驰而回，行至长乐阪，遇到造反兵士。兵士张弓射击姚令言，姚令言紧抱马鬣驰入乱兵队伍中，高声喊道："各位兄弟失策了！只要东征立功，怎么会不富贵？你们竟要出此灭族之计么？"兵士不听从，用兵器簇拥着姚令言西归京城。皇上急忙下令赏赐兵士锦帛，每人二匹；众人更加愤怒，用弓箭射击宫廷使臣。皇上又派使臣去宣谕安抚，这时叛军已经到达通化门外，使臣刚出通化门，叛军就将他杀了。皇上又命令拿出二十车金银布帛赏赐叛军；但叛军已经入城，大声喧嚣，已无法再加以遏制。百姓惊恐地狼狈逃生。叛军对他们大声呼喊："你们不必害怕，不会有人再抢夺你们商号当铺的钱财了！不会有人再向你们征收间架税、除陌钱了！"皇上派普王李谊、翰林学士姜公辅出来宣慰告谕；叛军已经在皇城丹凤门外列阵，前来围观的平民百姓数以万计。

2初，神策军使白志贞掌召募禁兵[1]，东征死亡者，志贞皆隐不以闻；但受市井富儿赂而补之，名在军籍受给赐，而身居市廛为贩鬻[2]。司农卿段秀实上言："禁兵不精，其数全少，卒有患难，将何待之？"不听。至是，上召禁兵以御贼，竟无一人至者。贼已斩关而入，上乃与王贵妃、韦淑妃、太子、诸王、唐安公主自苑北门出，王贵妃以传国宝系衣中以从。后宫、诸王、公主不及从者什七八。

[1]神策军是中唐以后所设之禁军。 [2]这是说白志贞舞弊纳贿，以至禁军仅存空额。

起初，神策军使白志贞主管招募禁军事务，东征死亡的人，白志贞都隐瞒不报；只是接受市井中富家子弟的贿赂而把他们的名字补上，他们挂名军籍接受朝廷供给和赏赐，自身却住在闹市做生意。司农卿段秀实上奏说："禁兵不精良，数额齐全的很少，如果突发祸乱灾难，将怎么应付呢？"皇上不听他的意见。到这时，皇上召集禁兵抵御叛军，竟无一人奉命前来。叛军已经攻下城门进入宫禁，皇上才与王贵妃、韦淑妃、太子、诸王、唐安公主等从宫苑北门逃跑，王贵妃把传国玉玺系在衣服内带出。后宫嫔妃、诸王、公主来不及跟从逃命的十人之中有七八人。

3初，鱼朝恩既诛[1]，宦官不复典兵。有窦文场、霍仙鸣者，尝事上于东宫。至是，帅宦官左右仅百人以从。使普王谊前驱，太子执兵以殿。司农卿郭曙以部曲数十人猎苑中，闻跸谒道左，遂以其众从。曙，暧之弟也[2]。右龙武军使令狐建方教射于军中，闻之，帅麾下四百人从，乃使建居后为殿。姜公辅叩马言曰："朱泚尝为泾帅[3]，坐弟滔之故[4]，废处京师，心常怏怏。臣谓陛下既不能推心待之，则不如杀之，毋贻后患。今乱兵若奉以为主，则难制矣。请召使从行。"上仓猝不暇用其言，曰："无及矣？"遂行。夜至咸阳[5]，饭数匕而过。时事出非意，群臣皆不知乘舆所之。卢杞、关播[6]逾中书垣而出[7]。白志贞、王翃及御史大夫于颀、中丞刘从一、户部侍郎赵赞、翰林学士陆贽、吴通微等追及上于咸阳。颀，頔之从父兄弟，从一，齐贤之从孙也。

[1] 鱼朝恩是代宗时专权的宦官，手握禁兵，为元载定计诛死。 [2] 郭暧是郭子仪之子。 [3] 朱泚曾任泾原节度使。 [4] 朱滔此时在幽州与河北各镇联盟，自立为王。 [5] 咸阳在长安西。 [6] 卢杞、关播是此时的宰相。 [7] 中书省是政事堂所在。

当初，鱼朝恩被杀后，宦官就不再掌兵权。有两个名窦文场、霍仙鸣的宦官，曾在皇上做太子的时候侍奉于东宫。这时，他们带领宦官仅百人跟随皇室。皇上指派普王李谊为前驱，太子手执兵器殿后。司农卿郭曙带着部下几十人正在禁苑中狩猎，听说皇上车驾到来，便跪在道旁谒见，于是带领部下随行。郭曙是郭暧的弟弟。右龙武军使令狐建正在军中教习射箭，得知消息后，率领部下四百人赶来随行，于是就让他殿后。姜公辅在皇上马前叩拜，说："朱泚曾任泾原节度使，受他弟弟朱滔反叛的连累，被罢免后闲居京师，心里一直怏怏不乐。微臣认为陛下既然不能推心置腹地待他，那就不如杀掉他，不要留下后患。现在如果叛军拥戴他为领袖，那就难以制伏了。请将他召来跟着一起走。”皇上仓促之中无暇采用姜公辅的建议，说：“来不及了！”便匆匆出发。晚上抵达咸阳，随便地吃了几勺饭。当时事出意外，朝中群臣都不知道皇上车舆前往何处。宰相卢杞、关播翻过中书省的墙垣逃跑。白志贞、王翃和御史大夫于颀、中丞刘从一、户部侍郎赵赞、翰林学士陆贽、吴通微等在咸阳追到了皇上。于颀是于頔的堂兄弟；刘从一是刘齐贤的侄孙。

4 贼入宫，登含元殿大呼曰[1]：“天子已出，宜人自求富！”遂欢噪争入府库，运金帛，极力而止。小民因之，亦入宫盗库物，通夕不已。其不能入者，剽夺于路。诸坊居民各相帅自守。姚令言与乱兵谋曰：“今众无主，不能持久，朱太尉闲居私第[2]，请相与奉之。”众许诺，乃遣数百骑迎泚于晋昌里第[3]。夜半，泚按辔列炬，传呼入宫，居含元殿，设警严，自称权知六军。戊申旦，泚徙居白华殿[4]。出榜于外，称：“泾原将士久处边陲，不闲朝礼，辄入宫阙，致惊乘舆，西出巡幸。太尉已权临六军，应神策等军士，及文武百官[5]，凡有禄食者，悉诣行在；不能往者，即诣本司。若出三日，检勘彼此无名者，皆斩。”于是百官出见泚，或劝迎乘舆，泚不悦，百官稍稍遁去。源休以使回纥还赏薄，怨朝廷[6]。入见泚，屏人密语移时，为泚陈成败，引符命，劝之僭逆。泚喜，然犹未决。宿卫诸军举白幡降者[7]，列于阙前甚众。泚夜于苑门出兵，旦自通化门入，络绎不绝，张弓露刃，欲以威众。

[1] 含元殿是长安大明宫的正殿。 [2] 朱泚时以太尉闲居私第。[3] 据《长安图》，自京城启夏门北入东街第二坊曰晋昌坊。 [4] 胡三省说：白华殿盖在大明宫东北隅。 [5] 唐代公文中之“应”字相当于现在的“所

有一切”。［6］此时回纥与唐失和，源休奉使，几乎被回纥所杀，幸而得归。为卢杞所排挤，仅授以光禄卿。［7］幡是长形的旗帜。

叛军进入皇宫，登上含元殿大叫：“天子已经出逃，该我们各自发财了！”于是欢声喧哗着争相进入府库，搬运金银布帛，力气用尽才停下来。小民百姓乘此机会，也进入宫禁盗窃财物，通宵不停。那些未能入宫的，便拦路抢劫。各街坊居民都聚集起来自我保护。姚令言给叛军出主意说：“目前群龙无首，难以持久，朱太尉闲居在自家私宅中，请共同拥戴他吧。”众人都表示同意，便派几百名骑兵前往晋昌里朱泚私宅迎接。夜半时分，朱泚在成行火炬照耀中缓辔徐行，于一片传呼声中进入皇宫，当晚在含元殿住下，设置严密警戒，自称暂时掌管六军。戊申日凌晨，朱泚迁居白华殿。宫门外贴出告示，称：“泾原军将士长期戍守边疆，不熟悉朝廷礼仪，随便闯入宫禁，致使陛下受到惊扰，而前往西边巡行。太尉已暂时掌管六军。所有神策军等军士，以及文武百官，凡在职领取俸禄的，应该都到陛下出巡的地方去；不能前往的，就到本部门报到。如果超过三日，两处都没有报到，查出来一律斩首！”于是文武百官出来见朱泚，有人劝他迎回皇帝，朱泚不高兴，百官因此渐渐地逃走。源休因为出使回纥归来，所受赏赐太少而怨恨朝廷。这时他入宫拜见朱泚，屏退他人后密谈很久，为朱泚分析成败利钝，引用符箓天命之说，劝朱泚僭位称帝。朱泚很兴奋，但还是犹豫不决。举着白旗归降的皇宫禁军，很多都排列在宫门外。朱泚将士兵夜间从宫苑门调遣出去，清晨从通化门入宫，络绎不绝，剑拔弩张，想借此威慑众人。

5上思桑道茂之言[1]，自咸阳幸奉天。县僚闻车驾猝至，欲逃匿山谷，主簿苏弁止之。弁，良嗣之兄孙也[2]。文武之臣稍稍继至。己酉，左金吾大将军浑瑊至奉天[3]。瑊素有威望，众心恃之稍安。

［1］桑道茂是个术士，预言奉天有天子气，宜高大其城。奉天是今陕西省乾县。［2］苏良嗣是武后时宰相。［3］浑瑊是铁勒部人，也是蕃将，后为唐室立大功。

皇上想起桑道茂说过的话，从咸阳来到奉天。县府僚属听说皇上突然驾临，想逃到山谷中躲起来，被主簿苏弁阻止。苏弁是苏良嗣兄长的孙子。后来，文武大臣渐渐地陆续来到。已酉日，左金吾大将军浑瑊到达奉天。浑瑊素来有威望，众人倚仗着有他在而稍稍安下心来。

二

6 上与陆贽语及乱故，深自克责。贽曰："致今日之患，皆群臣之罪也。"上曰："此亦天命，非由人事。"贽退上疏，以为："陛下志一区宇，四征不庭[1]。凶渠稽诛，逆将继乱，兵连祸结，行及三年。征师日滋，赋敛日重，内自京邑，外洎边陲，行者有锋刃之忧，居者有诛求之困。是以叛乱继起，怨讟并兴，非常之虞，亿兆同虑。唯陛下穆然凝邃，独不得闻[2]。至使凶卒鼓行，白昼犯阙；岂不以乘我间隙，因人携离哉！陛下有股肱之臣，有耳目之任，有谏诤之列，有备卫之司，见危不能竭其诚，临难不能效其死。臣所谓致今日之患，群臣之罪者，岂徒言欤？圣旨又以国家兴衰，皆有天命。臣闻天所视听皆因于人。故祖伊责纣之辞曰：'我生不有命在天？'武王数纣之罪曰：'乃曰吾有命，罔惩其侮[3]。'此又舍人事而推天命必不可之理也。《易》曰：'视履考祥[4]。'又曰：'吉凶者失得之象[5]。'

此乃天命由人，其义明矣。然则圣哲之意，六经会通，皆谓祸福由人，不言盛衰有命。盖人事理而天命降乱者，未之有也；人事乱而天命降康者，亦未之有也。自顷征讨颇频，刑网稍密，物力耗竭，人心惊疑，如居风涛，汹汹靡定。上自朝列，下达蒸黎[6]，日夕族党聚谋，咸忧必有变故；旋属泾原叛卒，果如众庶所虞。京师之人，动逾亿计，固非悉知算术，皆晓占书，则明致寇之由，未必尽关天命。臣闻理或生乱，乱或资理；有以无难而失守，有以多难而兴邦。今生乱失守之事，则既往不可复追矣；其资理兴邦之业，在陛下克励而谨修之。何忧乎乱人，何畏乎厄运！勤励不息，足致升平，岂止荡涤妖氛，旋复宫阙而已[7]！”

［1］不庭是不来朝的意思。［2］意思是：大家都知道乱事将起，而皇帝在深宫之中，一点不知道外面情况。［3］两句都出自《尚书》。［4］出《周易·履卦》。［5］出《周易·大传》。［6］蒸黎就是广大民众。［7］意思是：过去的事，已经不必谈了，今后如果努力图治，还可以致太平，不止于平乱而已。

皇上与陆贽谈到发生动乱的原因，深深自责。陆赞说：“导致今天这种祸患，都是群臣的罪过啊。”皇上说：“这也是天命，并非全由人事造成。”陆贽退下后上了一折奏疏，认为：“陛下志在统一天下，四出征讨叛逆之徒。贼首尚未诛灭，叛将又继起作乱，兵祸接连不断，至今已近三年。出征的军队日益增多，征收的赋税日益加重，内自京城，外到边塞，在外行走的人有遭遇兵刃之忧，常居家中的人又被苛捐杂税所困，所以叛乱接连发生，怨言谤语纷纷冒出，天下百姓都担心会有非常事件发生。唯独陛下安详地深居宫中，不了解外界情况。以至于凶悍的士卒鼓噪横行，光天化日之下侵犯宫阙；这难道不是因为我朝内部已有可乘之机，而被人利用来促成叛离的吗？陛下有亲信的辅佐大臣，有侦察消息的机构，有谏诤规劝的言官，有负责防卫的官署，却在陛下遭遇危机时不能竭诚尽忠，在国家面临灾难时不能以死报效。臣所说的导致今天这种祸患，都是群臣的罪过，难道是随口说说的空话吗？圣上又认为国家兴衰，都有天命。臣听说老天的所见所闻都依循人的见闻而来。因此祖尹指责商纣王说的这句话：'我的命运不是早就有上天在护佑了吗？'周武王数落商纣王的罪行说：'竟说自己有天命护佑，不惩戒他的侮慢行为。'这又说明抛开人事而推崇天命是必不可行的道理。《周易》说：'通过回顾行迹来考察是否吉祥。'又说：'吉兆凶兆是得失的表象。'这就是说天命由人事决定，道理很明白啊。既然如此，可见先圣先哲的想法，融会"六经"经义，都认为祸福由人自行掌握，而不说兴盛衰微有天命安排。人事理顺而天命却降下祸乱的，未曾有过啊；人事紊乱而天命却降下康福的，也未曾有过啊。近来征讨之战十分频繁，刑法之网逐渐严密，物力消耗殆尽，人心惊惶疑惧，好像身处狂风恶浪中，汹汹不得安定。上自朝廷群臣，下至广大平民，亲属朋友日夜聚在一起议论，都担忧大变故必会发生；很快就有泾原士卒反叛，果然像大家担忧的一样。京城居民，动辄超过十万，原本并不都知道测算之术，通晓占卜之书，由此可见导致寇乱的原因，未必都与天命相关。臣听说治国理政也可能发生动乱，发生动乱也可能有助于治理；有因无患难而失去家国的，也有因多灾难而振兴邦国的。现在发生叛乱、失守宫阙的事，已经过去也无法再追悔了；那有助于治理和振兴邦国的事业，就全在陛下能够深自勉励并谨慎推行了。何须担心叛贼？何须害怕厄运？只要勤勉发奋，自强不息，就足以达到天下升平，岂止平息叛乱，重返宫殿而已！"

7 上问陆贽以当今切务。贽以向日致乱，由上下之情不通，劝上接下从谏，乃上疏，其略曰："臣谓当今急务，在于审察群情。若群情之所甚欲者，陛下先行之；所甚恶者，陛下先去之，欲恶与天下同而天下不归者，自古及今，未之有也。夫理乱之本，系于人心。况乎当变故动摇之时，在危疑向背之际，人之所归则植，人之所去则倾。陛下安可不审察群情，同其欲恶，使亿兆归趣，以靖邦家乎？此诚当今之所急也。"又曰："顷者窃闻舆议，颇究群情，四方则患于中外意乖，百辟又患于君臣道隔。郡国之志不达于朝廷，朝廷之诚不升于轩陛。上泽阙于下布，下情壅于上闻，实事不必知，知事不必实[1]。上下否隔于其际，真伪杂糅于其间；聚怨嚣嚣，腾谤籍籍，欲无疑阻，其可得乎！"又曰："总天下之智以助聪明，顺天下之心以施教令，则君臣同志，何有不从！远迩归心，孰与为乱！"又曰："虑有愚而近道，事有要而似迂。"疏奏旬日，上无所施行，亦不诘问。贽又上疏，其略曰："臣闻立国之本，在乎得众，得众之要，在乎见情。故仲尼以谓：'人情者圣王之田'，言理道所生也。"又曰："《易》，乾下坤上曰泰，坤下乾上曰否，损上益下曰益，损下益上曰损。夫天在下而地处上，于位乖矣，而谓之泰者，上下交故也。君在上而臣处下，于义顺矣，而反谓之否者，上下不交故也。上约己而裕于人，人必悦而奉上矣，岂不谓之益乎？上蔑人而肆诸己，人必怨而叛上矣，岂不谓之损乎？"又曰："舟即君道，水即人情。舟顺水之道乃浮，违则没；君得人之情乃固，失则危。是以古先圣王之居人上也，必以其欲从天下之心，而不敢以天下之人从其欲。"又曰："陛下愤习俗以妨理，任削平而在躬，以明威照临，以严法制断，流弊自久，浚恒太深[2]。远者惊疑而阻命逃死之祸作，近者畏慑而偷容避罪之态生[3]。君臣意乖，上下情隔。君务致理，而下防诛夷，臣将纳忠，又上虑欺诞。故睿诚不布于群物，物情不达于睿聪，臣于往年，曾任御史。

获奉朝谒，仅欲半年。陛下严邃高居，未尝降旨临问，群臣局蹐趋退，亦不列事奏陈。轩陛之间，且未相谕；宇宙之广，何由自通？虽复例对使臣，别延宰辅；既殊师锡[4]，且异公言。未行者则戒以枢密勿论，已行者又谓之遂事不谏；渐生拘碍，动涉猜嫌。由是人各隐情，以言为讳。至于变乱将起，亿兆同忧，独陛下恬然不知，方谓太平可致。陛下以今日之所睹，验往时之所闻，孰真孰虚，何得何失，则事之通塞，备详之矣，人之情伪，尽知之矣！”

[1] 意思是：实际情况未必知道，而所知道的未必是实际情况。[2] 语出《周易·恒卦》，意思是：过于苛求。[3] 意思是：远处的人不得不起而反抗，近处的人也只得苟且容身，怕负责任。[4] 师锡二字出《尚书·尧典》。师，众也；锡，与也。意思是：虽然接见大臣，也不是公开讨论。

皇上问陆贽当前最急切需办的事务是什么。陆贽认为前不久发生变乱的原因在于上下之间未能沟通，劝皇上体察下情，听从谏言，于是上疏，大意是：“臣认为当前急迫的事务，在于认真了解民众的愿望，如果是民众很希望的，陛下就优先去实施；如果是很厌恶的，陛下就优先去废除。所好所恶与天下民众相同而天下民众却不肯归附他，这种事从古到今，不曾有过。治与乱的根本，在于人心向背。何况当事变突发、社稷动摇的时刻，在危机四伏、人心向背难以捉摸的关头，凡是人心归附的就能建功立业，凡是人心离散的就会政权倾覆。陛下怎能不仔细体察民众心情，与他们好恶相同，使天下百姓归附，从而安邦定国呢？这真是当前最急迫的事务啊。”又说：“近来私下听到众人议论，对各方面情况很做了一番探究。从四方郡国来看，担忧的是朝廷与地方的意图不一致，从百官来看，担忧的是君王与大臣之间不能沟通。郡国的愿望不能上达朝廷，朝廷众臣的诚意不能呈献给皇上。皇上的恩泽未能向下流布，下面的实情又受阻而无法上达，实际情况未必知道，所知道的未必是实际情况。上下之间受阻隔，真伪消息杂糅在一起；怨声嚣嚣，谤语纷纷。这种情况下，希望没有猜疑和阻隔，还能办到吗？”又说：“汇聚天下智慧来助长陛下的聪明，顺应天下心愿来施行教令，则君臣之间志同道合，哪里还会有人不服从！远近的人都一心归附，谁还敢起来叛逆作乱！”又说：“有些谋虑看似愚昧却近于正道，有些事务极为重要却看似迂阔。”上疏十来天，皇上没有任何举措，也不追问其中原委。陆贽又上疏，大意是：“臣听说立国的根本，在于获得民众支持，而获得民众支持的要点，在于体察民情。所以孔子认为‘民情是圣王的田地’，就是说治国之道根植于此。”又说：“《易经》中，乾卦在下坤卦在上称‘泰’，坤卦在下乾卦在上称‘否’，损上而补下称‘益’，损下而补上称‘损’。天在下面而地处在上面，就位置而言是完全颠倒了，却反而称之为‘泰’，这是上下交流的缘故啊。君王在上而臣僚在下，名义上完全顺理成章，却反而称之为‘否’，这是上下不沟通的缘故啊。君上自我俭省而让百姓富裕，人们必然心甘情愿地拥戴他，这难道不该称为‘益’么？君上蔑视他人而自身肆意妄为，人们必然会怨恨而背叛他，这难道不该称为‘损’么？”又说：“船犹如为君之道，而水犹如天下民情。船顺应水的流势就会浮于水上，如果违反就会沉没；君主能够赢得民心，江山就稳固，失去民心就危险。所以古代先圣先王身居人上，必定要使自身欲望顺从天下人的心愿，而不敢让天下之人顺从自己的欲望。”又说：“陛下痛恨藩镇割据的习俗妨碍了国家治理，以削平强藩为己任，以圣明的威望照临天下，以严峻的法度裁决一切，但积弊沿袭已久，这样的目标显得过于苛求。以致远方的人因惊惶疑虑而不得不抗命逃生，近处的人因畏惧震慑而只得苟且求容，怕负责任。君与臣的意图相乖违，上下之间情报相阻隔。君王务求天下大治，而臣下却在防躲诛杀灭族之祸。臣下拟向君王呈献一片忠心，而君王又担心受到欺骗。因此君王的诚意不能下传于天下，民众的愿望也不能上达于君王。臣在往年，曾任监察御史，获得上朝谒见的机会，仅有近半年时间。陛下严肃深沉地高坐殿上，未曾降旨向群臣有所垂询，群臣局促不安地退下，也不列出事项奏陈。朝堂之上，君上与大臣尚且不能互相畅谈；以宇宙之广大，各地又如何能与朝廷自行沟通呢？陛下虽按惯例接见使臣，另又延请宰辅；但既非众人参与，亦非公开讨论。大家对尚未施行的事，都认为是机密而以不讨论为戒，对已经施行的事，又认为既已发生就不必再去谏诤；由此渐渐变得拘谨和顾忌，动不动就产生猜疑与嫌隙。于是各自隐瞒实情，以讲真话为忌讳。以至于变乱将要发生时，天下同感忧虑，唯独陛下安然不知，还以为太平盛世可以很快迎来。陛下以今日所亲眼见到的，验证一下以往所听说的，看看哪些真实，哪些虚假，得到了什么，又失去了什么，那么对于何事可行、何事不可行就十分明白了！对于各人的真诚虚伪也就完全清楚了！”

8 上乃遣中使谕之曰：“朕本性甚好推诚，亦能纳谏。将谓君臣一体，全不提防；缘推诚不疑，多被奸人卖弄。今所致患害，朕思亦无他，其失反在推诚。又谏官论事，少能慎密，例自矜炫。归过于朕，以自取名。朕从即位以来，见奏对论事者甚多，大抵皆是雷同，道听途说。试加质问，遽即辞穷。若有奇才异能，在朕岂惜拔擢？朕见从前已来，事只如此，所以近来不多取次对人[1]，亦非倦于接纳。卿宜深悉此意[2]。”贽以人君临下，当以诚信为本，谏者虽辞情鄙拙，亦当优容以开言路；若震之以威，折之以辩，则臣下何敢尽言？乃复上疏，其略曰：“天子之道，与天同方，天不以地有恶木而废发生，天子不以时有小人而废听纳。”又曰：“唯信与诚，有失无补。一不诚则心莫之保，一不信则言莫之行。陛下所谓失于诚信以致患害者，臣窃以斯言为过矣。”又曰：“驭之以智则人诈，示之以疑则人偷。上行之则下从之，上施之则下报之。若诚不尽于己而望尽于人，众必怠而不从矣。不诚于前而曰诚于后，众心疑而不信矣。是知诚信之道，不可斯须而去身。愿陛下慎守而行之有加，恐非所以为悔者也[3]。”又曰：“臣闻仲虺赞扬成汤，不称其无过，而称其改过[4]；吉甫歌诵周宣，不美其无阙，而美其补阙[5]。是则圣贤之意较然著明，惟以改过为能，不以无过为贵。盖为人之行己，必有过差，上智下愚，俱所不免。智者改过而迁善，愚者耻过而遂非；迁善则其德日新，遂非则其恶弥积。”又曰：“谏官不密自矜，信非忠厚，其于圣德固亦无亏。陛下若纳谏不违，则传之适足增美；陛下若违谏不纳，又安能禁之勿传？”又曰：“侈言无验不必用，质言当理不必违。辞拙而效速者不必愚，言甘而利重者不必智。是皆考之以实，虑之以终，其用无他，唯善所在。”又曰：“陛下所谓比见奏对论事，皆是雷同，道听途说者，臣窃以众多之议，足见人情，必有可行，亦有可畏。恐不宜一概轻侮而莫之省纳也。陛下又谓：‘试加质问，即便辞穷。’臣但以陛下虽穷其辞而未穷其理，能服其口而未服其心。”又曰：“为下者莫不愿忠，为上者莫不求理。然而下每苦上之不理，上每苦下之不忠。若是者何？两情不通故也。下之情莫不愿达于上，上之情莫不求知于下，然而下恒苦上之难达，上恒苦下之难知。若是者何？九弊不去故也。所谓九弊者，上有其六而下有其三。好胜人，耻闻过，骋辩给，炫聪明，厉威严，恣强愎，此六者，君上之弊也。谄谀、顾望、畏愞，此三者臣下之弊也。上好胜，必甘于佞辞；上耻过，必忌于直谏：如是则下之谄谀者顺指，而忠实之语不闻矣。上骋辩，必剿说而折人以言[6]；上炫明，必臆度而虞人以诈[7]；如是则下之顾望者自便，而切磨之辞不尽矣。上厉威，必不能降情以接物；上恣愎，必不能引咎以受规；如是则下之畏愞者避辜[8]，而情理之说不申矣。夫以区域之广大，生灵之众多，宫阙之重深，高卑之限隔，自黎献而上[9]，获睹至尊之光景者，逾亿兆而无一焉；就获睹之中，得接言议者，又千万不一；幸而得接者，犹有九弊居其间，则上下之情所通鲜矣。上情不通于下则人惑，下情不通于上则君疑；疑则不纳其诚，惑则不从其令。诚而不见纳，则应之以悖，令而不见从，则加之以刑；下悖上刑，不败何待[10]？是使乱多理少，从古以然。”又曰：“昔赵武呐呐而为晋贤臣[11]，绛侯木讷而为汉元辅[12]。然则口给者事或非信，辞屈者理或未穷。人之难知，尧、舜所病，胡可以一酬一诘而谓尽其能哉？以此察天下之情，固多失实；以此轻天下之士，必有遗才。”又曰：“谏者多，表我之能好；谏者直，示我之能容；谏者之狂诬，明我之能恕；谏者之漏泄，彰我之能从；是则人君与谏者交相益之道也。谏者有爵赏之利，君亦有理安之利；谏者得献替之名，君亦得采纳之名。然犹谏者有失中而君无不美，唯恐谠言之有不切，天下之不闻，如此则纳谏之德光矣。”上颇采用其言。

[1] 取次是唐人语，就是按次的意思。 [2] 这一段话的意思是：德宗归咎于信任臣下太过，而臣下又多半不可靠。 [3] 以上是陆贽反驳德宗的话，只有错在不诚不信的，断没有诚信而招来后悔的道理。 [4]《尚书·仲虺之诰》曰：“惟王改过不吝。” [5]《诗·烝民》曰：“衮职有阙，惟仲山甫补之。”这篇诗是尹吉甫作的。 [6] 剿说是打断人家的话，不许说下去。 [7] 意思是：胸有成见，以不肖之心待人。 [8] 愞与懦同义，音糯。 [9] 黎献，众民之意。 [10] 以上所谓九弊，总括起来，只是说在上的人倚仗威势和聪明封住人的口，结果则大家只愿奉承，不敢说实话。这样，上

下之情不通，隔阂愈来愈大，必然引起祸乱了。［11］赵武事见《左传》。［12］绛侯是周勃，事见《汉书》本传。

皇帝就派宦官去告诉陆贽说："朕个性很喜欢对人推诚相待，也能采纳谏言。朕总认为君臣是一个整体，对臣下全不提防；由于一向待人以诚，不加猜疑，因而经常被奸人出卖和愚弄。今天出现这种祸害局面，朕想也无其他缘故，其失误反而在于对人过于推诚。又，谏官议论国事，很少有人能考虑得谨慎周密，照例都是自我夸示、自我炫耀，把过错推到朕身上，来为自己博取名声。朕从继承皇位以来，看过很多议论国事的奏疏，大体上互相雷同，靠的是道听途说。试着加以质问，马上就会无言对答。倘若真有奇才异能，在朕难道会舍不得加以提拔？朕看到从过去到现在，事情都只是这样，所以近来多不按次向人咨询，倒也不是懒得接受意见。你应当深切体会朕的这种心情。"陆贽认为君王统治天下，应当以诚信为本。即使进谏人的言辞态度粗鄙笨拙，也应当宽容相待以便开通言路；如果用威严来加以震慑，用辩驳来予以折服，那么臣下哪里还敢无保留地发表意见呢？于是再次上疏，大意是："天子统治天下之道，与上天的方法相同，上天不因地上长有恶树就废止草木生长，天子也不能因时常出现小人就不再听取采纳臣下意见。"又说："唯有信用和真诚，一旦失去就无法弥补。一有不真诚的表现，人心就难以维系，一有不讲信用的表现，天子的旨意就难以得到遵行。陛下所说自己的失误在于对待臣下过于诚信，以致带来祸患，臣私下认为这话说得过分了。"又说："用智术来驾驭人，则人会变得狡诈，用猜疑的态度待人，则人会变得善于隐瞒。上级如何行事，下面就会跟着如何行事，上级对下施恩，下面就会对上报效。倘若自己不竭诚待人，却指望别人竭诚待己，众人必定会消极懈怠而不愿相从。以前待人不诚，却说以后会待人以诚，众人必定会心生疑窦而不相信。由此可知，诚信之道须臾也不能舍弃。愿陛下慎重地坚持并加强诚信，恐怕这是不该引起后悔的啊！”又说：“臣听说仲虺赞扬成汤，不是称赞他没有过错，而是称赞他能改正过错；尹吉甫歌颂周宣王，不是赞美他没有缺失，而是赞美他能弥补缺失。由此可见圣贤的意图昭然明确，只以改正过错为能，不以没有过错为贵。但凡为人行事，必定会有过失、差错，无论地位高贵的智者，还是地位卑下的愚民，都在所难免。聪明的人改正过错而变得优秀，愚笨的人耻于认错而继续为非；变得优秀则他的行为道德会日益提升，继续为非则他的罪恶会越积越多。”又说：“谏官议论不周密又爱自夸，肯定不是忠厚的表现，本来这对于陛下圣德也没有什么损害。陛下倘能纳谏而不拒绝，那么史传记载下来适足以增添自己的美德；陛下如果拒绝纳谏，又怎么能禁止史传不予记载？”又说：“夸夸其谈而无实效的意见不必采用，发言质朴而合乎事理的意见不必拒绝。措辞笨拙而收效迅速的意见未必愚钝，说得好听而以利为重的意见未必聪明。凡此都要根据实际来考察，都要从后果出发来思考，采用与否，没有别的标准，只看是否有益。”又说：“陛下所谓近来所见奏疏，议论国事都互相雷同，全靠道听途说，臣私下认为，许多议论相同，正足以反映众人的共同心愿，其中必有可行之处，也必有可畏的警示，恐怕不宜一概以轻蔑侮慢的态度对待，而不加考察和采纳。陛下又说‘试着加以质问，马上就会无言对答’。但臣认为，陛下虽将大臣问得无言对答，但未能驳倒他们所持的道理，只是让人口服而不能让人心服。”又说：“作为臣下，没有不愿对君王尽忠的，作为君王，没有不追求天下大治的。然而臣下常苦于君王未追求天下大治，君王常苦于臣下未能尽忠。为什么会这样呢？两方面想法未沟通的缘故啊。臣下的想法没有不愿上达给君王的，君王的想法没有不求臣下知道的，然而臣下总是苦于想法难以上达，君王总是苦于想法难以让臣下获知。为什么会这样呢？九弊没有清除的缘故啊。所谓九弊，君王占有六项而臣下占有三项。好占上风，耻闻过失，逞示辩才，炫耀聪明，讲究威仪，刚愎自用，这六项，是君王的弊端啊。谄媚阿谀、察言观色、畏怯懦弱，这三项，是臣下的弊端啊。君上好占上风，一定爱听吹捧之辞；君上耻闻过失，一定忌讳直言劝谏；这样一来，臣下中的谄媚阿谀者就去迎合奉承，而忠实的劝谏听不到了。君上喜欢逞示辩才，必然会打断别人的话，不让讲下去；君上喜欢炫耀聪明，必然会心怀成见而担心受人欺骗；这样一来，臣下中察言观色之徒只求自我安稳，而说话都会小心翼翼反复琢磨了。君上讲究威仪，一定不会谦逊地待人接物；君上刚愎自用，一定不会自责过失而接受规劝；这样一来，臣下中畏怯懦弱的人只顾逃避罪责，而合乎情理的言辞就都得不到申述了。以国家疆域之广阔，士民百姓之众多，皇城宫阙之重深，尊卑等级之限隔，自众民以上，有幸获睹天子仪容的人，超出亿兆而难有一名；而在获睹天子仪容的人中，有幸获得接谈面议机会的，又是千万人中难有一名；有幸获得接谈机会的人，还有九项弊端阻隔其间，那么，上下之间互通想法的机会就很稀少了。君上的想法没有通达于下，臣下就会困惑；臣下的想法没有通达于上，君上就会生疑。君上生疑就不会接受臣下的忠诚，臣下困惑就不会服从君上的命令。忠诚不被接受，就会导致背叛，命令不被执行，就会加以刑罚；臣下背叛而君上施刑，国家不衰败更待何时？这就造成大乱的情况多而大治的情况少，自古以来都是如此。”又说：“昔时赵武说话结结巴巴，却成为晋国贤臣，绛侯周勃不善辞令，却成为汉朝丞相。这样看来，有口才的人说的事未必可信，笨嘴拙舌的人说的话未必没有道理。人才的难以了解，连尧、舜都感棘手，怎么能仅凭一问一答，就轻易断定其人才能不过如此呢？用这种方式来考察天下之事，固然大都不符事实；因此而轻视天下士人，一定会遗漏有用的人才。”又说：“进谏的人多，正表明我爱听谏言；进谏的人犯颜直谏，正显示我宽容大度；进谏的人狂妄诬罔，正说明我待人宽恕；进谏的人言无不尽，正彰显我从善如流；这是君王与进谏者之间良性互动、彼此获益的正道啊。进谏的人能获得官爵赏赐的利益，君王也能获得天下大治的利益；进谏的人会赢得诤言进谏的名声，君王也会享有从谏如流的美誉。然而进谏的人或许会有失中肯，而君王无不予以鼓励，唯恐正直之言还不够切中要害，天下人还不知道这些问题。一旦达到这种境界，则君王纳谏的美德就会光耀天下了。”皇上很认同他的主张。

三

9陆贽言于上曰：“今盗遍天下，舆驾播迁，陛下宜痛自引过以感人心，昔成汤以罪己勃兴[1]，楚昭以善言复国[2]。陛下诚能不吝改过，以言谢天下，使书诏无所避忌，臣虽愚陋，可以仰副圣情。庶令反侧之徒革心向化。”上然之。故奉天所下书诏，虽骄将悍卒闻之，无不感激挥涕。术者上言：“国家厄运，宜有变更，以应时数。”群臣请更加尊号一二字。上以问贽，贽上奏以为不可。其略曰：“尊号之兴，本非古制。行于安泰之日，已累谦冲；袭乎丧乱之时，尤伤事体。”又曰：“嬴秦德衰，兼皇与帝始总称之[3]。流及后代昏僻之君，乃有圣刘、天元之号[4]。是知人主轻重不在名称。损之有谦光稽古之善，崇之获矜能纳谄之讥。”又曰：“必也俯稽术数，须有变更，与其增美称而失人心，不若黜旧号以祗天戒。”上纳其言，但改年号而已。上又以中书所撰赦文示贽，贽上言以为：“动人以言，所感已浅；言又不切，人谁肯怀！今兹德音，悔过之意不得不深，引咎之辞不得不尽，洗刷疵垢，宣畅郁堙，使人人各得所欲，则何有不从者乎？应须改革事条，谨具别状同进。舍此之外，尚有所虞[5]；窃以知过非难，改过为难；言善非难，行善为难。假使赦文至精，止于知过言善，犹愿圣虑，更思所难。”上然之。以上均建中四年

[1]《左传》：臧文仲曰：“禹、汤罪己，其兴也勃焉。” [2] 楚昭王亡国后有自己引咎的话，终于能中兴，见《国语》。 [3] 秦始皇初定皇帝二字的称号，意思是：兼三皇与五帝。 [4] 圣刘是汉哀帝之号，天元是北周宣帝之号。 [5] 意思是：除赦书以外，还有应当考虑的地方。

陆贽对皇上说：“如今盗贼遍布天下，圣驾迁徙，陛下应当痛切地引咎自责以感动人心。昔时成汤因罪己而勃然兴盛，楚昭王因善言自责而复国中兴。陛下如真能不惜改过，下诏向天下人谢罪，让书诏之辞无所避讳，则臣虽愚昧浅陋，也能上体陛下心愿，代为草拟，那么或许会让那些反叛之徒革面洗心，归顺朝廷。”皇上表示同意。因此在奉天所下的诏书，即使是骄兵悍将听闻后，也没有不感动挥泪的。有方术之士进言：“国家遭受厄运，应当有所变更，以顺应时运。”群臣请为皇上尊号再加一两个字。皇上询问陆贽意见，陆贽上奏认为不可。大意是：“尊号的时兴，本来就不符合古制。在国泰民安之时施行，已经拖累皇上谦逊冲和的美德；在国家丧乱之际袭用，尤其有伤体制。”又说：“嬴秦德行衰败，才开始将皇与帝两个名称合起来称为皇帝。此事影响到后代昏聩邪僻的君主，才出现‘圣刘’‘天元’之类称号。由此可知，君主是圣明还是昏昧，不在于名称。减去一些尊号，会赢得谦和及遵循古制的美名，增添一些尊号，反而会被讥为爱自吹自擂、爱接受谄媚。”又说：“如果一定要迎合术数，希望有所变更，与其增添美称而失去民心，不如废黜旧有的尊号以示奉遵上天的儆戒。”皇上接受他的意见，仅仅改换了年号而已。

皇上又把中书撰写的大赦文书给陆贽看，陆贽上书，认为：“用言辞打动人，人的感受本来就很浅；而措辞又不恳切，谁会因此感动呢？而今陛下颁诏，悔过的心意不能不深切，引咎的言辞不能不详尽，洗刷瑕疵污垢，宣泄心中郁闷，使大家的愿望都各自得到实现，那么还有谁会不相从呢？应须改革的各个事项，特郑重地另写一个条陈同时进呈。除此之外，还有应当考虑的地方。臣私下以为知道过错不难，改正过错则很难；说好话不难，做好事则很难。假如这篇大赦文书写得极为精致，那也不过停留在知道过错和说好话的层次上，还希望陛下更进一层，更多地考虑如何改正过错和多做好事。”皇帝认为他说得有理。

10 兴元元年，春正月癸酉朔，赦天下，改元。制曰：“致理兴化，必在推诚；忘己济人，不吝改过。朕嗣服丕构[1]，君临万邦，失守宗祧，越在草莽[2]。不念率德，诚莫追于既往；永言思咎，期有复于将来[3]。明征其义，以示天下。小子惧德弗嗣，罔敢怠荒，然以长于深宫之中，暗于经国之务，积习易溺，居安忘危，不知稼穑之艰难，不恤征戍之劳苦；泽靡下究，情未上通，事既拥隔，人怀疑阻。犹昧省己，遂用兴戎；征师四方，转饷千里。赋车籍马，远近骚然；行赍居送，众庶劳止。或一日屡交锋刃，或连年不解甲胄；祀奠乏主，室家靡依，死生流离，怨气凝结，力役不息，田莱多荒。暴令峻于诛求，疲甿空于杼轴；转死沟壑，离去乡闾，邑里丘墟，人烟断绝[4]。天谴于上而朕不寤，人怨于下而朕不知。驯致乱阶，变兴都邑，万品失序，九庙震惊，上累于祖宗，下负于黎庶，痛心靦貌[5]，罪实在予，永言愧悼，若坠泉谷。自今中外所上书奏，不得更言‘圣神文武’之号[6]。李希烈、田悦、王武俊、李纳等咸以勋旧，各守藩维，朕抚御乖方，致其疑惧；皆由上失其道，下罹其灾，朕实不君，人则何罪！

宜并所管将吏等，一切待之如初[7]。朱滔虽缘朱泚同坐，路远未必同谋，念其旧勋，务在弘贷。如能效顺，亦与惟新[8]。朱泚反易天常，盗窃名器，暴犯陵寝，所不忍言，获罪祖宗，朕不敢赦。其胁从将吏百姓等，但官军未到京城以前去逆效顺，并散归本道本军者，并从赦例[9]。诸军诸道应赴奉天及进收京城将士，并赐名奉天定难功臣[10]。其所加垫陌钱，税间架、竹、木、茶、漆、榷铁之类，悉宜停罢[11]。”赦下，四方人心大悦。及上还长安明年[12]，李抱真入朝，为上言：“山东宣布赦书，士卒皆感泣。臣见人情如此，知贼不足平也。”兴元元年（七八四）

[1]嗣服丕构是继承巨大的基业。 [2]这是说:出亡在外。 [3]这是说：过去不知修德，已经悔不可追，以后反躬思过，庶几可图补救。[4]以上说人民的痛苦。 [5]靦貌即惭颜的意思。靦音腆。 [6]“圣神文武皇帝”是德宗初即位时所受的尊号。 [7]以上是先赦河北及淮西四镇的叛将。 [8]以上对朱滔表示可以赦免。 [9]以上赦免附从朱泚的将吏百姓，只朱泚本人除外。 [10]以上奖励勤王作战的军人。 [11]以上豁免苛捐杂税。 [12]还长安是贞元元年（七八五）事。

兴元元年，春正月初一癸酉日，大赦天下，改年号为兴元。颁布制书说：“要天下大治，振兴教化，必须待人以诚；以忘我精神去接济民众，不惜一切去改正过错。朕继承巨大基业，统治天下，却失守宗庙，出亡在外。过去不知修德，已经追悔莫及；以后反躬思过，希望有补于将来。现在明白地表达这个心意，让天下人都知道。小子担心自己德薄难以继承先帝业绩，从来不敢懈怠荒淫，然而由于长居深宫，不熟悉治理国家的事务，很容易沉溺在积习中，居安而忘危，不知道农耕的艰难，不体恤征戍将士的劳苦；恩泽未能施及百姓，下情未能上达朝廷，上下情况既相阻隔，民众就会心怀疑虑。而犹未懂得反省自身，于是兴起战事；四方征发兵马，千里转运粮饷。征用民间车马，远近都受骚扰；出征的人要自背行囊，居家的人要输送物资，庶民百姓受尽劳苦。或一天之内多次发生交锋，或连续几年不能解除甲胄；祭祀乏人主持，家庭失去依靠，生死未卜，四处流离，怨气凝结，劳役不止，农田长草，大多荒芜。凶暴的官吏苛索钱粮，疲困的农妇不再纺织；人们或转死沟壑，或背离家乡，城镇化为丘墟，乡村人烟断绝。上天谴责，而朕没有醒悟；下民怨尤，而朕尚不知晓。导致祸患渐生，变乱兴起于都城，一切秩序皆被打破，九庙震惊不已，对上累及祖宗，对下辜负百姓。朕沉痛羞惭，罪责实在朕一人身上，一直都在愧悔悲悼，如同坠入九泉幽谷之中。从今以后，朝野所上书奏，不得再称'圣神文武'的尊号。李希烈、田悦、王武俊、李纳等人，都是有功勋的旧臣，各自驻守藩镇，因朕安抚、统御失当，致使他们疑惑畏惧，这都是由于上失其道而让下面蒙受灾害，朕作为君主实在做得不好，他人又有什么罪呢？应当对李希烈等人连同他们所率将士一概待之如同当初。朱滔虽因朱泚反叛的缘故而连坐获罪，但二人相距遥远，未必同谋，念他旧日所建功勋，务必予以宽赦，如果能够归顺效命，也准许他改过自新。朱泚背逆天道，篡窃皇位，暴力侵犯陵寝，这里不忍细说，获罪列祖列宗，朕不敢赦免。那些受他胁迫而跟随的将吏百姓等，但凡能在官军尚未打到京城以前，就脱离叛军归顺朝廷，以及各自投归本道、本军的人，一律依照条例予以赦免。诸军、诸道应召奔赴奉天勤王以及参加收复京城的将士，一概赐予'奉天定难功臣'的称号。以往加征的垫陌钱，税间架、竹、木、茶、漆、榷铁之类杂税，全部停止征收。"大赦制书颁布后，四方民心大为欢快。等到皇上重返长安的第二年，李抱真入朝，对皇上说："山东颁布赦书时，士兵们都感激涕零，臣见民情如此，就知道平定叛贼不在话下了！"

契丹灭后晋

契丹灭后晋

石敬瑭原来与后唐李氏同为沙陀族，而且是亲戚，但后唐的清泰帝（李从珂）本是汉人，即位以后，与石敬瑭渐渐发生摩擦，终于不能和解，石敬瑭乞援于契丹，以燕、云十六州为交换条件，就把后唐灭了，由契丹册立为晋皇帝。这些事是后来的宋朝大部分土地沦于外族统治的根源。

契丹起于东北，乘中原多事，逐步扩充实力，吸收汉族分子，而醉心富贵之徒也就甘心献媚。其实希望作契丹附庸的也不仅石敬瑭一人，因此又引起其他分子的互相倾轧争夺。到了石重贵（出帝）时代，就爆发了契丹与晋的冲突。由于汉奸从中勾结破坏，石晋终于不能支持。借契丹势力上场的，毕竟还是吃了契丹的亏而下场。这是一幕情节复杂的戏剧。

《通鉴》叙述这事的经过，在描写各人内心的矛盾处非常深刻。笔墨酣畅，令人百读不厌。现在所选的从石敬瑭献地求援，因而建立晋政权说起，这是第一节。石敬瑭死后，其侄齐王重贵嗣位，景延广执政，其时契丹已经觉得晋廷的态度不甚恭顺，景延广又用“十万横磨剑”的大话激怒契丹，这是第二节。以下契丹起兵南侵，时进时退，无关重要的细节都从略，只有阳城之战，契丹失利，重贵得胜而骄，是后来亡晋的张本，所以以下三节专写此战。第三节记晋军引契丹深入。第四节记契丹轻视晋军。第五节记晋军诸将利用大风大破契丹军，而主师杜威偏别有用心，不肯穷追。第六节记契丹厌战。第七节记晋方也求和未成。第八节记晋宫廷生活之骄奢。第九节记契丹最后一次大举南侵。第十节记契丹仍无前进之意。第十一节记晋军将帅无谋。第十二节记契丹断晋军粮道，军心始乱。第十三节记汴京震动。第十四节记重贵君臣荒嬉。第十五节记临时措置慌乱。第十六节记王清苦战而杜威不救。第十七节记杜威协众投降。杜威之降决定了晋的命运，从此契丹可以长驱而入中原了。第十八节记契丹大军南进，以汉奸张彦泽为前锋。第十九节记皇甫遇尚有人心。第二十节记张彦泽倒戈。第二十一节记晋廷乞降。第二十二节记桑维翰之死。此后即为契丹主入主中原之事。第二十三节记契丹主初尚不以中国皇帝自居。第二十四节记景延广被囚。第二十五节记晋君臣于元旦迎谒契丹主。第二十六节记契丹主入宫。第二七节记汉奸张彦泽终为契丹所杀。第二十八至二十九节记晋主母子被俘之惨。第三十节记契丹主改服中国衣冠。第三十一节记契丹主欲尽杀晋降兵，赖赵延寿劝阻。第三十二节以下则记契丹之贪残，以后终于不能不为汉人所逐。

1 契丹主谓石敬瑭曰[1]："吾三千里赴难[2]，必有成功。观汝器貌识量，真中原之主也，吾欲立汝为天子。"敬瑭辞让者数四，将吏复劝进，乃许之。契丹主作册书，命敬瑭为大晋皇帝，自解衣冠授之，筑坛于柳林[3]，是日，即皇帝位。割幽、蓟、瀛、莫、涿、檀、顺、新、妫、儒、武、云、应、寰、朔、蔚十六州以与契丹[4]，仍许岁输帛三十万匹[5]。

后晋高祖天福元年（九三六）

[1] 契丹主指耶律德光，所建国号为辽，史称辽太宗。 [2] 三千里赴难，指契丹援助石敬瑭反抗后唐之事，后唐清泰帝疑石敬瑭有野心，调离太原本镇，石敬瑭不肯奉令，勾结契丹起兵灭唐。 [3] 柳林是太原附近地名。[4] 自幽州至武州为今河北省北部之地，自云州至尉州为今山西省北部之地。换言之，自北京以南达河间一带，西至山西大同附近，均从此割归北朝。直到宋朝，还不能收复。 [5] 每年以绢匹送纳北朝，从此也成为定例，直到

宋朝，不曾停止。

契丹主对石敬瑭说："我奔驰三千里前来解救祸难，必定有所建树。我看你器质、容貌、才识、度量，真是中原君主之才啊。我想立你为天子。"石敬瑭再三再四地辞让，将领官吏们又不断劝进，就接受了。契丹主作册封文书，命石敬瑭为大晋皇帝，脱下自己的衣冠给他穿戴，又在柳林筑坛，当天，石敬瑭即皇帝位。割幽州、蓟州、瀛州、莫州、涿州、檀州、顺州、新州、妫州、儒州、武州、云州、应州、寰州、朔州、蔚州共十六州给契丹，并答应每年向北朝输送三十万匹丝织品。

2 初，河阳[1]牙将[2]乔荣从赵延寿入契丹[3]，契丹以为回图使[4]，往来贩易于晋，置邸大梁[5]。及契丹与晋有隙，景延广说帝囚荣于狱[6]，悉取邸中之货。凡契丹之人贩易在晋境者皆杀之，夺其货。大臣皆言契丹有大功，不可负。戊子，释荣，慰赐而归之。荣辞延广，延广大言曰："归语而主[7]，先帝为北朝所立，故称臣奉表。今上乃中国所立，所以降志于北朝者，正以不敢忘先帝盟约故耳。为邻称孙，足矣，无称臣之理。北朝皇帝勿信赵延寿诳诱，轻侮中国。中国士马，尔所目睹。翁怒则来战，孙有十万横磨剑，足以相待。他日为孙所败，取笑天下，毋悔也！"荣自以亡失货财，恐归获罪，且欲为异时据验，乃曰："公所言颇多，惧有遗忘，愿记之纸墨。"延广命吏书其语以授之。荣具以白契丹主。契丹主大怒，入寇之志始决。晋使如契丹，皆絷之幽州，不得见。后晋齐王天福八年（九四三）

［1］河阳是河南孟县一带。［2］唐及五代藩镇所统的兵称牙兵，其将称牙将。牙即衙字。［3］赵延寿是赵德钧的儿子，赵德钧为后唐镇幽州，

石敬瑭起兵以后，赵德钧父子暗有乘机谋为帝之意，亦与契丹勾结，但契丹已许石敬瑭为帝，赵氏父子遂郁郁不得志，只得随往契丹。此时赵德钧已死，赵延寿又取得契丹信任，官枢密使。［4］回图使是管两国贸易的官。［5］此时晋都大梁，在大梁置邸，相当于设立契丹商务代表驻京办事处。［6］契丹与晋失和的原因是：当初石敬瑭对契丹非常恭顺，自称臣，称儿，称契丹主为父皇帝。此时石敬瑭已死，石重贵即位，自己觉得太卑鄙，但称孙而不称臣，契丹主因此大怒。景延广是对契丹持反抗态度的人，此时正掌政权。［7］而即尔字之意。

当初，河阳牙将乔荣跟随赵延寿来到契丹，契丹任命他为管贸易的回图使，往来于晋从事贸易，在大梁设置官邸。等到契丹与晋有了嫌隙，景延广说动皇帝把乔荣关进牢里，夺取了他官邸中所存全部财货。凡在晋境内从事贸易的契丹人都杀掉，并没收其货物。大臣们都说契丹立有大功，不可辜负。戊子日，释放了乔荣，安慰赏赐一番后遣送他回家。乔荣向景延广辞行，景延广以傲慢的口气对他说：“回去对你主子说，先帝为北朝所扶立，因此称臣奉表。当今皇上则是中国自己所拥立，其所以向北朝自降名分，正是因为不敢忘记先帝的盟约而已。作为邻国而以孙子自称，已经足够了，没有自称臣子的道理。北朝皇帝不要听信赵延寿的诳骗诱惑，而轻慢欺侮中国。中国的军力，是你亲眼见到的。老头子如果生气，就来打一仗吧，孙子有十万横磨剑，足以对抗。到那时被孙子所败，被天下人所取笑，可不要后悔啊！”乔荣因自己丧失财货，深恐回去以后会获罪，而且想为今后留下证据，就说：“公所说的话很多，恐怕会有所遗忘，请用纸墨记下来。”景延广吩咐属吏把刚才说的话写下来交给他。乔荣回去后一一向契丹主报告。契丹主大怒，入侵中原的决心就此定下来。晋使者到契丹去，都被囚系在幽州，见不到契丹主。

3（三月）戊午，契丹至泰州[1]。己未，晋军南行，契丹踵之。晋军至阳城[2]。庚申，契丹大至。晋军与战，逐北十余里，契丹逾白沟而去[3]。壬戌，晋军结陈而南，胡骑四合如山，诸军力战拒之[4]。是日才行十余里，人马饥乏。开运二年（九四五）

［1］泰州为今保定一带。此时晋军已与契丹冲突，占领了契丹的泰州，契丹主亲率兵复取泰州，并且向南压迫，晋军只得后退。［2］阳城在河北省完县境。［3］白沟即今白沟河。［4］此处既云契丹逾白沟而去，又云晋军结陈而南，又云胡骑四合如山。契丹军向北，晋军向南，何以契丹军又能将晋军包围？中间情事似有脱落。《通鉴》于五代史事采取各种记载，其间颇多矛盾，连贯删削或有失检之处，又传写脱误亦所难免。总之，不能不说是一个可疑之点。

（三月）戊午日，契丹军抵达泰州。己未日，晋军向南撤退，契丹军紧追在后。晋军抵达阳城。庚申日，契丹军大批拥到。晋军与他们交战，契丹军战败，晋军追杀十多里，契丹军越过白沟逃走。壬戌日，晋军结成阵势向南进发，契丹骑兵如山一般从四面包围过来，各军拼力战斗进行抵抗。这一天才走十多里路，人马都饥饿疲乏。

4 癸亥，晋军至白团卫村[1]，埋鹿角为行寨[2]，契丹围之数重，奇兵出寨后断粮道。是夕东北风大起，破屋折树；营中掘井，方及水辄崩，士卒取其泥，帛绞而饮之，人马俱渴。至曙，风尤甚。契丹主坐大奚车中[3]，令其众曰："晋军止此耳，当尽擒之，然后南取大梁！"命铁鹞四面下马[4]，拔鹿角而入，奋短兵以击晋军，又顺风纵火扬尘以助其势。

[1] 白团卫村当在完县不远。[2] 鹿角是一种障碍物。[3] 奚车是奚人所制的大车，似后世之驼轿，为北方最舒适便利之交通工具。[4] 铁鹞是契丹的装甲骑兵。

癸亥日，晋军抵达白团卫村，埋设鹿角筑成临时营寨。契丹军将他们围了好几重，出奇兵到营寨后面截断晋军粮道。当晚东北风大起，破坏房屋，折断树木；营中掘井，刚掘到有水的地方就崩塌，士兵们只好连泥带水取上来，用帛布扭绞后饮用，以致人和战马都很干渴。天亮后，风更大。契丹主坐在奚人制造的大车中，命令他的部众说："晋军只有这些罢了，应当全部活捉过来，然后向南夺取大梁！"随即下令装甲骑兵从四面下马，拔掉鹿角冲入营寨，奋力使用短兵器搏击晋军，又顺着风势纵火扬尘，助其声势。

5军士皆愤怒，大呼曰："都招讨使何不用兵[1]，令士卒徒死！"诸将请出战，杜威曰："俟风稍缓，徐观可否。"马步都监李守贞曰[2]："彼众我寡，风沙之内，莫测多少，惟力斗者胜，此风乃助我也；若俟风止，吾属无类矣。"即呼曰："诸军齐击贼！"又谓威曰："令公善守御[3]，守贞以中军决死矣。"马军左厢都排陈使张彦泽召诸将问计[4]，皆曰："虏得风势，宜俟风回与战。"彦泽亦以为然。诸将退，马军右厢副排陈使太原药元福独留，谓彦泽曰："今军中饥渴已甚，若俟风回，吾属已为虏矣。敌谓我不能逆风以战，宜出其不意急击之，此兵之诡道也。"马步左右厢都排陈使符彦卿曰："与其束手就擒，曷若以身殉国？"乃与彦泽、元福及左厢都排陈使皇甫遇引精骑出西门击之，诸将继至。契丹却数百步，彦卿等谓守贞曰：“且曳队往来乎[5]？直前奋击，以胜为度乎？”守贞曰：“事势如此，安可回鞚！宜长驱取胜耳。”彦卿等跃马而去，风势益甚，昏晦如夜。彦卿等拥万余骑横击契丹，呼声动天地，契丹大败而走，势如崩山。李守贞亦令步兵尽拔鹿角出斗，步骑俱进，逐北二十余里。铁鹞既下马，仓皇不能复上，皆委弃马及铠仗蔽地[6]。契丹散卒至阳城东南水上，稍复布列。杜威曰：“贼已破胆，不宜更令成列。”遣精骑击之，皆渡水去。契丹主乘奚车走十余里。追兵急，获一橐驼，乘之而走。诸将请急追之。杜威扬言曰：“逢贼幸不死，更索衣囊邪[7]？”李守贞曰：“两日人马渴甚，今得水饮之皆足重，难以追寇，不若全军而还。”乃退保定州[8]。契丹主至幽州[9]，散兵稍集；以军失利，杖其酋长各数百，惟赵延寿得免。

［1］都招讨使是五代时常用的官名，相当于讨伐军总司令。［2］马步都监也是五代时的军职。［3］杜威带中书令，所以称令公。［4］都排陈使即前敌总指挥，凡“都”即“总”之意。［5］曳队往来是拖延不决。曳音页。［6］铠是军装，仗是兵器。［7］杜威的话大概是当时俗语，意思是：碰着强盗，幸而不死，还想向他讨回行李吗？［8］定州即今河北省定州市。［9］此时契丹已升幽州为南京，即今之北京也。

晋国士兵都很愤怒，大声呼叫：“都招讨使为什么不下令出战，让士兵白白等死！”诸将请求出战，杜威说：“等风势稍稍缓和，再慢慢观察是否可以出战。”马步都监李守贞说：“他们人多，我们人少，风沙弥漫之际，看不清双方人马多少，唯奋力拼搏的一方才能获胜，这阵大风正是来帮助我们的啊：如果等到风停，我们就全都完了！”随即大声呼叫：“各军一齐击贼！”又对杜威说：“令公善自防御，守贞率中军去决一死战了！”

马军左厢都排阵使张彦泽召集诸将询问计策，大家都说:“风势对虏寇有利，应该等到风向改变，再与他们交战。”张彦泽也认同这种看法。诸将退出后，马军右厢副排阵使太原人药元福独自留下，对张彦泽说:“现在军中人马已经非常饥渴，如果要等风向改变，我们就成俘虏了。敌人以为我们不能逆风迎战，我们就应出其不意地紧急迎击，这是用兵的奇计啊！”马步左右厢都排阵使符彦卿说:“与其束手就擒,何如以身殉国?”于是和张彦泽、药元福以及左厢都排阵使皇甫遇率精锐骑兵出营寨西门迎击,其他将领随后到达。契丹军后退数百步。符彦卿等对李守贞说:“是在这里往来周旋么？还是一直奋勇向前击贼，以战胜为目的呢？”李守贞说:“形势已到这一步，怎么可以勒马回头？应当长驱而入，直到取胜才罢！”符彦卿等跃马而去，风势更盛，天昏地暗如同黑夜一般。符彦卿等统率着一万多名骑兵,纵横冲击,喊杀声震天动地,契丹军大败而逃,溃乱之势有如山崩。李守贞也下令步兵拔掉全部鹿角出去战斗，步骑兵一齐向前推进，追穷寇二十多里。契丹的精锐骑兵既已下马，仓惶之中不能再骑上去，都纷纷抛下战马、铠甲和武器，丢了一地。契丹的零星残兵逃到阳城东南水边，才稍稍重新布成队列。杜威说:“贼兵已被吓破了胆，不应再让他们排成队列！”派遣精锐骑兵前去攻击，契丹军都渡水逃走。契丹主乘着奚车奔逃十多里。追兵追得很急，契丹主半途获得一头骆驼，于是骑上骆驼逃走。诸将请求急追。杜威高声说道:“遭遇盗贼，幸而不死，还想向他讨回行李吗？”李守贞说:“两天以来人马都很干渴，现在获得水源，喝得脚步都沉重了，难以再追敌寇，不如全军而还。”就退兵守防定州。契丹主回到幽州，逃散的士兵稍微集结起来；由于军事失利，对手下酋长施以杖刑，各打几百下，唯独赵延寿没有被打。

6 契丹连岁入寇，中国疲于奔命，边民涂地；契丹人畜亦多死，

国人厌苦之。述律太后谓契丹主曰[1]："使汉人为胡主，可乎？"曰："不可。"太后曰："然则汝何故欲为汉主？"曰："石氏负恩，不可容。"太后曰："汝今虽得汉地，不能居也，万一蹉跌，悔何所及？"又谓其群下曰："汉儿何得一向眠[2]？自古但闻汉和蕃，未闻蕃和汉。汉儿果能回意，我亦何惜与和？"

[1] 述律太后是契丹主的母亲。 [2] 一向眠是朝一边睡的意思。胡三省说："一向眠则其眠安矣。"恐失原意，大约述律太后的意思是：汉人不会永远不回心转意的。

契丹连年入侵，中国疲于奔命，边疆百姓遭殃；契丹的人和畜也死了很多，国人感到厌恶和痛苦。述律太后对契丹主说："让汉人来做胡人的君主，可以吗？"契丹主说："不可以。"太后说："那么你为什么要做汉人的君主？"契丹主说："姓石的忘恩负义，不可宽容。"太后说："你现在即使夺得汉人土地，也不能居住啊，万一有个闪失，后悔哪还来得及？"又对她的群臣说："汉家儿郎怎会永远朝着一边睡？自古以来只听说汉人主动与蕃和好，没听说蕃人主动与汉和好。汉家儿郎如果真能回心转意，我又何惜跟他和好？"

7 桑维翰屡劝帝复请和于契丹以纾国患，帝假开封军将张晖供奉官[1]，使奉表称臣诣契丹，卑辞谢过。契丹主曰："使景延广、桑维翰自来，仍割镇、定两道隶我[2]，则可和。"朝廷以契丹语忿，谓其无和意，乃止。及契丹主入大梁，谓李崧等曰："向使晋使再来，则南北不战矣[3]。"

[1] 自五代以来，出使的人照例加官以崇体制，假供奉官是使张晖暂充京职，因为开封府的军将只是地方政府的军职不足以示隆重，恐为契丹所拒绝也。[2] 镇、定两道又在今保定、河间以南。契丹想据有这一带，更可作幽州的保障。[3] 这是说：后来契丹主表示当时只要晋国再派一人来议和，也就可以不用兵了。向使就是假使的意思。

桑维翰屡次劝皇帝再向契丹求和，以缓解国家祸患，皇帝任命开封府军将张晖为供奉官，派他前往契丹奉表称臣，以谦卑的言辞谢罪。契丹主说："教景延广、桑维翰亲自前来，再割让镇州、定州两道隶属于我，就可以讲和。"朝廷见契丹主语气怨愤，认为他无意谈和，也就作罢。等到契丹主进入大梁，对李崧等人说："当时假如晋国再派一个使者来，那么南北双方就不会交战了。"

8 帝自阳城之捷，谓天下无虞，骄侈益甚。四方贡献珍奇，皆归内府；多造器玩，广宫室，崇饰后庭，近朝莫之及；作织锦楼以织地衣，用织工数百，期年乃成。又赏赐优伶无度。桑维翰谏曰："向者陛下亲御胡寇，战士重伤者，赏不过帛数端。今优人一谈一笑称旨，往往赐束帛万钱，锦袍银带，彼战士见之，能不觖望，曰：'我曹冒白刃，绝筋折骨，曾不如一谈一笑之功乎！'如此，则士卒解体，陛下谁与卫社稷乎？"帝不听。以上均开运二年（九四五）

皇帝自从在阳城打了胜仗，以为天下再无可忧虑的事，愈来愈骄纵奢侈。四方进贡的珍奇宝物，全都收归内宫府库；制造很多器皿玩物，扩建很多宫室，很考究地装饰后宫庭院，最近几朝都赶不上；建造一座编织地毯的织绵楼，动用几百名编织工，整整织一年才完成。又毫无限度地赏赐优伶。桑维翰劝谏说："前些时陛下亲率兵马抵御胡寇，战士受重伤的，赏赐不过几匹布帛，现在这些优伶只要一谈一笑迎合皇上心意，往往赏赐五匹一捆的布帛、万钱、锦袍、银带，让先前那些战士看到，能不失望吗？他们会说：'我们冒着敌人的刀刃冲锋，断筋折骨，还不如一谈一笑的功劳大么？'这样，则士卒人心涣散，陛下靠谁来保卫社稷呢？"皇帝听不进去。

9 契丹主大举入寇，自易[1]、定趣恒州[2]。杜威等至武强[3]，闻之，将自贝[4]、冀[5]而南。彰德节度使张彦泽时在恒州，引兵会之，言契丹可破之状；威等乃复趣恒州，以彦泽为前锋。甲寅，威等至中度桥[6]，契丹已据桥，彦泽帅骑争之，契丹焚桥而退。晋军与契丹夹滹沱而军。开运三年（九四六）

［1］易即今河北省易县。［2］恒州即正定。［3］武强即今河北县。［4］贝州即今山东省恩县。［5］冀州即今河北省衡水市冀州区。［6］中度桥是滹沱河上之桥。

契丹主大举入侵，从易州、定州直趋恒州。杜威等人抵达武强，获知这个动向，便打算从贝州、冀州往南。彰德节度使张彦泽当时在恒州，引兵前来会合，陈述可以打败契丹的理由；于是杜威等人再往恒州，以张彦泽为前锋。甲寅日，杜威等人到达中度桥，契丹军已经占据该桥，张彦泽率骑兵前去争夺，契丹军焚烧桥梁后退走。晋兵与契丹军隔着滹沱河扎营。

10 始，契丹见晋军大至，又争桥不胜，恐晋军急渡滹沱，与恒州合势击之，议引兵还。及闻晋军筑垒为持久之计，遂不去。

起初，契丹看见晋军大量拥到，争桥之战又未取胜，担心晋军快速渡过滹沱河，与恒州兵联合起来攻击他，曾商议要引兵回去。等到获悉晋军修筑堡垒，作持久打算，就不回撤了。

11 杜威虽以贵戚为上将[1],性懦怯。偏裨皆节度使,但日相承迎,置酒作乐,罕议军事。磁州刺史兼北面转运使李谷说威及李守贞曰[2]:“今大军去恒州咫尺，烟火相望。若多以三股木置水中[3]，积薪布土其上,桥可立成。密约城中举火相应,夜募将士斫虏营而入,表里合势,虏必遁逃。”诸将皆以为然，独杜威不可，遣谷南至怀、孟[4]督军粮。

[1] 杜威是石敬瑭的妹婿，本名杜重威，因避石重贵之名，去重字。[2] 磁州即今河北省磁县。 [3] 三股木即三叉架。 [4] 怀、孟即今河南省沁阳、孟县一带。

杜威虽然以皇室贵戚的身份担任上将，可是生性懦弱胆怯。偏裨将领都是节度使，只是每天奉承迎合他，设宴作乐，很少商议军事。磁州刺史兼北面转运使李谷劝杜威以及李守贞说：“现在大军距恒州近在咫尺，两地烟火都可互相望见。如果将许多木制的三叉架安置在水中，上面铺设薪柴，填上泥土，桥梁可以立刻造成。秘密与城里约定，以举火为联络信号，选募将士乘黑夜冲入胡虏军营，城里城外合力攻击，胡虏一定逃走。”诸将都赞成这个计策，唯独杜威不认可，却派李谷去南方的怀、孟二州督运军粮。

12 契丹以大军当晋军之前，潜遣其将萧翰、通事刘重进将百骑及羸卒[1]，并西山出晋军之后，断晋粮道及归路。樵采者遇之，尽为所掠；有逸归者，皆称虏众之盛，军中恟惧。翰等至栾城[2]，城中戍兵千余人不觉其至，狼狈降之。契丹获晋民，皆黥其面曰："奉敕不杀"，纵之南走；运夫在道遇之，皆弃车惊溃。翰，契丹主之舅也。

[1] 通事是契丹所用通晓中国语言及习惯的人，专任翻译联络等事，因此颇有权势。 [2] 栾城在正定南。

契丹以大军与晋军正面相对，暗中派部将萧翰、通事刘重进率领一百名骑兵和弱卒，沿着西山绕到晋军背后，隔断晋军的粮道和归路。上山打柴的百姓遇到他们，全被俘获；有逃出来的，都说胡兵人马众多，晋军听了惊惧不安。萧翰等人抵达栾城，城中守兵一千多人，没有察觉敌军到来，慌乱中狼狈不堪地向对方投降。契丹俘获晋国百姓，一一在他们脸上刺字："奉敕不杀"，然后放他们向南回走。运军粮的人在路上碰见他们，都抛弃车辆，惊慌溃逃。萧翰，是契丹主的舅舅。

13 十二月丁巳朔，李谷自书密奏，具言大军危急之势，请车驾幸滑州，遣高行周、符彦卿扈从，及发兵守澶州[1]、河阳，以备虏之奔冲；遣军将关勋走马上之。己未，帝始闻大军屯中度；是夕，关勋至。庚申，杜威奏请益兵，诏悉发守宫禁者得数百人，赴之。又诏发河北及滑、孟、泽、潞刍粮五十万诣军前；督迫严急，所在鼎沸。辛酉，威又遣从者张祚等来告急，祚等还，为契丹所获。自是朝廷与军前声问两不相通。

[1] 澶州在今清丰县境。

十二月丁巳朔日，李谷亲自书写一封密奏，具体说明大军的危急情势，请求皇帝御驾临幸滑州，派高行周、符彦卿随从护驾，同时发兵驻守澶州、河阳，以防备胡虏的奔袭冲犯。奏疏写好后派军将关勋快马驰回大梁上呈。己未日，皇帝方才获悉大军屯驻中度；当晚，关勋抵达大梁。庚申日，杜威上奏请求增兵，诏命出动全部守卫宫殿的士卒共数百名，开赴前线。又诏命拨出河北及滑、孟、泽、潞等州的草料、粮食五十万送往军前；督促严厉急迫，所在之处如鼎水沸腾。辛酉日，杜威又派随从张祚等人前来告急。张祚等人回去时，被契丹所俘获。从此朝廷跟前线消息断绝不能相通。

14 时宿卫兵皆在行营，人心懔懔，莫知为计。开封尹桑维翰以国家危在旦夕，求见帝言事。帝方在苑中调鹰，辞不见。又诣执政言之，执政不以为然。退，谓所亲曰："晋氏不血食矣！"

当时皇家禁卫兵都在行营中，京城人心惶惶，不知怎么办。开封尹桑维翰眼看国家危在旦夕，请求谒见皇帝建言国事。皇帝正在宫苑里调驯鹰隼，推辞不见。又去见执政大臣陈述意见，执政大臣不以为然。桑维翰退出后，对亲近的人说："晋氏宗庙，不再能受牲牢祭享了！"

15 帝欲自将北征，李彦韬谏而止。时符彦卿虽任行营职事，帝留之，使戍荆州口[1]。壬戌，诏以归德节度使高行周为北面都部署，以彦卿副之，共戍澶州；以西京留守景延广戍河阳，且张形势。

[1] 荆州口是黄河渡口之一。

皇帝想要亲自率兵北征，经李彦韬劝谏而停止。当时符彦卿虽担任行营职务，皇帝却将他留下，派去守卫荆州口。壬戌日，下诏任命归德节度使高行周为北面都部署，符彦卿做他的副手，共同戍卫澶州；命西京留守景延广戍卫河阳，暂且摆出备战的阵势。

16 奉国都指挥使王清言于杜威曰[1]："今大军去恒州五里，守此何为？营孤食尽，势将自溃。请以步卒二千为前锋，夺桥开道；公帅诸军继之。得入恒州，则无忧矣。"威许诺，遣清与宋彦筠俱进。清战甚锐，契丹不能支，势小却；诸将请以大军继之，威不许。彦筠为契丹所败，浮水抵岸得免，清独帅麾下陈于水北力战，互有杀伤，屡请救于威，威竟不遣一骑助之。清谓其众曰："上将握兵，坐观吾辈困急而不救，此必有异志。吾辈当以死报国耳！"众感其言，莫有退者；至暮，战不息。契丹以新兵继之，清及士众尽死。由是诸军皆夺气。清，洺州人也[2]。

[1] 奉国军即蔡州的军号，今河南省汝宁附近区域。 [2] 洺州即今大名。

奉国都指挥使王清对杜威说："现在大军距离恒州只有五里，守在这里做什么？军营孤立，粮食吃完，势将自我溃败。请让我率二千名步兵做前锋，夺桥开路，公率各军跟随前进。一旦进入恒州，就没什么可担忧的了。"杜威答应了他，派王清和宋彦筠一起前进。王清战斗很勇猛，契丹招架不住，稍稍往后退却，诸将请求指挥大军跟随进击，杜威不准许。宋彦筠被契丹打败，泅水上岸，得以脱身。王清独自率领部下在河北岸布阵，与契丹力战，互有杀伤，屡次向杜威请求援救，杜威竟不派一骑一兵前往援助。王清对他的部众说："上将手握重兵，却坐看我们艰困危急而不救，这一定是怀有叛逆之心。我辈应当以死报国了！"部众被他的话所感动，没有一个人后退；直到傍晚，战斗不停。契丹调来新的军队继续作战，王清及其部众全部战死。从此各军都丧失斗志。王清，是洺州人。

17 甲子，契丹遥以兵环晋营，内外断绝，军中食且尽。杜威与李守贞、宋彦筠谋降契丹、威潜遣腹心诣契丹牙帐，邀求重赏。契丹主绐之曰："赵延寿威望素浅，恐不能帝中国[1]。汝果降者，当以汝为之。"威喜，遂定降计。丙寅，伏甲召诸将，出降表示之，使署名。诸将骇愕，莫敢言者，但唯唯听命。威遣阁门使高勋赍诣契丹[2]，契丹主赐诏慰纳之。是日，威悉命军士出陈于外，军士皆踊跃，以为且战，威亲谕之曰："今食尽途穷，当与汝曹共求生计。"因命释甲。军士皆恸哭，声振原野。威、守贞仍于众中扬言："主上失德，信任奸邪，猜忌于己。"闻者无不切齿。契丹主遣赵延寿衣赭袍至晋营[3]，慰抚士卒，曰："彼皆汝物也。"杜威以下皆迎谒于马前；亦以赭袍衣威以示晋军，其实皆戏之耳。

[1] 此时契丹重用赵延寿，意欲以之代石氏，今又以之诈许杜威。[2] 阁门使是掌朝仪的官。 [3] 赭袍是唐以来皇帝所着的御衣。

甲子日，契丹从远处将晋军包围起来，内外断绝，军中粮食将要吃完。杜威与李守贞、宋彦筠商议投降契丹，杜威暗中派心腹人员到契丹牙帐，邀求重赏。契丹主骗他说："赵延寿威望一向低浅，恐怕不能做中国皇帝，你果真投降，将让你来做。”杜威很兴奋，于是决定投降。丙寅日，预伏甲兵后召集诸将，出示降表，要他们签名。诸将惊愕骇怕，没有人敢说话，只是唯唯诺诺地听从指示。杜威派阁门使高勋持降表往见契丹主，契丹主颁赐诏书加以慰勉，接受他的降表。这天，杜威下令所有的军士出营排列行阵，军士都很踊跃，以为将要出战，杜威亲自向他们解释说:“现在粮食已经吃完，走投无路，将与你们共同谋求一个生存办法。”于是下令全军解除武装。军士都悲伤恸哭，声振原野。杜威、李守贞便在人群中散播流言:“皇上失德，信任奸邪小人，猜忌我们。”听到的人，无不切齿痛恨。契丹主命赵延寿穿赭色龙袍到晋营，慰问安抚士卒，对他说:“那都是你的东西啊。”杜威以下的人都到他马前欢迎拜见；也拿赭色龙袍给杜威穿上，让晋军观看，其实都是戏弄他们的。

18 契丹翰林承旨[1]、吏部尚书张砺言于契丹主曰[2]:“今大辽已得天下[3]，中国将相宜用中国人为之，不宜用北人及左右近习。苟政令乖失，则人心不服，虽得之犹将失之。”契丹主不从。引兵自邢、相而南[4]，杜威将降兵以从。遣张彦泽将二千骑先取大梁，且抚安吏民，以通事傅住儿为都监。

［1］翰林学士中以资深者一人为承旨，是唐以来的制度。［2］张砺是中国人，为契丹所得，加以重用，曾一度逃走，又为契丹所留。［3］契丹此时已经改用大辽的国号。［4］邢州是今河北邢台，相州是今河南安阳、临漳等地。

契丹的翰林承旨、吏部尚书张砺对契丹主说:“现在大辽已经得到天下，中国的宰相和将帅应该由中国人来做，不应任用契丹人及左右亲近的人。倘若政令出现乖谬错失，人心就会不服，虽然得到还将失去它。”契丹主不听。引兵从邢州、相州向南行进，杜威率降兵跟随。又派张彦泽率二千骑兵先去夺取大梁，并安抚官吏百姓，任命通事傅住儿为都监。

19 杜威之降也，皇甫遇初不与谋。契丹主欲遣遇先将兵入大梁，遇辞；退谓所亲曰：“吾位为将相，败不能死，忍复图其主乎？”至平棘，谓从者曰：“吾不食累日矣，何面目复南行？”遂扼吭而死[1]。

[1] 吭是咽喉。

杜威投降契丹这件事，皇甫遇当初没有参与谋划。契丹主想派皇甫遇先率兵攻入大梁，皇甫遇推辞；退出后对他所亲近的人说：“我身为将相，兵败不能死，还忍心图谋自己的国君吗？”走到平棘，对随从的人说：“我绝食已经好几天了，有何面目再向南走！”于是自扼咽喉而死。

20 张彦泽倍道疾驱，夜渡白马津[1]。壬申，帝始闻杜威等降；是夕，又闻彦泽至滑州，召李崧、冯玉、李彦韬入禁中计事，欲诏刘知远发兵入援[2]。癸酉未明，彦泽自封丘门斩关而入[3]，李彦韬帅禁兵五百赴之，不能遏。彦泽顿兵明德门外[4]，城中大扰。

[1] 白马津在滑县附近，亦是黄河渡口。 [2] 此时刘知远镇守太原。[3] 封丘门是开封北面的城门。 [4] 明德门是开封皇城南门。

张彦泽以加倍速度急驰前进，夜晚渡过白马津。壬申日，皇帝方才获闻杜威等投降的消息；当晚，又听说张彦泽到达滑州，便召李崧、冯玉、李彦韬入宫商议，想下诏命刘知远发兵入朝救援。癸酉日，天还未明，张彦泽从封丘门斩关入城，李彦韬率禁兵五百前去抵挡，未能遏阻。张彦泽驻兵于明德门外，城中大为惊扰。

21 帝于宫中起火，自携剑驱后宫十余人将赴火，为亲军将薛超所持。俄而彦泽自宽仁门传契丹主与太后书慰抚之[1]；且召桑维翰、景延广。帝乃命灭火，悉开宫城门。帝坐苑中，与后妃相聚而泣，召翰林学士范质草降表，自称："孙男臣重贵祸至神惑，运尽天亡。今与太后及妻冯氏，举族于郊野面缚待罪，次遣男镇宁节度使延煦、威信节度使延宝奉国宝一，金印三出迎。"太后亦上表称"新妇李氏妾[2]"。傅住儿入宣契丹主命，帝脱黄袍，服素衫，再拜受宣，左右皆掩泣。帝使召张彦泽，欲与计事。彦泽曰："臣无面目见陛下。"帝复召之，彦泽微笑不应[3]。

[1] 宽仁门是皇城的东门。 [2] 新妇即媳妇。 [3] 张彦泽是个凶残无比的军人，曾犯死罪而获免，现在替契丹做走狗，后来仍为契丹所杀。

皇帝在宫中放起火来，自己仗剑，驱赶后宫十几个人将要跳到火中，被亲军将领薛超所抱持。一会儿张彦泽从宽仁门传来契丹主和太后的信慰抚他们；并召请桑维翰、景延广。皇帝于是命人灭火，打开所有的宫城门。皇帝坐在宫苑中，与后妃们聚在一起哭泣，召翰林学士范质草拟降表，自称："孙男臣重贵灾祸降临，神志惑乱，国祚已尽，天命已亡。现在与太后及妻冯氏，全族在郊野捆缚待罪。派遣男镇宁节度使延煦、威信节度使延宝，奉持国宝一件、金印三枚出来迎接。"太后也上表称"新妇李氏妾"。傅住儿入内宣布契丹主的命令，皇帝脱下黄袍，换穿素色衣衫，再拜接受所宣告的命令，左右的人都掩面哭泣。皇帝使人召张彦泽，想同他商议事情。张彦泽说：“臣没有面目见陛下。”皇帝再次召唤，张彦泽只是微笑，不予理睬。

22 或劝桑维翰逃去，维翰曰：“吾大臣，逃将安之？”坐而俟命。彦泽以帝命召维翰，维翰至天街[1]，遇李崧，驻马语未毕，有军吏于马前揖维翰赴侍卫司[2]。维翰知不免，顾谓崧曰：“侍中当国，今日国亡，反令维翰死之，何也？”崧有愧色。彦泽踞坐见维翰，维翰责之曰：“去年拔公于罪人之中，复领大镇，授以兵权，何乃负恩至此？”彦泽无以应，遣兵守之。

[1] 宫城正南面的直街称为天街。 [2] 侍卫司是五代时的官署，即禁卫总部。

有人劝桑维翰逃走。桑维翰说：“我是大臣，逃到哪里去？”静坐待命。张彦泽借皇帝的命令召唤桑维翰，桑维翰经过天街，遇到李崧，停下马来交谈，话未说完，有军吏来马前揖请桑维翰前往侍卫司。桑维翰心知不免被杀，回过头来对李崧说：“侍中主持国政，今天国家灭亡，反教维翰受死，这是为什么？”李崧脸有愧色。张彦泽盘坐着接见桑维翰，桑维翰斥责说：“去年从罪犯中把你提拔起来，又让你统领重要藩镇，授给你兵权，怎么辜负恩德到这种地步？”张彦泽无话可答，派兵看住他。

23 帝闻契丹主将渡河，欲与太后于前途奉迎。张彦泽先奏之，契丹主不许。有司又欲使帝衔璧牵羊，大臣舆榇，迎于郊外；先具仪注白契丹主，契丹主曰：“吾遣奇兵直取大梁，非受降也。”亦不许。

又诏晋文武群官一切如故；朝廷制度并用汉礼。有司欲备法驾迎契丹主，契丹主报曰："吾方擐甲总戎，太常仪卫未暇施也。"皆却之[1]。

[1] 契丹主对于中国尚无一定办法，所以还不以帝王自居。

皇帝听说契丹主将渡黄河，想与太后去前面途中恭迎。张彦泽先行奏报，契丹主不允许。有关官员又想让皇帝口衔璧，手牵羊，大臣们抬着棺木，在郊外迎接；事先将典礼仪式请示契丹主，契丹主说："我派奇兵直接攻取大梁，不是来接受投降的。"也不允许。又下诏命晋廷文武群臣一切照旧；朝廷制度一并采用汉人礼仪。有关官员准备用天子的法驾仪仗迎接契丹主，契丹主回答："我正披着甲胄，统率军队，太常寺的仪仗，无暇施行。"都予以推辞。

24 先是契丹主至相州，即遣兵趣河阳捕景延广。延广仓猝无所逃伏，往见契丹主于封丘。契丹主诘之曰："致两主失欢，皆汝所为也。十万横磨剑安在？"召乔荣使相辩证，事凡十条。延广初不服，荣以纸所记语示之，乃服。每服一事，辄授一筹；至八筹，延广但以面伏地请死，乃锁之。以上均开运三年

此前，契丹主抵达相州，就派军队赶赴河阳逮捕景延广。景延广仓促之间无处逃躲，只好去封丘见契丹主。契丹主责问他说："导致两国君主失和，都是你造成的。'十万横磨剑'在哪里？"将乔荣召来两相对质，所说的事项一共十条。景延广起初不承认，乔荣出示当年记录言语的纸条，这才承认。每承认一件事，就给他一支筹码；给到第八支时，景延广就以脸伏地自认死罪，于是将他禁锢起来。

25天福十二年，春正月丁亥朔[1]，百官遥辞晋主于城北，乃易素服纱帽，迎契丹主，伏路侧请罪。契丹主貂帽貂裘，衷甲[2]，驻马高阜，命起，改服，抚慰之。左卫上将军安叔千独出班胡语，契丹主曰："汝安没字邪[3]？汝昔镇邢州，已累表输诚，我不忘也。"叔千拜谢呼跃而退。晋主与太后已下迎于封丘门外，契丹主辞不见。

后汉高祖天福十二年（九四七）

［1］这一年晋国已亡，中国无主，刘知远在太原称帝，自己说不忍忘晋，又不愿再用石重贵的开运年号，所以仍继续石敬瑭的天福年号，直到次年，才称乾祐元年。［2］衷甲是铠甲穿在里面。［3］安叔千本是沙陀人，不识字，有"没字碑"的绰号。

天福十二年，春正月丁亥朔日，百官在大梁城北遥辞晋主，然后换上素服纱帽，迎接契丹主，匍匐在路边请罪。契丹主戴貂皮帽，穿貂皮衣，铁甲裹在衣服里面，停马在高坡上，命百官起身，换衣服，慰问一番。左卫上将军安叔千独自从班列中走出来，用胡语跟契丹主说话，契丹主说："你就是安没字吧？你以前镇守邢州，已多次上表向我投诚，我没有忘记啊。"安叔千叩头称谢，呼跃退下。晋主和太后已经到封丘门外迎接，契丹主推辞不见。

26契丹主入门，民皆惊呼而走。契丹主登城楼，遣通事谕之曰："我亦人也，汝曹勿惧，会当使汝苏息。我无心南来，汉兵引我至此耳。"至明德门，下马拜而后入宫。以其枢密副使刘密权开封尹事。日暮，契丹主复出，屯于赤冈[1]。

[1] 这是契丹主防备意外，不敢离开城外军营。

契丹主进了城门，百姓都惊叫奔逃。契丹主登上城楼，派通事开导他们说："我也是人啊，你们不要害怕，会让你们恢复生机。我无心南来，只是汉兵引我到这里罢了。"到了明德门，下马拜了一下后进入宫中。任命他的枢密副使刘密代理开封尹的职务。傍晚，契丹主又出城去，驻屯于赤冈。

27 高勋诉张彦泽杀其家人于契丹主[1]，契丹主亦怒彦泽剽掠京城，并傅住儿锁之。以彦泽之罪宣示百官，问："应死否？"皆言"应死"。百姓亦投牒争疏彦泽罪。己丑，斩彦泽、住儿于北市，仍命高勋监刑。彦泽前所杀士大夫子孙皆绖杖号哭，随而诟詈，以杖扑之。勋命断腕出锁，剖其心以祭死者。市人争破其脑取髓，脔其肉而食之。

[1] 高勋是为杜威奉降表的人，所以能得契丹主优待，因而敢于诉冤。张彦泽与高勋向来有仇。

高勋向契丹主控诉张彦泽杀害他的家人，契丹主也为张彦泽纵容士兵抢劫京城感到恼怒，便连同傅住儿一起囚锁起来。向百官宣布张彦泽的罪行后，问道："应该处死吗？"大家都说："应该处死。"百姓也纷纷投递文书，争相控诉张彦泽的罪孽。己丑日，在北市刑场将张彦泽、傅住儿斩首，就派高勋监斩。先前被张彦泽所杀害的士大夫的子孙们都披麻戴孝，手执苴杖，号啕大哭，随后一面痛骂，一面用杖扑打他。高勋下令砍断张彦泽的手腕，脱出铁锁，剖胸挖出心脏来祭奠被他杀害的人。

大家争着敲破他的脑袋挖取脑髓，把他的肢体切成肉块吃掉。

28 辛卯，契丹以晋主为负义侯，置于黄龙府[1]。黄龙府即慕容氏和龙城也[2]。契丹主使谓李太后曰[3]："闻重贵不用母命以至于此。可求自便，勿与俱行。"太后曰："重贵事妾甚谨。所失者，违先君之志，绝两国之欢耳。今幸蒙大恩，全生保家，母不随子，欲何所归？"

[1] 黄龙府故城在今吉林省农安县。 [2] 慕容氏指十六国中之北燕。 [3] 李太后是石敬瑭之妻，唐明宗（李嗣源）之女。

辛卯日，契丹以晋主为负义侯，安置在黄龙府。黄龙府，就是昔时慕容氏的和龙城。契丹主派使者对李太后说："听说重贵不听母亲的话，以致落到这个地步。你可以请求自便，不与他同行。"太后说："重贵侍奉我很细心。所失误的，是违背先君遗志，断绝两国欢好而已。现在幸蒙大恩，得以保全性命，维系家庭，做母亲的不跟随儿子，还想依靠谁呢？"

29 癸巳，契丹迁晋主及其家人于封禅寺，遣大同节度使兼侍中河内崔廷勋以兵守之。契丹主数遣使存问，晋主每闻使至，举家忧恐。时雨雪连旬，外无供亿，上下冻馁。太后使人谓寺僧曰："吾尝于此饭僧数万，今日独无一人相念邪？"僧辞以虏意难测，不敢献食。晋主阴祈守者，乃稍得食。

癸巳日，契丹将晋主及其家人迁到封禅寺，派大同节度使兼侍中河内人崔廷勋带兵看守。契丹主多次派使者前往慰问，晋主每次听到使者前来，全家担忧恐惧。当时连下几十天雨雪，外面对他们没有充足供应，全家大小挨饿受冻。太后让人对寺里和尚说："我曾在这里做饭给几万名和尚吃，现在就没有一个人念起吗？"和尚借口胡虏心意难测，所以不敢进献食物。晋主暗中请求看守的人帮助，才稍微获得一点食物。

30 是日，契丹主自赤冈引兵入宫，都城诸门及宫禁门皆以契丹守卫，昼夜不释兵仗。磔犬于门，以竿悬羊皮于庭为厌胜[1]。契丹主谓群臣曰："自今不修甲兵，不市战马，轻赋省役，天下太平矣。"废东京，降开封府为汴州，尹为防御使[2]。乙未，契丹主改服中国衣冠，百官起居皆如旧制。

[1] 厌胜谓以咒诅或器物厌伏不祥。 [2] 至此契丹始决意废除中国政权，以开封隶辽国版图。

这天，契丹主从赤冈带兵入宫，都城各门和宫禁门均由契丹兵守卫，日夜都不放下兵器。在宫门口磔犬祭神，用竹竿悬挂羊皮竖在庭院中作为厌胜之物。契丹主对群臣说："从今以后不修甲兵，不买战马，轻徭薄赋，天下太平了。"废除东京，将开封府降为汴州，开封府尹降为汴州防御使。乙未日，契丹主改穿中国衣冠，百官起居都依照旧的规定。

31 赵延寿、张砺共荐李崧之才；会威胜节度使冯道自邓州入朝，契丹主素闻二人名，皆礼重之。未几，以崧为太子太师，充枢密使；道守太傅，于枢密院祗候，以备顾问。

赵延寿、张砺共同推荐李崧的才能；这时正好威胜节度使冯道自邓州前来入朝，契丹主久闻二人名声，都以礼表示敬重。不久，任命李崧为太子太师，充当枢密使；冯道任太傅，在枢密院敬候，以备顾问。

32 初，杜重威既以晋军降契丹[1]，契丹主悉收其铠仗数百万贮恒州，驱马数万归其国，遣重威将其众从己而南。及河，契丹主以晋兵之众，恐其为变，欲悉以胡骑拥而纳之河流。或谏曰："晋兵在他所者尚多，彼闻降者尽死，必皆拒命；不若且抚之，徐思其策。"契丹主乃使重威以其众屯陈桥[2]。会久雪，官无所给，士卒冻馁，咸怨重威，相聚而泣；重威每出，道旁人皆骂之。契丹主犹欲诛晋兵。赵延寿言于契丹主曰："皇帝亲冒矢石以取晋国，欲自有之乎，将为他人取之乎？"契丹主变色曰："朕举国南征，五年不解甲，仅能得之，岂为他人乎？"延寿曰："晋国南有唐，西有蜀，常为仇敌，皇帝亦知之乎？"曰："知之。"延寿曰："晋国东自沂、密[3]，西及秦、凤[4]，延袤数千里，边于吴、蜀，常以兵戍之。南方暑湿，上国之人不能居也。他日车驾北归，以晋国如此之大，无兵守之，吴、蜀必相与乘虚入寇。如此，岂非为他人取之乎？"契丹主曰："我不知也，然则奈何？"延寿曰："陈桥降卒可分以戍南边，则吴、蜀不能为患矣。"契丹主曰："吾昔在上党，失于断割，悉以唐兵授晋，既而返为寇仇，北向与吾战，辛勤累年，仅能胜之。今幸入吾手，不因此时悉除之，岂可复留以为后患乎？"延寿曰："向留晋兵于河南，不质其妻子，故有此忧；今若悉徙其家于恒、定、云、朔之间，每岁分番使戍南边，何忧其为变哉！此上策也。"契丹主悦曰："善！惟大王所以处之[5]。"由是陈桥兵始得免，分遣还营[6]。

[1] 杜重威不再避晋讳，恢复原名。 [2] 陈桥是开封城外的驿名。

[3] 沂、密是山东东南部。[4] 秦、凤是甘肃四川交界处，这都是石晋时的边界。[5] 赵延寿爵为燕王，所以契丹主尊称之。[6] 以上是赵延寿设词劝阻契丹主残杀晋兵。

起初，杜重威率晋军投降契丹以后，契丹主没收他们的全部铠甲、兵器数百万件，贮藏在恒州，将战马好几万匹赶回自己国内，命令杜重威率其部众跟随自己南下。到了黄河，契丹主因为晋兵太多，担心他们叛变，想让契丹骑兵将他们全部推挤到黄河水流中去。有人劝谏说："晋兵驻守在其他地方的还很多，知道投降的人全被害死，一定都起来反抗；不如暂且安抚他们，慢慢再想处置办法。"契丹主就命令杜重威带领其部众驻屯在陈桥。正好遇上久雪天气，官方没有任何供给，士卒们受冻挨饿，都怨恨杜重威，常聚在一起哭泣；杜重威每次出门，路边的人都痛骂他。契丹主还想屠杀晋兵。赵延寿对契丹主说："皇帝亲自冒着矢石来夺取晋国，是想自己拥有它呢，还是为别人去夺取呢？"契丹主变了脸色说："朕以举国之力向南征讨，连续五年兵不卸甲，好不容易才得到，怎么会为了别人呢？"赵延寿说："晋国南面有唐国，西面有蜀国，常常视我为仇敌，皇帝也知道么？"契丹主说："知道。"赵延寿说："晋国东起沂州、密州，西达秦州、凤州，绵延好几千里，与吴、蜀边境相接，常常派兵在那里戍守。南方酷暑潮湿，上国之人不习惯久居于此。以后御驾北归，以晋国这样广阔的地域，没有军队防守，吴、蜀两国必定相率乘虚入侵。这样的话，难道不是替别人去夺取吗？"契丹主说："我没考虑到这一层啊，那么我该怎么办？"赵延寿说："可以将陈桥降兵分开来戍守南方边境，那么吴、蜀就不能为害了。"契丹主说："我从前在上党，决断失误，将唐兵全部交给晋国，后来反而结为寇仇，矛头指向北方与我战斗，艰苦奋战好几年，才勉强战胜它。现在侥幸落入我手，不趁这个时候把他们全部除掉，难道还要留下来给自己造成后患吗？”赵延寿说：“从前把晋兵留在河南，没有质押他们的妻儿，所以有这种忧虑。现在如果把他们的家全部迁到恒州、定州、云州、朔州之间，每年派他们分批轮流戍守南方边境，何必担心他们叛变呢？这是上策啊！”契丹主高兴地说：“好！就按大王所说的办法处理。”因此陈桥降兵才得免一死，被分别派遣回营。

33 契丹主广受四方贡献，大纵酒作乐，每谓晋臣曰：“中国事，我皆知之，吾国事，汝曹不知也[1]。”

[1] 契丹主此时得意之极，所以有这话。其实后来中原人纷纷反抗，他又说：“我不知中原人难制如此。”

契丹主广泛接受四方进贡，大肆酗酒作乐，每每对晋臣说：“中原事情，我都了解；我国事情，你们就不懂了。”

34 赵延寿请给上国兵廪食，契丹主曰：“吾国无此法。”乃纵胡骑四出，以牧马为名，分番剽掠，谓之“打草谷”。丁壮毙于锋刃，老弱委于沟壑，自东西南畿及郑、滑、曹、濮数百里间，财畜殆尽[1]。

[1] 这是说：契丹惯例是不给兵饷的，赵延寿大约是虑到契丹兵到处抢掠，所以主张给饷，而契丹主不听。

赵延寿提议供给契丹军队所需军饷，契丹主说：“我国没有这个制度。”就放纵胡人骑兵向四方出动，以牧马为名义，分批前往抢劫百姓，称为“打草谷”。民间青壮年死在他们刀锋之下，年老体弱的被弃尸于沟壑之中，从东、西两京畿，到郑州、滑州、曹州、濮州几百里之间，百姓的家财牲畜几乎被搜刮一空。

35 契丹主谓判三司刘昫曰[1]：“契丹兵三十万既平晋国，应有优赐，速宜营办。”时府库空竭，昫不知所出，请括借都城士民钱帛，自将相以下皆不免。又分遣使者数十人诣诸州括借，皆迫以严诛，人不聊生。其实无所颁给，皆蓄之内库，欲辇归其国。于是内外怨愤，始患苦契丹，皆思逐之矣。

[1] 判三司是管理度支、盐铁、转运三使的职务。

契丹主对判三司刘昫说：“契丹兵三十万既已平定晋国，应该有优厚赏赐，赶快设法筹办。”当时国库空虚，刘昫不知该怎么办，只好向京师士民搜刮、强借钱帛，自宰相、将帅以下都不能免。又分别派遣几十个使者，到各州去搜刮、强借，都以严刑相逼迫，弄得民不聊生。实际上搜刮所得并没有颁赏给士兵，都储存在内库，打算输送回国。于是从京师到地方一片怨愤，这才尝到契丹带来的苦头，都想驱逐他们了。

36 契丹主召晋百官悉集于庭，问曰：“吾国广大，方数万里，有君长二十七人；今中国之俗，异于吾国，吾欲择一人君之，如何？”皆曰：“天无二日，夷夏之心皆愿推戴皇帝。”如是者再，契丹主乃曰：“汝曹既欲君我，今兹所行，何事为先？”对曰：“王者初有天下，应大赦。”二月丁巳朔，契丹主服通天冠，绛纱袍[1]，登正殿，设乐悬、仪卫于庭，百僚朝贺。华人皆法服[2]，胡人仍胡服，立于文武班中间。

下制称大辽会同十年，大赦。仍云：“自今节度使，刺史毋得置牙兵，市战马[3]。”

[1]通天冠、绛纱袍是唐以来皇帝临朝的礼服。[2]法服即正式朝服。[3]唐代节度使都拥有直辖的武力，保护自己的身家，称为牙兵。

契丹主召集晋国百官于朝廷，问道：“我国地域广大，方圆数万里，有君长二十七个人；现在中原的习俗与我国不同，我想选一个人来做君主，你们以为如何？”大家都说：“天无二日，胡汉人心都愿意推举、拥戴皇帝。”这样来回几次，契丹主才说：“你们既然想推我做国君，那么现在所要做的，以什么事为优先？”大家都说：“做国君的刚开始拥有天下，应该实行大赦。”二月丁巳朔日，契丹主戴通天冠，穿绛纱袍，登上正殿，在庭中设置全套乐器、仪仗和卫兵。百官上朝祝贺。汉人都穿正式朝服，胡人仍穿胡服，站在文武两班官员中间。下制书称大辽会同十年，实行大赦。又说：“从今以后，各节度使、刺史，不可配置牙兵，不可购买战马。”

37 赵延寿以契丹主负约，心怏怏，令李崧言于契丹主曰：“汉天子所不敢望，乞为皇太子。”崧不得已为言之。契丹主曰：“我于燕王，虽割吾肉，有用于燕王，吾无所爱。然吾闻皇太子当以天子儿为之，岂燕王所可为也？”因令为燕王迁官[1]，时契丹以恒州为中京，翰林承旨张砺奏拟燕王中京留守，大丞相、录尚书事、都督中外诸军事，枢密使如故。契丹主取笔涂去录尚书事都督中外诸军事而行之[2]。

[1]契丹主不肯立赵延寿作中原皇帝，也不肯立作皇太子，只肯替他升官。[2]录尚书事及都督中外诸军事是魏、晋以来权臣未篡位时的名号，

前者总揽政务，后者总揽军权，若无此两种称号，则大丞相仍是空名。契丹主不肯给赵延寿以此种称号，足见他对于中原的制度也很熟悉。

赵延寿因契丹主负约而未能做成皇帝，心中怏怏不乐，教李崧对契丹主说："做汉家天子，不敢奢望；只求做皇太子。"李崧不得已替他转达。契丹主说："我对于燕王，哪怕割我的肉，只要对燕王有益，我决不吝惜。然而我听说皇太子应当由天子的儿子来做，哪里是燕王所能做的呢？"于是下令为燕王升迁官职。当时契丹以恒州为中京，翰林承旨张砺上奏，拟任命燕王赵延寿为中京留守、大丞相、录尚书事、都督中外诸军事，仍旧做枢密使。契丹主取笔涂掉"录尚书事、都督中外诸军事"，其余照准施行。

38 辛未，刘知远即皇帝位。自言未忍改晋国，又恶开运之名，乃更称天福十二年。

辛未日，刘知远即皇帝位。他自称不忍改变晋国的国号和年号，但又厌恶"开运"这个名称，就沿用高祖的年号，改称今年为天福十二年。

39 晋主既出塞，契丹无复供给，从官宫女皆自采木实、草叶而食之。至锦州[1]，契丹令晋主及后妃拜契丹主阿保机墓[2]。晋主不胜屈辱，泣曰："薛超误我[3]。"冯后阴令左右求毒药，欲与晋主俱自杀，不果。

［1］锦州在燕京北一千四百里。［2］阿保机是契丹开国的君主，即辽太祖。［3］薛超拦阻石重贵自杀，已见前。

晋主出塞后，契丹不再供给物品，随从的官员、宫女都自己采摘野生果实、野菜来充饥。到了锦州，契丹命晋主及后妃向契丹开国君主耶律阿保机的坟墓下拜行礼，晋主感到无限屈辱，哭泣着说:“薛超害了我！”冯后暗中让左右亲信寻找毒药，想同晋主一起自杀，没有成功。

40 契丹主闻帝即位，以通事耿崇美为昭义节度使，高唐英为彰德节度使，崔廷勋为河阳节度使，以控扼要害。

契丹主听说刘知远即皇帝位，任命通事耿崇美为昭义节度使，高唐英为彰德节度使，崔廷勋为河阳节度使，以控扼险要地方。

41 初，晋置乡兵，号天威军，教习岁余，村民不闲军旅，竟不可用，悉罢之。但令七户输钱十千，其铠仗悉输官。而无赖子弟不复肯复农业，山林之盗自是而繁。及契丹入汴，纵胡骑打草谷。又多以其子弟及亲信左右为节度使、刺史，不通政事。华人之狡狯者多往依其麾下，教之妄作威福，掊敛货财，民不堪命。于是所在相聚为盗，多者数万人，少者不减千百，攻陷州县，杀掠吏民。东方群盗大起，陷宋、亳、密三州[1]。契丹主谓左右曰:“我不知中国之人难制如此？”

[1] 宋州是今河南商丘，亳州是安徽亳州，密州是山东诸城一带。这是说:中原人不服契丹统治的反抗表示。

当初，晋国设置乡兵，号为天威军，教导训练了一年多，而村民不熟悉军旅之事，终究不能用，全部解散了。只规定每七户人家捐钱十千，乡兵的铠甲兵器则全部捐给公家。然而一些无赖子弟不愿再从事农耕，于是山林盗贼从此繁多起来。等到契丹进入汴州，放纵胡骑“打草谷”；又多任命胡人子弟及左右亲信为节度使、刺史，不通晓政事；汉人中的狡猾之徒很多都投效到他们手下，教唆他们作威作福，聚敛财货，弄得百姓无法生活。于是到处相聚为盗，人数多的达好几万人，少的也不下千百，攻陷州县，抢掠劫杀官吏百姓。东方群盗大批涌现，攻陷宋州、亳州和密州。契丹主对左右的人说：“我没料到中原人这样难以统治！”

42 契丹主复召晋百官谕之曰：“天时向热，吾难久留，欲暂至上国省太后，当留亲信一人于此为节度使。”百官请迎太后，契丹主曰：“太后族大，如古柏根，不可移也。”契丹主欲尽以晋之百官自随。或曰：“举国北迁，恐摇人心，不如稍稍迁之。”乃诏有职事者从行，余留大梁。

契丹主再度召见后晋百官，告诉他们说：“天气渐热，我难以久留在这里，想暂回上国去向太后请安。会留下一个亲信的人在这里做节度使。”百官建议迎接太后到大梁来，契丹主说：“太后的宗族庞大，像古老柏树的根一样，不可移动啊。”契丹主想让后晋百官全部随他北上。有人说：“举国迁往北方，恐怕会动摇人心，不如只迁少数人去。”于是诏令负有任务的人跟随前往，其余的人留在大梁。

43（三月）壬寅，契丹主发大梁，晋文武诸司从者数千人，诸军吏卒又数千人，宫女、宦官数百人，尽载府库之实以行，所留乐器仪仗而已。夕，宿赤冈。契丹主见村落皆空，命有司发榜数百通，所在招抚百姓，然竟不禁胡骑剽掠。丙午，契丹自白马渡河，谓宣徽使高勋曰：“吾在上国，以射猎为乐，至此令人悒悒。今得归，死无恨矣。”

（三月）壬寅日，契丹主从大梁出发，后晋文武各部门跟随的有几千人，各军官吏士卒又有几千人，宫女、宦官几百人，将府库所藏物资全部载运同行，所留下的只是一些乐器、仪仗而已。当晚，住在赤冈。契丹主看到村落都空旷无人，命有关部门发放几百通布告，要各地招抚百姓，然而竟不禁止胡兵劫掠。丙午日，契丹主从白马渡过黄河，对宣徽使高勋说：“我在上国时，以射箭狩猎为乐，到这里后事情常令人悒悒不乐。现在得返家乡，死了也没有遗憾了。”

44 契丹主至临城，得疾，及栾城[1]，病甚，苦热，聚冰于胸腹手足，且啖之。丙子，至杀胡林而卒[2]。国人剖其腹，实盐数斗，载之北去，晋人谓之帝羓[3]。以上均天福十二年

[1] 临城、栾城都在今石家庄以南。 [2] 据说唐代则天皇后时，曾在此袭杀突厥人。 [3] 羓是腌肉。

契丹主到临城时，得了病；抵达栾城时，病情加剧，发高烧，将冰块铺在胸腹和手足上，并放在嘴里嚼。丙子日，来到杀胡林而死亡。国人剖开他的腹部，塞进几斗盐巴，载回北方去，晋人称之为“帝耙”。

译后记

瞿蜕园先生（1894—1973）的《通鉴选》初版于1957年，是《资治通鉴》最早而最有影响的选注本，1962年出过新一版，2015年出版了简体字横排本。为满足读者需求，现又推出《资治通鉴选译》。作为蜕老的学生和60余年前的老读者，很乐于在此对选注者略作介绍，对选注本略作评介，同时也对自己承担的译事稍作说明。

选注者原名宣颖，字兑之，晚号蜕园，湖南善化人，是著述等身的文史大家。在史学领域，从20世纪20年代初到40年代中后期，他主要在秦汉史、方志学、掌故学园地辛勤耕耘。他早年对汉史颇下苦功，1928年即出版制度史方面的拓荒之作《汉代风俗制度史前编》，1944年又出版《两汉县政考》和《秦汉史纂》。方志学方面，他于1930年出版的《方志考稿（甲集）》是我国最早的私家方志目录学专著；另一专著《志例丛话》则因在修志观念及方法等方面富于新见而至今仍为学界所重视；他对北京史志尤所着力，曾草拟《北平志编纂通例》，出版《北平史表长编》。他的掌故学成就，不仅体现在搜罗宏富，出版发表了《同光间燕都掌故辑略》《中国社会史料丛钞》《杶庐所闻录》等诸多著作，而且在理论上也有深入探讨，在《〈一士类稿〉序》等文中就掌故学的研究对象、范围、任务、方法和个中甘苦作了清晰的阐发。

20世纪50年代初到60年代中，他主要致力于官制研究和史学普及。官制从来都是他的专长，前文提到的《两汉县政考》亦可归为职官志专著；而更为史学界熟知的是《历代官职概述》和《历代职官简释》，二著附于1965年版黄编本《历代职官表》中，却远比该表更为实用。新版《辞海》中的官制条目，也大都由他撰写。至于史学普及，那些年他从古史、《左传》到《史记》《汉书》《后汉书》，出过多种选译本和故事选。此外，1956至1959年，他曾受邀整理王先谦的《新旧唐书合注》，写了10万字的校记。该书虽然迄未出版，却曾在70年代点校本《二十四史》的出版工程中被提供给《旧唐书》的点校者参考，如复旦大学陈允吉所言，“对我们帮助很大，用双方的标点互相对照，可以改正不少我们原来的错误和疏失。”（《上海参与点校本二十四史整理的往事》）从他身后出版并获古籍图书一等奖的《刘禹锡集笺证》，也可看出他对唐史的深入研究。

《通鉴选》是他的又一本史学普及读物，其优长主要表现在如下四方面：

其一，《通鉴选》不能代替《通鉴》，却能让读者知晓有关《通鉴》的各种知识，了解《通鉴》的基本面貌。这是因为，该书《前言》对相关问题作了全面而精当的说明，告诉我们：1.《通鉴》上接《左传》，下迄五代末年，是一部“在史学上放出异彩”的编年体通史。2.司马光遴选专门人才做助手，充分利用政府藏书，经过周密准备，反复考订，增删润色，耗时19年，始完成这一巨著。3.《通鉴》有种种优点，包括注意事件的前因后果，对重要人物刻画生动，对杂史及私人著作广加采纳、慎重运用，叙事平实而又兼具文学性，附录与史事相关的文章甚多，不采神异怪诞的谬说，等等。4.《通鉴》有若干重要的衍生著作。5.胡三省“替《通鉴》作音注，非常宏博、精刻而便于实用”；王应麟的《通鉴地理通释》亦有独特价值。6.《通鉴》也有缺点，最为突出的是“主观见解过于浓厚”和“过于轻视文人”。

其二，要从鸿篇巨制的《通鉴》中选出少数篇章而又能体现原著特色，并使读者开卷获益，不是一件容易的事。而从本书所选20篇来看，可以说做得非常不错。在朝代分配上，于战国、两汉、三国、魏、晋、南北朝、隋、唐、五代均有涉及，而又以汉、唐为多，这就使读者对各时期历史都能有所了解。在内容方面，所选各篇大都侧重关键性历史事件的完整叙述，也有若干篇对社会背景与政策制度说明较多。

其三，各篇文前都有一篇数百字至千余字的题解，写法颇为灵活，而目的都是为了增进读者对历史人物和事件的认识、对本篇内容与写作手法的理解。譬如《赵武灵王胡服骑射》的题解，便重点讲述赵武灵王实行军制改革的重大意义，点明“这件事的影响几乎与商鞅变法不相上下”。同时又指出，在《史记·赵世家》中，对当年改革派与保守派的辩论原有详细记载，可惜司马光基于其保守立场，将这些话删去不少，于是题解将被删的话补引出来，从而使读者由这些“明通痛快”的言论更加认识到“这人的确是战国时代一个杰出人才”。又如《蜀汉之亡》的题解，在交代历史背景之后，特别指出“这是一次极富于戏剧性的历史事件”，而《通鉴》将几个人的个性，如“刘禅的庸懦无能，司马昭的权诈百出，姜维的智勇深沉，邓艾的粗鲁朴实”都写得“很有声色”，从而使读者于读史的同时，获得文学欣赏的审美愉悦。

其四，注释是选注者用力最勤之处，其最大优点就是为读者着想，准确，简明，晓畅，实用。这是翻阅书中任何一篇任何一段，马上就能感受到的。这里可随便举些例子。一种情况是，词句含有典故，如《刘裕北伐》篇中，有句话是“琅邪王德文请启行戎路，修敬山陵”。注曰：“‘元戎十乘，以先启行’是《诗经》上的话。他的意思是要首先进入洛阳，因为晋室的先代陵墓都在洛阳。”出典和含义都说得明明白白。又一种情况是，词句不含典故，却也并非一看就懂，如《赵充国屯田》中，有句“田事出”，什么意思？看了注释，方知“田事出指春耕开始的时候”。第三种情况是，词语见于辞典，却无法套用。如《天宝长安之乱》中“十月灼然诣京师”一句，“灼然”何解？查《辞源》，解释是“明显貌”，用在这里很难说通。而本书注曰：“灼然是一定的意思。”文意顿时畅通。第四种情况是，对前人的解释提出疑义，如《七国连兵》中有句“而愁劳圣人所以起也”。注曰：“前人解释此句，说：愁劳正是圣人所由兴起。这种解释不一定对，也可能是说心怀忧惧的圣人所以因此而奋起。”措辞很委婉，但只须联系上下文，就不难看出，注者的解释更符合原意。

《通鉴选》的注释固佳，但对于不惯阅读文言的读者来说，还是觉得不够方便，所以为选本配上白话译文是有意义的。我受邀承担译事，窃以为严复当年翻译《天演论》时提出的“信、达、雅”，也大体适用于将文言译为白话。译文首先要求准确，不能偏离原文的涵义。其次是畅达，要求读来流畅明白，避免冗词赘语，更不能佶屈聱牙。至于文辞之“雅”，译界颇有不同看法，若就《通鉴》而论，因其原文比较雅洁，译文自应保持原有风格，不宜使用过于粗俗的白话。以上所谈是一种标准，也是一种追求，做得如何，有待读者批评。此外，旧版《通鉴选》因疏忽、笔误（或排字有误而失校）

等原因，存在一些错误，在译本中都顺便作了纠正。

最后想谈的是，我青年时期师从蜕老。约在20世纪60年代初，他曾应我所请，随手写下一纸简要的国学入门提纲，在谈完《五经》与《说文》后，接着便谈《通鉴》——

> 同时可看《通鉴》。不必专注重兴亡大事，要能从史事看到各时代之社会背景。胡注颇多关于制度之说明，即无异于同时看《通鉴》。

> 朝代难记，若用公元作线索即不难。以世界重要史事与中国史相对照，更有全局在胸之势。

寥寥几句，点出了阅读《通鉴》的关键所在，即：一、要连同胡三省注一起读，并留意时代背景和相关制度；二、要学会将中国史与世界史相对照。我于1961年填报高考志愿时，填的是中文与历史两个专业，结果被中文系录取而从此走上以文学研究为主的道路，但对历史始终怀有浓厚兴趣，而蜕老关于《史记》《汉书》特别是关于《通鉴》的阅读指导让我一生受用不尽。今天，在将早岁熟读的《通鉴选》译成白话之际，回想当年蜕老谆谆教诲的往事，弥增感念之情。

俞汝捷

2021年6月

瞿蜕园（1894—1973）

原名宣颖，字兑之，晚号蜕园，湖南善化（今长沙）人，著述宏富的文史大家。早年师从王闿运等名儒。于圣约翰大学和复旦大学毕业后，居京二十余年，曾出任若干官职，亦曾在南开、清华、燕京等大学执教。晚年居沪，以著述为业，被聘为中华书局上海编辑所特约编审。在史学领域，对方志学、掌故学、历代官制、秦汉史、新旧《唐书》《资治通鉴》均有深入研究，撰有《方志考稿》《志例丛话》《秦汉史纂》《两汉县政考》《汉代风俗制度史前编》《杶庐所闻录》《养和室随笔》《历代官制概述》《历代职官简释》等不同类型的诸多著作。在文学领域，既擅写诗词、古文、骈文，又善于阐释，精于笺注，所撰《中国骈文概论》《汉魏六朝赋选》等皆为广受欢迎的读物，身后出版的《李白集校注》《刘禹锡集笺证》尤为功力深厚的笺注之作，后者曾获全国古籍图书一等奖。

俞汝捷

原籍浙江上虞，1943年生于上海，早年师从文史大家瞿蜕园，1966年毕业于复旦大学中文系，曾任老作家姚雪垠助手。现为湖北省社会科学院研究员、湖北省政府文史研究馆馆员、中国作家协会会员。主要研究小说理论与小说史，兼研诗词、书画及其他。出版有独著丛书"习文小辑"（含《小说24美》《学诗26讲》《人心28论》）、"文学之门"（含《诗词曲联讲座》《志怪传奇新说》《幽默笔记选评》《小说之美初探》《形象心理试论》）。其他著作有《长江小说史略》（合著）《黄鹤楼碑廊诗注》《黄鹤楼诗词三百首》（选注）《程十发书画面面观》《中国古典文艺实用辞典》（主编）《插图本简明中国古典文艺辞典》（编著）等。此外，曾对姚雪垠长篇小说原著加以精补而成《李自成（精补本）》。

名家精译史学经典

《国语选译》

《战国策选译》

《左传选译》

《史记选译》

《汉书选译》

《后汉书选译》

《三国志选译》

《资治通鉴选译》